省级精品课程教材

国家文化产业资金支持媒体融合重大项目

21世纪新概念教材："多元整合型一体化"系列

高等职业教育旅游管理类专业精品课程教材新系

旅游市场营销与策划

——理论、实务、案例、实训

（第五版）

李学芝　王一鸣　宋素红　王馨慧　主编

李一卉　齐建军　王佼佼　副主编

东北财经大学出版社　大连

Dongbei University of Finance & Economics Press

图书在版编目（CIP）数据

旅游市场营销与策划：理论、实务、案例、实训 / 李学芝等主编. —5版. —大连：东北财经大学出版社，2024.8（2025.6重印）. —（高等职业教育旅游管理类专业精品课程教材新系）. —ISBN 978-7-5654-5320-5

Ⅰ. F590.82

中国国家版本馆CIP数据核字第20249E7G76号

东北财经大学出版社出版

（大连市黑石礁尖山街217号　邮政编码　116025）

网　址：http://www.dufep.cn

读者信箱：dufep@dufe.edu.cn

大连天骄彩色印刷有限公司印刷　东北财经大学出版社发行

幅面尺寸：185mm×260mm　字数：411千字　印张：20.5

2024年8月第5版　2025年6月第2次印刷

责任编辑：许景行　石建华　责任校对：一　心

封面设计：原　皓　版式设计：原　皓

定价：52.00元

教学支持　售后服务　联系电话：（0411）84710309

如有印装质量问题，请联系营销部：（0411）84710711

总序：“‘整体论’课程观”指导下的新时代中国特色高等职业教育专业教材建设

改革开放以来，中国高等职业教育教学改革的重要任务，是通过回眸西方主要发达国家课改历程，分析其各阶段主流教育理念和课程模式的利弊得失，在“逻辑反思”基础上，探索新时代中国特色高等职业教育专业教材建设创新之路。

“21世纪新概念教材：‘多元整合型一体化’系列”，就是在这种分析、反思和探索中，由东北财经大学出版社携手国内高职院校众多知名专业带头人共同推出的。

一、教材定位

本系列专业教材定位以“延伸阅读0-1”中阐述的“‘整体论’课程观”为释题依据，以“延伸阅读0-2”中阐述的“美西方国家课改回眸”为事实依据，以“延伸阅读0-3”中阐述的“逻辑反思”为借鉴依据，以“延伸阅读0-4”中阐述的“中国高等教育课改”为经验依据，以“延伸阅读0-5”中阐述的“中国高等职业教育课改对策”为对策依据，以“延伸阅读0-6”中阐述的“弯道超车”为“‘整体论’课程观”理论依据，以“延伸阅读0-7”中阐述的“简要表述”为结论依据[①]。其相关“模式选择”可简述如下：

1.21世纪新概念

在“代型设计”上，本系列专业教材名为“新概念”，是指以“‘整体论’课程观”为教材建设的“指导理念”；冠以“21世纪”，是因为该“指导理念”吸收了世界特别是欧美发达国家高等教育课程改革21世纪主流趋势的合理内核[②]，并带有“弯道超车”的新时代中国特色。

2.“多元整合型”一体化

“‘多元整合型’一体化”作为本系列教材的“代型设计”定位，有两层含义：

含义之一是指教材体系蕴含“三重整合”的“一体化”。“三重整合”即“‘专识与通识’整合”“‘专能与通能’整合”“‘整体知识’与‘整体能力’整合”。

含义之二是指教材设计“四大环节”的“一体化”。“四大环节”即“理论”

学习微平台
延伸阅读 0-1
学习微平台
延伸阅读 0-2
学习微平台
延伸阅读 0-3
学习微平台
延伸阅读 0-4
学习微平台
延伸阅读 0-5
学习微平台
延伸阅读 0-6

---

① 见“总序”二维码“延伸阅读0-1”至“延伸阅读0-7”。

② 在世界高等教育领域，20世纪末至21世纪初，课程与教材建设的大势所趋是向“‘整体论’课程观”转型。其间呈现的“整体论”课程模式多种多样，诸如：整合“专能”与“通能”的“整体能力观”（美国“职业群集课程”、英国BTEC课程、德国“双元制”课程，20世纪70至80年代）；整合“职业教育与学术教育”的AIO、STW和STC（美国社区学院，20世纪90年代）；整合“专识”与“通识”的“整体知识观”课程（美国普通高校，1990）；“博洛尼亚进程”中的“整体能力观”（29个欧洲国家，1999—2010）；整合“职业教育”与“普通教育”的“一体化”课程（美国，21世纪初）；兼顾“学术性因素”与“典型职业性因素”的《教育与培训框架2020》（欧盟委员会，2010）；整合“整体知识观”与“整体能力观”的“21世纪技能”“PISA 2018全球胜任力评估框架”（美国，2011，2017）和中国普通高校“双一流大学建设”（2017—2022）。

“实务”“案例”“实训”。此处的“一体化”有三层含义：一是指每门专业课教材的“四大环节”，从“学习目标”到“教学内容”，再到“基本训练”和“考核评价”一贯到底；二是指每章“四大环节”皆向“预期胜任力”的“阶段性建构”聚焦；三是指各章“预期胜任力”的“阶段性建构”通过“终极体验”，收官于其全课程的“总体性建构”。

3.类型与层次

在“教育类型”上，本系列教材区别于“普通高等教育”和“应用本科教育”教材，定位于“高等职业教育”；在教育层次上，本系列教材介于“中等职业教育”和“专业研究生教育”之间，定位于“高职高专”。

在教材类型上定位于“高职高专”，就是其内容重心不在“学科知识”及其“应用”，而在“技术”及其“应用”；在教材层次上定位于“高职高专”，就是以教育部新近颁布的财经商贸大类和旅游管理大类“高等职业学校专业教学标准”为层次标准。

4.编写原则

在编写原则上，本系列教材编写以教育部《职业院校教材管理办法》中的“总则”为原则，以贯彻落实其中“一个坚持”、“六个体现”、“四个自信”和“第十二条”各项要求为基点，以《中国教育现代化2035》及其实施方案中提出的“指导思想”“八大基本理念”“总体目标”“十大战略任务”为全面指导。

5.课程类型

在“课程类型”上，本系列教材兼顾“学术性”与“职业性”、“人本主义”与“工具主义”、“道德主义”与“功利主义”。

兼顾“学术性”与“职业性”，就是体现课程的“职普融通”，即体现“教育链”、“‘学术链’‘技术链’‘产业链’”和“人才链”有机衔接。

兼顾“人本主义”与“工具主义”，就是使课程既具有“人本属性”，又具有“工具属性”。课程的“人本属性”是指坚持“以人为本”，把全面提高学生的教育水平、文化品位、价值追求作为课程的根本；课程的“工具属性”是指把树立大学生的“服务意识”作为课程的宗旨。

兼顾“道德主义”与“功利主义”，就是使课程既具有“道德属性”，又具有“功利属性”。课程的“道德属性”是指把“社会公德”和“职业道德”作为课程价值的主导取向①；课程的“功利属性”是指把“为社会、为国家、为人民谋利益”作为课程价值的基本取向，把“三个有利于”作为判断课程价值的最终标准。

6.课程导向

在“课程导向”上，本系列教材正视并顺应欧盟QF-EHEA和EQF弃用“工作导向”和向“学习结果”转型的主流趋势，并由此前行，从“专注学习结果”

---

①　“道德属性”或“立德树人”，即“扎根中国大地，站稳中国立场，充分体现社会主义核心价值观，加强爱国主义、集体主义、社会主义教育，引导学生坚定道路自信、理论自信、制度自信、文化自信，成为担当中华民族伟大复兴大任的时代新人”。

进向“兼顾‘预期胜任力’连同其‘发育过程’”。

“新系”的“兼顾导向”，以“‘职业个体学力发育’与‘职业成体行动’的主导机制不同”为基本依据。

“新系”的“过程模式”选择“‘学力发育’导向”。其中：“学力”是指“通过学习获得的能力”，“职业学力”包括“学术”“技术”“技能”“价值”四重基本要素（以下简称“四重要素”）；“发育”是借用生物学概念，指高职院校在校生“职业学力”的发展，即其从高中阶段“原格局”到高职毕业之“完全成熟”的变化过程（包括各学期其在课程教学中经历的变化过程）。

“新系”的“目标模式”选择“‘预期胜任力’导向”，即将“有机论”的“内在目的性”作为方法论主导原理，以“预期胜任力生成（成熟）”为最终“目标状态”。“目标模式”可阶段化和具体化为专业教材各章的“学习目标”。

7.课程目标

以“课程标准”为总体规划和基本依据的“课程目标”，是“课程标准”的具体化和细化，即课程实施应达到的预期结果；在教材中、“课程目标”通过“学习目标”得以实现。

本系列教材用“‘传承’为主，兼顾‘创新’”模式取代“专注‘传承’”的传统“目标描述”。

1）传承型目标

“‘传承型’目标”以“健全职业人格[①]”为“整合框架”，以全人类共同价值、党和国家意志、社会主义核心价值观及道德伦理等“多维规范融入”为“价值引领”，通过各章“学习目标”中的“理论目标”“实务目标”“案例目标”“实训目标”等环节和侧面的阶段性“学力‘结构-建构’”，实现向“‘预期胜任力’生成”的课程“总目标”汇集和聚焦。其中：

“理论目标”描述“应当学习和把握”的“学科知识”（陈述性知识），包括概念、原理、特点和作用等；“可据以指导”的各种认知活动，包括“同步思考”、“教学互动”、“随堂测”和“基本训练”中“理论题”各题型；“应当体验”的“初级学习”中“专业认知”的横向正迁移，以及“相关胜任力”中“专业认知要素”的阶段性生成。

“实务目标”描述“由原理向技术延伸”，即：“应当学习和把握”的“专业规则与方法”（“程序性知识”）；“可据以解析”的“基本训练”中“实务题”各题型；“应当体验”的“初级学习”横向正迁移，以及“相关胜任力”中“专业技术要素”的阶段性生成。

“案例目标”描述“应当多元表征”的“专业情境”和“思政情境”；“应当体验”的“高级学习”中“专业知识”“通用知识”“思政元素”的协同性重组迁移，以及“相关胜任力”中“认知弹性要素”的阶段性生成。

---

① “健全职业人格”作为立足于中国特色社会主义制度、物质经济关系、科学技术、道德文化、价值取向、理想情操、行为方式和全球视野等全方位“职业要素”的整合框架，是新时代中国职业人“职业胜任力”的核心和灵魂。

“实训目标”描述关于“技术应用”的实践操练，即：“应当完成”的各项实训任务；“应当实施”的系列技能操作；“应当融入”的“专业能力”“通用能力”“职业道德”等多维素质要素；“应当准备、撰写与讨论”的《实训报告》；“应当体验”的“实践学习”中“专能”、“通能”与“职业道德”元素的协同性“重组-产生”迁移，以及相关胜任力中“求知韧性”和“复合性‘技术-技能’”要素的阶段性生成。

2）创新型目标

“创新型目标”聚焦“自主学习”“教学闭环”“产学研结合”三者中的“觅母突变”。一方面，将“4Cs”导入“自主学习”和“教学闭环”中，更新“四重要素”；另一方面，通过“产学研结合”，发展“四重要素”。

3）整合型目标

“‘整合型’目标”作为“综合训练”的“训练目的”，汇总各章“传承型学习”中的“既定习得”，将其与“自主学习”“教学闭环”和“产学研结合”中更新和发展的“四重要素”融为一体，并将基于后者的“技术应用”作为专业课“终极体验”的“综合实训”题目①。

8.课程内容

在“课程内容”上，本系列教材对标新近修订的国家专业教学标准，重点反映“知识经济”“数字经济”“服务经济”“体验经济”“共享经济”叠加背景下的现代服务业新发展，特别是反映与5G、人工智能、生物技术、大数据、云计算、物联网和智能移动终端App等新技术融合的新趋势，突出现代服务业“两新四高”的时代特征，即“新服务领域”“新服务形式”“高‘文化品位和技术’含量”“高增值服务”“高‘素质和智力’的人力资源结构”“高‘情感体验和精神享受’的消费服务质量”。

就内容布局而言，本系列课程教材兼顾“传承与创新”，以体现“‘科学⇌技术⇌产业’”辩证关系的“协同性共建”为“展开模式”，即：一方面，通过“传承机制”将教学内容展现在相互联系、密不可分的“认知基础”“技术延伸”“情境表征”和“技术应用”诸环节，重点反映专业领域的“高新技术规范”，突出“技术延伸”和“技术应用”在高职高专专业课教学中的“重心”地位；另一方面，通过“创新机制”，将“教学闭环”和“产学研结合”中产生的“觅母突变”同步反馈到“课程觅母”中。

“认知基础”是指专业“理论”（包括“基础研究中的创新”）中的“主要概念和基本原理”；“技术延伸”是指基于“认知基础”的“实务知识”，即专业“基础理论”在“应用研究”中发明、创造与开发的“新成果”，包括“新方法、新规范、新规则、新标准、新工艺”；“情境表征”是指能够用“‘认知基础’和‘技术延伸’”分析的关于“学术-技术-价值”的案例知识；“技术应用”是指

① 课程“终极体验”比照专业“顶峰体验”而来，后者是美国《博耶报告》倡导的“多种学习方式”之一（详见博耶本科教育委员会.彻底变革本科教育［J］.全球教育展望，2001（3）：67-73.）。无论是作为“阶段性体验”的“单元实训”，还是作为“终极体验”的“综合实训”，都应在“产教融合”“校企合作”的实习实践中进行。

应用“新技术”的“同步体验”和“终极体验”，即“实践学习”中的“‘技术-技能’操作”。

“课程内容”四环节的分量关系，是兼顾“学科知识”与“产业实践”两端，重在“‘技术’的‘传承-创新’与‘应用’”，做到“‘理论教学’必需够用、‘实务教学’周详充分、‘案例教学’典型多样、‘实训教学’具体到位”。

“课程内容”中的“思政要素”即“价值引导”，体现在教材各章正文、功能性专栏、“基本训练”相关题型和考核评价中。

9.课程设计

在“课程设计”上，本系列教材兼顾“目标模式”“过程模式”“情境模式”。课程设计的“目标模式”，是指“学力‘结构-建构’”的“总目标”，即专业“‘预期胜任力’生成”；课程设计的“过程模式”，是指前述“学力发育导向”；课程设计的“情境模式”，是指关于“‘校本学习’专业‘课程觅母’选择”的“内外情境”要素。其中：

“‘校本学习’专业‘课程觅母’选择”，就是从“基于教育类型和层次定位”的专业“文化觅母库”之“价值链”“学术链”“技术链”“产业链”“教育链”中，择优选取“人类文化‘传承-发展’信息”要素。

“内外情境”要素中的“内部情境”，是指“教学闭环”内“参与‘觅母表达’”的各种要素关系；“外部情境”，是指其“教育环境”中的诸多要素关系。

10.课程组织

在“课程组织”上，本系列课程教材兼顾“要素组织”和“结构组织”。其中：“课程要素组织”对标“深度融合”中的“当代前沿‘学科知识’与‘技术规则’要素关系”；“结构组织”既关注“层次结构”的合理化，又关注“内容结构”的无限化。

对标“深度融合”中的“当代前沿‘学科知识’与‘技术规则’要素关系”，就是课程的“学术性要素”与“职业性要素”依照“纵向为主，横向为辅，纵横交错”的线索展开；“层次结构的合理化”，就是合理配置“深层”“中层”“浅层”知识，通过深层知识对中层知识、中层知识对浅层知识的“一般性”、“稳定性”和“指导性”作用，赋予课程以应对“知识流变”的弹性；“内容结构的无限化”，就是在“授之以鱼”的同时“授之以渔”，即通过“学会学习”，导入关于“学习理论”、“学习方法”与“学习策略”的“自主学习‘否定性’”机制，赋予课程以应对“从学校到生涯”的“知识流变”之无限潜力。

11.课程方法

在“课程方法”上，本系列教材以“中心法则”假说为理论依据，将“学科中心”与“工作中心”、“知识中心”与“活动中心”、“教师中心”与“学生中心”等“两极对立”，以及“多中心”“无中心”等传统执念，转型为“以‘觅母表达过程’为中心，以‘教师为引导、学生为主体’、‘教学闭环与教育环境良性互动’为‘开放系统’”的“‘整体论’方法”模式。

12.教材结构

在“教材结构”上，高职高专的专业课教材此前有两个主要选项，即“模块化结构”和“多样化结构”。

“模块化结构”是北美DACUM、国际劳工组织MES和德国“双元制”“工作导向”课程结构的标配；“多样化结构”是欧盟各国QF-EHEA和EQF“学习结果导向”课程结构的标配。

鉴于“工作导向”被QF-EHEA和EQF“范式转换”多年，已不可取；“学习结果导向”不仅方法论基础有局限性，而且重“结果”轻“过程”，特别是轻“校本学习”中“教学闭环”的“过程”，是“一种倾向掩盖另一种倾向”，也不足取。

本系列教材的“课程导向”兼顾“过程模式”（学力发育）与“目标模式”（预期胜任力），且其“要素结构”以“纵向为主，横向为辅”，故以“章节结构”为教材结构的标配。

13.教学途径

在“教学途径”上，本系列课程教材的“理论教学”遵循“从抽象上升到具体”的路径；“实务教学”同步跟进，向“技术环节”延伸；“案例教学”紧随其后，穿插其间；“实践教学”理实统一，从阶段性收官。

“教学途径”如此布局的理论依据如下：麦克·扬“基于知识分化的理论”观点，即关于“强有力的知识”是“专门化的”“系统性的、通过概念在‘学科’或‘科目’的形式下彼此系统关联”的观点[①]；马克思关于“从抽象上升到具体的方法”是“科学上正确的方法”[②]；J.安德森“产生式迁移理论”关于“‘产生式规则’的获得必须先经历一个‘陈述性阶段’”；弗拉威尔“认知策略迁移理论”关于“‘反省认知过程’是在新的情境下使用‘认知过程’的前提”；斯皮罗（R.J.Spiro）和乔纳生（D.H.Jonassen）“认知灵活性理论”关于“‘高级学习’以‘初级学习’为前提”；约翰·杜威关于“学习也来自经验”；库尔特·勒温关于“理论应该与实践统一”；让·皮亚杰关于“智力在体验中形成”。

14.教学方法与学习方式

在“教学方法”上，本系列教材将各种教学方法“兼收并蓄”，即将“学导教学法”“互动教学法”“案例教学法”“讨论教学法”“体验教学法”“分众教学法”“项目教学法”等诸多教学法，有针对性地运用于相应教学环节，使其相得益彰。

在“学习方式”上，融“听讲学习”“自主学习”“协作学习”“讨论学习”“互动学习”“探究学习”“考察学习”“实践体验学习”“网络学习”等多种方式于一体。

15.课程训练

在“课程训练”上，本系列教材通过各类题型——对标四大“学习目标”和

① YOUNG M，LAMBERT D.Knowledge and the future school：curriculum and social justice［M］.London：Bloomsbury，2014：74-75.

② 参见中共中央马克思恩格斯列宁斯大林著作编译局.马克思恩格斯文集：第8卷［M］.北京：人民出版社，2009：25.

“教学环节”的“理论题”“实务题”“案例题”“实训题”——一一操练，复习与巩固“单元教学”的各种习得，体验不同类型的“学习迁移”，强化“学术”“技术”“技能”“价值”等要素“聚焦‘胜任力’”的“学力阶段性”建构。

教材末章之后设有作为课程“终极体验”[①]的“综合训练”，旨在体验将“产学研结合”和“教学闭环”（特别是“自主学习”）中获得的“技术更新”与先前各章“技术习得”融为一体的“‘传承-创新’型”“胜任力建构”。

在上述训练中，着眼“高素质”人才的“核心素质”培养，本系列教材借鉴英国“普通国家职业资格证书”（GNVQ）课程中关于“‘通用知识’应用转化为‘通用能力’”授课方式，通过学生组建学习团队，自主学习和应用教材所附“‘职业核心能力训练’参照知识和规范”，将“通识”和“通能”融入各章“案例分析”“课程思政”“实训操练”等“专业能力”、“4Cs”和“韧性”的诸训练环节中。

16.课程考核

关于“课程考核”，本系列课程教材的定位如下：

考核模式：采用“寓练于考”“以考促练”的“多元整合型”考核模式，兼顾“知识测试”和“能力与素质评估”，“融多种考核方式于一体”，即融“理论考核”“实务考核”“案例考核”“实践考核”，以及“形成性考核”与“成果性考核”（课业考核）等考核方式于一体。其中：“成果性考核”系借鉴欧盟QF-EHEA和EQF“学习结果”范式中“强化教育输出端管理”的合理内核，请产业界代表参与考核评估和质量把关。

考核目的：全面测评学生在本课程教学训练活动中“学习目标”的达标程度，重点评估以“预期胜任力”为“建构总目标”的“学力建构”阶段性水平。

考核种类：针对考生“学力建构”各阶段不同层面和要素，兼顾“理论题考核”、“实务题考核”、“案例题考核”和“‘实训题/自主学习’考核”。

17.评价原则

在“评价原则”上，本系列教材定位于“改进结果评价，强化过程评价，探索增值评价，健全综合评价，完善素质评价，提高评价的科学性、专业性和客观性”，致力于建构新时代中国特色高等职业教育专业课程考核评价体系。

18.质量管控

在“质量控制”上，本系列教材建设坚持基于“产学研结合”的“质量管理”，邀请行业、企业代表及相关领域专家参与由领衔编者主导的教材设计、编写与质量管控[②]。

二、各阶段融入要素

1.关于“人才培养目标”

关于高职高专“人才培养目标”定位，本系列教材建设对标各阶段文件精神与要求，同步跟进和转型如下：

① 相对于“专业胜任力建构”的“顶峰体验”，每门课程的“终极体验”都是一种“阶段性体验”。
② 最好请通晓当代课程理论研究最新成果的课程专家担任教材设计顾问。

"以培养高等技术应用性专门人才为根本任务"（教育部，2000）；"培养生产服务第一线的高素质劳动者和实用人才"（国务院，2002）；"培养高素质的技能型人才，特别是高技能人才"（教育部，2003）；"培养面向生产、建设、管理、服务第一线需要的高技能人才"（教高〔2006〕16号）；"以培养高端技能型人才为目标"（教育部，2011）；"培养高端技能型人才"（教职成〔2011〕9号）；"培养产业转型升级和企业技术创新需要的技术技能型人才"（国发〔2014〕19号）；"培养掌握新技术、具备高技能的高素质技术技能人才"（《现代职业教育体系建设规划》，2014—2020）；"培养创新型人才是国家、民族长远发展的大计。当今世界的竞争说到底是人才竞争、教育竞争。要更加重视人才自主培养，更加重视科学精神、创新能力、批判性思维的培养培育。要更加重视青年人才培养，努力造就一批具有世界影响力的顶尖科技人才，稳定支持一批创新团队，培养更多高素质技术技能人才、能工巧匠、大国工匠"（习近平总书记在中国科学院第二十次院士大会、中国工程院第十五次院士大会和中国科学技术协会第十次全国代表大会上的讲话，2021）；党的二十大报告强调，"育人的根本在于立德。全面贯彻党的教育方针，落实立德树人根本任务，培养德智体美劳全面发展的社会主义建设者和接班人"。

在所述"跟进"与"转型"的靠后阶段，为及时对接"基于'科学-技术-产业'融合"的中国"'技术-产业'链"升级（特别是"新质生产力"）对高级人力资源（特别是"新质型人才"）的新需求，本系列教材结合"经管类服务业"特点，着眼高职高专"培养以'健全职业人格'为职业灵魂，富有科学精神、人文精神、创新精神、政治素质、'4Cs'和'韧性'，'德、知、技、能并修'的新时代'高素质''高技术等级'的'技术-技能'型人才"这一总定位，进一步提升了由公共基础课和专业课体系支撑、作为专业"职业表型"的"预期胜任力"建构内涵。

2.关于"自主学习"

联合国教科文组织研究表明：进入21世纪，不少学科知识更新周期已缩短至2～3年。不仅如此，如《今日世界》作者所指出的，整个"工作世界"都处于变化中，而且变化会越来越快。

这意味着，学生在校学习的旨在"与工作世界对接"的"学习结果"中，有相当多的知识在毕业后已经过时。

为应对日益加速的"知识流变"和"工作世界变化"，本系列教材自2017年起，将"自主学习"视为与"实训操练"同等重要的能力训练：在奇数各章用"自主学习"替换先前各版的"实训操练"，或将"自主学习"直接融入"实训操练"的"技能训练"中，借以培育学生适应"知识流变"的"求知韧性"。

3.关于"教育信息化"

1）二维码资源

为落实教育部关于"进一步推进职业教育信息化发展"，"推广……移动学习等信息化教学模式"（教职成〔2017〕4号）和"推进教育教学与信息技术深度融合”（《教育部高教司2018年工作要点》）等文件精神，本系列教材建设从2019年起增加了可以经常更新的二维码教学资源，旨在解决传统教材所缺少的“互联网+”移动学习，即纸质教材知识信息相对滞后的问题。

2）专业教学资源库

为落实《教育信息化2.0行动计划》（教技〔2018〕6号）中关于“升级职业教育专业教学资源库建设，丰富职业教育学习资源系统”要求，本系列教材及时将网络教学资源由原来的3种扩充为包括“课程概要”“教学大纲”“教学日历”“电子教案”“PPT课件”“学生考核手册”“参考答案与提示”“学习指导”8种。

3）AI自适应学习

随着“互联网+”和教育数字化的发展，一种新的学习方式——AI自适应学习——正在崛起。AI驱动的自适应学习技术能够根据学生的个体差异和需求提供个性化的学习方案，从而大大提升学生自主学习与训练的效率、效果和体验。

在我国，以教育部发布首批18个“人工智能+高等教育”应用场景典型案例为标志，高校人工智能驱动在线学习平台建设已步入发展快车道。本系列教材建设将密切关注“人工智能+高等职业教育”的探索与实践，并通过教材修订同步跟进。

4.关于“三教改革”、“评价改革”和“立德树人”

为全面落实《国家职业教育改革实施方案》（国发〔2019〕4号）、《关于实施中国特色高水平高职学校和专业建设计划的意见》（教职成〔2019〕5号）、《职业院校教材管理办法》、《深化新时代教育评价改革总体方案》（中共中央、国务院，2020）和《职业教育提质培优行动计划（2020—2023年）》（教职成〔2020〕7号）等文件要求与精神，本系列教材建设重点落实“三教”改革中的“教材、教法改革”和“总体方案”中的“教育评价改革”，特别是落实“在立德树人根本任务方面，进一步创新思想政治教育模式，将社会主义核心价值观融入专业课教材”等要求。

5.关于“党的二十大精神进教材”

依照《中共中央关于认真学习宣传贯彻党的二十大精神的决定》中关于“推动党的二十大精神进教材、进课堂、进头脑”要求，自2022年年底起，本系列教材建设将研究和落实“育人的根本在立德”“培养德技并修”的“高素质‘技术-技能’型人才”的“人才强国战略”，作为新时期高职高专院校专业课程教材改革的根本任务。

6.关于“职普融通”和“产学研结合”

为贯彻《关于深化现代职业教育体系建设改革的意见》文件精神，自2023年起，本系列教材建设阶段性落实“以教促产、以产助教、产教融合、产学合作，延伸教育链、服务产业链、支撑供应链、打造人才链、提升价值链”等文件要求，致力于探索体现“产学研合作”和“‘科学链’‘技术链’‘产业链’‘教育链’协同发展”的具体方式。

7.关于“加强课程教材体系建设”

自2023年秋季起，本系列教材根据相关文件要求，在建设规划中提出“进一步优化教材体系”和“强化质量控制”的要求，具体如下：

1）关于体系优化

以《中国教育现代化2035》及其实施方案中提出的“指导思想”“八大基本理念”“总体目标”“十大战略任务”为全面指导，致力于落实关于“加强课程教材体系建设”，特别是“科学规划课程”“充分利用现代信息技术”“丰富并创新课程形式”“增强教材的思想性、科学性、民族性、时代性、系统性”“完善教材编写、修订”等任务要求，并以同期修订的“总序”为契机深化共识，探索新时代中国特色高等职业教育专业课程与教材体系建设的“弯道超车”之路。

学习微平台

延伸阅读0-7

2）关于质量控制

贯彻落实《教育部办公厅关于加快推进现代职业教育体系建设改革重点任务的通知》（教职成厅函〔2023〕20号）任务八中关于优质教材建设要求，本系列教材在“质量控制”上，请“教育理论学者”“科技专家”“产业行家”参与教材设计、编写和质量把关。

许景行

2010年9月初稿

2024年6月修订

第五版前言

党的二十大为做好新时代教育工作指明了方向、提供了根本遵循。认真学习宣传贯彻党的二十大精神，推动党的二十大精神进教材、进课堂、进头脑，是广大教育工作者义不容辞的责任。

本书第五版以党的二十大精神为指引，以教育部《职业院校教材管理法》中的“总则”为原则，以贯彻落实“一个坚持”、“六个体现”、“四个自信”和“第十二条”各项要求为基点，以《中国教育现代化2035》及其实施方案中提出的“指导思想”、“八大基本理念”、“总体目标”和“十大战略任务”为全面指导，在前四版的基础上，对教材进行了调整、优化和升级，具体如下：

1. 教材体系建设

20世纪60年代以来盛行于西方发达国家职业教育的“工作导向”，于21世纪头10年被作为欧盟各国职教改革主流范式的EQF“学习结果”取代。正视这一“范式转换”的积极意义，并由此继续前行，探索新时代中国特色高等职业教育专业课程体系建设之路，中国职教界责无旁贷。

在此背景下，为阶段性落实《中国教育现代化2035》及其实施方案中关于“加强课程教材体系建设”，特别是“科学规划课程”、“充分利用现代信息技术”、“丰富并创新课程形式”、“增强教材的思想性、科学性、民族性、时代性、系统性”和“完善教材编写、修订”等任务要求，本书第五版遵循“总序”阐明的“共识”，在教材的“类型与层次”“编写原则”“结构”，课程的“设置”“导向”“目标”“内容”“组织”“方法”“训练、考核与评价”，以及教学的“途径”和“方法”等方面，都做了较为系统的调整和优化，将以“‘整体论’课程观”为指导理念，以“学力发育”为“过程模式”，以“旅游市场营销策划胜任力”建构为“目标模式”，以教师为引导，以学生为主体，以“教学—训练—考核”为主线的“‘教、学、做、评’合一”，作为教材体系建设的基本定位。

2. 教材内容建设

在教材内容建设上，对标高职高专教育侧重“技术延伸与应用”、培养“技术技能型人才”的层次定位，本次修订的更新优化如下：

（1）对标国家专业教学标准，反映“知识经济”“数字经济”“服务经济”“体验经济”“共享经济”叠加背景下的旅游市场发展新趋势、新政策、新法规，局部更新了教学内容；增补的内容旨在反映本行业、领域在全球经济发展中特别是中国经济社会高质量发展中的情况。

（2）加强思政建设。全面推进课程思政建设，是落实习近平总书记关于立德树人、全面提高人才培养质量要求的首要任务。本次修订在“思政建设”上进行了充实提升：第一，结合教学内容需要，添加了党的二十大内容；第二，将“学习目标”中“案例目标”子目标的原“职业道德与伦理”升级为“课程思政”，促进“立德树人”根本任务的落实；第三，与此同步，将每章正文“职业道德与伦理”专栏和章后“基本训练”中的“善恶研判”题型，统一升级为“课程思政”，并扩充了案例中的思政元素内涵；第四，在课程考核评价上，加入了“思政标准”。

(3) 进一步优化了各章的“学习目标”：一是增添了各种“学习迁移”的要求；二是将诸多“学力要素”的建构要求具体化；三是突出“‘四大子目标’向‘旅游市场营销与策划胜任力’总目标聚焦”的各章“阶段性建构”和以“综合训练”收官的“终极建构”目标要求。

(4) 更新了二维码资源：一是修订部分章节“延伸阅读”二维码资源，进一步扩大阅读范围，使学生了解旅游市场新动态，开阔学生视野；二是每章节后增加了“随堂测”，使其成为“可练、可互动、可考核的教学资源”。

(5) 增加了“深度思考”和“深度剖析”功能性专栏，旨在通过深度追问“为什么”，提升学生深入思考和解决问题的能力。

(6) 优化了训练环节的“实训题”：对标高职高专教育侧重“技术”、培养“技术技能型”人才的训练内容。本次修订将各章“基本训练”中的原“实训题”优化为关于本章“技术应用”的“阶段性体验”，并在末章之后增设了“兼顾‘传承’与‘发展’”的“终极体验”，旨在一方面展现学生在“旅游市场营销与策划胜任力建构”中的“学力发育过程”，另一方面将“校本学习”的“技术习得”与通过“产学研结合”实现的“技术更新”融为一体。

(7) 为应对日益加速的知识流变，增加了“自主学习”训练。在实施《自主学习计划》的基础上，通过学习和应用“附录一”附表1“自主学习”(中级)各技能点的“‘知识准备’参照规范”所列知识，查阅、搜集、整理课程相关前沿知识，讨论、撰写和交流《“课程相关前沿知识”最新文献综述》，撰写《“课程相关前沿知识”训练报告》等活动，培养“自主学习”的通用能力；阶段性体验各章“自主学习”中“专能”与“通能”的“重组性”迁移，以及相关胜任力中“求知韧性”要素的生成。

3. 教材配套资源建设

在教材配套资源建设上，本次修订对原网络教学资源进行了扩充，包括课程概要、教学大纲、教学日历、电子教案、PPT教学课件、参考答案与提示、学习指南、学生考核手册。使用本教材的教师可登录东北财经大学出版社网站(www.dufep.cn)下载和使用这些教学资源。

4. 教材质量控制

在教材质量控制上，本次修订坚持基于“产学研结合”的“教材设计”和“质量管理”，请教研专家和产业行家全程参与。在“教材体系优化”、“内容向‘技术延伸与应用’倾斜”以及“质量把关”等方面，他们做了宝贵的行业指导。

本教材第五版由河北旅游职业学院李学芝、宋素红，河北石油职业技术大学王一鸣，承德应用技术职业学院王馨慧担任主编，河北旅游职业学院李一卉、齐建军、王佼佼担任副主编，承德避暑山庄旅游集团王建宇参与教材审核。

具体分工如下：第1章由齐建军编写；第2、3章由王馨慧编写，第4、5、8、9章由王一鸣编写；第7章由王佼佼编写；第10章由李一卉编写；第6章、教材中二维码资源、网络资源由宋素红编写；书后综合训练、范例由李学芝编写；王建宇参与教材审核，全书最后由李学芝总纂定稿。

“总序”和书后“附录”由东北财经大学出版社许景行撰写和修订。

在编写过程中，我们借鉴和参考了大量国内外的相关书籍、教材及网络资料；同时也得到了承德市盛华大酒店、承德鼎盛王朝、承德避暑山庄、北京静之湖度假酒店等单位行业专家的大力支持。在此，谨向所有相关作者、单位和行业专家表示诚挚的感谢。

本书可作为高等职业教育旅游管理类专业的全国通用教材，也可供企业在职人员培训使用。

教材改革与创新是一项系统、复杂和艰巨的工程，不可能一蹴而就。与前几版相比，本书第五版虽然向前迈出了一大步，但与改革的更高目标相比，仍需继续努力，书中的缺陷和不足仍在所难免，敬请专家、同行和广大读者朋友不吝赐教。

编　者

2024年6月

目 录

第1章 旅游市场营销与策划概述

学习目标

通过本章的学习，应该达到以下目标：

理论目标：学习和把握“旅游市场营销与策划概述”的相关概念，旅游市场的特点，旅游市场营销的特征，现代旅游市场营销观念，旅游市场营销策划的特征，旅游市场营销策划书的结构与内容，以及“延伸阅读”等陈述性知识；能用其指导本章“同步思考”、“深度思考”和“基本训练”中“理论题”各题型的认知活动，正确解答相关问题；阶段性体验本章专业理论学习的横向正迁移，以及相关胜任力中“专业认知”要素的生成。

实务目标：学习和把握旅游市场营销策划的要素与内容、旅游市场营销策划书的编写原则、相关“业务链接”等程序性知识；能以其建构“旅游市场营销与策划概述”中的规则意识，正确解析本章“教学互动”、“随堂测”和“基本训练”中“实务题”的相关问题；阶段性体验本章专业实务学习的横向正迁移，以及相关胜任力中“专业技术”要素的生成。

案例目标：运用本章理论与实务知识研究相关案例，培养和提高在“旅游市场营销与策划概述”特定情境中多元表征的专业能力；能结合本章教学内容，依照相关规范或标准，对“课程思政1-1”专栏和章后“课程思政-I”等案例中企业及其从业人员行为进行思政研判，强化社会主义核心价值观的引领作用，促进“立德树人”根本任务的落实；阶段性体验本章专业案例学习中“专业知识”、“通用知识”与“思政元素”的协同性重组迁移，以及相关胜任力中“认知弹性”要素的生成。

自主学习：参加“自主学习-I”训练。在实施《自主学习计划》的基础上，通过学习和应用“附录一”附表1“自主学习”（中级）各技能点的“‘知识准备’参照规范”所列知识，查阅、搜集、整理与综合“近几年我国文旅市场发展状况”前沿知识，讨论、撰写和交流《“近几年我国文旅市场发展状况”最新文献综述》，撰写《“自主学习-I”训练报告》等活动，培养“自主学习”的通用能力（中级）；阶段性体验本章“自主学习”中“专能”与“通能”的“重组性”迁移，以及相关胜任力中“求知韧性”要素的生成。

引例　哈尔滨冰雪旅游走在全国前列

背景与情境：中国旅游研究院发布的《哈尔滨冰雪旅游发展报告（2023）》指出，作为我国冰雪资源集聚程度高的代表性地区，哈尔滨冰雪旅游经济效益2019年达到了高峰，全市共接待游客2 339.4万人次，总收入391.7亿元，同比增长11.4%和17.1%。

1）哈尔滨冰雪旅游走在全国前列

从冰雪旅游项目驱动向冰雪旅游城市创建转变。近年来，哈尔滨积极整合项目资源，推进冰雪旅游全域化发展，已经形成了以兆麟公园冰灯艺术游园会、冰雪大世界、太阳岛雪博会“三大品牌”为核心，以伏尔加庄园、亚布力滑雪旅游度假区、松花江冰雪嘉年华、融创雪世界、极地馆等多个冰雪参与性、体验性强的精品网红打卡地为支撑，以英杰温泉小镇、亚布力森林温泉、枫叶温泉度假村等寒地温泉产品为补充的多点聚集、网状分布的冰雪旅游项目及产品体系。同时哈尔滨积极打造涵盖观览、体验、文博、民俗、滑雪、极限挑战等全谱系冰雪产品，通过科技创新和增强文化内涵，改造升级冰雪大世界、太阳岛雪博会等“老字号”产品。

从冰雪旅游小产业向冰雪经济的大体系转变。近年来，哈尔滨将冰雪旅游资源同历史、建筑、制造、竞赛、文化、艺术、时尚、美食、生态等哈尔滨核心产品有机融合。

从注重冰雪经典文化到经典与时尚并驾齐驱转变。作为国家首批历史文化名城，哈尔滨汇聚并形成了集欧陆文化、音乐文化、金源文化、时尚文化、红色文化等多样风格于一体的文化体系，多元的经典文化与冰雪时尚文化交相辉映。

2）哈尔滨冰雪旅游高质量发展

推动冰雪旅游与城市发展相融共生。报告指出：哈尔滨积极推动冰雪旅游与城市发展深度融合，通过推出“满城冰雪”“满城冰场”“冰雪演出季”“冰雪欢乐季”“冰雪惠民季”系列主题活动，打造主客共享的冰雪城市节庆氛围。

促进冰雪文化根脉厚植大众生产生活。近年来，哈尔滨抢抓3亿人参与冰雪运动和后冬奥时期冰雪产业高质量发展的历史机遇。哈尔滨市政府投入6.15亿元新建的10个气膜冰上运动中心2022年已经投入使用。哈尔滨市举办了省第15届运动会、2021—2022年度黑龙江省越野滑雪、高山滑雪、单板滑雪平行项目冠军赛、冬季铁人三项世界杯、速度滑冰马拉松赛等20余项冰雪品牌赛事活动，多样化赛事的举办吸引了不同群体的积极参与，集高山滑雪、越野滑雪、单板滑雪等项目于一体的冰雪项目在冰城铺开。在冰雪装备方面，投资3.8亿元的哈尔滨冰雪运动装备制造产业园已成功落地。在冰雪文化建设上，哈尔滨积极推动建设黑龙江冰雪文化科普馆、数字冰雪运动体验馆、智能运动健康基地、冰雪职业技术培训基地、数字冰雪新零售平台等。

3）后奥运时期哈尔滨冰雪旅游高质量发展

报告指出：要从四个方面对后奥运时期哈尔滨冰雪旅游进行高质量发展。创新冰雪产业融合，打造“冰雪文化之都”；挖掘冰雪旅游消费潜力，培育大众冰雪旅游市场；加快冰雪端供给侧结构性改革，培育现代冰雪旅游产业体系；完善体制机制，补齐冰雪公共服务短板。

资料来源 佚名．中国旅游研究院发布《哈尔滨冰雪旅游发展报告（2023）》：哈尔滨冰雪旅游走在全国前列［N］．哈尔滨日报，2023-01-06.

问题： 分析哈尔滨旅游火爆的营销因素有哪些。

哈尔滨的冰雪产业已有60多年的历史，拥有丰富的冰雪旅游资源，再加上良好的营商环境和服务标准，哈尔滨走红也就是水到渠成的事情了，并不意外。再加上热点话题的新媒体传播力非常强，哈尔滨旅游赢得了很多消费者的口碑。

1.1 旅游市场营销

要研究旅游市场营销，首先要正确理解市场、市场营销及旅游市场营销等概念。

1.1.1 市场与市场营销

市场是研究旅游市场营销首先遇到的一个概念。市场是商品经济的产物，起源于古代人们对在固定时段和地点进行交易的场所的称呼，是商品经济运行的载体或现实表现。

1）市场

市场是指某种产品的现实购买者与潜在购买者需求的总和。市场包含三个主要因素：有某种需要的人、为满足这种需要的购买力和购买欲望。用公式来表示：市场=人口+购买力+购买欲望。

市场的这三个因素是相互制约、缺一不可的。只有将三者结合起来才能构成现实的市场，才能决定市场的规模和容量。例如，一个国家或地区人口众多，但收入很低，购买力有限，则不能构成很大的市场；又如，虽然购买力很大，但人口很少，也不能形成很大的市场。只有人口多，且购买力强，才能成为一个有潜力的大市场。但是，如果产品不符合需求，也不能激发起人们的购买欲望，对于销售者来说，仍然不能成为现实的市场。因此，市场是上述三个因素的统一。市场的大小，取决于那些有某种需求，并拥有使他人感兴趣的资源，同时愿意以这种资源来换取其所需要的东西的人。

深度思考1-1

疑点： 市场营销学中“市场”的含义与人们常说的“市场”、经济学中的“市场”含义是相同的。

释疑提示： 平常人们口中的“市场”是在一定时间和地点进行商品交易的场所，是从时空方面讲的。比如商场、集市等。经济学中的“市场”是指商品交换关系的总和，主要研究供给和需求的关系问题。但市场营销学中的“市场”只包括“需求”，不包括供给，营销人员研究的是市场需求。我们常说“市场疲软”，实际上是指需求疲软。

2）市场营销

市场营销是个人和集体通过创造并同他人交换产品和价值以获得其所需所欲之物的社会过程，也就是从满足服务对象的需要出发合理配置自己的资源，通过满足对方需要来实现自己目标的活动过程。它主要包括以下活动：

（1）市场营销活动的出发点是满足消费者的需求和欲望，因此，必须调查、了解、研究和掌握消费者的需求。

（2）满足人们需求和欲望的是产品和服务，因此，企业需要利用所了解和掌握的市场需求信息指导生产和经营，以使其产品和服务适销对路。

（3）将企业提供的产品和服务信息以适当的方式和渠道传递给消费者，引导和促使消费者购买。

（4）建立并拓宽产品流通渠道，促进产品销售，使产品顺利地进入消费领域。

（5）搞好售后服务，搜集消费者对产品和服务的意见、建议和新的要求，以指导生产和经营，确保企业的健康发展。

由此可见，**市场营销**是指与市场有关的人类活动，即以满足人类的各种需要和欲望为目的，通过市场使潜在交换变为现实交换的活动。

1.1.2 旅游市场

1）旅游市场的概念

旅游市场是社会经济发展到一定程度，旅游活动商品化、社会化的产物。市场营销学中的**旅游市场**是指在一定时期内，某一地区存在的对旅游产品具有支付能力的现实和潜在的购买者。所谓现实购买者，是指既有支付能力又有购买兴趣的人；潜在购买者是指可能具有支付能力和购买兴趣的人。旅游市场是由旅游消费者、购买力、出游愿望和出游机会组成的。**旅游市场**又是在一定时空条件下的旅游消费者、购买力、出游愿望和出游机会的集合。

同步思考1-1

问题：影响旅游市场规模的因素有哪些？

理解要点：

①旅游市场的人口数量。人口越多，市场潜力就越大。

②人们的支付能力。旅游产品的交换是以货币作为支付手段的，没有足够的支付能力，旅游行为便无法实现。这时，旅游只是一种主观愿望，而不能形成现实的需求。

③人们的购买欲望。如果有人、有购买力，但人们缺乏旅游的内在动机，同样不能形成现实需求。

④人们的出游机会。

2）旅游市场的特点

由于旅游活动本身具有的一些特殊性，导致与其他行业市场相比，旅游市场有以下特点：

（1）全球性

旅游市场的全球性主要是由全球范围的旅游需求与旅游供给决定的，表现在两个方面：一是旅游消费者的旅游活动范围遍布世界各地，旅游需求遍布世界；二是世界各国或地区都在积极发展旅游业，旅游供给遍布世界。

（2）异地性

旅游活动的完成通常伴随着旅游消费者地理位置的移动，旅游接待企业的客源（旅游消费者）主要为非当地居民，因而旅游市场通常是旅游者向旅游目的地转移的过程中形成的。

（3）波动性

旅游消费是非生活必需品消费，因此，旅游需求受外部环境的影响比较明显。例如，国际局势、突发事件、季节性、重大社会活动和节假日、汇率、通货膨胀、物价、工资以及旅游者心态的变化等，都可能导致游客总数、构成、流向发生变化，出现波动。

（4）高度竞争性

现代旅游市场是一个竞争十分激烈的市场。这是因为旅游资源的范围和分布非常广泛，行业的进入门槛较低，旅游产品易被模仿，最终使众多的旅游企业开发出许多相同或不同种类、不同特点的旅游产品，以满足旅游消费者的需求。因此，旅游市场的竞争越来越激烈。

3）旅游市场的分类

（1）依照地域范围划分

依地域范围，旅游市场分为国际和国内旅游市场。

（2）依照旅游者年龄划分

依照旅游者的年龄，旅游市场分为老、中、青、儿童旅游市场。

（3）依照旅游活动类型划分

依照旅游活动类型，旅游市场分为观光、度假、会议、购物、体育、探险和科学考察旅游市场。

（4）依照旅游接待量划分

依照旅游接待量，旅游市场分为一级市场、二级市场等。

1.1.3　旅游市场营销的概念及特征

旅游市场营销是在现代市场营销理念的指导下，为了谋求长期的生存与发展，根据外部环境与内部条件的变化，对旅游市场做出的具有长期性、全局性的计划与谋略，是旅游市场在一个相当长的时期内对市场营销发展的总体设想与规划。

1）旅游市场营销的概念

旅游市场营销是指营销主体（个人和组织）对旅游思想、环境、产品、服务进行设计、定价、展示、分销和促销的计划和实施过程，该过程通过满足旅游者的需求和创造旅游者满意来实现企业的经营目标。其含义有三：

(1) 旅游市场营销以交换为中心，以旅游消费者为导向，以此来协调各种旅游经济活动，力求通过提供有形产品和无形服务使游客满意，实现旅游企业的经济和社会目标。

(2) 旅游市场营销是一个动态过程，包括分析、计划、执行、反馈和控制，更多地体现为旅游经济个体的管理功能，主要是对营销资源（如旅游市场营销中的人、财、物、时间、空间、信息等资源）的管理。

(3) 旅游市场营销适用范围广泛。一方面体现为旅游市场营销的主体广泛（包括所有旅游经济个体）；另一方面体现为旅游市场营销的客体广泛（包括对有形实物的营销、无形服务的营销及旅游经济个体由此所产生的一系列经营行为）。

同步思考 1–2

问题：如何理解"旅游市场营销就是卖山、卖水、卖人、卖文化"？

理解要点：

①旅游市场营销卖的是旅游目的地的地脉、人脉、文脉。

②挖掘旅游目的地的文化底蕴、自然风光，靠山吃山，靠水吃水。

③发掘旅游目的地最大的人性需求，符合人性、体验人情、聚集人气。

2）旅游市场营销的特征

(1) 营销导向

旅游企业的一切经营活动都必须以旅游市场需求作为出发点和归宿，以旅游消费者为核心，并通过满足旅游消费者的需求来获取利润。

(2) 管理导向

旅游企业的发展会受到诸多营销环境因素的影响，而这些环境因素又会随着时间和空间的不断变化而变化。旅游市场营销的实质在于旅游企业对动态环境的创造性的适应，即运用一切可利用的资源，通过产品、渠道、价格和促销等管理策略实现对环境的适应。

(3) 信息导向

旅游市场营销的最终目的是满足游客的需求，这就必须借助于信息的传导。一方面，旅游企业需要对复杂、多样的旅游消费需求进行深入、细致的调查；另一方面，旅游企业需要对内外部环境进行调研和决策，以适应环境的变化。所有这些决定了信息在旅游企业市场营销中的重要地位。

(4) 战略导向

旅游市场营销对旅游企业的长远发展有着十分重要的影响。在社会飞速发展的时代，旅游企业若想实现持续发展，必须依赖于对环境的适应，依赖于现代化市场营销的战略导向。

业务链接1-1

旅游市场营销的步骤

①对旅游企业外部环境的研究。其包括对现实和潜在旅游消费者的分析研究；对竞争对手的市场、产品、战略等的调查分析；对政府政策及有关战略导向的研究；对国际旅游业最新动态及未来发展趋势的分析研究等。

②对旅游企业自身的研究。其包括对企业自身生产能力、科技水平的分析及未来应变能力的培育；对旅游产品的种类、特点、结构及价格等各种产品要素的分析；制订旅游产品进入目标市场的计划及各种突发事件的应急预案；对旅游新产品持续开发能力的培育等。

③营销策划。其包括制订旅游企业营销计划；选择和建立营销渠道；设计公关活动，提高产品知名度并搜集营销信息，评估营销效果；根据一系列的促销活动树立企业和产品形象；选择合适的竞争策略等。

④新产品开发。其包括根据促销信息的反馈对现有旅游产品进行改进；根据内外部环境的变化，研究和开发新的旅游产品等。

⑤旅游产品的销售。其包括根据已有的企业形象确定相应的销售策略；履行对旅游消费者的承诺；搜集销售过程中旅游消费者的反馈信息；妥善处理各种矛盾和纠纷等。

⑥售后服务。其包括建立重要、有代表性的旅游消费者档案；对旅游消费者进行跟踪调查，搜集并分析旅游消费者消费后的反馈信息。

1.1.4 现代旅游市场营销观念

旅游市场营销观念是旅游企业进行旅游营销活动的指导思想和思维方式，不同的营销观念产生不同的营销行为。自市场营销学产生以来，营销观念经历了一个漫长的演进过程，先后出现了以生产者为导向的生产观念、产品观念、推销观念；以消费者为导向的市场营销观念、社会市场营销观念；以现代旅游市场为导向的绿色营销观念、生态营销观念、网络营销观念、文化营销观念、低碳营销观念等。下面重点介绍现代旅游市场营销观念。

1）绿色营销观念

绿色营销观念是指以绿色文化为价值观，以绿色消费为出发点，力求满足旅游消费者的绿色需求，从而实现旅游企业、旅游消费者、社会与生态环境的健康、协调、统一和可持续发展，使旅游企业在生产经营活动的各个阶段减少或避免环境污染，在市场营销过程中注重生态环境的保护。

绿色营销观念的提出和完善，对旅游行业有着重要的意义。它纠正了人们认为旅游业是“无烟产业”、不会造成环境污染的错误观念，使人们认识到旅游业同样会对环境产生负面影响。旅游业的无序发展，还会对环境造成破坏，带来不可挽回的损失。例如，游客进入生态旅游区后的随意践踏、采摘，食用国家重点保护野生动、植物，因开发景区而造成的资源损毁，景区、度假区、饭店的生活垃圾对环境造成的污染等。因此，旅游企业必须进行绿色营销，绿色营销赋予旅游企业的是持久的活力。

教学互动1-1

国务院：倡导酒店、餐饮等行业不主动提供一次性用品

背景资料：国务院印发的《国务院关于加快建立健全绿色低碳循环发展经济体系的指导意见》提出，提高服务业绿色发展水平。倡导酒店、餐饮等行业不主动提供一次性用品。有序发展出行、住宿等领域共享经济，规范发展闲置资源交易。

《国务院关于加快建立健全绿色低碳循环发展经济体系的指导意见》提出，倡导绿色低碳生活方式。厉行节约，坚决制止餐饮浪费行为。做好餐厨垃圾资源化利用和无害化处理。扎实推进塑料污染全链条治理。推进农业与旅游、教育、文化、健康等产业深度融合，加快一二三产业融合发展。推进会展业绿色发展，指导制定行业相关绿色标准，推动办展设施循环使用。鼓励行业协会通过制定规范、咨询服务、行业自律等方式提高行业供应链绿色化水平。

《国务院关于加快建立健全绿色低碳循环发展经济体系的指导意见》明确，要坚定不移贯彻新发展理念，全方位、全过程推行绿色规划、绿色设计、绿色投资、绿色建设、绿色生产、绿色流通、绿色生活、绿色消费。各地区各有关部门要充分认识建立健全绿色低碳循环发展经济体系的重要性和紧迫性，将其作为高质量发展的重要内容。国务院各有关部门要加强协同配合，形成工作合力。要统筹国内国际两个大局，加强与世界各个国家和地区在绿色低碳循环发展领域的政策沟通、技术交流、项目合作、人才培训等，切实提高我国推动国际绿色低碳循环发展的能力和水平。

资料来源 沈啸. 国务院：倡导酒店、餐饮等行业不主动提供一次性用品［EB/OL］.［2021-02-23］. https://www.mct.gov.cn/whzx/whyw/202102/t20210223_921752.htm.

问题：

①酒店、餐饮等行业不主动提供一次性用品的重要意义是什么？

②你认为酒店应该如何树立绿色营销观念？

要求：

①请3位同学对上述问题进行回答，其他同学予以评论。

②教师对3位同学的回答和其他同学的评论进行最后点评。

2）生态营销观念

生态营销观念是以生态文化为价值观念，以环境保护为经营指导思想，以消费者生态消费为中心和出发点进行研究的营销观念。它要求旅游企业在生产经营过程中，将自身利益、消费者利益和环境保护利益三者统一起来，并以此为中心，对旅游产品和服务进行构思、设计、制造和销售。

生态营销观念要求旅游企业必须从实际出发，把市场的需要和企业自身的资源与技术特长结合起来，扬长避短，生产既能满足市场需要，又是旅游企业自身擅长的旅游产品，以求得企业的生存与发展。生态营销观念是社会进步的产物，是在可持续发展战略思想的指导下市场营销观念的新发展，又是企业参与市场竞争的一种策略与手段。

课程思政 1-1

专家：古村落“空心化”待解

背景与情境：一场大火让被称为中国“最后原始部落”的云南翁丁村进入大众视野，随之而来的古村落保护和发展问题也引发了业内探讨。目前，中国有超过6 000个传统村落被列入国家名录，古村落的文化和商业价值越来越受到重视，开发商业旅游也成为一种普遍方式，但国内真正成功保护和发展古村落的案例还不多。

业内人士指出，目前古村落的保护和开发仍面临诸多难题。在保护和开发过程中，要意识到古村落旅游真正的魅力不只是造型独特的建筑和热闹的歌舞，而是依然鲜活的烟火气和人情味，保护古村落要强调整体保护，开发古村落更应该是对“生态、生产、生活”的可持续性开发。

北京联合大学旅游产业经济研究所所长张金山指出，在城镇化以及旅游业快速发展的过程中，古朴的风貌、淳朴的民风民情以及诸多以少数民族村寨为代表的古村落，受到旅游者追捧，也迅速进入了旅游业开发的范畴。但古村落在旅游业开发的过程中，一开始就面临资源开发与保护、外来投资商与村民关系等矛盾。参与古村落开发的外来投资方虽然能在短时间内把古村落推向旅游市场，却往往不利于古村落的保护以及可持续发展。

资料来源　王胜男．6 819个传统村落被列入国家名录，专家：古村落“空心化”待解[N]．新京报，2021-02-17.

问题：在开发旅游市场的过程中应该怎样保护古村落？

研判提示：少数民族古村落文化保护是重中之重。在开发的过程中，一方面要尊重少数民族的文化选择；另一方面要在重要的少数民族聚居地，参考欧洲那样建立乡村博物馆，以保存历史记忆，继承和传承民族文化。同时，无论是古村落的文化保护，还是旅游开发，都不能离开科学的指导和合理的规划。一定要邀请人文领域的专家、学者参与其中，并充分听取古村落村民的意见。

3）网络营销观念

网络营销观念是一种借助互联网、即时通信和交互数字多媒体系统等来实现旅游营销目标的观念。其实质是以互联网技术为基础，通过与潜在旅游消费者在网上直接接触的方式，向旅游消费者提供更好的旅游产品和服务的营销活动。

同步案例 1-1

河南老君山为什么突然火了

背景与情境：老君山地处河南，往年到了冬天就会关闭，而在2020年却因冰雪一跃成为网红景区。这主要原因在于老君山文化旅游集团有限公司副总经理张鹏远在2020年11月25日发了一条景区的抖音视频，没想到在2天后产生了5 000万的曝光量，单条抖音涨粉3万。

政府花了多少钱给老君山买热搜？

老君山到底给抖音掏了多少钱？

推广效果这么好？

带着这些疑问，记者前往老君山寻找答案！

“其实，我之前也有着同样的疑惑。”面对记者的问题，老君山景区副总经理张鹏远说，为了寻找答案，不久前，他像游客一样，乘索道上山，步行到金顶。

“我哆嗦着掏出手机，让女儿看看山顶的雪，被风吹出冰凌的形状，看云海翻滚、金顶生辉。女儿告诉我，爸爸，老君山太好看了。”

张鹏远梳理老君山“爆红”的原因时，在笔记本上这样写道：“老君山今年如此火，天时、地利、人和，一个都不能少。”道法自然，“背后是人们对美和自然的向往。”

①天时

“黄金周”的雪不大，但因为“金顶”雪景太美，迅速火爆网络，网友都在问“老君山在哪儿”，这无疑为入冬的火爆人气埋下了伏笔。入冬的第一场雪，很大，景区山间游客通道上积雪达15厘米，银装素裹的冰雪世界，让老君山在刚刚启动的冬季游市场占得了先机，“登金顶，赏雪景”的游客纷至沓来。随后，雾凇、云海、金顶日出等自然奇观接连出现，为老君山不停地制造着话题，助力其不断抢占冬游话语权。

②地利

与往年不同，2020年老君山是“山顶有雪，山下无雪”，良好的路况，大大提高了景区的通达性，方便了省内外游客自驾前来。

③人和

这是最为关键的一点。首先，近年来洛阳文旅产业不断向高质量发展迈进，牡丹文化节、河洛文化旅游节、央视秋晚、快手网红大会等一系列活动，让各地游客、网红对洛阳、栾川的关注度不断攀升。其次，慕名而来的游客、摄影师、旅游博主、网红和大V，无论如何不能错过老君山的“盛世美颜”，他们各展其能，把老君山变成了一个超强超大的流量平台。

资料来源　烟花易冷．河南老君山为什么突然火了［EB/OL］．［2020-12-20］．https：//www.zhihu.com/question/433176082/answer/1636023456.

问题：老君山景区旅游2020年冬季是如何做到淡季不淡的？旅游企业树立网络营销观念的意义何在？

分析提示：旅游景区如何做到淡季不淡，是一个非常有意义的营销命题。这需要景区全面发力，比如老君山景区做到了天时、地利和人和。这里“人和”非常重要。借助网络和新媒体营销手段对重塑旅游产品品牌形象、提升品牌的核心竞争力、打造品牌资产和开拓旅游市场具有其他媒体不可比拟的效果和作用。

利用Internet进行营销，可使旅游产品以低廉的营销费用，实现全球营销；通过网络营销，旅游消费者能够根据自己所需获得旅游产品，这比传统的营销活动进步了许多，虽然旅游网络营销是定制营销，但并没有因此而增加营销成本，反而降低了营销费用；利用网络营销方式，旅游企业可以提供全天候的广告及服务而无须额外增加开支，有利于增加旅游企业与旅游消费者的接触机会，从而增加销售机会。

4）文化营销观念

文化营销观念是指旅游企业成员共同默认并在行动上付诸实施，从而使旅游企业营销活动形成文化氛围的一种营销观念。它反映的是在现代旅游企业营销活动中经济与文化的不可分割性。旅游企业的营销活动不可避免地包含着文化因素，因此，旅游企业应善于运用文化因素来实现营销制胜。

第一，旅游产品中蕴含着文化。旅游产品不仅是有某种使用价值的物品，同时它还凝聚着审美、知识、社会等文化价值的内容。承德避暑山庄之所以备受游客的青睐，不仅在于它是我国现存的最大的皇家园林，而且在于它是清朝皇帝为了实现安抚、团结中国边疆少数民族，维护国家统一的政治目的而修建的一座夏宫，带有浓重的政治色彩。承德避暑山庄历史内涵丰富，是一座民族和宗教的历史博物馆，是一部用特殊资料编写的清朝历史。第二，旅游企业经营中凝聚着文化。一些日本企业经营的成功得益于企业内部全体员工信奉和遵从共同的价值观、思维方式和行为准则，即所谓的企业文化。营销活动中尊重人的价值、重视文化建设、重视管理哲学及求新、求变的精神，已成为当今企业经营发展的趋势。香格里拉酒店的“以发自内心的待客之道，创造难以忘怀的美好经历，时刻令客人喜出望外”，希尔顿酒店的“你今天对顾客微笑了没有”等，都充分说明了文化营销观念是企业在市场竞争中赢得优势的源泉和保证。

同步案例1-2

2023“西安年”春节文化旅游活动盛大启幕！

背景与情境：2023年1月14日至2月26日，西安将围绕年味年韵、文化共享、生态休闲、幸福安康等内容，打造“西安年”启动仪式、“焰火长安贺新春”烟花秀、“诗意长安·穿越古今”网红达人沉浸体验游推广3项重大节庆活动，推出“中国年·万象更新始长安”年文化体验、“盛世年·汉唐光耀梦长安”沉浸式体验、“乡村年·美好生活品长安”乡游体验、“文化年·传承经典享长安”文艺体验、“幸福年·满城烟火暖长安”都市体验、“活力年·欢乐浪漫聚长安”休闲体验等6大主题44大类系列活动，全方位展示具有西安城市特色的“年文化”，以及丰富多彩的节庆文化和特色鲜明的民俗文化！

“最具中国味、最显中华魂、最传西安情”，这场历时44天的“西安年”文化盛宴，让广大市民、游客过一个独具西安特色的文化年、欢乐年、团圆年、幸福年。

鸿客来时，门迎万国。据悉，“西安年”活动是独具古城特色的农历新年庆祝活动，自2018年首次举办以来，通过深挖春节文化内涵，策划组织多主题、多板块文化旅游系列活动，充分诠释中华传统文化精髓，全面凸显新时代、新西安的城市特质，创造了暖心的城市新春记忆，备受广大市民和游客的称赞和喜爱。

本次活动由中共西安市委宣传部、西安市文化和旅游局共同主办，中共西安市委外事工作委员会办公室、西安曲江新区管理委员会、西安广播电视台（集团）、西安日报社承办。“千年古都·常来长安”！盛情邀请大家新春欢聚西安，品味古城风韵、感受地道年味，领略这座千年古都的文化魅力和城市之美。

资料来源　刘印．2023“西安年”春节文化旅游活动盛大启幕［N］．西安日报，2023-01-15.

问题：西安的文化营销给你哪些启示?

分析提示：2023“西安年”春节文化旅游活动，通过深挖春节文化内涵，策划组织多主题、多板块文化旅游系列活动，充分诠释中华传统文化精髓，全面凸显新时代、新西安的城市特质，创造了暖心的城市新春记忆。各旅游企业及旅游目的地应该深入挖掘其文化内涵，发挥文化营销在旅游市场营销中的重要作用。

5）低碳营销观念

低碳营销是在环境保护形势日益严峻的状况下和低碳经济逐渐形成的驱动下产生的。低碳营销以满足低碳需求为出发点，为消费者提供能够有效降低环境污染、防止资源浪费的产品，力求实现人与自然环境的和谐发展。

低碳营销观念是围绕着低碳减排和环境保护这个中心，以企业和社会的可持续发展为导向的经营观念，表现在强化客户合理需求、强化可持续发展、强化低碳企业文化等方面。

在低碳经济时代，首先，要求旅游企业真正树立低碳营销观念，积极申请环境标志并逐步扩大环境标志产品的范围。其次，有针对性地实施低碳营销策略，加强对低碳消费市场的研究，积极开发低碳旅游产品；在旅游产品的设计、生产、包装和销售过程中，不仅要注意环保问题，更应有效地推动旅游产品设计的合理化，制定合理的低碳旅游产品价格，建立销售渠道以抢占低碳时代的话语权；同时凸显低碳品牌效应，形成真正意义上的低碳营销。

学习微平台

延伸阅读1-1

随堂测1-1

业务链接1-2

现代旅游市场营销的基本理念

①使旅游成为人的本能需求。

②使旅游产业成为制造快乐的产业。

③打造区域旅游品牌。

④使品牌成为现代旅游的核心动力。

⑤使注意力成为“印钞机”。

⑥旅游策划就是设计故事，旅游营销就是卖故事。

⑦世间无弃物，关键在定位。

⑧“划”时代的旅游目的地营销。

1.2 旅游市场营销策划

1.2.1 旅游市场营销策划概述

策划是一种策略筹划、谋划或计划。它是指个人、企业、组织机构为了达到一定的目的，在充分调查市场环境及相关环境的基础上，遵循一定的方法或者规则，对未来即将发生的事情进行系统、周密、科学的预测并制订科学的策划方案，同时在发展中不断进行调整以适应环境的变化。

1）旅游市场营销策划的概念

旅游市场营销策划是旅游企业为了实现某一营销目标或解决营销活动中的某一难题而策划的活动过程，是对旅游企业将要发生的营销行为进行的超前决策。

旅游市场营销策划包含明确的主题目标、崭新的创意、可操作性和策划方案四个要素：

（1）明确的主题目标

主题目标是指策划人所期望取得的效果，是策划人把策划的意图具体化后形成的具体行为目标。它既是策划的出发点和归宿，也是衡量和评价策划方案的标准。只有明确的主题目标，才能使策划具有较强的方向性和目的性。

（2）崭新的创意

创意是与众不同的、新奇而又富有魅力的构思和设想。策划的关键是创意，创意是策划的核心和灵魂，是策划的第一要素。策划的内容要做到新颖、奇特、扣人心弦。

（3）可操作性

策划不仅要有新颖的构思、具体的目标，还要具有很强的可操作性，就是在现有的人力、物力、财力及技术条件下能够实施、易于实施。任何策划活动都必须在充分考虑和合理运用企业现有资源的条件下实施，否则就是空谈。

（4）策划方案

策划方案是策划人在策划目标的指导下，利用策划资源实施策划的结晶，是策划实施的具体行动方案。倘若没有策划方案，策划不过是过眼云烟。

旅游市场营销策划本质上是运用理性和心智激发创意的过程，不是空洞和抽象的，必须围绕某一具体的目标或问题进行；而具体的目标又是通过别出心裁的策略达到的；同时应该有可执行的具体操作方案。如果是不能操作的方案，无论创意多么杰出、巧妙，目标多么具体，也没有任何实际价值，只能是资源的浪费。

2）旅游市场营销策划的特征

（1）超前性

策划是对未来环境的判断和对未来行为的安排，是一种超前行为。凭借现实的各种资料，运用抽象思维，通过一定的逻辑推理和创意，形成对未来的预测；同时，对营销方案执行过程中可能遇到的障碍和难点有所预测并事先考虑好应变的对策。

（2）主观性

虽然营销策划所依据的信息都是客观的、现实的，但只要经过人的思维操作，就必然打上主观的烙印。表现在不同个体对同一信息的认知总带有个体差异，因此，对于同一营销信息，不同的策划人可以提出不同的营销策划方案；同一个体对同一信息的认知，在不同情景下会产生差异，其处理的结果自然也不同。

（3）复杂性

营销策划是一项系统工程，是一项非常复杂的智力工作，需要大量知识和直接经验的投入，需要经济学、管理学、市场营销学、心理学、策划学等多学科知识的综合运用和融会贯通，以及理论与实际策划工作的灵活结合。这些是策划的基础，没有丰富的经验，策划只能是纸上谈兵。

（4）创造性

策划过程就是创造性思维发挥的过程。创造性思维是策划的生命之源，它贯穿于策划活动的所有方面和策划过程的始终。一项营销策划需要具有鲜明的特色，要想在公众心目中留下深刻印象，就必须有出奇制胜的创造性技巧。其主要表现为思维积极的求异性、敏锐的洞察力、创造性的想象、独特的知识结构、活跃的灵感。

（5）可操作性

营销策划不是空洞的理论说教，它要回答企业在现实的市场营销活动中提出的各种疑难问题，还要回答为什么会这样。

因此，市场营销策划就是在创新思维的指导下，为企业的市场营销制订具有可操作性的方案，提出开拓市场的时间、地点、步骤及系统性的策略和措施。

教学互动1-2

观点：旅游市场定位是找故事，策划是编故事，营销是卖故事。

问题：

①如何理解上述观点？

②有人说策划高于营销，你认为呢？

要求：

①请3位同学对上述问题进行回答，其他同学予以评论。

②教师对3位同学的回答和其他同学的评论进行最后点评。

3）旅游市场营销策划的内容

旅游市场营销策划的内容十分广泛，按照旅游市场营销工作的流程和细节，主要包括：

(1) 旅游市场营销战略策划

营销战略策划是旅游企业市场营销策划的核心，包括旅游企业基本战略策划、目标市场战略策划、市场竞争战略策划和发展战略策划。

(2) 旅游市场营销战术策划

营销战术策划也是旅游企业市场营销策划的核心，它是依据营销战略策划的思路和方向，综合运用各种营销手段，进入目标市场，实现旅游企业战略意图的谋划，包括旅游产品策划、价格策划、分销策划和促销策划。

(3) 旅游市场营销实施与控制策划

营销实施与控制策划主要包括营销组织策划、执行策划和控制策划。

(4) 旅游市场营销创新策划

营销创新策划是指旅游企业在运用新的理念，依靠新的营销策略，满足新的旅游市场需求等诸多方面的重新设计、选择、实施和评价，主要包括营销理念创新、组织创新、策略创新和市场创新策划。

1.2.2 旅游市场营销策划书

市场营销策划活动的最后一个环节就是撰写营销策划书，将策划的思路、工作步骤等用策划书的形式体现出来。

1) 营销策划书的结构及内容

营销策划书是实现策划目标的行动方案，是正确表达策划内容的载体，是市场营销策划成果的文字形式，是旅游企业未来进行营销操作的依据。

营销策划书没有固定的模式，依据旅游产品或营销活动的不同要求，在策划的内容与编制格式上也有所变化。但是，从营销活动的一般规律来看，营销策划书的结构与策划过程的顺序应该是一致的。一般来说，旅游企业营销策划书大致包括以下几个方面：

(1) 封面

一份完整的营销策划书文本应该有一个设计精美、要素齐备的封面，给阅读者以良好的第一印象，从而对策划内容的形象定位起到帮助作用。封面设计的原则是醒目、整洁，切忌花哨，字体、字号、颜色则根据视觉效果具体考虑。

策划书的封面应该包括如下信息：策划书的名称、委托方、策划机构或策划人的名称、策划完成日期、策划适用的时间段和编号。

(2) 前言

前言是对策划内容的高度概括性表述，不能太长，一般不超过1页，字数应该控制在500字以内。前言的具体内容包括：策划的目的、宗旨、背景及策划的必要性等。

(3) 目录

策划书的目录包含了整份策划书的主体内容和要点，读过后能使人对策划的全貌、策划人的思路、策划书的整体结构有一个大致的了解，并且能为使用者查找相关内容提供方便。目录实际上是策划书的简明提纲，策划者应该认真编写。

（4）概要提示

概要是对营销策划书的总结性陈述，阅读者可以通过概要提示对营销策划内容和策划结论有一个非常清晰的了解，便于阅读者理解策划者的思路、意图和观点。通过概要提示可以大致理解策划内容的要点。概要提示的撰写同样要求简明扼要，篇幅不能过长，一般三四百字为宜。另外，概要提示不是简单地把策划内容予以列举，而是要使其自成系统，因此，遣词造句都要仔细斟酌，起到"一滴水中见大海"的效果。

（5）正文

正文是营销策划书中最重要的部分，具体包括以下几方面的内容：

①营销策划的目的。其主要是对本次营销策划活动所要实现的目标进行全面描述，这也是本次营销策划活动的原因和动力。这一部分使整个方案的目标、方向非常明确、突出。

②市场状况分析。其主要有以下内容：

A.宏观环境分析：包括政治、经济、文化、法律、科技和自然等宏观环境分析。

B.产品分析：主要分析本企业旅游产品的优劣势、竞争力、在旅游消费者心目中的地位、在市场上的销售力和占有率等。

C.竞争者分析：分析本企业主要竞争者的有关情况，包括竞争产品的优劣势、竞争产品的营销状况、竞争企业的整体情况等。

D.旅游消费者分析：主要包括旅游消费者的年龄、性别、职业、消费习惯、文化层次等。

③市场机会与问题分析（SWOT分析）。其主要是针对上面市场状况分析中涉及的本企业的优势与劣势、机会与威胁，对其进行具体的深入分析，然后找出企业存在的真正问题和具备的潜力。只要找准了市场机会，策划就成功了一半。

④确定营销战略。清楚地表述旅游企业所要实行的具体战略，并进行全局性、方向性部署，包括市场细分、目标市场和市场定位战略。

⑤确定营销组合策略。它是指旅游企业根据自己的营销目标和资源状况，针对目标市场的需要对自己可控制的营销策略（产品、价格、渠道、促销）进行优化组合和合理的综合运用。

⑥确定具体的行销方案。针对营销中问题点和机会点的分析，提出达到营销目标的具体行销方案。行销方案需要确定以下内容：做什么？谁来做？建立什么样的组织机构？谁来负责？何时开始？何时完成？在何地？需要何种方式的协助？如何布置？实施怎样的奖励制度？需要哪些资源？预算是多少？

（6）预算

这一部分记载的是整个营销策划方案推进过程中的费用投入，包括营销过程中的总费用、阶段费用、项目费用等。其原则是以较少的投入获得最佳的效果。预算是营销策划书必不可少的部分。预算应尽可能准确，能真实反映该策划方案实施投入的多少。

（7）进度表

将策划活动的整个过程列出时间表，具体到何日何时要做什么，把这些标注清楚，在策划过程中进行控制与检查。要尽量简化进度表，在一张纸上列出。

（8）人员分配及场地

此项应说明在具体营销策划活动中每个人负责的具体事项及所需物品和场地的落实情况。

（9）结束语

结束语应与前言呼应，使策划书有一个圆满的结束，不至使人感到太突然。

（10）附录

附录是策划书的附件，作用在于提供客观的策划证明。因此，凡是有助于阅读者对策划内容理解、信任的资料都可以考虑列入附录中。附录的另一种形式是提供原始资料，如旅游消费者问卷的样本、座谈会的原始照片等。附录也要标明顺序，以便于阅读者进行查找。

2）营销策划书的编写原则

为了提高策划书编写的准确性与科学性，在编写时应掌握以下原则：

（1）逻辑思维原则

旅游市场营销策划主要是为了解决旅游企业营销中存在的问题，为此，必须按照逻辑性思维的构思来编写策划书。第一，设定情境，交代策划背景，分析旅游市场现状，明确策划目的；第二，详细阐述具体的策划内容；第三，明确提出解决问题的对策。

（2）简洁原则

在编写策划书的过程中要注意突出重点，抓住旅游企业营销中所要解决的核心问题，深入分析，提出可行性对策。

（3）可操作原则

编写的策划书要用于指导营销活动，其可操作性非常重要；不能操作的方案创意再好也无任何价值。

（4）创意新颖原则

创意新颖原则要求策划的方案创意新、内容新、表现手法新，给人以全新的感受。新颖的创意是策划书的核心内容。

学习微平台

延伸阅读 1-2

随堂测 1-2

本章概要

□ 内容提要与结构

▲ 内容提要

● 市场是指某种产品的现实购买者与潜在购买者需求的总和。市场包含三个主要因素：有某种需要的人、为满足这种需要的购买力和购买欲望。

市场营销是指与市场有关的人类活动，即以满足人类的各种需要和欲望为目的，通过市场变潜在交换为现实交换的活动。

旅游市场是指一定时期内，某一地区存在的对旅游产品具有支付能力的现实和潜在的购买者。旅游市场是由旅游消费者、购买力、出游愿望和出游机会组成的。旅游市场是在一定时空条件下的旅游消费者、购买力、出游愿望、出游机会的集合。其具有全球性、异地性、波动性和高度竞争性。

● 旅游市场营销是指是指营销主体（个人和组织）对旅游思想、环境、产品、服务进行设计、定价、展示、分销和促销的计划和实施过程，该过程通过满足旅游者的需求和创造旅游者满意来实现企业的经营目标。旅游市场营销的特征是：营销导向、管理导向、信息导向和战略导向。

旅游市场营销观念是旅游企业进行旅游营销活动的指导思想和思维方式，不同的营销观念产生不同的营销行为。现代旅游市场营销观念包括：绿色营销观念、生态营销观念、网络营销观念、文化营销观念、低碳营销观念等。

● 旅游市场营销策划是旅游企业为了实现某一营销目标或解决营销活动中的某一难题而出谋划策的活动过程，是对旅游企业将要发生的营销行为进行的超前决策。旅游市场营销策划包含目标、创意、可操作性和策划方案四个要素。其具有超前性、主观性、复杂性、创造性和可操作性的特征。

旅游市场营销策划的内容主要包括：旅游市场营销战略策划、旅游市场营销战术策划、旅游市场营销实施与控制策划和旅游市场营销创新策划。

旅游市场营销策划书大致包括：封面、前言、目录、概要提示、正文、预算、进度表、人员分配及场地、结束语和附录。

营销策划书的编写原则包括：逻辑思维原则、简洁原则、可操作原则、创意新颖原则。

▲ 内容结构

本章内容结构如图1-1所示。

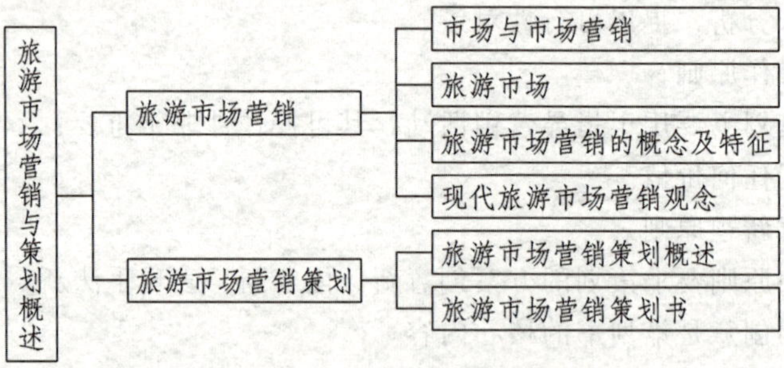

图1-1　本章内容结构

□ 主要概念和观念

▲ 主要概念

市场　市场营销　旅游市场　旅游市场营销　旅游市场营销策划

▲ 主要观念

现代旅游市场营销观念

□ 重点实务和操作

▲ 重点实务

旅游市场分析　撰写旅游市场营销策划方案　相关“业务链接”

▲ 重点操作

旅游市场营销与策划基础运作

基本训练

□ 理论题

▲ 简答题

1）旅游市场的特点有哪些？

2）简述旅游市场营销的特征。

3）简述旅游市场营销策划书的内容及结构。

▲ 讨论题

1）市场的构成要素是什么？

2）旅游企业为什么要树立现代旅游市场营销观念？

□ 实务题

▲ 规则复习

1）简述旅游市场营销的步骤。

2）简述旅游市场营销策划的程序。

3）简述旅游市场营销策划的内容。

▲ 业务解析

1）7月下旬，酷暑难耐。北京大学东门外，长长的队伍排出了近百米。家长为身边的孩子摇着扇子，一位等了40分钟的家长探身望着队伍的起点，无奈地说：“进北大的排队时间都赶上进世博园了。”

许多参观的家长都抱着让孩子感受名校氛围的想法，而北大、清华两所名校几乎是所有学生旅游的必到之处。他们或是散客游，或是跟团游，也有没有家长陪伴、独自参加夏令营的孩子。据统计，每日慕名而来的游客有1.6万余名。

家长们对清华、北大的那种憧憬，让旅行社很快发现了这个市场。市场被开发后，旅行社推出了“高校游”，用“清华”“北大”等字眼去吸引游客。因为游客本身有意愿，加之北京又是高校比较集中的地方，“清华、北大游”就这样被加到了旅行社列出的北京游的行程中。暑期游、校园游已成为一块金字招牌，招揽着来自全国各地的游客。

北大、清华校园游为何会受到如此追捧？如果你是旅游企业的营销人员，你将如何借“校园游”开拓企业的旅游市场？

2）据报道，在河南洛阳的龙门石窟景区内，有许多游客伸手触摸千年佛像，这些有上千年历史的佛像被摸得油光发亮，仿佛“包浆”了。在上海外滩，一位戴着值班臂章的大叔在反复提醒游客不要踩草坪，奈何收效甚微，草坪已经被游客踩秃……你还听说过哪些不文明的旅游行为？如何杜绝这种现象？

□ 案例题

▲ 案例分析

【训练项目】

案例分析-I。

【相关案例】

“肯德基”如何打入中国市场

背景与情境： 肯德基是全球第二大快餐连锁店，它以口味独特的鸡肉产品和方便、快捷的服务享誉全球。自1987年肯德基分店在北京开业以来，仅一年的时间，其营业收入和利润总额便居各国肯德基分店之首，创造了世界饮食业历史上的又一个奇迹。而这个奇迹的产生主要归功于肯德基对中国市场的准确分析和预测。

首先，肯德基对中国市场环境进行了客观公正的评价和分析。在开业之前，相关人员就中国发展美式快餐的市场前景进行了可行性论证。他们在考察了变化中的中国社会经济背景和中国人饮食习惯文化背景的特质后认为，肯德基不同于其他西方食品。它在口味上非常接近中国食品，进餐时间和方式都符合当代中国人的要求，尤其是中国青年人追求现代意识的心态。因此，肯德基在中国市场上具有广阔的发展前景。

他们把第一家中国分店选在北京，一是因为北京是中国的政治、经济、文化和交通中心，最具现代意识，最能迎合新的潮流，也最易接受外来饮食文化；二是因为北京拥有1 000多万固定人口和上百万流动人口，市场容量极大；三是因为北京拥有众多的外国驻华办事机构和公务、商务旅游者，肯德基的开业可以慰藉他们对西方食品的思念之情。

在选址时，他们进行了大量的事前调查。在王府井、西单、前门等商业繁华地带进行了人流量的测定。此外，还进一步对人流结构进行了分析。经测定和分析，他们发现前门地区每天人流量约为80万，且大多是外地来京经商人员和旅游者，对在外就餐的需求量很大，客源充足。因此，一系列具有吸引力的数字促使他们选定前门作为肯德基的理想店址，为日后经营的成功奠定了基础。

开业第一天，北京的天空飘着雪花。尽管这家餐厅上下有三层，营业面积总计达1 500多平方米，是当时肯德基全球最大的一家连锁店。不过，由于很多人拖家带口来品尝美式炸鸡，因而，需要2个小时才能等到一个座位。最后，门口排队的人快要把门给挤爆了，工作人员不得不打电话求助公安人员来帮忙维持秩序。餐厅一天最多接待了8 000人，销售炸鸡2 300只，座位周转率高达16次。

资料来源　佚名．肯德基如何打入中国［EB/OL］．［2016-04-18］．https：//wenku.baidu.com/view/ba19f7030c22590102029ddc？　aggId=undefined&fr=catalogMain_text_ernie_recall_v1%3Awk_recommend_main4&_wkts_=1705386007986.

问题：

1）肯德基是如何打开中国市场的？

2）肯德基在进入中国市场之前都做了哪些工作？

3）如果你是肯德基的负责人，你会如何打开中国市场？

【训练要求】

1）形成性要求：

(1) 学生分析案例提出的问题，拟出《案例分析提纲》；小组讨论，形成小组《案例分析报告》；班级交流、相互点评和修订各组的《案例分析报告》；在校园网的本课程平台上展出经过修订并附有教师点评的各组《案例分析报告》，供学生借鉴。

(2) 了解本教材“附录二”的附表2中“形成性考核”的“考核指标”与“考核内容”。

2）成果性要求：

(1) 课业要求：以经过班级交流和教师点评的《案例分析报告》为最终成果。

(2) 课业结构、格式与体例要求：参照本教材“课业范例”的范例-1。

(3) 了解本教材“附录二”的附表2中“课业考核”的“考核指标”与“考核内容”。

▲ 课程思政

【训练项目】

课程思政-I。

【相关案例】

黑导游逼游客掏钱拒退还，当地文旅局：已成立专案组

背景与情境：针对网上出现的“某地黑导游逼游客掏钱拒退还”视频一事，2020年1月8日，该市文化和旅游局相关负责人向新闻记者表示，当地高度重视，立即责成市文化和旅游局成立专案组，联合相关部门启动调查。

近日，某平台发布的视频显示，游客在某市火车站附近的旅行社报名咨询时，工作人员表示，“50元一人，包含门票及车费”，其他如狮虎园、潜艇、帆船等项目为自费性质，可选择性游玩。

但游玩途中，导游通过催促、冷落等方式强行要求游客消费自费项目。途中，导游还疑似对乘客说出“早想收拾你”“就是打人犯法，不然早想打你”等威胁性话语。当一名游客交付100元现金支付20元餐饮费时，导游未退还剩下的80元，强制其消费海上项目。

资料来源 作者根据相关资料整理.

问题：

1）研判本案例中导游的违法违规行为。

2）谈谈你对文旅部门在旅游法治建设中责任与作用的理解。

3）结合案例分析导游员应具备的政治素养。

【训练要求】

1）形成性要求

(1) 学生分析案例提出的问题，拟出《思政研判提纲》；小组讨论，形成小

组《思政研判报告》；班级交流、相互点评和修订各组的《思政研判报告》；在校园网的本课程教学平台上展出经过修订并附有教师点评的各组《思政研判报告》，供学生借鉴。

（2）了解本教材“附录二”的附表2中“形成性考核”的“考核指标”与“考核内容”。

2）成果性要求

（1）课业要求：以经过班级交流和教师点评的《思政研判报告》为最终成果。

（2）课业结构、格式与体例要求：参照本教材“课业范例”的范例-2。

（3）本教材“附录二”的附表2中“课业考核”的“考核指标”与“考核内容”。

□ 自主学习

【训练项目】

自主学习-I。

【训练目的】

见本章“学习目标”中的“自主学习”。

【教学方法】

采用“学导教学法”和“研究教学法”。

【训练要求】

1）以小组为单位组建学生训练团队。

2）各团队依照本教材“附录三”的附表3中“自主学习”（中级）的“基本要求”和各“技术-技能”点的“参照规范与标准”，确定长期学习目标，制订《自主学习计划》。

3）各团队实施《自主学习计划》，系统体验对本教材“附录一”的附表1“领域”中“自主学习”（中级）各“技术-技能”点的“‘知识准备’参照范围”所列知识和“文献综述”撰写规范的自主学习。

4）各团队以自主学习获得的“学习原理”、“学习策略”与“学习方法”知识为指导，通过院资料室、校图书馆和互联网查阅和整理以“近几年我国文旅市场发展状况”为主题的国内外学术文献资料。

5）各团队以整理后的以“近几年我国文旅市场发展状况”为主题的文献资料为基础，撰写《“近几年我国文旅市场发展状况”最新文献综述》。

6）总结上述各项体验，撰写作为“成果形式”的训练课业。

【成果形式】

训练课业：《“自主学习-I”训练报告》

课业要求：

1）内容包括：训练团队成员与分工；训练过程；训练总结（包括对各项操作的成功与不足的简要分析说明）；附件。

2）将《自主学习计划》和《“近几年我国文旅市场发展状况”最新文献综

述》作为《“自主学习-I”训练报告》的附件。

3）《“近几年我国文旅市场发展状况”最新文献综述》应符合“文献综述”规范要求，做到事实清晰、论据充分、逻辑合理。

4）结构与体例参照本教材“课业范例”的“范例-4”。

5）在校园网的本课程平台上展示班级优秀训练课业，并将其纳入本课程的教学资源库。

单元考核

考核要求：“考核模式”“考核目的”“考核种类”“考核方式、内容与成绩核定”及考核表等规范要求，见本教材网络教学资源包中的“学生考核手册”。

第2章 旅游市场营销环境分析与营销调研

学习目标

通过本章学习，应该达到以下目标：

理论目标：学习和把握学习“旅游市场营销环境分析及营销调研”的相关概念、特点及其对营销活动的影响，以及“延伸阅读”等陈述性知识；能用其指导本章“同步思考”、“深度思考”、“教学互动”和“基本训练”中“理论题”各题型的认知活动，正确解答相关问题；阶段性体验本章专业理论学习的横向正迁移，以及相关胜任力中“专业认知”要素的继续生成。

实务目标：学习和把握旅游企业营销环境（SWOT）分析、旅游市场营销调研的基本程序与方法、相关“业务链接”等程序性知识；能以其建构“旅游市场营销环境分析”中的专业规则意识，正确解析本章“深度剖析”、“教学互动”和“基本训练”中“实务题”的相关问题；阶段性体验本章专业实务学习的横向正迁移，以及相关胜任力中“专业规则”要素的继续生成。

案例目标：运用本章理论与实务知识研究相关案例，培养和提高在“旅游市场营销环境分析与营销调研”特定情境中多元表征的专业能力；能结合本章教学内容，依照相关规范，对“课程思政2-1”专栏和章后“课程思政-Ⅱ”中企业或其从业人员行为进行思政研判，强化社会主义核心价值观的引领作用，促进“立德树人”根本任务的落实；通过思想政治元素融入专业课的协同效应，阶段性体验本章专业案例学习中“专业知识”、“通用知识”与“思政元素”的协同性重组迁移，以及相关胜任力中“认知弹性”要素的继续生成。

实训目标：参加“‘旅游市场营销环境分析与营销调研’技术应用”的实践训练。在了解和把握本实训所及“专业能力训练领域”各“‘技术-技能’点”名称、操作“参照规范与标准”，“职业核心能力与职业道德领域”相关“技能点”和“素养点”的“规范与标准”，以及“指导准备”和“知识准备”的基础上，通过各项实训任务的完成、系列“技术-技能”操作的实施、《实训报告》的准备与撰写等有质量、有效率的活动，培养“营销环境分析与市场调研”的专业能力，强化“信息处理”“数字应用”“与人交流”“与人合作”“解决问题”“革新创新”等职业核心能力（中级），并通过“认同级”践行“职业观念”“职业态度”“职业良心”“职业作风”“职业守则”等行为规范，促进健全职业人格的塑造；阶段性体验本章专业实践学习中“‘旅游市场营销环境分析与营销调研’运作”的“专能”“通能”“职业道德”元素的协同性“重组-产生”迁移，以及相关胜任力建构中“技术-技能”要素的生成。

引例 缅北电诈对旅游业影响明显

背景与情境：2022年3月22日，中国驻缅甸大使馆发布安全提醒："缅甸国内安全形势复杂，各种恶性事件频发，我企业和公民亦被波及。近日，仰光、勃固等地发生在缅中国公民遭抢遇害案件。某中资企业附近发生严重爆炸。仰光多家中资制衣厂发生火灾，造成较大财产损失。针对上述形势，中国驻缅甸使馆再次提醒在缅中国公民和中资企业提高警惕，密切关注安全形势，提高安全防范意识，切实做好各项安全工作。"

2022年8月31日，外交部领事司发布安全提醒称"谨慎前往缅甸北部和妙瓦底、大其力地区"。该提醒表示，一段时间以来，部分中国公民轻信"高薪招聘赴缅甸木姐、妙瓦底、大其力打工"等网络虚假招募信息，赴缅后被强迫从事网络赌博、电信诈骗等非法活动，甚至遭到殴打、非法拘禁和敲诈勒索。外交部和中国驻缅甸使领馆提醒中国公民对此类虚假信息提高警惕，切勿上当受骗，谨慎前往缅甸北部及妙瓦底、大其力地区。

而最近的一次安全提醒则是在中国驻缅甸大使馆2023年8月4日发布的《旅居缅甸中国公民安全文明指南2023年版》中提及。在此指南的第三部分"旅行风险等级和安全提醒"中提到：根据中国领事服务网信息，缅甸旅行风险等级为橙色（高风险），其中实皆省、马圭省、钦邦为红色（极高风险）。使馆提醒中国公民近期暂勿前往缅甸实皆省、马圭省、钦邦，已在当地的人员和机构尽快撤离或转移至安全地区。

在此指南中，中国驻缅甸大使馆表示，当前缅甸局势总体趋稳，但局部地区仍时有冲突。缅甸民风较为淳朴，重大刑事犯罪案件较少发生。但近年来仰光、曼德勒等大城市盗窃、抢劫、绑架、人身伤害案件数量有所上升，近期在一些地区曾发生中国公民被绑架案件，须提高安全意识，增强防范。

资料来源 赵映骥，冯盛雍，徐远哲．缅甸风险地图：从"金三角"到缅甸西北部 缅北电诈对旅游业影响明显［EB/OL］．［2023-08-22］．https：//wap.cqcb.com/shangyou_news/.有删减．

问题：缅甸复杂的国内形势对东南亚旅游有哪些影响？中缅泰三国进行联合打击缅北电诈行动取得了哪些重大的成果？

一个国家（或地区）的政治制度、政治体制、政治局势、政府在旅游企业营销方面的方针政策等因素对旅游业发展会产生重大的影响，旅游企业要发展，就必须分析市场营销环境，寻找机遇、规避威胁，时刻关注市场营销环境的变化。

2.1 旅游市场营销环境分析

2.1.1 旅游市场营销环境概述

旅游市场营销环境是指与旅游企业市场营销活动相关的一切外部因素与条件。它由微观环境和宏观环境构成。旅游市场营销环境具有客观性、差异性、相关性、动态性和不可控性。

1）旅游市场营销微观环境

旅游市场营销微观环境是指与旅游企业的营销活动直接相关的各种参与者，它直接影响和制约旅游企业的市场营销活动，也被称为直接营销环境。它包括旅游企业内部环境、旅游供应商、旅游中介企业、旅游消费者、竞争者和旅游市场营销公众。

（1）旅游企业内部环境

旅游企业内部环境是旅游市场营销的可控环境，旅游企业中的各种活动和部门构成了旅游企业营销环境的第一微观要素。所有旅游企业在开展正常的经营活动时，都必须有一个完整的管理系统来执行各项管理职能。这个管理系统由市场营销管理部门、各职能部门及最高管理层组成。这个系统要求旅游企业各部门必须处理好企业内部环境问题，工作协调一致、相互沟通，这有助于满足旅游消费者的需求，取得旅游企业市场营销的成功，实现旅游企业的总体目标。

（2）旅游供应商。

旅游供应商是指向旅游企业提供生产旅游产品或旅游服务所需的各种旅游资源的企业或个人。例如，旅行社的商品供应者有旅游风景管理区、交通运输部门、宾馆饭店和娱乐场所等。旅游企业应选择那些信誉良好、货源充足、价格合理、交货及时、经营规范的供应商，与它们建立和保持良好的合作关系。

（3）旅游中介企业

旅游中介企业是指协助旅游企业促销、销售和经销其产品给最终购买者的机构，包括旅游中间商、旅游营销服务商以及金融中介组织等。旅游企业应在其经营过程中与这些营销中介建立起相对稳定的协作关系，以提高企业的营销能力。

① 旅游中间商。旅游中间商是指在旅游生产者与旅游消费者之间参与旅游产品的销售业务，促使买卖行为发生的集体和个人，包括旅游经销商、旅游代理商、旅游批发商、旅游零售商、旅游交通运输公司、营销服务机构和金融中间商等。在选择过程中，要考虑中间商的人员素质、劳务费用和对中间商的可控制程度等因素。

② 旅游营销服务商。旅游营销服务商是指为旅游企业提供营销服务的各种机构，包括广告公司、营销调研公司、营销咨询公司、传播媒介公司等。

③ 金融中介组织。金融中介组织是指协助企业融资或分担货物购销储运风险的机构，包括银行、信托投资公司、保险公司、证券公司等。旅游企业应与金融中介组织保持良好的关系，保障融资信贷业务的稳定和渠道的通畅。

同步案例2-1

中小旅游企业融资困境的原因分析

背景与情境：中小企业是当今世界经济中最具活力的主体之一。在我国，中小企业不仅是推动国民经济持续健康发展的一支重要力量，还是科技创新的重要源泉。近年来，我国旅游业发展迅速，已成为大多数省、区、市的支柱产业、先导产业。随着新的消费高峰的到来，中小旅游企业面临着巨大的市场需求和发展机遇，但是长期以来，融资难一直是中小旅游企业发展的瓶颈。其外部环境因素如下：

（1）金融机构因素。商业银行在信贷支持上过多强调安全性，面对存在较大不确定性的中小旅游企业，银行通常拒绝它们的贷款要求。另外，中小旅游企业的效率低，缺乏健全的财务制度，这些都使得银行的信贷支持向大企业集中。

（2）信用担保体系因素。中小旅游企业信用担保体系还不完善，为中小旅游企业提供贷款担保的机构少，担保的风险分散与损失分担及补偿制度尚未形成。

（3）外部融资因素。银行是中小旅游企业主要的外部融资渠道，但是中小旅游企业很难达到银行的信贷条件。在股权融资上，绝大多数中小旅游企业达不到上市标准。

资料来源 佚名．中小旅游企业融资困境的原因分析［EB/OL］．［2014-10-17］．http：//www.gsfs.com.cn/News/Comprehensive/2231.html.

问题：金融中介组织对旅游企业有哪些影响？

分析提示：金融中介组织对旅游企业的经营发展有着重要的影响，旅游企业应与金融中介组织保持良好的关系，保证融资信贷业务的稳定和渠道的通畅。金融中介组织对旅游企业的影响体现了旅游市场营销微观环境对旅游企业的影响。

（4）旅游消费者

旅游消费者是旅游企业的目标市场，也是营销活动的出发点和归宿。旅游企业的一切营销活动都应以满足旅游消费者的需要为中心。旅游消费者是旅游营销活动最基本、最直接的环境因素。我国旅游企业面对的旅游消费市场主要有团体旅游者市场、个体旅游者市场、旅游中间商市场、非营利组织市场、政府市场和国际旅游客源市场。

（5）竞争者

在竞争激烈的旅游行业，旅游企业只有找准竞争者，才能做到知己知彼、百战不殆。从消费需求的角度分析，可将旅游企业的竞争者划分为愿望竞争者、一般竞争者、产品形式竞争者和品牌竞争者四种类型。

① 愿望竞争者。愿望竞争者是指为满足旅游消费者当前的各种愿望而提供不同产品的竞争者，是最广义的竞争者。如旅游消费者有带薪假期，他们想游山玩水，或在家休息。他们目前的愿望对于旅游企业来说，就产生了“愿望竞争”。如何使旅游消费者选择出游而不是在家待着，这就是旅游企业面临的一种竞争。

② 一般竞争者。一般竞争者是指为满足同一种需求而提供不同产品的竞争者。例如，飞机、火车、汽车都可作为出游工具，这三种交通工具的经营者之间必定存在着竞争。

③ 产品形式竞争者。产品形式竞争者是指为满足同一需要而提供同种类别、不同形式产品的竞争者，即生产不同规格、档次产品的竞争者，如旅游消费者选择豪华档次还是标准档次的旅游团队。

④ 品牌竞争者。品牌竞争者是指旅游产品的规格、档次相同，但品牌不同

的竞争者。例如，旅游消费者选择入住的宾馆是王府井饭店还是长城饭店。

（6）旅游市场营销公众

旅游市场营销公众是指对旅游企业目标实现有现实或潜在影响的群体和个人，旅游企业的生存和发展依赖良好的公众关系和社会环境。旅游市场营销公众主要包括政府公众、金融公众、媒介公众、群众团体、地方公众、内部公众和一般公众等。

同步思考2-1

问题：结合实例思考，旅游市场营销公众对旅游企业的发展有怎样的影响？

理解要点：旅游市场营销公众包含哪些方面？举例说明。

2）旅游市场营销宏观环境

旅游市场营销宏观环境是指影响和制约旅游企业市场营销活动的社会性力量与因素。宏观环境一般以微观环境为媒介，间接影响和制约旅游企业的营销活动，因此，也称为间接营销环境，主要包括人口、经济、政治和法律、自然、科技、社会文化六大环境因素。

（1）人口环境

人口环境决定旅游市场的规模和企业的经营方向，对人口环境的考察是旅游企业把握需求动态的关键。人口环境包括人口数量、人口结构和人口分布等方面的内容。

① 人口数量。在经济条件一定的情况下，人口数量决定着旅游市场的规模和容量，它与市场容量和消费需求通常成正比。

② 人口结构。人口结构决定着产品结构、消费结构和产品需求状况。人口结构可以从自然结构和社会结构两个方面来分析。自然结构包括人的性别、年龄等因素；社会结构主要包括人的文化素质、职业、民族和家庭等因素。

③ 人口分布。人口分布是指人口在不同地区的密集程度。人口分布不均导致市场位置、市场大小、消费者的消费习惯和市场需求特性的不同，从而导致旅游动机和旅游行为的差异。

深度思考2-1

背景资料：基于第七次全国人口普查和历次人口普查数据，今后一段时期我国人口发展的主要趋势包括：（1）人口总量即将达峰，人口负增长为期不远；（2）人口数量红利进入尾声，人口老龄化逐步加速。

问题：我国人口环境现状及发展趋势分析，对于旅游市场营销人员应该有哪些营销启示？如何抓住市场机会及规避环境威胁？

理解要点：

第一，首先需要深入了解我国人口数量及年龄结构发展动向，分析其对我国旅游业的影响。

第二，从机会和威胁两个角度分析：对旅游企业形成哪些市场机会；对哪些旅游行业企业形成威胁，威胁的程度有多大，旅游企业应该有哪些应对策略等。

（2）经济环境

一个国家或地区的经济条件、经济运行状况和发展趋势会直接或间接地影响旅游者的收入水平和社会购买力，进而影响人们对外出旅游、餐饮、娱乐、购物、住宿等产品和服务的消费，导致现实市场中购买力水平的差异。经济环境因素主要包括经济发展阶段、国民经济运行状况、收入及消费结构等。

① 经济发展阶段。美国经济学家罗斯托认为，一国经济发展的阶段可以划分为：传统社会阶段、经济起飞前阶段、经济起飞阶段、经济成熟阶段、生活高消费阶段、追求高质量生活阶段。每个阶段的经济发展状况都会对旅游需求起到直接或间接的制约作用，进而对旅游企业的营销活动产生很大影响。

② 国民经济运行状况。客源国国民经济运行状况既会影响该国国民收入的高低，还会影响客源国的经济政策，而任何经济政策的变动都将客观地影响旅游企业的各种营销活动。

③ 收入及消费结构。社会购买力是构成旅游市场需求和影响旅游市场规模的重要因素，它主要受居民的收入、货币汇率、旅游消费者的储蓄和信用、旅游消费者支出模式等因素的影响。

业务链接2-1

恩格尔定律与恩格尔系数

德国统计学家恩格尔的著名理论——恩格尔定律指出：随着家庭收入的增加，用于食物的支出在总支出中的比重会下降，用于住房和家庭日常费用的支出比重基本保持不变，而用于娱乐、保健、教育和旅游等方面的支出比重则会上升。

恩格尔系数=食物的支出金额÷消费的总支出金额×100%

恩格尔系数是指根据恩格尔定律得出来的比例数。一般地，国际上用恩格尔系数来确定一个国家居民的富裕程度，恩格尔系数越小，表明人们的生活越富裕。同时，也可用恩格尔系数来反映一个国家所处的经济状态，并以此为依据来判断当地居民潜在购买力的大小。联合国确定的标准为：

恩格尔系数≥59%，为贫困状态；50%～59%，为度日状态；40%～50%，为小康状态；20%～40%，为富裕状态；20%以下，为最富裕状态。

旅游企业根据恩格尔系数的大小可以了解到旅游市场的发展潜力，预估旅游消费者的消费水平和变化趋势等。

（3）政治和法律环境

① 政治环境。政治环境是指旅游企业市场营销活动的外部政治形势和状况，主要包括一个国家（或地区）的政治制度、政治体制、政治局势、政府在旅游企业营销方面的方针政策等因素。旅游企业在开展旅游市场营销活动时，一定要认真考察目标市场的政治稳定性、政权更迭的频繁性和政策的连续性，种族、民

族、文化的冲突以及暴力恐怖活动，示威事件的多少等多方面因素，求稳、避险，灵活应变。

② 法律环境。法律环境是指国家或地方政府颁布的各项法律、法规和条例等。旅游企业既要保证严格依法管理和经营，也要运用法律手段维护自身的权益。

同步案例2-2

文旅部：旅游景区接待游客量不超过最大承载量的75%

背景与情境： 2020年9月，文化和旅游部发布了《关于做好2020年国庆节、中秋节文化和旅游假日市场工作的通知》（以下简称《通知》），要求统筹安排各地旅游景区的疫情防控工作和安全有序地推进景区的开放管理，旅游景区接待游客量不超过最大承载量的75%，按照“限量、预约、错峰”的要求，确保假日旅游景区开放安全、平稳、有序。

《通知》要求，要有序推进秋冬季旅游景区开放管理，接待游客量不超过最大承载量的75%。各地要推动全国5A级旅游景区和重点4A级旅游景区严格落实分时预约制度，切实提升旅游景区服务管理水平。景区要坚持常态防控、分区分级的原则。加强清洁消毒，做好安全保障。严控游客流量，落实实名登记，加强游客防护，防止人员聚集。

资料来源 何源．文旅部：旅游景区接待游客量不超过最大承载量的75%［EB/OL］．［2020-09-19］．https：//new.qq.com/omn/20200919/20200919A0GMKU00.html.

问题： 政治和法律环境对旅游企业会产生怎样的影响？

分析提示： 政治和法律环境是旅游企业市场营销活动的外部环境因素，对旅游企业的经营发展有着重要影响，制约着旅游企业的发展。旅游企业应及时掌握政治和法律环境因素的变化。政治和法律环境对旅游企业的影响体现了旅游市场营销宏观环境对企业的影响。

（4）自然环境

自然环境是人类最基本的活动空间和物质来源，对旅游企业市场营销活动的影响主要反映在自然资源日趋短缺、环境污染日益严重和许多国家对自然资源的管理日益加强三个方面。为了使整个社会平衡、健康、稳定地向前发展，旅游企业在开展营销活动时要注重“绿色旅游”“生态旅游”“永续旅游”等，树立现代营销观念，保护自然环境。

课程思政2-1

原汁原味保护好传统村落风貌

背景与情境： 在我国广阔无垠的大地上，分布着成千上万座传统村落，这些遍布各地的村落在建筑风格、村落布局上各具特色，既有与水为邻、水天之间的江浙水乡村落，也有变化多样、独具韵致的西南梯田村落，还有与黄土高原雄浑相和、质朴厚重的北方窑洞村落，这些村落一起绘制着中国传统村落的丰富多彩、中国历史文化的源远流长。多位专家表示，随着乡村振兴步伐加快，如何让传统村落既不被迅速发展的现代文明抛下，也不被过度开发所破坏，是需要认真思考的时代课题。

“传统村落之所以遭遇建设性破坏，原因在于保护和改造村落的人不懂村落之美，将村落的美改造成了城市的美。因此，在未透彻研究村落和村落中的文化时，不宜对村落进行大规模改动。”专家表示，每座传统村落都风格鲜明、美不胜收，这是村落之本。要想不违背传统村落原有的生态、风格和传统，最好采用当地的材料、技术和人员改造当地的建筑和风景，如此村落才能建得丰富多彩、错落有致、十步一景，而非整齐划一、毫无生气。

专家认为：传统村落中的建筑和非建筑都是历史人文环境的重要组成部分，是全社会的共同财富，既要从安全角度对其做好修复，也要尽量保持其原汁原味的风貌。“当然，也不能片面还原某一时期的风貌样式，更不能简单移植异域文化以求创新，而应树立在传承中创新的历史观念，通过更新改造，激活已失去原有功能的建筑和非建筑，延续其生命。”

资料来源　佚名. 产业兴旺、风貌纯正，更好助力传统村落“活态传承”[EB/OL].[2021-04-02]. https://baijiahao.baidu.com/s?id=1695917169638156479&wfr=spider&for=pc.

问题：保护与发展传统村落应如何处理好与环境的关系？

研判提示：2021年中央一号文件指出，要加强村庄风貌引导，保护传统村落、传统民居和历史文化名村名镇。“十四五”规划也指出，要保护传统村落、民族村寨和乡村风貌，严禁随意撤并村庄搞大社区、违背农民意愿大拆大建，在开发和项目建设中，应采取“开发与保护”并举的措施，最大限度地减少对当地生态资源的破坏。

（5）科技环境

知识经济，既是工业文明以来技术发展积累的结果，也是人类社会达到的一个新的发展阶段。科学技术是现代生产力中最活跃和最具决定性的因素，它直接影响着旅游企业的产品开发、设计、销售、服务和管理，以及旅游者的消费方式、消费结构和涉足的地理范围。如2020年新冠感染的出现，让旅游出行几乎处于“停摆”状态，幸运的是，不少景区和博物馆纷纷推出了VR旅游以及在线游览的“云旅游”模式，让向往诗和远方的游客们在家就能感受到各地的风物与美景。很多游客选择通过网络平台等诸多途径观看景区照片及视频，来满足自己的出游愿望。

（6）社会文化环境

社会文化环境是指一定社会范围内的民族特征、语言文字、风俗习惯、宗教信仰、教育水平、行为规范、伦理道德、社会活动等因素的总和。

①文化环境。文化环境是由一些影响社会的基本价值观、认知、偏好及行为的机构和其他社会组织构成的。文化环境因素具体包括一定的态度和看法、价值观念、道德规范、行为方式及世代相传的风俗习惯等。文化作为一种社会氛围和意识形态，时刻影响着人们的思想和行为，也强烈地影响着旅游消费者的消费喜

好和购买行为。旅游本身就是一种文化活动，旅游企业开展旅游营销活动要以文化为先导，在旅游产品设计、营销广告创意、营销方案制订和实施等方面要适应当地的文化传统和人们的宗教信仰。

业务链接2-2

关注文化环境，尊重宗教信仰

旅游消费者在游览寺庙时要注意以下禁忌：

一忌称呼不当。对寺庙的僧人应尊称为“大师”“法师”，对道士应尊称为“道长”，对住持僧人应尊称为“长老”“方丈”“禅师”，对喇嘛庙中的僧人应尊称为“喇嘛”，即“上师”之意。

二忌礼节失当。与僧人见面的行礼方式为双手合十、微微低头，或单手竖掌于胸前、头略低，忌用握手、拥抱、摸僧人头部等不当礼节。

三忌谈吐不当。与僧人、道士交谈，不应提及杀戮之词、婚配之事以及食用腥荤之言，以免引起僧人与道士的反感。

四忌行为举止失当。游览寺庙时不可大声喧哗、指点议论、妄加嘲讽或随便乱走，不可乱动寺庙之物，切忌乱摸、乱刻神像及随意拍照。如遇佛事活动，应静立默视或悄然离开。同时，也要照看好自己的孩子，以免因孩子无知而做出失礼的事。

资料来源　佚名. 关注文化环境，尊重宗教信仰［EB/OL］.［2009-08-29］. http：//www.kszk.com.cn.

②社会环境。社会环境对旅游者的购买行为具有广泛、持久和深远的影响。社会环境除了国家、地区、阶级、阶层、种族、民族以外，还有参照群体、家庭、社会角色等因素。这些因素会影响人们的消费行为。

教学互动2-1

问题：

①在旅游企业的发展过程中，如何协调与营销宏观环境之间的关系？

②当政治局势动荡冲击旅游业的发展时，当事国家应如何挽回游客重振旅游业？

要求：

①请3位同学对上述问题进行回答，其他同学予以评论。

②教师对3位同学的回答和其他同学的评论做最后点评。

2.1.2　旅游企业营销环境（SWOT）分析

同步案例2-3

希尔顿的危机与机遇

背景与情境：希尔顿先生是美国希尔顿饭店集团的创始人，20世纪20年代，他用5 000美元创业，最终把希尔顿饭店发展成庞大的饭店连锁集团。希尔顿先生很好地把握了经济危机周期的不同阶段，在经济危机和萧条时，低价收购有增值潜力的饭店，用自己的模式加以经营管理，再在经济景气和高涨时以高价出售。希尔顿先生正是通过把环境威胁转化为环境机会并通过资本运营把公司做大的。

资料来源　陆朋. 旅游市场营销策划［M］. 北京：中国物资出版社，2011：34.

问题：分析环境因素对旅游企业的影响。

分析提示：处在复杂多变环境中的旅游企业应重点关注营销环境因素，正确分析这些因素对企业营销活动产生的影响，避免市场风险，把握市场机遇，以市场为导向，制定相应的产品、价格、服务等营销政策，满足市场的需要，这样才能在激烈的市场竞争中立于不败之地。

深度剖析2-1

资料：SWOT分析法是被广泛运用的一种“机会-风险”分析法。SWOT是英语单词Strength（优势）、Weakness（劣势）、Opportunity（机会）和Threat（威胁）的首字母缩写。优势是指企业所拥有的市场或产品以及其他在市场竞争中所具有的内在强项，劣势则指不如竞争对手的那些方面，SW是指旅游企业本身所具有的优势和劣势。机会一般是指有利于本企业快速发展的外部因素，威胁则指不利于企业经营的外部风险，OT是指来自旅游企业外部的机会和威胁。

疑点：“SWOT分析”中各要素是从同一个角度划分的。

释疑剖析：很多学习者对SWOT四个要素是以什么标准区分的不是很清楚，从而在进行营销策划时该部分分析比较混乱。这里的机会（O）和威胁（T）是指企业外部宏观环境对企业业务形成的是机会还是威胁，是从企业外部因素分析的；优势（S）和劣势（W）指的是企业自身环境对企业业务来讲有哪些优势和劣势，是从企业内部分析的。

在对旅游企业进行SWOT分析时，应分析企业的内部环境，列出企业目前所具有的长处和弱点；分析企业外部环境，列出对旅游企业来说外部环境中存在的发展机会和威胁，最后进行组合分析。根据外部环境和企业内部条件的组合，制定出相应的应对策略，如图2-1所示。

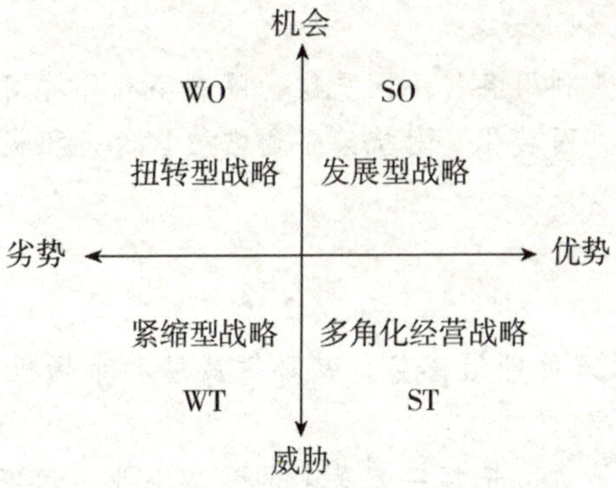

图2-1　SWOT分析图

（1）优势-机会（SO）组合

处于该环境下的旅游企业，外部环境为其提供了良好的发展机会，自身也具备强大的内部优势。这时旅游企业可以凭借自身的长处和资源，最大限度地利用这个机会，可采取发展型战略。

（2）劣势-机会（WO）组合

处于该环境下的旅游企业，外部有机会，而内部条件不佳。在这种情况下，企业应采用的策略是通过外在的方式来弥补企业的弱点，扭转内部劣势，以最大限度地利用外部环境中的机会，宜采取先稳定后发展的扭转型战略。

学习微平台

延伸阅读2-1

（3）劣势-威胁（WT）组合

处于该环境下的旅游企业，外部有威胁，内部状况又不佳，营销环境非常困难，应设法避开威胁、消除劣势，可采取紧缩型战略。

（4）优势-威胁（ST）组合

处于该环境下的旅游企业，拥有内部优势而外部存在威胁，应采用多角化经营战略分散风险，寻求新的机会。

业务链接2-3

复杂多变的环境极有可能给企业造成威胁，在环境威胁面前，企业应发挥自身的主观能动性，采取转移、减轻和反抗的策略，谋求企业的生存和发展。

①转移策略

转移策略是指当企业面临环境威胁时，通过改变自己受到威胁的产品现有市场，或者转移投资方向来避免环境变化对企业的威胁。该策略包括三种转移：

A. 产品转移，即将受到威胁的产品转移到其他市场。

B. 市场转移，即将企业的营销活动转移到新的细分市场上去。

C. 行业转移，即将企业的资源转移到更有利的新行业中去。

②减轻策略

减轻策略是指调整市场策略来适应或改善环境，以减轻环境威胁的影响程度。当企业面临环境威胁时，可以发挥自身的主观能动性去影响环境，通过调整、改变自己的营销组合策略，将损失尽量降到最低。

③反抗策略

反抗策略是指企业利用各种不同手段，限制不利环境对企业的威胁作用或者促使不利环境向有利方面转化。对抗策略通常被认为是积极、主动的策略。

教学互动2-2

问题：

①结合2020年以来的新冠感染，从环境威胁和市场机会两个方面分析这种情况对旅游企业的影响。

②在你所居住的地方，选择一家著名的旅游企业，运用正确的SWOT分析方法，分析该旅游企业在新冠感染下有哪些发展的优势、劣势、机会和威胁。

随堂测2-1

要求：

①请3位同学对上述问题进行回答，其他同学予以评论。

②教师对3位同学的回答和其他同学的评论做最后点评。

2.2 旅游市场营销调研

2.2.1 旅游市场调研的概念

旅游市场调研是指运用科学的方法，有目的、有计划、有步骤、系统地搜集、记录、整理和分析有关市场营销方面的信息，了解旅游营销环境与市场状况，为旅游企业管理人员进行经营决策提供重要的依据。调研的内容具体包括：旅游企业经营环境调研、旅游市场需求调研、旅游市场供给调研、旅游企业经营效果调研、旅游企业经营潜力调研。

根据旅游市场营销过程中出现的问题的性质、调查所要达到的目的、搜集资料的方法以及市场营销调研在决策中所起作用的不同，旅游市场调研分为以下几种类型：

1）探测性调研

探测性调研是当旅游市场营销人员对所调查的问题或范围不太明确，无法确定究竟应调查什么问题时所采用的调研形式，也称非正式调研。

2）描述性调研

描述性调研是旅游企业的营销人员对要探讨的问题已经较清楚时采用的一种方法。它是对客观事物或现象进行的如实描述，主要通过掌握其过去和现在的资料来进行研究，多数市场调研为描述性调研。

3）因果性调研

因果性调研是旅游企业为了搞清楚旅游市场中某种现象出现的原因和结果之间的关系而进行的专项调研。其建立在描述性调研所搜集的数据资料的基础上，并运用逻辑推理和统计分析方法，找出它们之间的因果关系，得出两个变量之间的数学逻辑。

4）预测性调研

预测性调研的目的在于对市场的发展趋势及其变动幅度做出科学的推断。

2.2.2 旅游市场营销调研的方法

1）旅游市场营销调研的基本程序

为保证旅游市场营销调研的系统性与准确性，营销调研活动应根据一定的科学程序进行。一般来说，旅游市场营销调研的程序可以分为五个步骤，即确定调研目的和内容、制订调研计划、实施调研计划、编写调研报告、跟踪调研。

（1）确定调研目的和内容

旅游企业对调研需要解决的问题、调研的原因等必须明确。

（2）制订调研计划

调研计划是旅游市场营销调研的行动纲领，一般包括调研目标、调研项目、调研对象、调研地点、调研时间、调研方法、经费预算、调研人员的安排及分工等。

学习微平台

延伸阅读2-2

（3）实施调研计划

调研计划的实施包括搜集数据资料，加工、整理、分析和提出结论三个阶段。搜集的数据资料可以是二手资料，也可以是一手资料。旅游企业要精心整理、筛选，保证资料的系统性、完整性和真实性，最终得出正确的调查结论。

（4）编写调研报告

旅游市场营销调研的最终结果就是根据调研资料和分析结论写出调研报告，报告的编写要求内容客观、文字简练、重点突出、层次清晰、结论正确。

调研报告一般分为三大部分：

① 引言。引言简述调研的目的、主体、对象和过程。

② 正文。正文包括调研的内容、方法、步骤、结果及分析。

③ 附录。附录提供报告使用者应用时所需的信息和必要的附加信息，包括样本的分配、图标等。

（5）跟踪调研

将调研的结论进行实际应用，并对市场反应进行跟踪，以便总结经验，修正调研结论，提高决策的准确性。

2）旅游市场营销调研方法

根据不同标准，可把市场调研方法分为以下两种：

（1）按调查的范围划分

① 全面调研法。全面调研法也称市场普查法，是对旅游市场营销调研的所有有关对象无一例外地进行普遍调查，以获得全面、可靠和准确的资料。

② 典型调研法。典型调研法也称重点调研法，是通过对个别有代表性的单位或消费者的调查，以达到对全部消费状况或市场变化趋势的认识。

③ 抽样调研法。抽样调研法是从全部调研对象中选出一部分作为样本，根据样本的调研结果来推断全体消费者的情况。

（2）按调查方式划分

按调查方式，市场调研方法可分为观察法、询问调研法、试验法、网上调研法。

3）旅游市场营销调研技术

进行旅游市场营销调研不仅要制订周密的调研计划、选择合适的调研方法，而且要善于运用各种调研技术，这样才能获得完整、准确、有用的资料。最常用的调研技术有调查问卷设计技术、抽样调查技术。

（1）调查问卷设计技术

调查问卷也称调查表，是以书面问答的形式了解调查对象的反应和看法，由此获得资料和信息的一种调查方式。

①问卷设计的主要步骤。确定主题→确定提问方式→确定每个问题的措辞→确定每个问题的顺序→总体设计问卷结构→送审与修改→试查→定稿。

②问卷的格式。调查问卷一般包括以下几个部分：

A.问卷说明。用精练的语言向被调查者说明此次调查的意图、填表须知、交表时间、地点及酬谢方式等。

B.调查的问题。

C.被调查者的情况，如性别、年龄、职业、受教育程度、收入、宗教信仰、民族、居住地等。

D.问卷编号。

E.调查者的情况。在问卷最后，附上调查人员的姓名、所属组织、访问日期等，以方便核实调查者的情况。

③问题设计的形式。根据具体情况不同，问卷上的问题可以采用不同的形式，主要有以下两种：

A.开放式问题。旅游调研人员提出问题，不准备答案，由被调查者自由回答，不受任何限制。例如，“您为什么选择到旅行社报名参加团体旅游活动?”

B.封闭式问题。与开放式问题相反，封闭式问题是指旅游调研人员事先设计好所有可能的答案，被调查者只要在备选答案中选择合适的答案即可。

④问卷设计应注意的问题。在问卷中，问题部分的设计要非常灵活，设计问卷应注意避免多义性问题、一般性问题、引导性问题、困窘性问题和假设性问题等。

同步思考2-2

问题：问卷设计还应注意些什么？

理解要点：问卷开头要亲切，问题应简明易懂，语言表达要清晰准确。在问句的排列上，一般要由易到难，保持问题的流畅、连贯，开放性问题放在后面。

（2）抽样调查技术

旅游市场营销调研经常会用抽样调查法来获得有关信息。这种方法一般是从被调查单位总体中抽取一部分单位作为样本，以对样本进行调查的结果来推断总体。根据抽样机会是否相等的原则，抽样可分为随机抽样和非随机抽样，见表2-1。

表2-1　　抽样分类

抽样	随机抽样	简单随机抽样
		分层随机抽样
		分群随机抽样
		等距随机抽样
		多阶段随机抽样
	非随机抽样	计划抽样
		判断抽样
		便利抽样
		配额抽样

本章概要

□ 内容提要与结构

▲ 内容提要

● 旅游市场营销环境是指与旅游企业市场营销活动相关的一切外部因素与条件。旅游市场营销环境由微观环境和宏观环境构成。

微观环境是指与旅游企业的营销活动直接相关的各种参与者，其直接影响和制约旅游企业的市场营销活动，包括企业的内部环境、旅游供应商、旅游中介企业、旅游消费者、竞争者和旅游市场营销公众。宏观环境是指影响和制约旅游企业市场营销活动的社会性力量与因素，它主要以微观营销环境为媒介，间接影响和制约企业的市场营销活动，包括人口、经济、政治和法律、自然、科技、社会文化环境等。

SWOT分析法是被广泛运用的一种“机会–风险”分析法。SWOT是英语单词Strength（优势）、Weakness（劣势）、Opportunity（机会）和Threat（威胁）的首字母组合。优势是指企业所拥有的市场或产品以及其他在市场竞争中所具有的内在强项，劣势则指企业不如竞争对手的那些方面。机会一般是指有利于本企业快速发展的外部因素，威胁则指不利于企业经营的外部风险。在对旅游企业进行SWOT分析时，根据外部环境和企业内部条件的组合可以制定出四种相应的策略，SO采取发展型战略，WO采取扭转型战略，WT采取紧缩型战略，ST采取多角化经营战略。

● 旅游市场调研是指运用科学的方法，有目的、有计划、有步骤、系统地搜集、记录、整理和分析有关市场营销方面的信息，了解旅游营销环境与市场状况，为旅游企业管理人员进行经营决策提供重要的依据。

具体调研内容包括旅游企业经营环境调研、旅游市场需求调研、旅游市场供给调研、旅游企业经营性调研、旅游企业经营潜力调研。旅游市场调研可分为探测性调研、描述性调研、因果性调研、预测性调研四种类型。

随堂测 2-2

市场调研的基本程序可以分为五个步骤，即确定调研目的和内容、制订调研计划、实施调研计划、编写调研报告、跟踪调研。

按调查范围划分，市场调研方法有全面调研法、典型调研法、抽样调研法。按调查方式划分，市场调研方法包括观察法、询问调研法、试验法、网上调研法。

▲ 内容结构

本章内容结构，如图2-2所示。

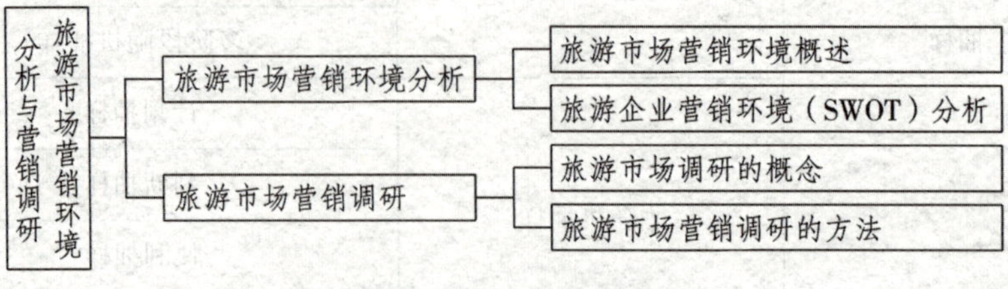

图2-2 本章内容结构图

□ 主要概念和观念

▲ 主要概念

旅游市场营销环境　旅游市场营销微观环境　旅游供应商　旅游中介企业　旅游市场营销宏观环境　旅游市场调研

▲ 主要观念

旅游市场营销环境分析　旅游市场营销调研

□ 重点实务和操作

▲ 重点实务

营销环境分析　旅游市场调研的程序　旅游市场营销调研的方法　相关“业务链接”

▲ 重点操作

旅游企业市场营销微观环境与宏观环境变化趋势分析　旅游企业SWOT分析　旅游市场营销调研

基本训练

□ 理论题

▲ 简答题

1）科学技术环境给旅游企业的市场营销活动带来了哪些变化？

2）对于旅游企业而言，作为微观环境的公众包括哪些？

3）简述旅游市场调研的类型。

▲ 讨论题

1）旅游企业对市场营销宏观环境并无任何控制能力，为什么还要关注它？

2）如何正确理解旅游市场营销宏观环境与微观环境之间的关系？

□ 实务题

▲ 规则复习

1）举例说明旅游市场调研的程序。

2）设计旅游市场调研问卷时，应注意哪些问题？

3）一份完整的旅游市场营销调研问卷应包括哪些内容？

4）简述SWOT分析方法，并说明如何运用。

5）简述SWOT战略选择。

▲ 业务解析

1）下面是一些问卷中挑出的不恰当的问句，请指出其错误之处并改正。

(1) 您差不多每年都外出旅游吗？

(2) 您是不是不赞成商店打折促销活动？您不赞成商店实行打折促销，是吗？

(3) 您为何喜欢爬山而不是游泳？

(4) 消费者普遍认为××景区风景优美，您觉得如何？

(5) 您是否离过婚？离过几次？谁的责任？您是否向银行抵押借款购买股票？

2）我们如何利用社会媒体机制衡量供应商的信誉？大众点评的信誉和网络

真的可以替代对旅游第三方分销商的需求吗？

□ 案例题

▲ 案例分析

【训练项目】

案例分析-Ⅱ。

【相关案例】

英媒：泰国和越南局势动荡　严重影响旅游业

背景与情境：据英国《金融时报》2014年7月30日报道，泰国和越南国内动荡导致游客数量暴跌，对两国的旅游业造成了很大影响。仅中国赴泰游客就从2013年6月的逾20万人降至2014年6月的不足8万人。

一方面，泰国官员全力招徕被泰国军事政变吓跑的游客重回昔日的旅游胜地，泰国旅游局也在网站上发布优惠措施吸引游客；而另一方面，两个月前成立的泰国政权发布新宪法，赋予了自身无条件逮捕和镇压的权力。

在越南，5月暴徒动乱致使几百家国外企业被焚毁或遭抢掠后，2014年游客量的增长陷入停滞期。而泰国在同年6月份，仅曼谷素万那普机场境外游客量较同期相比就下降了37%。

旅游统计数据显示，自中国取消如岘港市等一些旅游名胜地的航班后，越南在2014年6月份境外游客量仅为54万人，同比下降近5%，环比下降近20%。而中国禁止旅行社通过泰国旅游商店牟利，使得组团赴泰国旅游的费用有所增加，也进一步导致了游客数量的减少。

泰国以及越南旅游方面的乐观者称，如果两国保持现在的稳定状况，游客数量很快就会回升。但在这个竞争激烈的时代，尽管其邻国柬埔寨和缅甸的游客量较少，但却迎来了迅猛增长的势头。同时，柬埔寨、缅甸两国也在努力发展本国的旅游业。因此，泰国和越南不能有丝毫的放松。

资料来源　赵小侠. 英媒：泰国和越南局势动荡　严重影响旅游业［EB/OL］.［2014-07-31］. http：//finance.huanqiu.com/view/html.

问题：

1）政治和法律环境对旅游业有哪些影响？

2）要开展营销活动，如何改善政治和经济环境？

【训练要求】

同第1章“基本训练”中本题型的“训练要求”。

▲课程思政

【训练项目】

课程思政-Ⅱ。

【相关案例】

长沙引导旅行社行业提升服务质量

背景与情境：2024年4月8日，长沙市旅行社协会召开第六届理事会第二次会员大会暨2023年度总结表彰大会，260余家旅游企业代表齐聚一堂，共同探讨行业发展趋势。

旅游市场发生了深刻的变化，旅行社行业要用时间换空间，以消费体验为中心，做好市场培育、线路打造、场景创新工作，推动服务质量进一步提升；要对标国家标准、先进标杆，在企业标准化、团队标准化、导游标准化的建设管理方面提升行业服务水平和服务质量；要坚持管理与服务双管齐下，建立以导游为核心的人才队伍体系，狠抓导游人员培训、教育、管理，同时深入实施"游客满意在长沙"行动；要打击哄抬价格等违法违规行为，为游客构建放心消费、安全消费的旅游环境；要坚持境内与境外双向发力，根据上级入境游政策和配套服务推出符合外国游客的产品和线路。

各旅行社要面对逐步开放的境外入境市场，打开新思路、挖掘新渠道、探索新模式，充满信心地迎接新机遇和新挑战；要发展入境地接游，积极对外营销，主动引进资源，重点培养人才，创新入境产品，助力"打卡"向"刷卡"的流量变现、"叫好"向"叫座"的市场转化，高质量推动长沙入出境旅游市场的复苏和繁荣；要强化行业经营规范，杜绝欺诈行为，合法合规经营，提升游客满意度，增强游客复购率，赢得市场份额。

长沙市旅行社协会负责人介绍，2024年，长沙市旅行社协会将在以下方面持续发力：加强政企交流，增强企业信心；培养优秀人才，搭建合作平台；发挥团队力量，提升行业水平；加强行业自律，规范经营行为；重视入境地接，加大促销力度；倡导奉献精神，坚持榜样力量，以不断激活协会的品质升级与市场活力，为长沙文旅的高质量发展贡献智慧和力量。

据悉，2023年，长沙市旅行社协会经受住市场环境等多重压力的考验，保持协会会员单位260余家，拥有2.1万名从业人员，协会会员单位营业总收入达到60亿元。

资料来源 高慧. 长沙引导旅行社行业提升服务质量［EB/OL］.［2024-04-09］. https://www.ctnews.com.cn/dongtai/content/2024-04/09/content_158748.html.有删减.

问题：

1）研判长沙引导旅行社行业提升服务质量的思政价值内涵。

2）分析行前文明旅游提示的重要性。

【训练要求】

同第1章"基本训练"中本题型的"训练要求"。

□ 实训题

▲ 实训操练

【训练项目】

阶段性体验-I："旅游市场营销环境分析与营销调研"技术应用。

【训练目标】

见本章"章名页"之"学习目标"中的"实训目标"。

【训练内容】

其"领域"、"'技术-技能'点"、"名称"和操作"参照规范与标准"见表2-2。

表2-2 专业能力训练“领域”、“‘技术-技能’点”、“名称”和操作“参照规范与标准”

领域	“技术-技能”点	名称	参照规范与标准
“旅游市场营销环境分析与营销调研”知识应用	“技术-技能”1	“旅游市场微观环境及宏观环境变化趋势分析”技术应用	1）能全面把握“旅游市场微观环境及宏观环境变化趋势分析”的技术。 2）能从“旅游市场微观环境及宏观环境变化趋势分析”的特定视角理解并应用相应技术，有质量、有效率地进行以下操作： (1) 系统体验“‘旅游市场微观环境及宏观环境变化趋势分析’技术应用”的如下“技术-技能”操作，并体验“校企合作”中的“优势互补”： ①能通过科学的方法搜集旅游企业开展营销活动所面临的微观及宏观环境因素信息，并对旅游市场营销微观环境及宏观环境的变化趋势进行分析，按规定格式写出调研分析报告。 ②能根据分析调研的结果制定相应的对策，以实现企业的营销目标。 ③对企业经营所处的内外部环境、竞争对手和消费者进行充分调研分析，对企业进行准确的营销诊断。 (2) 总结“实践学习”中关于“‘技术-技能’1”的“操作体验”和“校企合作”的“优势互补”
“市场调研策划”知识应用	“技术-技能”2	“旅游企业SWOT分析”技术应用	1）能全面把握“旅游企业SWOT分析”技术。 2）能从“SWOT”的特定视角理解并应用相应技术，有质量、有效率地进行以下操作： (1) 系统体验“‘旅游企业SWOT分析’技术应用”的如下“技术-技能”操作，并体验“校企合作”中的“优势互补”： ①能正确运用SWOT分析方法，搜集自己所在城市某家旅游企业营销环境因素的相关资料，并对该旅游企业市场营销微观环境及宏观环境的变化趋势进行分析。 ②能根据分析结果，总结出企业的优势、劣势、机会和威胁，并按照规范格式写出调研分析报告。 ③能根据调研分析结果，运用SWOT分析方法，采取正确的营销策略。 (2) 总结“实践学习”中关于“‘技术-技能’2”的“操作体验”和“校企合作”的“优势互补”

续表

领域	“技术-技能”点	名称	参照规范与标准
“市场调研策划”知识应用	“技术-技能”3	“旅游市场营销调研”技术应用	1）能全面把握“旅游市场营销调研”技术。 2）能从“旅游市场营销调研”的特定视角理解并应用相应技术，有质量、有效率地进行以下操作： (1) 系统体验“‘旅游市场营销调研’技术应用”的如下“技术-技能”操作，并体验“校企合作”中的“优势互补”： ①能按照旅游市场调研的程序进行项目调研。 ②能运用市场调研的相关知识和方法正确设计旅游市场调研问卷，制订市场调研计划，并应用调研技术进行市场调研。 ③能根据对旅游企业进行市场调研的结果，按照规范要求撰写调研报告。 (2) 总结“实践学习”中关于“‘技术-技能’3”的“操作体验”和“校企合作”的“优势互补”
	“技术-技能”4	“‘训练报告’撰写”技术应用	能应用《训练报告》撰写技术，有质量、有效率地进行如下操作： (1) 合理设计关于“‘旅游市场营销环境分析与营销调研’技术应用”《训练报告》，其结构合理、层次分明； (2) 能依照网络教学资源包中《学生考核手册》表考2-2中的“考核指标”和“考核标准”要求，撰写所述《训练报告》

职业核心能力和职业道德训练：其内容、种类、等级与选项见表2-3；各选项操作的“参照规范与标准”见本教材“附录三”的附表3和“附录四”的附表4。

表2-3　**职业核心能力和职业道德训练的内容、种类、等级与选项表**

内容	职业核心能力							职业道德						
种类	自主学习	信息处理	数字应用	与人交流	与人合作	解决问题	革新创新	职业观念	职业情感	职业理想	职业态度	职业良心	职业作风	职业守则
等级	中级	中级	中级	中级	中级	中级	中级	认同级	认同级	认同级	认同级	认同级	认同级	认同级
选项		√	√	√	√	√	√	√			√	√	√	√

【训练任务】

1）对“‘旅游市场营销环境分析与营销调研’技术应用”专业能力的各“技术-技能”点，依照表2-2中的“参照规范与标准”，实施应用相关技术的基本训练。

2）对表2-3中所列“职业核心能力”选项，依照本教材“附录三”附表3中相关“‘技术-技能’点”的“参照规范与标准”，实施融入性“中级”强化训练。

3）对表2-3中所列“职业道德”选项，依照本教材“附录四”附表4中“领域”的“参照规范与标准”，实施“认同级”相关训练。

【组织形式】

1）以小组为单位组成营销策划团队。

2）各营销策划团队结合实训任务进行适当的角色分工，确保组织合理和每位成员的积极参与。

【指导准备】

知识准备：

学生通过自主学习，预习如下知识：

1）旅游市场微观环境与宏观环境等知识；

2）旅游企业SWOT分析理论与实务；

3）“营销调研”的理论与实务知识。

4）本教材“附录一”的附表1中，与本章“职业核心能力”选项各技能点相关的“‘知识准备’参照范围”所列知识。

5）本教材“附录三”的附表3中涉及本章“职业核心能力”选项，以及“附录四”的附表4中涉及“职业道德”选项的“参照规范与标准”知识。

操作指导：

1）教师向学生阐明“训练目的”、“训练任务”和“知识准备”。

2）教师就“知识准备”中的第4）、5）项，对学生进行培训。

3）教师要指导学生从“‘旅游市场营销环境分析与营销调研’技术应用”视角进行企业营销决策和业务运作情况调研、资料搜集与整理。

4）教师指导学生撰写“‘旅游市场营销环境分析与营销调研’技术应用”的《实训报告》。

【训练要求】

1）实训前，学生要了解并熟记本实训的“训练目的”、“训练内容”、“训练任务”与“训练要求”，了解并熟记本教材网络教学资源包的《学生考核手册》中表考2-6、2-7所列“考核指标”与“考核标准”的内涵，将其作为本实训的操练点和考核点来准备。

2）将“训练任务”所列三种训练整合并落实到本实训的“活动过程”和“成果形式”中。

3）实训后，学生要对本次实训活动进行总结，在此基础上撰写相关《训练报告》。

【训练时间】

本课程课堂教学内容结束后，安排两周时间进行“阶段性体验”训练。

【情境设计】

班级学生以小组为单位，组建"'旅游市场营销与策划'技术应用"训练团队。各团队分别选择一家开展"旅游市场环境分析与营销调研"的企业（或本校专业实训基地，或毕业生创业团队），从"'旅游市场环境分析与营销调研'技术应用"视角，参与企业该项目的运作，在依据表2-2中"'技术-技能'1"至"'技术-技能'3"的"参照规范与标准"系统体验各项操作的过程中，进行"校企合作"的"实践学习"，并尝试"优势互补"。

【训练步骤】

1）以班级小组为单位组建学生"阶段性体验"训练团队，每队确定1人为队长，根据训练项目需要进行角色分工与协作。

2）各团队结合"训练任务"，参照"情境设计"，分别选择一家开展"旅游市场营销环境分析与营销调研"的企业（或本校专业实训基地，或毕业生创业团队），从"'旅游市场营销环境分析与营销调研'技术应用"视角，全程参与企业该项目运作，进行"校企合作"的"实践学习"。

3）依据表2-2中"'技术-技能'1"至"'技术-技能'3"的"参照规范与标准"，系统体验如下操作：

（1）依照表2-2中"'技术-技能'1"的"参照规范与标准"，从"'旅游企业微观环境及宏观环境变化趋势分析'技术应用"视角，进行"校企合作"的"实践学习"，体验"'旅游市场营销与策划'胜任力"建构中"'旅游企业环境分析'运作"能力要素生成。

（2）依照表2-2中"'技术-技能'2"的"参照规范与标准"，从"'旅游企业SWOT分析'技术应用"视角，进行"校企合作"的"实践学习"，体验"'旅游市场营销与策划'胜任力"建构中"'旅游企业SWOT分析'运作"能力要素生成。

（3）依照表2-2中"'技术-技能'3"的"参照规范与标准"，从"'旅游市场营销调研'技术应用"视角，进行"校企合作"的"实践学习"，体验"'旅游市场营销与策划'胜任力"建构中"'旅游市场营销调研'运作"能力要素生成。

4）各团队总结1）~3）项操作体验，撰写"基于'旅游市场营销环境分析与营销调研'技术应用"的《校企合作实践学习总结》，体验"'旅游市场营销与策划'胜任力"建构中"旅游市场营销环境分析与营销调研"的"专业互鉴"能力要素生成。

5）在"'旅游市场营销环境分析与营销调研'技术应用"的"专业能力"基本训练中，依照表2-3中相关训练选项的"参照规范与标准"，融入"职业核心能力"的"中级"强化训练和"职业道德"的"认同级"相关训练。

6）各团队综合以上阶段性成果，依照"'技术-技能'4"的"参照规范与标准"，撰写《"旅游市场营销环境分析与营销调研"技术应用训练报告》。其内容包括：实训组成员与分工；实训过程；实训总结（包括对专业能力训练、职业核心能力训练和职业道德训练的分析说明)；附件（即阶段性成果全文)。

7）在班级讨论、交流和修订各团队的《训练报告》，使其各具特色。

【成果形式】

1）实训课业：《“‘旅游市场营销环境分析与营销调研’技术应用”训练报告》。

2）课业要求：

(1)“实训课业”的结构与体例参照本教材“课业范例”中的范例-3。

(2）将《校企合作实践学习总结》以“附件”形式附于《训练报告》之后。

(3）在校园网的本课程平台上展示经过教师点评的班级优秀《训练报告》，并将其纳入本课程的教学资源库。

▲ 创新工作站

【工作项目】

编制《优化方案》。

【工作目的】

见本章“章名页”之“学习目标”中的“实训目标”。

【工作任务】

编制“关于旅游市场营销环境分析与营销调研相关业务规范”的《优化方案》。

步骤及内容：

(1）旅游市场营销环境分析，包括旅游市场营销微观环境分析、旅游市场营销宏观环境分析和旅游企业营销环境SWOT分析。

(2）旅游市场营销调研，包括旅游市场营销调研程序和旅游市场营销调研方法。

【待优化对象】

(1）旅游市场营销环境分析。

(2）旅游市场营销调研。

【情境设计】

上述“待优化对象”涉及的规则性知识已成为企业的既定规范。为强化管理、提高企业竞争力，企业决定对这些既定规范进行优化。企业管理层要求研发部门组成若干团队，通过网络调研或其他途径，研究编制关于这些业务规范的《优化方案》。

【工作要求】

(1）在搜集、整理和研究最新相关文献资料的基础上，制订所选业务既定规范的《优化方案》。

(2）所制订的《优化方案》具有明显的创新性、优越性和可操作性。

(3）对体现在《优化方案》中的创新不求全责备。

【工作步骤】

(1）将班级同学分成若干组，模拟某企业的不同研发团队，每个团队确定1个负责人。

(2) 各团队从“待优化对象”中任选其一。

(3) 各团队进行角色分工，通过网络调研等途径，围绕所选“待优化对象”的相关业务，搜集最新研究成果与企业先进管理措施资料。

(4) 各团队整理搜集到的资料，分析比较其与所选“待优化对象”的异同。

(5) 各团队以扬长避短为宗旨，通过讨论，研究制订所选“待优化对象”的《优化方案》。

(6) 在班级交流和修订各团队的《优化方案》，使之各具特色。

(7) 在校园网的本课程教学平台上展示经过教师点评的各团队《优化方案》，作为本章“重点实务”的补充教学资料。

【成果形式】

1) 工作课业：关于“旅游市场营销环境分析与营销调研相关业务规范”的《优化方案》。

2) 课业要求：

(1)“实训课业”的结构、格式与体例参照本教材“课业范例”的范例-5。

(2) 在校园网的本课程教学平台上展示经过教师点评的班级优秀《实训报告》，供相互借鉴。

单元考核

考核要求：“考核模式”“考核目的”“考核种类”“考核方式、内容与成绩核定”及考核表等规范要求，见本教材网络教学资源包中的“学生考核手册”。

第3章 旅游消费者购买行为分析

学习目标

通过本章学习，应该达到以下目标：

理论目标：学习和把握“旅游消费者购买行为分析”的相关概念，旅游消费者购买旅游产品动机的类型，旅游消费者购买行为分析的意义，旅游消费者购买行为的类型，旅游产品购买决策的主要参与者，以及“延伸阅读”等陈述性知识；能用其指导本章“同步思考”、“深度思考”和“基本训练”中“理论题”各题型的认知活动，正确解答相关问题；阶段性体验本章专业理论学习的横向正迁移，以及相关胜任力中“专业认知”要素的生成。

实务目标：学习和把握旅游消费者的购买动机、影响旅游消费者购买行为的因素、旅游消费者购买决策过程、相关“业务链接”等程序性知识；能以其建构“旅游消费者购买行为分析”中的规则意识，正确解析本章“教学互动”、“随堂测”和“基本训练”中“实务题”的相关问题；阶段性体验本章专业实务学习的横向正迁移，以及相关胜任力中“专业技术”要素的生成。

案例目标：运用本章理论与实务知识研究相关案例，培养和提高在“旅游消费者购买行为分析”特定情境中多元表征的专业能力；能结合本章教学内容，依照相关规范或标准，对“课程思政3-1”专栏和章后“课程思政-Ⅲ”等案例中的企业及其从业人员行为进行思政研判，强化社会主义核心价值观的引领作用，促进“立德树人”根本任务的落实；阶段性体验本章专业案例学习中“专业知识”、“通用知识”与“思政元素”的协同性重组迁移，以及相关胜任力中“认知弹性”要素的生成。

自主学习：参加“自主学习-Ⅱ”训练。在实施《自主学习计划》的基础上，通过学习和应用“附录一”附表1“自主学习”（中级）各技能点的“‘知识准备’参照规范”所列知识，查阅、搜集、整理与综合“旅游消费者购买行为分析”前沿知识，讨论、撰写和交流《“影响旅游消费者购买行为的因素”最新文献综述》，撰写《“自主学习-Ⅱ”训练报告》等活动，培养“自主学习”的通用能力（中级）；阶段性体验本章“自主学习”中“专能”与“通能”的“重组性”迁移，以及相关胜任力中“求知韧性”要素的生成。

引例 “互联网+”时代旅游消费者行为的改变

背景与情境：各行各业，但凡进入了互联网，都会天然地孕育出用户社区，如在线旅游、在线游戏、在线教育、在线餐饮等。大家在这里各抒己见，互通有无，形成内容营销和口碑营销的重要阵地。那么，在线旅游的活跃用户到底在哪里呢？

1）攻略板块

旅游行业可以说是内容营销的鼻祖。帮助用户省时省力的“攻略”，是用户最想看、最有价值的部分。连传统OTA去哪儿网都有600万篇攻略游记，更不用提以攻略内容起家的旅游社区，像马蜂窝“目的地攻略”、穷游网“穷游锦囊”，质量高、覆盖范围广，被奉为攻略圣经。

2）问答板块

攻略没能解决的问题，用户可以在问答区域提问，不但可以搜索其他用户询问过的类似问题，还能获得一对一、定制化的解答。

携程网的问答栏目，现已解决将近174万个问题，有313.6万人贡献了宝贵经验。

世界邦旅行网的达人问答，是旅游界的“在行”，大量本地旅行达人、专家等入驻，用户可以有针对性地选择人气高、有过相关目的地出行经验的达人提出问题。

3）达人广场

达人们通常旅行经验丰富、游记攻略写得扎实有趣，本人通常也极具魅力，因而成为社区“意见领袖”，吸引用户前来交流，竞相膜拜，刺激旅游需求。

面包旅行用户，以点赞游记的方式评选出旅行“达人”；百度旅游设定规则，优质用户经过官方认证可入驻达人堂。

4）行程工具

旅游网站为用户提供行程工具，帮助其提升出行体验。用户出游前制定行程，穷游行程助手让用户真正实现边看游记边做攻略，遇到喜欢的酒店及餐饮、活动项目，可一键编辑进行程中。也许未来还会结合定制类自由行特价，直接下单。

此外，许多线上旅游社区还为用户准备了高效制作游记的工具，如“蝉游记”编辑排版功能十分强大。

5）社交板块

对旅行爱好者们而言，社交板块更有黏性。在携程的“伴游”栏目，用户可以发布信息寻找志趣相投的旅伴，或者寻找向导定制私人行程。Boots'N'All每周二下午在Twitter上举行一次实时聊天活动，每期一个话题，来自世界各地的旅行者可在Twitter上进行互动。穷游周年庆、大鱼自助游的线下咖啡厅，也都是旅行者的聚集地。

一些紧跟潮流的商家甚至将线上和线下活动相结合，用起了虚拟现实、增强现实技术，给用户带来身临其境的体验。

资料来源 漩涡，刘欣．在线旅游用什么吸引用户？这里有你值得学习的营销招数［EB/OL］．［2016-12-29］．https：//socialbeta.com/t/100636.

问题：“互联网+”时代旅游消费者的行为有哪些变化？企业应该如何改变思维，抓住营销新机遇？

由引例可见，作为旅游企业营销人员，必须深入分析“互联网+”时代旅游消费者购买行为的特点，如人们如何搜集信息、借助何种方式分析评价、如何购买、购后如何反馈等，从而有针对性地开展有效的营销活动。

3.1 旅游消费者购买行为概述

旅游消费者是指旅游产品的最终消费者，包括购买旅游产品的个人或家庭，如观光旅游者、度假旅游者、商务旅游者、会议旅游者等。旅游消费者购买旅游产品是为了满足个人物质和精神的需要，无谋利目的。

3.1.1 旅游消费者购买行为及购买动机

1）旅游消费者购买行为

旅游消费者购买行为是指旅游消费者个体在搜集有关旅游产品的信息进行决策时和在购买、消费、评估、处理旅游产品时的行为表现。它也指旅游消费者购买旅游产品的活动及与这种活动有关的决策过程。旅游消费者购买行为是旅游消费者个人特征、社会影响因素及环境影响因素共同作用的结果。

旅游消费者个人特征包括个人的客观条件（如年龄、职业、经济状况、生活方式、自我观念等）和主观心理特性（如感觉、动机、学习过程、信念和态度等）。社会及环境影响因素包括参与团体、家庭、社会阶层、组织及文化因素等。

旅游企业营销人员了解并研究旅游消费者的购买行为，是为了清楚地回答在既定的营销环境和营销活动作用下有关市场的下列问题：旅游消费者为什么购买？他们要购买什么样的旅游产品和服务？他们如何购买？何时购买？在何地购买？与谁一起购买？由谁来购买以及购买多少？同时，旅游企业营销人员还应该了解旅游消费者的购买决策过程。

2）旅游消费者的购买动机分析

动机可以被看作需要获得满足的过程。需要是一种内心状态，它使某种结果具有吸引力。当需要未被满足时，个体就会产生紧张心理，进而激发其内驱力，这种内驱力导致了寻求特定目标的行为。如果目标实现，则需要得到满足，紧张心理得以解除。动机过程如图3-1所示。

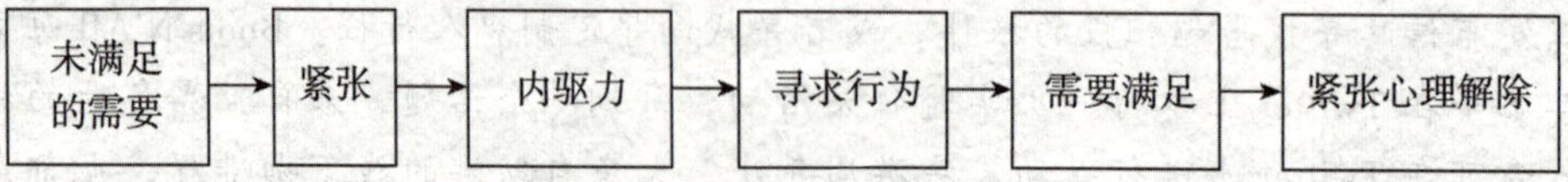

图3-1 动机过程

旅游动机是多种多样的，由于旅游消费者的国家、民族、职业、性别、年龄、文化程度不同，其旅游的动机和目的也各不相同。有的是为了消遣娱乐，有的是为了追新猎奇，有的想了解异国文化，有的重在探亲访友等。即便是同一旅游者，在不同的时间或条件下，其旅游动机也会发生变化。

旅游动机是推动人们进行旅游的心理因素。正是由于旅游者有不同的旅游动机和旅游动机的变化，才促使旅游的形式不断翻新和多样化，旅游的内容也逐渐丰富多彩。

美国学者罗伯特·W.麦金托什把人的基本旅游动机分为四类：

（1）身体健康方面的动机

身体健康方面的动机包括休息、运动、消遣、娱乐以及其他与身体健康直接有关的动机。紧张繁忙的工作、繁杂的家务、生活的压力使得人们的身体和精神都感到疲惫，为了放松身心、缓解压力、摆脱日常事务的干扰，人们产生了旅游动机，如观光，度假，疗养，参加保健、健身和娱乐活动，以及打高尔夫球、散步、游泳、滑雪等室内外运动等。

（2）文化方面的动机

文化方面的动机是指为了解异国他乡的文化、丰富知识、开阔视野而产生的动机。

如了解异国异地的历史文化传统、风俗习惯、音乐、艺术、舞蹈、绘画和宗教等，参观宗教圣地、历史遗迹，寻访名胜，参加学术和艺术交流活动。

（3）人际方面的动机

人际方面的动机即社会交往和交际方面的动机，包括接触其他民族、结交新朋友、探亲访友、寻根、回国及家族联络等。这类动机是为了社会交往，与社会保持经常性接触。

学习微平台

延伸阅读3-1

（4）地位和声望方面的动机

地位和声望方面的动机与自我需要和个人发展有关。出于这类动机进行的旅游包括事务旅游、会议旅游、考察旅游，以及满足个人兴趣和爱好的旅游、求学旅游等。这类旅游可以使旅游者被注意、被承认、被赏识、被尊重，获得良好的声望。

同步案例3-1

比尔一家的假期

背景与情境：在一个明媚的春天，比尔夫人和比尔先生在法国的一个小镇度过了他们浪漫的新婚蜜月。他们二人都非常热衷帆船运动，之所以选择这个旅游目的地，就是因为他们想要每天都一起航海。他们享受着甜蜜的爱情，每天晚上都要选择最浪漫的地方享用烛光晚餐，并不在乎整个假期里面是否与其他人交谈。这两个爱冒险的年轻人还参与了一些其他活动，如攀岩和热气球。比尔夫人比较喜欢参观艺术博物馆，但是她的丈夫对此并不感兴趣，所以她选择了放弃，因为她不想让她的丈夫不高兴。

他们结婚10年后，情况发生了变化。比尔夫妇有了两个女儿，夫妻之间的关系恶化。比尔先生仍沉迷于帆船运动，但是比尔夫人已经放弃了。有一次，他们一家和朋友们一起到希腊一个小岛上的农庄度假，他们对外宣称这是因为很久没有见这些朋友了。然而，他们此次出行的真正动机是为了夫妻之间更好地沟通，一起来分担照顾孩子的义务，消除他们长久以来的隔阂。整个假期都围绕着让孩子们高兴这个目的来安排，因为他们知道如果孩子们沮丧，那么他们每一个人都将度过一个糟糕的假期。比尔夫人暗暗希望在旅途中能够有一些惊喜，而比尔先生则想通过航海来放松一下。一天晚上，他们采纳了朋友的建议，去几年前曾经到过的一家餐厅享用烛光晚餐，一起欣赏海港的美丽夜景。然而这天晚上实在是糟糕，双方在一种非常冷淡的氛围中度过，甚至没有和对方说几句话。

比尔夫人几乎将她的大部分时间都用于她的新爱好——骑马。一年前，她第一次尝试骑马，就一下子喜欢上了这项运动。比尔夫人选择农庄的原因是那里有一个游泳池，可以使孩子们高兴，而且厨房里所有的现代化设备一应俱全，这样可以减轻做饭和洗碗的工作。但比尔先生这些天很少来厨房帮厨，双方又产生了一些问题。

资料来源 斯沃布鲁克，霍纳．旅游消费者行为学［M］．俞慧君，张鸥，戚小艳，译．北京：电子工业出版社，2004：46.

问题：比尔一家度假的动机有哪些？能够清晰表达的动机（显性动机）是什么？其真正的动机（隐性动机）又是什么？

分析提示：通过对本案例的分析，我们发现，旅游消费者的旅游动机是多种多样的，既有显性动机，即消费者意识到并承认的动机，如比尔一家好久没有和朋友们一起聚聚了；也有隐性动机，即消费者没有意识到或者不愿意承认的动机，如比尔夫妇为了改善夫妻关系、消除隔阂等。总之，比尔一家选择的度假产品，每一个人都有不同的动机，包括孩子们及比尔夫妇。旅游消费者的购买行为都是在动机的作用下实现的。

3.1.2 旅游消费者购买行为分析的意义

1）旅游消费者购买行为分析是了解市场的重要内容

旅游企业的营销活动首先是从市场调研、搜集市场信息开始的，其中一项重要内容即进行旅游消费者购买行为分析，弄清影响购买者购买决策的各种因素，针对购买者或市场的各个方面分别搜集有关信息。

2）制订营销计划的基础是对旅游消费者购买行为的分析

旅游消费者受旅游营销环境、旅游营销活动以及自身因素的影响决定购买旅游产品。所以，对于旅游营销活动而言，旅游营销人员只有在适应营销环境、符合旅游消费者购买行为特征的基础上制订营销计划，才能取得良好的营销效果。

3）旅游消费者购买行为分析在企业经营战略层面具有重要意义

旅游营销人员可以通过对旅游消费者购买行为的调研和市场的调查进行具体深入的分析，使营销计划达到一个较高的层次，这样不仅可以牢牢抓住旅游消费者的购买心理，也可以使自身的实力不断增强，使旅游企业立于不败之地。

4）可以更加有效地利用旅游企业的营销资源，实现企业的营销目的

旅游企业的营销资源应该围绕各个方面进行整合利用，这样才能使企业的旅游营销战略更具有针对性和可操作性，才能最终实现企业的旅游营销目标。

随堂测3-1

3.2　影响旅游消费者购买行为的因素

旅游消费者的购买行为是指旅游者购买旅游产品的活动及与这种活动有关的决策过程。旅游者的旅游消费活动受到个人、社会和环境等因素的影响，呈现出复杂性和多样性。这些因素中，有些可以为营销人员所掌握和控制，也有一部分是营销人员难以控制但必须重视的。对这些因素进行分析，对旅游企业进行市场细分、市场定位及旅游产品的开发都有十分重要的意义。旅游消费者购买行为的影响因素如图3-2所示。

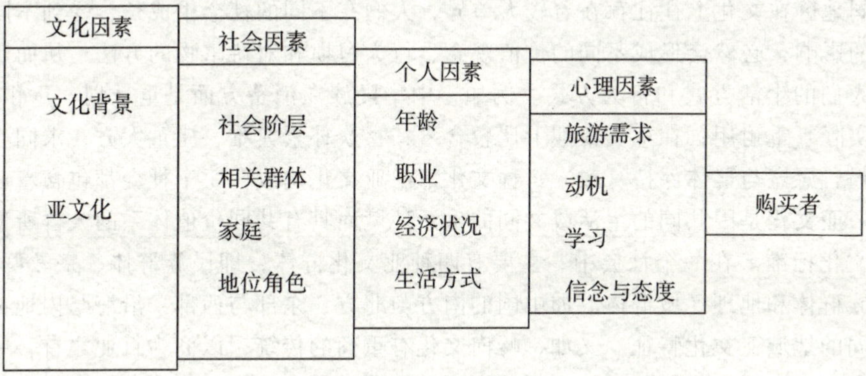

图3-2　旅游消费者购买行为的影响因素

业务链接3-1

中国国内旅游人气持续飙升 消费结构正在改变

美国彭博社刊文称，中国国内旅游需求持续强劲增长。携程公司表示，体验式旅游热度高，冲浪、去主题乐园和到郊外游玩等活动在2023年人气飙升。

旅游行业网站“酒店新闻”报道称，中国游客将推动全球旅游业复苏。世界旅游及旅行业理事会研究预测，到2023年年底，中国旅游业将贡献1.48万亿美元经济产值，比2022年增长150%以上。

2023年以来，随着多项利好政策落地生效，中国文旅消费需求加速释放。根据中国文化和旅游部发布的2023年上半年国内旅游数据情况，上半年，国内旅游总人次23.84亿，比上年同期增加9.29亿人次，同比增长63.9%；国内旅游收入（旅游总花费）2.30万亿元，比上年增加1.12万亿元，增长95.9%。分季度看，一季度国内旅游总人次12.16亿，同比增长46.5%；二季度国内旅游总人次11.68亿，同比增长86.9%。

文旅部公布的2023年中秋节、国庆节假期文化和旅游市场情况显示，假期8天，国内旅游出游达8.26亿人次，按可比口径同比增长71.3%，按可比口径较2019年增长4.1%；实现国内旅游收入7 534.3亿元，按可比口径同比增长129.5%，按可比口径较2019年增长1.5%。

中国旅游市场的变化呈现出两个特点：一是需求集中爆发。二是国内旅游再次展现对国民经济的重要作用。

资料来源 汪莹. 中国国内旅游人气持续飙升 消费结构正在改变.［EB/OL］.［2023-12-11］. http: //travel.china.com.cn/txt/.

3.2.1 文化因素

文化因素主要是指文化和亚文化。**文化**是指人类在社会发展过程中所创造的物质财富和精神财富的总和。这里的文化主要指精神文化，包括思想、道德、哲学、艺术、宗教、价值观、审美观、信仰、风俗习惯等方面的内容。不同国家、不同地区在文化上往往存在着较大差异，人们在不同的社会中成长，受到不同文化的影响，必然会形成不同的价值观念、行为习惯和对待事物的方法，从而影响着人们的生活方式和行为方式。例如，中华民族在消费方面是重计划、重积蓄、重实际、重耐用；在审美情趣上比较含蓄，喜欢朴素典雅、庄重大方；求同心理较强，愿意与群体保持一致。每种文化都由亚文化构成，每个社会都包含着亚文化。**亚文化**是因共同的生活或共同的生活环境而具有共同价值体系的人群所遵循的文化标准。在一个社会中，主要有四种亚文化群体，即民族群体、宗教群体、种族群体和地理区域群体。如中国的南方与北方、东部与西部、沿海与内地都有不同的地域亚文化特征。又如，岭南文化有重商的传统，以商为百业之首，中原文化则重农轻商。岭南受儒家文化影响和束缚较少，受海外文化影响较多，是一种兼容的文化。岭南人喜欢冒险和探奇，旅游中有较强的求新求异的心理。

社会文化作为一种适合本民族、本地区、本阶层的是非观念，强烈地影响着消费者的旅游购买行为。生活在同一社会文化环境下的各成员的个性具有相同的方面，不同文化环境下的人们个性不同，购买行为和购买习惯也不同。比如，春节是中国人的传统节日，也是最重要的节日，一般中国人习惯年底消费。

业务链接3-2

传统文化影响下中国人的旅游消费心理和行为特点

中国传统文化博大精深，源远流长。在这种文化背景下繁衍生息的中华民族，其价值观念、思维方式、生活方式、消费观念等都有其独特性。中国传统文化对中国人的旅游消费心理与行为的影响也是多方面的，并使中国的旅游消费者形成了其特有的旅游消费心理和行为特点。正确地认识和科学地分析中国传统文化影响下的旅游消费者的旅游消费心理与行为特点，对旅游企业新产品的设计与开发、服务的推广以及营销策略的制定等都具有重要的现实意义。一般来说，中国人的旅游消费心理和行为具有以下特点：

①注重人情和求同的旅游消费动机；

②勤俭节约的旅游消费观念；

③含蓄的民族性格和谦逊的旅游消费行为；

④以家庭为主的旅游消费准则；

⑤注重知觉判断的旅游产品购买决策方式。

3.2.2　社会因素

旅游消费者的购买行为也受到一系列社会因素的影响，这些因素主要有社会阶层、相关群体、家庭、角色与地位。

1）社会阶层

社会阶层是根据职业、收入、财产、受教育程度等可变因素对人们进行的群体划分，是指一个社会中具有相对的同质性和持久性的群体。社会阶层是按等级排列的，处于同社会阶层的人，在经济地位、价值观、生活方式、兴趣、消费偏好、消费行为等方面往往存在相似之处；处于不同社会阶层的人在上述方面会存在较大差别。

对于一个旅游消费者而言，处于怎样的社会阶层将直接影响他对旅游产品的选择，影响他的旅游购买行为。不同社会阶层的价值观、兴趣、偏好会有所不同，如在旅游动机上，因较高阶层旅游者愿意享受富裕的生活方式，对身份和自我形象比较注重，因此常常选择著名的海滩、温泉、大海中的群岛去度假。中等阶层旅游者喜欢寻求新的体验，爱冒险，愿意参加团体旅游。对于较低阶层的旅游者来说，到遥远的地方旅游是轻率和费钱的，他们会选择附近的度假村去度假，或选择国内的旅游区去旅游。一些企业的营销人员正是在分析了各社会阶层的旅游需求之后，定位了自己的服务目标，如新加坡香格里拉饭店的香宫就是专门为较高阶层消费者服务的，汽车旅馆则面向中低层消费者。在中国，大众消费的工薪阶层是国内旅游市场的主体。

2）相关群体

相关群体是指以一定方式结合在一起，具有共同目的，彼此相互影响、相互作用，心理上有共同感并具有情感联系的人群。相关群体对旅游消费者的态度和行为有直接或间接影响，其可分为首属群体和次属群体两类。首属群体是个人直接生活在其中，与群体成员有直接交往和亲密人际关系、消费者经常受其影响的群体。首属群体往往是非正式组织，如家庭、邻居、朋友、同事等，群体与成员之间保持着经常性的互动关系。次属群体是按照一定规范建立起来、有明确社会结构的群体，如工会、学生会、各种宗教组织、各类专业协会等。次属群体是消费者不经常受其影响的群体，多为正式组织，群体与成员之间的相互影响较小。

相关群体会对旅游消费者的行为产生如下影响：为消费者个人提供新的生活方式和行为方式；影响消费者个人的态度、价值观、审美观、消费需求、消费偏好；影响消费者对产品、服务、品牌等的评价和选择；产生一种压力，迫使或促使人们的消费行为趋于一致。

3）家庭

家庭是社会的基本单位，人的生活习惯、行为方式首先是从家庭习得的，在家庭的影响下，家庭成员形成了一定的价值观、审美情趣、爱好、生活习惯，学会了一定的消费技能。家庭是消费者重要的相关群体，也是旅游消费市场上重要的购买单位，家庭的结构、家庭生命周期、家庭的社会地位、家庭的经济收入、家庭对消费的态度等都会对旅游消费行为产生直接而深刻的影响。如父母的饮食消费习惯会直接影响到子女。

近几年来，全家出游是市场发展较快的一种形式。据北京市的相关调查，北京游客外出时与家人同行者占的比例最大。家庭对旅游消费者的影响还在于，每个家庭成员对购买决策都起着不同的作用，家庭购买决策类型有丈夫决定型、妻子决定型、共同决定型、子女决定型和独立支配型。例如，对已成立家庭的人而言，购买决策一般属于夫妻共同决定型。麦当劳将17岁以下的未成年人定为目标消费者，其产品配方、店堂布置、广告宣传等直接围绕他们展开，在是否在麦当劳就餐的决策中，子女的影响力起着决定性作用。

此外，家庭所处的生命周期的不同阶段也会对旅游活动产生重要影响。美国的瓦格纳和汉娜（Wagner & Hanna）将现代家庭的生命周期分为八个阶段：单身阶段、新婚阶段、满巢一期、满巢二期、满巢三期、空巢一期、空巢二期、鳏寡期。家庭的发展变化，意味着家庭消费的变化，对旅游的需求会有很大的不同。例如，无子女的新婚期家庭有时间、有金钱、无子女、无负担，对旅游往往十分感兴趣。空巢期的老年人，经济和身体状况较好的，常会结伴外出旅游。随着我国人口老龄化的加剧，空巢家庭成为老人家庭的主要形式。老年人闲暇时间多，有的老年人有退休金，还有积蓄，“银发市场”将是旅游市场中一个潜力很大的细分市场。

4）角色与地位

个人在一个群体中的位置可以其所扮演的角色和所处的地位来表明。如一个人在父母眼里是儿子，在家庭中是丈夫，在公司中则是一名职员。每种角色都有相应的社会地位，人们往往选择与自己的角色、地位相符的产品，一些产品和品牌有可能成为身份和地位的象征。如大公司的CEO在商务旅行时会选择入住五星级酒店。而五星级酒店总统套房也是为了显示旅游者的身份与地位、满足旅游者的一定心理需要而设立的。

3.2.3 个人因素

旅游消费者的购买行为还会受到个人因素的影响。个人因素包括个性与自我形象、经济状况、生活方式、职业、年龄和人生阶段等。

1）个性与自我形象

个性即人格特质，是个人带有一定倾向性的、本质的、较稳定的心理特征。个性一般包括对现实的态度、意志、情绪和理智四个主要特征。如自信、大胆、自卑、谨慎、独立或依赖、孤独或合群、急躁或冷静等可以表达不同的个性特征。著名心理学家C.G.荣格将人的个性分为外倾型和内倾型。一般而言，外倾型的人性格开朗、活泼，独立性强，善于表达自己的感情；内倾型的人不爱交际、沉稳安静，做事谨慎保守。

个性会使一个人对周围环境做出相对独立的、一贯和持久的反应。在旅游消费中，外倾型旅游消费者大都喜欢新奇的体验，求异心理比较强，喜欢前往特色鲜明的旅游场所，乐于接触和感受异国他乡的文化，旅游过程中强调自主性和灵活性。内倾型旅游消费者大都喜欢前往熟悉的或非常流行的旅游目的地，愿意将旅游日程事先安排妥当，愿意参加旅行社组织的团队出游，喜欢按出游计划、预定线路按部就班地参加旅游活动。

每个旅游消费者对自己都有一个综合认识，即自我形象。这个综合认识包括实际的自我观念（自己怎样看待自己）、他人自我观念（别人怎样看待自己）以及理想的自我观念（自己追求的理想形象）。旅游消费者总是希望保持和改善自我形象，进行旅游消费也是消费者表现自我、塑造自我形象的一种手段。

2）经济状况

经济状况是决定一个人消费能力大小的主要因素，旅游消费需求的实现取决于一定的可随意支配收入、储蓄和资产。不同收入阶层在消费观念、消费方式、消费偏好及需求模式上是不同的。如随着中国经济的发展、居民可支配收入的增加，旅游消费支出在越来越多的家庭中所占比例呈逐年上升趋势，在经济相对发达的地区和大城市，旅游已成为人们日常生活的一部分。

业务链接3-3

低出游倾向特征与高出游倾向特征对照表

出游倾向表见表3-1。

表3-1 **出游倾向表**

低出游倾向特征	高出游倾向特征
家庭收入低	家庭收入高
单亲家庭	双亲（有工作）家庭
农村居民	大城市居民
仅接受最低水平教育	具有较高任职资格
年龄较大（75岁以上）	年龄较小
无私人交通工具	家中有2辆或多辆汽车
带薪假期少于3周	带薪假期在6周以上

注：出游倾向指一年中外出度假的人在一国人口中所占的比例。

3）生活方式

生活方式就是在人的活动、兴趣和意见上表现出的生活模式。具有不同生活方式的人，在个人偏好、需求特征、购买行为等方面具有许多不一样的特点。生活方式是对影响个人行为的心理、社会、文化、经济等各种因素的综合反映。如有些消费者把大量时间和精力投入工作和学习中，期望在事业上取得成绩，他们属于事业型。有些消费者富有生活情趣，讲求生活质量，希望生活丰富多彩，乐于在这方面花费时间、精力和金钱，他们属于享乐型。生活方式会呈现出多种多样的类型，一般用消费者AIO方面的主要变量来衡量，即活动（Activity）——工作、爱好、购物、运动、社会活动等；兴趣（Interest）——食物、时尚、家庭、娱乐等；观念（Opinion）——有关自我、社会问题、商业及产品等。营销人员可以根据上述变量对生活方式进行分类。生活方式的变化会对消费者的购买行为产生重要影响，营销人员可以通过了解人们生活方式的变化来分析消费者消费行为的特征。

4）职业

在旅游者的购买行为中，旅游者的职业差异使旅游需求存在很大差别。职业在很大程度上决定收入水平、闲暇时间，决定人的社会地位，从而影响旅游者的购买行为。例如，2002年中国国内游客中，技术文教人员所占比重为13.2%，人均旅游花费为998.3元；公务员所占比重为5.6%，人均旅游花费为1 387.6元；企事业单位管理人员所占比重为14.2%，人均旅游花费为1 077.1元。

5）年龄和人生阶段

在人的一生中，随着年龄的变化，人们不断改变着生理和心理状态，收入水平、消费需求也会随之相应地发生改变。按年龄划分，一般将旅游消费者分为未成年消费者（1～18岁）、青年消费者（19～35岁）、中年消费者（36～55岁）和老年消费者（56岁以上）四个群体。不同年龄阶段的人对旅游需求和偏好是不同的，而且随着年龄的增长，还会不断改变其需求及购买行为。

学习微平台

延伸阅读3-2

营销人员应根据每一阶段消费者的行为特点制定适当的营销策略。此外，年龄还会影响到婚姻、家庭状况，使家庭也具有生命周期。旅游购买行为还会因为处于家庭生命周期的不同阶段而呈现出不同特点，受到家庭生命周期阶段的影响。

3.2.4 心理因素

旅游消费者的购买决策受到四种心理因素的影响：动机、知觉、学习、信念和态度。

1）动机

每个人在任何时刻都有很多需要，这些需要有生理上的，有心理上的。当需要强烈到一定程度时就会变为动机，动机就是强烈得能驱使人采取行动的需要。人类的需要是多种多样的，是有层次性的。美国心理学家亚伯拉罕·马斯洛的“需要层次论”将人类需要分为五个层次：生理需要、安全需要、社会需要、尊重需要和自我实现需要。

马斯洛认为人的最低层次的需要是生理需要，这是人类最基本的需要，当低层次的需要得到满足后，人类才会产生高层次的需要。旅游需要是在人的基本生存需要得到满足后，才会产生的较高层次的需要。随着生活水平的提高、消费观念的更新、社会时尚的变迁、文化艺术的熏陶、广告宣传的引导，人们对旅游消费的需要也处于不断变化之中，典型的旅游消费需要主要体现为两个方面：对文化的需求和对变换生活环境、放松身心的需求。

旅游需求源于人们不同层次的需要，如对需要度假疗养、保健康复、体育健身的旅游者而言，生理和安全需要是产生旅游需求的主要原因。旅游消费者的旅游需求也会受心理因素的驱使，主要有求名心理、求廉心理、求美心理、求新心理、求变心理、社交心理等。旅游需求受内外因素的诱发而产生，由于收入水平的提高、社会交往活动的增加、工作和生活节奏的加快、文化素质的提高，越来越多的人把旅游作为调节生活的重要手段，他们要放松身心、减缓压力、增长知识、丰富阅历。此外，旅游景观的独特性和观赏性、旅游者的参与程度、旅游设施的安全方便和舒适程度、旅游服务水平等也会对旅游需求产生重要影响。

同步思考3-1

问题： 马斯洛需要层次理论与旅游动机之间有什么关系？

理解要点： 马斯洛需要层次理论认为当人们低层次的需要得到满足后，就会产生更高层次的需要，从而不断产生新的动机和行为。旅游动机产生的因素有社交需要、受尊重的需要和自我实现的需要，此外还包括探新求异的需要和逃避紧张现实、调节身心的需要。旅游者的需要在时间、经济、社会条件的影响下产生旅游动机，包括身心方面的动机、文化方面的动机、商务和人际方面的动机、地位和声望方面的动机等。不同的动机产生了不同的旅游行为。

2）知觉

知觉是人们为了解世界而搜集、整理和解释信息的过程。旅游动机会引发消费者的旅游行为，而如何行动则受知觉的影响。知觉是人的视觉、听觉、嗅觉、触觉、味觉接受旅游信息、组织并解释这些信息的过程。人们通过知觉感受外界刺激并做出反应。消费者的知觉不但取决于外界刺激的性质和特点，而且取决于消费者个人的内在情况。知觉有直接知觉、间接知觉之分。间接知觉主要是通过广告、宣传、媒体、互联网、展销会、旅游手册等获得的有关旅游目的地的知觉印象；直接知觉则取决于亲身的旅游体验，取决于旅游景观的独特性、观赏性，旅游设施的方便性、安全性、舒适性及旅游服务的质量与水平等。知觉就是旅游消费者对旅游企业、旅游市场、旅游信息的了解、认识及反应。对旅游目的地的知觉印象是旅游消费者决定是否去旅游的重要依据。

3）学习

学习是由经验而引起的个人行为上的变化。人类的有些行为是与生俱来的，但大多数行为是后天从经验中习得的。人们在社会实践中由于受后天经验的影响而引起的行为变化过程就是学习。人类的大多数行为都是习得的，消费者消费某种产品的过程，也是他学习的过程。如一个人去麦当劳就餐，在用餐的同时他可能在观察和感受员工态度是否友好、环境是否清洁、服务是否热情周到、食品质量是否令人满意。用餐的体验会让消费者对餐厅形成满意或不满意的评价，从而在内心对该店形象进行评判，进而直接影响其是否再去消费或推荐他人前去消费。

4）信念和态度

信念和态度是指一个人对某些事物的看法、评价、知觉和倾向。消费者通过行动和学习建立自己对某项事物的信念和态度，信念和态度反过来又会影响该消费者的购买行为。旅游者对某种旅游产品的态度越肯定、越积极，发生这种旅游消费行为的可能性就越大。

通常，人们会把对事物的各种态度归纳为心理上喜欢和不喜欢两大类，从而使偏好程度大为不同。对于喜欢的，就会采取追求的行动，不喜欢的则采取避开的行动。这两种偏好大多来自直接或间接的个人经验，经验所形成的偏好强化了消费者的购买目标，主导了其购买行为，对他人也会产生影响和推动作用。平均来说，满意的顾客会向3个人讲述买了件好产品，而不满意的顾客会向11个人抱怨。

人们对产品或服务所持有的信念和态度有可能来源于实践经验，也有可能源于个人见解和主观感受，有时还可能带有个人感情色彩。信念和态度一旦形成，就会具有长期性和稳定性，短期内往往难以改变。所以，旅游市场营销人员应在如何采取营销措施，影响旅游消费者对本企业的信念和态度方面做出努力。

迪士尼和麦当劳均把儿童作为自己的毕生顾客，它们的经营理念是要让儿童在长成少年、成为父母、成为祖父母时还会光顾，把他们当作能保证未来生意的人来对待。因为它们知道，态度会影响人的消费行为，态度具有持久性，儿童时期培养起来的态度会影响成年后的购买行为。

同步思考3-2

问题：举例说明如果消费者普遍对某类产品持有抵触、不接受的态度，请问对行业会造成怎样的影响？应该如何改变消费者对产品的负面态度呢？

理解要点：如果消费者普遍对某类产品持有接触、不接受等负面态度，对整个行业的影响是不可估量的，行业企业必须着手采取营销措施，进行消费者教育，转变消费者态度，比如增加或转变产品信念、改变消费者评价产品的权重等。

综上所述，影响旅游购买行为的因素是多方面的，消费者做出的消费选择是文化、社会、个人、心理等诸多因素共同作用的结果，进而使消费者的行为呈现出不同的特征。对于旅游企业来说，可以根据旅游者消费心理与消费行为的不同特征，采取适当的营销措施对旅游者的购买决策产生影响，这对旅游企业开展营销工作具有重要意义。

教学互动3-1

背景资料：“十一”假期之际，甲、乙、丙、丁四人决定外出旅游。其中，甲决定到一个环境优美的乡村去亲近大自然，体验田园生活；乙决定到沙漠去探险，挑战自我极限；丙决定到邻近的城市探访亲朋好友，联络一下感情；丁决定到城市周边的景点悠闲地待上几天、放松身心。四人最终都达成了自己的心愿，度过了一个愉快的假期。

问题：

①人们为什么会产生旅游行为，而且是纷繁复杂、各式各样的旅游？

②是什么原因导致人们旅游行为的差异，尤其是“旅游目的地选择行为”的差异？

要求：

①课堂上以小组为单位进行讨论，然后进行小组交流。

②教师点评。

随堂测 3-2

3.3　旅游消费者购买决策过程

3.3.1　旅游产品购买决策的主要参与者

旅游产品购买决策在许多情况下并不是由一个人单独做出的，通常有其他成员的参与，是一个群体决策过程。因此，了解哪些人参与了购买决策，他们各自在购买决策过程中扮演怎样的角色，对旅游营销主体的营销活动是很重要的。一般来说，在一项旅游产品购买决策中发挥作用的有五种角色：

1）发起者

发起者即购买行为的建议人，是首先提出要购买某种旅游产品的人。

2）影响者

影响者即对发起者的建议表示支持或者反对的人，这些人不能对购买行为本身进行最终决策，但是他们的意见会对购买决策者产生影响。

3）决策者

决策者即对是否购买、怎样购买有权进行最终决策的人。

4）购买者

购买者即执行具体购买任务的人。购买者会对旅游产品的价格、质量、购买地点进行比较选择，并同卖主进行谈判并成交。

5）使用者

旅游产品的实际使用者决定了对旅游产品的满意程度，会影响购后的行为和再次购买的决策。

深度剖析 3-1

疑点：在购买决策的参与者中，购买者一定是使用者吗？据此旅游企业应该如何有针对性地开展营销活动？

释疑剖析：产品的使用者并不一定就是产品的购买者，作为一名营销人员必须清楚这一点。适合老年人的旅游产品，其购买者可能是老年人自己，也可能是老年人的子女。因此，旅游企业在营销过程中，除了要关注老年人的诉求以外，更应该关注老年人子女的诉求，可以关爱父母、尽孝心为营销主题。

在购买决策中，这五种角色相辅相成，共同促成了购买行为，是旅游营销主体营销的主要对象。需要注意的是，五种角色的存在并不意味着每一项购买决策都必须五人以上才能做出。在实际购买行为中，有些角色可能一个人兼而有之，如使用者可能也是发起者，决策者可能也是购买者。

认识购买决策的群体参与性，对旅游企业的市场营销活动具有十分重要的意义。一方面可根据各种不同角色在购买决策过程中的作用，有的放矢地按一定的程序分别开展营销宣传活动；另一方面也必须注意到有些时候在购买决策中角色的错位，如夕阳红旅游产品的购买者不一定是老年人自己，也可能是老年人的子女。

教学互动3-2

问题： 旅游消费者购买决策的做出是一个复杂的过程。结合本章内容及你的购买经验，请问旅游消费者在做出旅游产品购买决策时，需要考虑哪些方面的问题？探究这些问题的营销意义是什么？

要求：

①课堂上以小组为单位进行讨论，然后进行小组交流。

②教师对学生的回答进行点评。

3.3.2　旅游消费者购买决策的过程

美国著名的消费者行为专家维尔科把消费者行为定义为：人们进行选择、购买和使用产品及服务以满足需要和愿望的一系列活动，这些活动除了涉及人们的身体活动外，还涉及精神和情感过程。旅游消费者个体在进行旅游决策及旅游产品购买、消费、评估、处理时的各种行为表现，统称为旅游者购买行为。旅游消费者对旅游产品的购买是一个具体而复杂的过程，这个过程在实际购买之前就已开始，一直延续到实际购买之后。西方学者提出过不少消费者购买决策过程的模式，但目前较完整、较系统、被广泛采用的是五个阶段的模式，即认识需要、搜集信息、评价方案、购买决策、购后行为五个阶段，如图3-3所示。

图3-3　购买决策过程

教学互动3-3

一次旅游产品购买决策过程

背景资料： 近年来，随着人们收入水平的提高，旅游消费人群不断扩大。大学生假期旅游已成为时尚。李晓、王明、周梁是某高校大三学生，他们平时的关系甚好。在李晓的提议下，三人经过与其家长反复沟通、商议，并在家长那里获取足够的旅游资金后，决定2010年暑期在国内选择一家旅行社进行他们人生中的第一次旅游消费活动。

旅游消费活动对三人来讲都是第一次，由于旅游花销较大，各个旅行社的知名度、服务水准差异也大，购买旅游产品的风险显而易见。三人开始分头了解、搜集相关旅行社的信息。经过看广告，网上查询，与有经历、有经验的同学交流，去学校附近的旅行社咨询后，他们决定选择A旅行社推出的“国内某一大城市经典游”项目。

A旅行社为迎合人们多样化、个性化的需求，根据暑假大学生的旅游需求特点，在不增加该项目费用的前提下突出了该项目的特色。比如，在原旅游项目中增加郊外运动游（爬山、漂流）。在促销方面，推出有奖旅游销售，特等奖获得者可免费获得重大体育赛事门票两张（在此期间，该城市有国内足球中超比赛），但该旅行社的产品定价并不比其他旅行社的同类旅游产品定价高。

三人如期随团进行了旅游，旅行社按合同约定圆满地提供了相应的服务。回校后李晓逢人便兴致勃勃地讲述该次旅游中的趣事，将该次旅游总结为一个字——“爽”，俨然像该旅行社的一名推销员。

资料来源 2010年4月高等教育自学考试市场营销学试题.

问题：

①说明案例中该次旅游购买决策中的三个主要角色。

②站在李晓的角度，简要写出购后行为分析。

③企业营销人员为什么应该重视消费者的购后行为？

要求：

①课堂上以小组为单位进行讨论，然后进行小组交流。

②教师对学生的回答进行点评。

1）认识需要

这是购买决策形成的第一步，旅游消费者的购买过程是从问题识别、引起需要开始的。旅游消费者的实际状态与欲求状态的不平衡使其产生需要，一般来说，旅游需要来自两个方面：一是内在刺激，来自消费者自身，是引起需要的内驱力。如某人连续加班工作数月，感到身心俱疲，想要休息放松，这是需求的内在刺激。二是外在刺激，即来自外部环境的刺激。如某人在电视中看到了避暑山庄的历史和风光介绍，手中有关于避暑山庄及外八庙的旅游宣传册，于是决定选择去承德旅游，这是广告宣传对需求者购买欲望的刺激，是外在刺激。

2）搜集信息

消费者有了旅游消费的动机后，就要搜集旅游市场的有关信息。旅游消费者的信息主要有四个来源：个人来源（从家庭、朋友、邻居、同事、熟人等处获得）；商业来源（从广告、营销人员、经销商、展览、旅游产品介绍、宣传品等渠道获得）；公共来源（从广播、电影、电视、报刊等大众传播媒介或社会组织获得）；经验来源（从以往的旅游产品消费中获得）。

旅游消费者在动机形成后，总是在搜集有关信息并对其进行分析判断的基础上才做出购买决定，进而实施购买行为的。此时，旅游消费者加强了对相关信息的关注，对信息搜集的积极程度与信息的强度成正相关关系。因此，旅游企业应了解旅游消费者获得信息的主要来源及不同来源的信息对旅游消费者的影响程度，以便有针对性地向目标市场传递有效的信息，影响旅游消费者的购买行为，更好地开展本企业的营销活动。

3）评价方案

旅游消费者在搜集自己所需要的旅游产品信息的基础上，会自觉不自觉地建立起对产品的评价标准，这些标准总括起来有两种：理想产品标准和期望值标准。理想产品标准是消费者根据个人需要构想出一种“理想产品”，这种理想产品是多种属性的组合，如价格、品质、服务、可用性等，具备某些消费者所需的主要属性和特性，消费者为其确定一个理想水平或可接受的水平值，然后将待选择的实际产品与理想产品做比较，确定自己的购买方案。期望值标准是消费者对待选择产品的不同属性和特性进行心理评价，以打分的形式评定其重要程度，再将每一属性的权数与分数值的乘积之和作为产品的期望值，最后将期望值最高的某一产品作为购买对象。实际上，消费者极少运用如此复杂的数量分析方法来评价和选择旅游产品，多数运用的是理想产品标准。

4）购买决策（决定购买）

旅游消费者获知旅游产品信息，比较了可供选择的产品后，就会形成购买意向，在购买意向与购买决策之间，还有他人态度、意外事件、“知觉风险”的影响。如听到对所选产品的反对意见、产品出现重大质量问题、政治和经济形势发生了骤变等，都有可能使消费者改变或放弃购买意向。在众多可行方案中，消费者真正选择何种产品，还会受到“知觉风险”的影响，因消费者不能确切地知晓购买后的结果，所以购买行为或多或少地会冒一定风险，这也会影响消费者的购买行为。

5）购后行为

旅游消费者购买和消费了旅游产品后，其消费经历会让他产生两种感受：满意和不满意。当消费者所做出的购买选择满足了自己的需要，达到了预期标准，与他的信念、态度相一致时，就会产生满足感，他就会对企业、产品或品牌感到满意，形成认同或赞赏，并将这个购买经验储存到记忆中，进行自我强化，影响日后的购买决策，在某些情况下会出现重复旅游和动员他人来旅游的购后行为。如果消费者的体验没有达到预期标准，与其购买前的信念、态度不一致，则会让他感到不满意、失望甚至产生抱怨情绪，这种经验也会存储于记忆之中，影响其日后的信念和态度。不仅如此，消费者还会通过口碑宣传，把他的经历及感受、对企业和产品的评价传播给周围的人，而这种口碑宣传有时比企业的广告宣传更能起到推荐或劝阻的作用。因此，消费者的购后感觉与行为对旅游企业极为重要，企业的营销部门应注意采取有效措施提高顾客购买后的满意度。

深度思考 3-1

背景资料：世界著名推销大师乔·吉拉德有一句名言：“我相信推销活动真正的开始在成交之后，而不是之前。”推销是一个连续的过程，成交既是本次推销活动的结束，又是下次推销活动的开始。推销员在成交之后继续关心顾客，将会既赢得老顾客，又能吸引新顾客，使生意越做越大，客户越来越多。

问题：你是如何理解推销活动真正的开始在成交之后的？

理解要点：

第一，营销的最终目的是销售出产品，实现商品的价值。推销（销售）也是高职院校营销专业学生就业的最大领域。

第二，旅游消费者购买行为过程的最后一个阶段是购后评价，这决定了消费者今后会不会成为你的回头客（老顾客），会不会成为产品的义务宣传员，更重要的是他会宣传什么内容，对企业有利的还是对企业不利的。

第三，营销人员应该注重旅游消费者的购后感受，要做好客户成交以后的跟踪工作。

综上所述，旅游购买决策过程是由认识需要、搜集信息、评价方案、购买决策、购后行为五个阶段构成的，了解旅游消费者购买决策的过程，可以帮助营销部门和营销人员针对不同购买阶段消费者行为的特点，制订更有效的营销计划，采取更有效的营销措施。所以，研究旅游消费者的购买决策过程是成功营销的基础。

同步案例3-2

旅游购买行为分析

背景与情境：王先生：35岁，某船运公司部门经理，月薪6 000元，在北方长大；

王太太：32岁，某中学历史老师，月薪4 000元，在南方长大；

儿子：8岁，小学二年级学生；

爷爷：60岁，是一位老兵。

一个周末的夜晚，王先生一家在客厅看电视，电视画面为日本迪士尼游乐园。

“我要去那儿玩。”儿子嚷道。

“儿子，日本太远了，怎么去玩儿啊？”

“就要去嘛，就要去嘛。”儿子态度坚决。

“儿子，等爸爸放假了再说吧。”爸爸无奈地答道。

“你不是每年有一次带薪假期吗？咱们家房子也买了，爸爸也有退休金，日子还算稳定。你看人家老李家，每年都出去玩一次，现在我们是不是也该出去看看，让儿子长长见识。”妈妈出来解围了。

“好吧，我查一下资料。”爸爸说道。

接下来，王先生上网查了一些资料，初步打算全家一起出国旅游。而妻子则提出了自己的顾虑。

首先，对国外的情况不熟，不知道能否适应那里的环境；其次，目前中国开通了多条出境旅游线路，不知道该如何选择。于是他们就咨询了相关人员。

新马泰这条旅游线路比较成熟，价格便宜，而且文化背景和中国有相似之处；欧洲旅游线路较远，是把多个国家捆绑在一起，因此价格高，出游时间长；另外还有韩国、日本、澳大利亚和马尔代夫等地的旅游线路。最终他们决定把欧洲和新马泰作为重点考虑对象。

“我们去新马泰吧，欧洲游的价格太高了。”妈妈说，“我有个同学去新马泰玩过，还比较满意，说在那里可以领略到美丽的东南亚风情。”

爸爸也了解到一些消息，“我听同事说到新马泰去旅游如果选择报价低的旅行团，则购物项目特别多，让人很扫兴，所以我们就报标准高一些的旅行团吧。”

最后，王先生报了一个新马泰高品质团，但爷爷没有去。暑假，他们一家三口进行了一次愉快的旅行。

资料来源 佚名．旅游购买行为分析［EB/OL］．［2023-09-17］．https：//www.doc88.com/p-36216422498728.html.

问题：

（1）哪些因素影响了王先生一家对旅游产品的选择和购买？

（2）分析王先生一家旅游产品的购买过程。

（3）如果你是某旅行社的工作人员，你如何说服王先生去欧洲旅游？

分析提示：该案例介绍了王先生一家的家庭情况，再现了王先生一家购买旅游产品的决策过程，应该从社会因素、文化因素、人口统计因素、心理因素等方面进行分析。

课程思政 3-1

放心消费“泰山模式”

背景与情境：12月6日，在泰山天街上，一位北京游客购买了一件泰山的工艺品，随即用手机扫了该店家的二维码，马上“跳”出这家商店的登记、信用等。他告诉记者：“这下放心了，心里踏实了！”

泰安市市场监管局副局长杨树国说，不光能扫码识商家，为了让消费者在泰山放心消费，泰安市市场监管局联合泰山景区分局以“目之所及、润物无声”为体验要求，以敬重泰山、融入景区为创建理念，以扫码查询、亮诺守信、消费透明、投诉便捷为“四项”创建标准，打造旅游景区放心消费的“泰山模式”。

放心消费“泰山模式”共有16个字：扫码查询、亮诺守信、消费透明、投诉便捷。

扫码查询：一店一码、微信查询。目前，景区具有一定规模的商家可以生成独自的二维码标识，并且做到了一店一码，消费者只要扫一下商家的二维码，即可直接进入平台，查询到商家的登记、信用等公示信息。

亮诺守信：主动参与，公开承诺。相关部门设计制作了放心消费创建集中展示标志，上面印有省市放心消费创建Logo、宣传口号、微信公众号、一店一码和放心消费创建承诺书，经营者主动在遵法守规、保证质量、明码标价、诚实守信、纠纷处理5个方面做出公开承诺，接受社会各界的监督。泰山景区开通消费维权直通车（ODR）企业177家，占全市371家的48%。

资料来源 杨润勤．泰山旅游景区的“泰山模式”，让消费者有了安全感［EB/OL］．［2020-12-07］．https：//baijiahao.baidu.com/s？id=1685400612223650601&wfr=spider&for=pc.

问题：消费者在景区消费会有怎样的防御心理？泰山景区的放心消费“泰山模式”满足了旅游消费者的哪些需求？

研判提示：目前很多游客不敢在景区消费，尤其是旅游纪念品，更是让游客心存疑惑。这主要是因为游客上当受骗的实例屡见不鲜，景区商户抱着一锤子买卖的心理，以次充好，欺骗游客，严重破坏了旅游市场的秩序和声誉。泰山景区推出的放心消费“泰山模式”打消了游客的顾虑，使游客可以放心购买，提振了市场声势，满足了游客购物的需求。让游客在消费过程中有安全感，敢于消费、乐于消费，经营者和游客之间产生了良性互动，为振兴消费营造了良好的社会环境。

随堂测 3-3

本章概要

□ 内容提要与结构

▲ 内容提要

● 旅游消费者是指旅游产品的最终消费者，包括购买旅游产品的个人或家庭。旅游消费者购买行为是指旅游者个体在搜集有关旅游产品的信息进行决策和在购买、消费、评估、处理旅游产品时的行为表现。人的基本旅游动机主要有四类：健康动机、文化动机、人际交往动机、地位和声望动机。

● 旅游者购买行为主要受以下四个因素影响：文化因素、社会因素、个人因素、心理因素。

● 旅游者购买决策过程的主要参与者有发起者、影响者、决策者、购买者、使用者。在购买决策中，这五种角色相辅相成，共同促成了购买行为。旅游购买决策过程是由认识需要、搜集信息、评价方案、购买决策、购后行为五个阶段构成的。

▲ 内容结构

本章内容结构如图3-4所示。

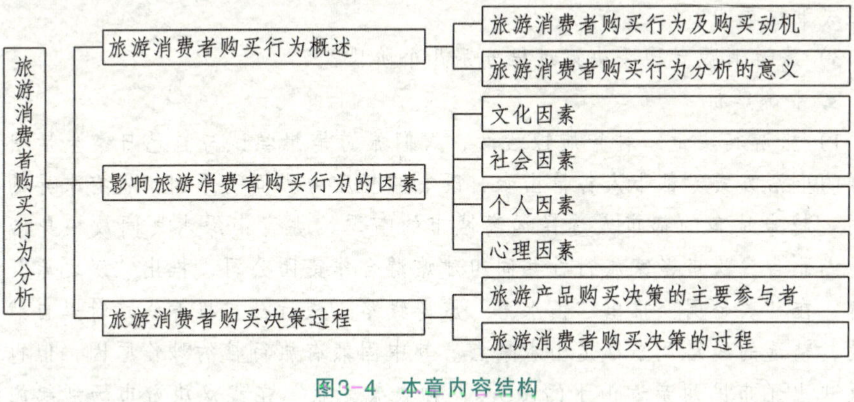

图3-4　本章内容结构

□ 主要概念和观念

▲ 主要概念

旅游消费者　旅游消费者购买行为　文化　亚文化　社会阶层　相关群体

个性　生活方式　知觉　学习　信念和态度

▲ 主要观念

旅游者购买动机　文化因素对旅游者行为的影响　社会因素对旅游者行为的影响　个人因素对旅游者行为的影响　心理因素对旅游者行为的影响　旅游者购买决策中的不同角色

□ 重点实务和操作

▲ 重点实务

旅游消费者购买动机过程　旅游消费者购买决策过程　相关“业务链接”

▲ 重点操作

旅游消费者旅游动机分析　旅游消费者购买行为分析　旅游消费者购买决策过程分析

基本训练

□ 理论题

▲ 简答题

1）影响旅游消费者购买行为的社会因素有哪些？

2）简述分析旅游消费者购买行为的意义。

3）旅游消费者购买旅游产品的动机有哪些？

▲ 讨论题

1）试进行中老年群体旅游产品购买心理与购买行为分析。

2）谈谈心理因素对旅游消费者购买行为的影响。

□ 实务题

▲ 规则复习

1）简述旅游消费者购买动机产生的过程。

2）简述文化因素、社会因素、个人因素和心理因素是如何影响旅游消费者购买决策过程的。

3）旅游消费者购买决策过程分哪几个阶段？

▲ 业务解析

1）旅游其实是一种异质性活动，人们旅游是想尝试与自己日常生活状态不一样的生活方式。都市人钟情山水，既有减轻压力方面的原因，也有求异的心理作用。越来越多的都市人选择远离城市的喧嚣，去青山绿水之间放松身心。例如，湖北省武汉市多家旅行社共同组建旅游合作集团公司，推出“汉之旅”活动品牌，在“黄金周”推出“山水游”旅游线路。旅行社在推荐线路时以自然风光为重，精选的线路几乎都是山水景点。其中固然有旅行社的炒作原因，但也从侧面反映出了市民想亲近山水的念头。“神农架之旅”在武汉旅游市场刮起旅游旋风，去神农架旅游的人数占出游总人数的三至四成。在网络上查阅有关神农架旅游景区的相关信息，综合考虑旅游者在做出购买决策时的内外部影响因素，分析旅游者实际购买决策过程。

2）酷讯旅游网推出了新的旅游社区产品，帮助旅游爱好者做好旅游计划，以及提供分享旅游智慧的互动平台。草根旅游体验师将现身其中，草根旅游体验师将是所有用户都能够参与的角色，只要制订好自己的旅游计划，都可以申请成为该旅游过程的旅游体验师。他们要对旅游过程中的真实感受进行实时反馈，结束之后根据其他用户对信息价值的评估，将有机会获得酷讯旅游网提供的旅游基金。同时酷讯也会提供每个月一定数量的免费跟团游的机会，从用户中选取最了解这个旅行方向的人进行免费旅游体验。

草根旅游体验师将突破跟团游的体验范畴，可以自己设计行程，并将行程在社区中晒出，然后通过在线直播、发照片等方式反馈给更多的用户，成为指导大家旅游的最可靠的参考信息。一个旅游过程一般由景区景点、酒店、旅游服务商等环节共同组成。草根旅游体验师可以反馈最真实的景区的风景人文、周边酒店的设施和服务质量以及当地旅行社或者导游的服务品质。这些内容也能够帮助旅游行业获得普通旅游者的真实反馈，从而帮助旅游服务商提高服务质量。试根据“旅游消费者购买行为分析”的有关理论知识分析酷讯旅游网推出草根旅游体验师的作用。

□ 案例题

▲ 案例分析

【训练项目】

案例分析-Ⅲ。

【相关案例】

苏珊的度假决策

背景与情境：苏珊是一家电子公司的经理，长时间频繁出差使她备感疲惫。一天晚上她在看电视的时候，注意到了Med俱乐部的广告，广告描述了休闲的乡村生活。这个广告使她产生了休闲这一动机，以满足她想放松身心、减轻疲惫的需要，但她还没有准备好给旅行社打电话。在随后的几周内，她收到了这个俱乐部的一些直邮材料，让她决定是否来此度假，并说明了时间、地点等。在一次商业会议上，她跟另外两位经理谈到度假这一话题，结果发现这两人曾去过这个乡村俱乐部，并且很喜欢那里。在那之后苏珊又碰到以前大学联谊会的一位姐妹，由于经常参加户外运动，她的皮肤微黑，而且还穿着Med俱乐部的T恤衫。信息提示有了累积的功效，所以苏珊拜访了旅行社，并预订了去墨西哥Med乡村俱乐部一周的旅程。

苏珊度假回来后，身心得到了很好的休整和放松。在以后高强度的工作中再度感到疲惫时，苏珊就会又飞到位于加勒比地区的Med乡村俱乐部。她又度过了一段美妙的时光，并强化了她第一次去墨西哥度假时的正面感受，这样就又完成了一次领会的过程。

资料来源 刘德光．旅游市场营销学［M］．北京：旅游教育出版社，2004：48.

问题：

1）苏珊的旅游动机是如何产生的？对你有什么启发？

2）谈谈苏珊的度假产品购买决策过程。其购买决策过程各阶段是怎样的？

3）苏珊度假回来后的感受是什么？作为营销人员，为什么要重视购后感受阶段的营销？

【训练要求】

同第1章“基本训练”中本题型的“训练要求”。

▲ 课程思政

【训练项目】

课程思政-Ⅲ。

【相关案例】

山东淄博“走红”的流量密码

背景与情境：“鲁C淄博”站稳“流量C位”。山东淄博的魅力究竟何在？答案是人好、物美、心齐。

先说“人好”。这座小城是齐国故都、齐文化发祥地，孕育了姜太公、齐桓公、管仲等贤主名相，走出了“县委书记的榜样”焦裕禄、“人民楷模”朱彦夫等先进典型。得益于此浸润，淄博人民用诚信友善、大气包容接待来自八方的客人，描绘了“一家人守护一座城、一座城温暖一方人”的新图景。越来越多的人尤其是年轻人的到来，很大程度上源自对淄博人文风貌的好感。在淄博，有“青年创业友好型城市25条”“人才金政50条”，布局了一批特色街区、消费场景、时尚节会，为青年人施展才华、放飞青春、实现梦想搭建了“舞台”。

再看“物美”。美食是淄博的一张靓丽的名片。“鱼腹藏羊肉”的典故，奠定了汉字“鲜”的基础。淄博是鲁菜的发祥地之一，这里不仅有众多餐饮品牌，还有周村烧饼、沂源苹果、高青黑牛等特色物产。在水晶街、黄桑淄味的夜市灯火中，历史的韵味、舌尖上的美味，在暖胃暖心的同时碰撞出相聚的趣味。除了美食，淄博还打通了“吃、住、行、游、购、娱”各环节，在文旅融合上下足功夫，城市艺术SHOW演出、“国风潮韵”民俗展、文化馆奇妙游等文化活动精彩纷呈，文化旅游节、花朝节等特色项目让人流连忘返，非遗市集、特色露营等旅游业态多姿多彩，红叶柿岩、颜神古镇、周村古商城等热门景区夜间开放、灯火璀璨，全力让“流量”变“留量”。游客在淄博吃得开心、看得过瘾、玩得尽兴。临走时，还可以买一些“齐品淄博”伴手礼——陶瓷、琉璃、丝绸“三件套”可感可触、价格“亲民”，淄砚、淄刻、鲁派内画等特色文创产品琳琅满目、品类多全……这些特产、纪念品等，伴随游客走向全国各地。

最后说“心齐”。城市形象，离不开政府、行业、市民的共同努力。为擦亮城市品牌，淄博先后推出《致全市人民的一封信》《致广大游客朋友的一封信》，倡导淄博人让利于客、让路于客、让景于客，引导本地游客错峰出游。政务服务用心用情用力，大力推行极简、极优、极细、极速、极致的服务模式，推出“您码上说·我马上办”民意平台，健全消费者投诉接诉即办和24小时快速回应机制，3万余人次加入文明旅游志愿服务队伍，敞开207家党政机关大院大门，免费为游客提供停车场和厕所。

淄博，用细节里的文明、骨子里的真诚、行动里的务实，实现了人与城的

"双向奔赴"。

资料来源 韩东豫. 山东淄博"走红"的流量密码［EB/OL］.［2023-06-06］. https: //www.xuexi.cn/lgpage/detail/index.html？id=13073437943630033136& item_id=13073437943630033136.

问题：谈谈你对本案例中"一家人守护一座城、一座城温暖一方人"新图景价值引导的理解。

【训练要求】

同第1章"基本训练"中本题型的"训练要求"。

□ 自主学习

【训练项目】

自主学习-Ⅱ。

【训练目的】

见本章"学习目标"中的"自主学习"。

【教学方法】

采用"学导教学法"和"研究教学法"。

【训练要求】

1）以小组为单位组建学生训练团队。

2）各团队依照本教材"附录三"的附表3中"自主学习"（中级）的"基本要求"和各技能点的"参照规范与标准"，确定长期学习目标，制订《自主学习计划》。

3）各团队实施《自主学习计划》，系统体验对本教材"附录一"的附表1"领域"中"自主学习"（中级）各技能点的"'知识准备'参照范围"所列知识和"文献综述"撰写规范的自主学习。

4）各团队以自主学习获得的"学习原理"、"学习策略"与"学习方法"知识为指导，通过院资料室、校图书馆和互联网查阅和整理近三年以"影响旅游消费者购买行为的因素"为主题的国内外学术文献资料。

5）各团队以整理后的以"影响旅游消费者购买行为的因素"为主题的文献资料为基础，撰写《"影响旅游消费者购买行为的因素 "最新文献综述》。

6）总结上述各项体验，撰写作为"成果形式"的训练课业。

【成果形式】

训练课业：《"自主学习-Ⅱ"训练报告》

课业要求：

1）内容包括：训练团队成员与分工；训练过程；训练总结（包括对各项操作的成功与不足的简要分析说明）；附件。

2）将《自主学习计划》和《"影响旅游消费者购买行为的因素"最新文献综述》作为《"自主学习-Ⅱ"训练报告》的附件。

3）《"影响旅游消费者购买行为的因素"最新文献综述》应符合"文献综述"规范要求，做到事实清晰、论据充分、逻辑合理。

4）结构与体例参照本教材"课业范例"的"范例-4"。

5）在校园网的本课程平台上展示班级优秀训练课业，并将其纳入本课程的教学资源库。

单元考核

考核要求：“考核模式”“考核目的”“考核种类”“考核方式、内容与成绩核定”及考核表等规范要求，见本教材网络教学资源包中的“学生考核手册”。

第4章
旅游市场细分、目标市场选择与市场定位

学习目标

通过本章的学习，应该达到以下目标：

理论目标：学习和把握“旅游市场细分、目标市场选择与市场定位”的相关概念，旅游市场细分的作用，旅游市场定位的意义，以及“延伸阅读”等陈述性知识；能用其指导本章“同步思考”、“深度思考”、“教学互动”和“基本训练”中“理论题”各题型的认知活动，正确解答相关问题；阶段性体验本章专业理论学习的横向正迁移，以及相关胜任力中“专业认知”要素的继续生成。

实务目标：学习和把握旅游市场细分的标准与程序、旅游目标市场的模式与策略、旅游市场定位的程序与方法，相关“业务链接”等程序性知识；能以其建构“旅游市场STP战略”中的专业规则意识，正确解析本章“深度剖析”、“教学互动”和“基本训练”中“实务题”的相关问题；阶段性体验本章专业实务学习的横向正迁移，以及相关胜任力中“专业规则”要素的继续生成。

案例目标：运用本章理论与实务知识研究相关案例，培养和提高在“旅游市场细分、目标市场选择与市场定位”特定情境中多元表征的专业能力；能结合本章教学内容，依照相关规范，对“课程思政4-1”专栏和章后“课程思政-Ⅳ”中企业或其从业人员行为进行思政研判，强化社会主义核心价值观的引领作用，促进“立德树人”根本任务的落实；通过思想政治元素融入专业课的协同效应，阶段性体验本章专业案例学习中“专业知识”、“通用知识”与“思政元素”的协同性重组迁移，以及相关胜任力中“认知弹性”要素的继续生成。

实训目标：参加“‘旅游市场细分、目标市场选择与市场定位’技术应用”的实践训练。在了解和把握本实训所及“专业能力训练领域”各“‘技术-技能’点”名称、操作“参照规范与标准”，“职业核心能力与职业道德领域”相关“技能点”和“素养点”的“规范与标准”，以及“指导准备”和“知识准备”基础上，通过各项实训任务的完成、系列“技术-技能”操作的实施、《实训报告》的准备与撰写等有质量、有效率的活动，培养“旅游市场细分、目标市场选择与市场定位”的专业能力，强化“自主学习”“信息处理”“与人交流”“与人合作”“解决问题”“革新创新”等职业核心能力（中级），并通过“认同级”践行“职业观念”“职业态度”“职业良心”“职业作风”“职业守则”等行为规范，促进健全职业人格的塑造；阶段性体验本章专业实践学习中“‘旅游市场细分、目标市场选择与市场定位’运作”的“专能”“通能”“职业道德”元素的协同性“重组-产生”迁移，以及相关胜任力建构中“技术-技能”要素的生成。

引例　新东方官宣进入文旅市场！落子中老年“高端游”

背景与情境：新东方官方微信公众号发表题为《再创业！新东方文旅！》的文章称，继东方甄选之后，新东方再度创业，正式开拓文旅事业。

金融投资报记者注意到，此次新东方瞄准的目标客户群并非学生，而是中老年人。

在《再创业！新东方文旅！》一文中这样写道：“让有着强大知识积累的新东方老师们，成为真正热爱分享文化与知识的导游，带着人们在行走的过程中，穿越时空，眺望那些曾经的家国故事与人生海海，在岁月与文明中，去感知那些伟大的精神和厚重的中国文化。”并表达新东方做文旅并不是突发奇想。

金融投资报记者从第三方统计平台蝉妈妈获悉，东方甄选子账号“看世界”账号粉丝达288万人，场均销售额100万~250万元。其直播足迹已遍布云南、四川、山西、甘肃等十余个省市。

《再创业！新东方文旅！》一文开篇就着重提到：“这一次，新东方要做的是面向中老年人，提供有文化幸福感、有知识获得感、有个人追求感的高品质文旅服务。”

显然，对于二度创业的新东方来说，目标客户群早已锁定。对此，新东方认为融合了文化和娱乐的文旅形式，恰好能满足中老年人的精神需求、成长需求、社交需求。但在外界看来，新东方真正“觊觎”的是更广阔的市场和更高的利润空间。

近年来，旅游成为中老年人的一大需求，中老年人也越来越成为旅游市场的重要客群。中国旅游研究院发布的《中国国内旅游发展年度报告（2022—2023）》显示，2021年，45岁以上中老年旅游者合计出游11.94亿人次，占国内旅游客源市场的36.81%。其中45~64岁人群出游9.02亿次，占比27.80%，成为旅游市场第一大客源。

而作为“有钱有闲”的特殊人群，中老年出游不受节假日和淡旺季影响，其消费能力不容小觑。《中老年旅游市场研究报告：细分、突破与创新》一文显示，中老年旅游人群中近三成月收入超7 000元，且已退休和未工作的中老年旅游人群占比为57%。

值得注意的是，中老年定制团相较于一般旅游团利润更高，“中老年定制团通常会提高保险保额、升级住宿条件、选择更佳的交通时间，因此定价偏高，但留存的利润空间会更大。”在成都经营旅行社的陈女士如是表示。

从新东方设置的旅游路线及产品定价上看，显然走的不是“平价路线”。据了解，其首推的“大美中华文化十线”产品共有两款，其中6天5晚的“PLUS版”售价为5 999元；4天3晚的“轻量版”售价为3 999元，包括“浙东唐诗之旅”“莲都寻根之旅”等。

资料来源　贺梦璐．新东方官宣进入文旅市场！落子中老年“高端游”[N]．金融投资报，2023-07-25.有删减．

问题：新东方文旅是如何选择目标市场并进行市场定位的？

由引例可见，新东方准确抓住了一个非常大的蓝海市场——老年人文旅供给。面对中高收入中老年群体，以“文化+旅游”的方式推出。中国活力老人（乐龄老人）未来必将拥有巨大的增长空间；而新东方通过布局文旅可将目的地几千年沉淀的丰富要素转化为可传播的资源，利用文化元素衍生文化产品。通过市场细分，选择目标市场并进行清晰定位是企业营销成功的关键。

4.1 旅游市场细分

4.1.1 旅游市场细分的概念与作用

市场细分的原理和概念是由美国市场营销学家温德尔·史密斯于1956年提出的。旅游市场细分是目标市场选择和市场定位的基础，是旅游企业实施旅游市场营销组合策略的前提。

1）旅游市场细分的含义

旅游市场细分是旅游企业为了达到向特定旅游消费者提供特定的产品及服务的目的，根据旅游消费者不同的需求特征，将整体旅游市场划分为若干个不同类别的旅游消费者群的过程。每一个旅游消费者群就是一个细分市场或子市场，其中每一个子市场都是由具有一个相同（相似）需求或欲望的消费者构成的群体。

学习微平台

延伸阅读4-1

2）旅游市场细分的作用

进行市场细分，有助于旅游企业开拓新的市场机会；有助于旅游企业制定正确的营销策略；有助于旅游企业扬长避短、发挥优势，合理利用企业资源；有助于旅游企业制定灵活的竞争策略。

4.1.2 旅游市场细分的标准

旅游市场细分的依据是旅游消费需求的差异性，造成旅游消费需求多样化的所有因素，几乎都可视为市场细分的依据或标准（又称为细分变量）。旅游市场细分常用的四个细分标准是：地理细分、人口统计细分、心理细分和行为细分。

1）地理细分

地理细分是指旅游企业根据消费者所在的地理位置、地形气候、空间位置等变量细分市场。地理变量细分市场的主要理论依据是：处在不同地理环境的旅游消费者对旅游企业的产品有不同的需求和偏好。

（1）地理区域变量。它是细分旅游市场最基本的变量，具体又可分为洲别、国别和地区等变量。例如，联合国旅游组织根据地区间在自然、经济、文化、交通以及旅游者流向、流量等方面的联系，将世界旅游市场细分为六大旅游区域，即欧洲市场、美洲市场、东亚及太平洋地区市场、南亚市场、中东市场和非洲市场。

（2）气候变量。各地气候的不同会影响旅游消费者的消费及流向，根据气候不同，可以把旅游市场分为热带旅游市场、亚热带旅游市场、温带大陆性气候市场、温带海洋性气候市场、寒带旅游市场等。如在冬季，对我国的国内旅游市场而言，南方游客外出旅游的热点常常是北京、哈尔滨等地，许多北方游客则把海南、桂林、云南等地作为外出旅游的首选。

(3) 空间位置变量。根据客源国与旅游目的地之间空间位置的差异，可将旅游市场细分为远程、中程、近程旅游市场。

2）人口统计细分

人口统计细分是指根据各种人口统计变量，如年龄、性别、家庭生命周期、收入、职业、教育、信仰、种族和国籍等，把市场划分成不同的群体。人口统计变量较其他变量更容易被识别和衡量，与消费者的欲望、偏好、文化习惯及购买频率等都有密切联系，是划分旅游市场最常用且实用的标准。

(1) 年龄、性别和家庭生命周期。建立在人口最基本自然属性基础上的年龄、性别和家庭生命周期三个变量因素，直接影响着旅游需求。一般来讲，按照年龄段可以将旅游市场划分为儿童旅游市场、青年旅游市场、中年旅游市场和老年旅游市场，各类旅游市场的需求特点也具有明显的差异性。

家庭是消费的基本单位。家庭结构、规模和总收入等状况会直接影响旅游需求。这些因素又随着家庭生命周期阶段的不同而变化。

教学互动4-1

问题：

①根据旅游者的性别差异，旅游市场可分为男性旅游市场与女性旅游市场。分析男性和女性在旅游消费偏好和需求上存在哪些差别。

②针对男性、女性不同的消费偏好及需求，旅游企业应开发哪些旅游产品？

要求：

①请各小组同学对上述两个问题进行回答，其他同学予以评论。

②教师对学生的回答和其他同学的评论做最后点评。

(2) 收入、职业与受教育程度。旅游购买力同个人收入之间的关系是正向的。收入越高，可自由支配收入越多，旅游消费的支配能力就越高。旅游消费者的职业、受教育程度会直接影响旅游需求的程度、层次、类型和内容。

3）心理细分

心理细分是指以旅游消费者的心理特征来细分市场，将旅游消费者按照生活方式和个性特征分成不同的群体。

(1) 生活方式。按照生活方式细分市场，即根据人们的习惯活动、消费倾向、对周围事物的看法及人们所处生活周期来划分市场，生活方式的不同会带来需求差异。

(2) 个性特征。不同的消费者因家庭背景、受教育水平及生活、学习和工作环境等方面的差异而形成不同的个性。如有人活泼好动，有人文雅安静；有人喜欢冒险，有人追求浪漫；有人喜欢独自旅游，有人喜欢结伴而行等。消费者个性的差异必然导致对旅游产品有不同的偏好和选择。因此，旅游产品的创新应充分考虑旅游消费者个性的差异性，推出各具鲜明特色的旅游产品以迎合具有不同个性的消费者的需求。

4）行为细分

行为细分是指根据旅游消费者的购买动机、方式、偏好程度、所追求的利益、使用频率及消费行为特征细分市场。由于旅游消费者的行为会导致消费的最终实现与否，因而成为细分市场至关重要的出发点。

（1）时机细分。旅游活动的时间性、季节性比较突出，根据购买时机变量可将旅游市场划分为淡季、旺季及平季等细分市场，还可以细分出寒暑假市场，以及春节、劳动节、国庆节等节假日市场。时机细分可以帮助旅游企业实现产品销售的最大化。例如，各种会议、体育赛事、节庆日、名人婚典或寿庆、植物的开花期、采果期、某种反常气象的发生（如潮汐、飓风、日食等自然现象）、某些特殊日子的到来等均可成为旅游企业的卖点。

（2）所追求的利益。旅游消费者在购买旅游产品时，所追求利益的侧重点往往不同，在质量和品牌上都有差别。

（3）购买频率及数量。根据购买旅游产品的频率，旅游消费者可分为未旅游者、首次旅游者和多次旅游者。

以上四种变量是旅游市场细分的主要标准，在旅游企业的实际营销过程中，用于细分市场的变量并不仅限于这些。旅游企业应根据自身的优势和外部环境来选择细分变量，进行具体的市场细分。

同步思考4-1

问题： 针对不同类型的旅游者，旅游企业应采取哪些策略？

理解要点： 未旅游者构成了潜在市场，对于潜在市场，旅游企业的主要任务是启动需求、引导消费、开拓市场；对于首次旅游者，旅游企业应尽量组织好旅游活动，提高其满意度，以促成其转化为多次旅游者，并通过他们的口碑宣传旅游企业的良好形象，影响并促成其他旅游消费者的购买行为；对于多次购买者，旅游企业应进行营销创新特别是产品创新，以满足其新的旅游需求，使之成为习惯型的再购买者。

业务链接4-1

运用细分标准应注意的事项

旅游企业在运用细分标准进行市场细分时，必须注意以下问题：

①旅游市场细分的标准是动态的。旅游市场细分的各项标准不是一成不变的，而是随着社会生产力及旅游市场状况的变化而变化的，如年龄、收入、城镇规模、购买动机等都是会变的。

②不同的旅游企业在市场细分时应采用不同的标准。因为各旅游企业的生产技术条件、资源、财力和营销的产品不同，所采用的标准也应有所区别。

③旅游企业在进行市场细分时，可采用一项标准即单一变量因素细分，也可采用多个变量因素组合或系列变量因素进行细分。

深度剖析 4-1

疑点： 市场细分实质上是产品细分。

释疑剖析： 市场细分和产品细分是完全不同的两个概念，很多学习者会混淆二者的区别。二者分析的角度不同，产品细分是从产品的角度，主要指从产品自身出发来进行划分，比如电脑有台式机和笔记本电脑之分；而市场细分，则是从客户（市场）需求角度来分。比如有针对商用人群的、针对大学生的、针对游戏玩家的等。我们所讲的市场细分实际是细分的顾客，或者说细分的人群。

4.1.3 旅游市场细分的程序

旅游市场细分是一项非常复杂的工作，只有用科学的程序来指导，细分工作才能有条不紊地进行。根据国际市场营销专家的看法，旅游市场细分的程序一般有以下七个步骤：

1）确定旅游产品的市场范围

旅游企业在确定了经营目标后，要根据自身的能力和营销目标选择所要生产的产品和细分的市场，并确定旅游企业经营的市场范围。

2）了解旅游市场需求

在确定了目标市场范围后，旅游企业应以人口、地理、行为、心理、经济等各种因素为标准，大致估算潜在消费者的需求，以了解市场需求状况，并以此作为依据进行市场细分。

3）分析可能存在的旅游细分市场

通过了解消费者的不同需求，分析旅游消费者的地区分布、人口特征、购买行为等，并以此进一步分析可能存在的细分市场。

4）确定旅游细分市场标准

在可能存在的旅游细分市场中，存在着不同的需求因素，旅游企业应分清哪些需求因素对自己进行市场细分是最重要的。

5）为可能存在的旅游细分市场命名

根据潜在顾客基本需求上的差异，进一步调查研究已确定的细分市场，将其划分为不同的群体或子市场，根据各个细分市场上消费者的主要特征，赋予每个子市场一定的名称。

6）分析各旅游细分市场的具体特点

深入了解细分市场的特点，分析各市场上旅游消费者的不同需求和购买行为，掌握影响市场细分的因素，以决定各细分市场是否需要再细分或重新组合，从而不断适应市场的变化。

7）评估各旅游细分市场

评估每一细分市场的规模，即在调查的基础上，估计每一细分市场的顾客数量、购买频率、平均购买量等，并对细分市场上的产品竞争状况及发展趋势做出判断。

教学互动4-2

问题：

①以你所在的班级为样本，调查你的同学并进行划分，可以运用哪些细分标准将整个班级划分为更小的细分市场？

②在问题①描述的细分市场中选一个作为目标市场，分析每个市场具有怎样的潜力。

要求：

①请每小组同学对上述两个问题给予回答，其他同学予以评论。

②教师对学生的回答和其他同学的评论做最后点评。

业务链接4-2

"十四五"国家旅游发展规划——完善旅游产品供给体系

立足健全现代旅游业体系，加快旅游业供给侧结构性改革，加大优质旅游产品供给力度，激发各类旅游市场主体活力，推动"旅游+"和"+旅游"，形成多产业融合发展新局面。

①大力发展红色旅游。突出爱国主义和革命传统教育，坚持培育和践行社会主义核心价值观，有效提升红色旅游规范化发展水平。把伟大建党精神等党和人民在各个历史时期奋斗中形成的伟大精神融入线路设计、展陈展示、讲解体验中，讲好革命故事、根据地故事、英烈故事，让人民群众在旅游中接受精神洗礼、传承红色基因。

②规范发展乡村旅游。深入挖掘、传承提升乡村优秀传统文化，带动乡村旅游发展。完善乡村旅游政策保障体系，鼓励各地区因地制宜将乡村旅游纳入县域相关规划，统筹推进乡村旅游道路、停车场、厕所、污水垃圾处理设施等基础设施建设。实施乡村旅游精品工程，优化乡村旅游产品结构，丰富产品供给，推出一批全国乡村旅游重点村镇，打造全国乡村旅游精品线路，公布一批国际乡村旅游目的地，培育一批乡村旅游集聚区，构建全方位、多层次的乡村旅游品牌体系。加强典型示范、创新引领、动态管理，推进国家全域旅游示范区建设工作，完善协调机制，提升发展质量。

③推进自驾车旅居车旅游，实施自驾游推进计划，形成网络化的营地服务体系和比较完整的自驾车旅居车旅游产业链，推出一批自驾车旅居车营地和旅游驿站。

④大力推进冰雪旅游发展，完善冰雪旅游服务设施体系，加快冰雪旅游与冰雪运动、冰雪文化、冰雪装备制造等融合发展，打造一批国家级滑雪旅游度假地和冰雪旅游基地。

⑤推动研学实践活动发展，创建一批研学资源丰富、课程体系健全、活动特色鲜明、安全措施完善的研学实践活动基地，为中小学生有组织开展研学实践活动提供必要保障及支持。鼓励非遗特色旅游景区发展。实施旅游商品创意提升行

动，引导开发更多符合市场需求、更具文化内涵的旅游商品。

学习微平台

随堂测4-1

⑥完善邮轮游艇旅游、低空旅游等发展政策，推进海洋旅游、山地旅游、温泉旅游、避暑旅游、内河邮轮旅游等业态产品发展。有序推进邮轮旅游基础设施建设，推进上海、天津、深圳、青岛、大连、厦门、福州等地邮轮旅游发展，推动三亚建设国际邮轮母港。推动内河旅游航道建设，支持在长江流域等有条件的江河湖泊发展内河邮轮旅游，完善配套设施。推动游艇消费大众化发展。

4.2 旅游目标市场选择

4.2.1 旅游目标市场的概念

旅游目标市场是旅游企业在市场细分的基础上所选定并决定为其服务的那部分消费群体。目标市场选择是在旅游细分市场的基础上，选择一个或几个细分市场作为营销对象的过程。市场细分是选择目标市场的前提和基础，选择目标市场则是市场细分的目的和归宿。

同步案例4-1

体育旅游消费需求旺盛，“体育+旅游”融合发展加速

背景与情境：滑雪、帆船、骑行、攀岩……近年来，“体育+旅游”融合发展加速。各地顺应游客消费升级趋势，推出更多优质体育旅游目的地，进一步激发旅游消费和体育消费，成为旅游市场新的增长点。

①体育旅游亮点多

滑雪滑冰、户外运动、登山越野等体育活动，正受到越来越多人的喜爱。

四川成都彭州市素有“天府金彭、蜀中膏腴”的美誉，是距成都市区最近的雪山下的度假胜地。这些年，位于龙门山湔江河谷生态旅游区腹地的宝山村先后推出户外拓展、卡丁车、全地形车、滑索、飞跃丛林等众多运动项目。其中，高空蹦极项目建于峡谷中，运行高度40.3米。站在蹦极台上既能欣赏太阳湾的峡谷风光，又能感受运动的快感，深受游客喜爱。

体育旅游是指以体育资源和体育设施为条件，以体育运动项目为核心，以参与体验和参观游览为主要形式，以满足健康娱乐、旅游休闲为目的，向大众提供相关产品和服务的一系列经济活动。

《“十四五”旅游业发展规划》提出，“实施体育旅游精品示范工程，以北京冬奥会、冬残奥会等重大体育赛事为契机，打造一批有影响力的体育旅游精品线路、精品赛事和示范基地，规范和引导国家体育旅游示范区建设”。

白天在百年骑楼老街享受悠闲慢时光，傍晚在海口湾沉浸式体验城市海岸的活力派对，晚上到体育场为球队加油呐喊。在海南海口，游客体验因“体育+旅游”而更加丰富多彩。近年来，海南持续开发“体育+”特色产品，带动体育旅游消费快速增长。海口积极引入帆船、帆板赛事，每年来海口体验帆船帆板运动的游客有2万多人。

文化和旅游部相关负责人表示，推动体育旅游融合发展，有利于丰富旅游体验、传播体育文化，对扩大体育和旅游市场供给、更好满足体育和旅游需求、服务"六稳""六保"、构建新发展格局具有重要意义。

②融合带动作用大

以体育旅游为抓手，实现景观资源与运动产品和项目融合发展。

旅游产业关联性强，与食、住、行、游、购、娱等行业直接相关。"体育+旅游"融合发展，能够发挥更大带动作用。

以体育旅游为抓手，一些地方面向运动观光群体，大力发展攀岩、登山、山地越野、徒步、溯溪等山地运动项目，实现景观资源与运动产品和项目融合发展。

③瞄准需求挖潜力

提升体育旅游的服务品质和产品品质，增加体育旅游的文化内涵。

在国家5A级景区新疆赛里木湖，以冰雪运动为代表的体育旅游，正成为景区多元发展的新发力点。占地总面积约360公顷的滑雪旅游度假区，将依托海拔垂直落差高达1 314米的地形建设雪场，包括初、中、高级雪道和百公里以上湖畔野雪道等，同时配套半山观湖酒店、帐篷营地等多种住宿产品，更好满足游客在不同季节的需求。

硬件只是基础，软件才更关键。在赛里木湖滑雪旅游度假区相关负责人看来，随着旅游消费升级，越来越多游客更加注重景区管理、配套服务等，要想赢得更多游客的青睐，必须紧跟消费需求做文章。

"体育旅游未来潜力仍然很大，释放潜力的关键在于紧跟需求、提升体验。"中国旅游研究院副研究员韩元军认为，要从消费者需求角度出发，提升体育旅游的服务品质和产品品质，增加体育旅游的文化内涵，让更多消费者在参与体育运动和体育休闲中收获满意，激发体育旅游更大的发展动力。

资料来源　王珂，等."体育+旅游"融合发展加速［N］.人民日报，2022-07-13.有删减.

问题：请分析"体育+旅游"的目标市场及其带动作用。

分析提示：目前，"体育+旅游"融合发展加速越来越受到众多旅游者的喜爱，各地也推出更多优质体育旅游目的地，这些项目既能满足旅游者休闲放松、追求刺激的需要，又兼顾运动健身，受到青年人的喜爱，成为旅游市场新的增长点。同时也带来了更多的"乘数效应"，其带动作用非常明显。

4.2.2　旅游目标市场模式

旅游企业在确定目标市场时，必须考虑选择一定的模式，以确定企业目标市场的范围与营销方式。可供旅游企业选择的目标市场模式有以下五种：

1）旅游产品-市场集中化

旅游企业从产品和市场的角度出发，将目标市场集中在一个旅游细分市场上，针对某一特定的旅游消费者群体，只生产一种旅游产品，开展旅游市场营销活动，如图4-1所示。

2）旅游产品专业化

旅游企业同时向几个不同的消费者群体（细分市场）提供同一种产品。旅游企业由于面对不同的消费者群体，其提供的旅游产品可以在档次、质量、功能上有所不同，这样可以使自己的产品在市场上树立起很高的声誉，如图4-2所示。

3）旅游市场专业化

旅游企业为满足某个旅游消费者群体（细分市场）的需要，为其提供各种不同的或系列化的旅游产品（服务），以极大限度地满足该类旅游消费者群体的各种需要。该模式要求旅游企业有较强的旅游产品开发能力且自身资源较丰富，如图4-3所示。

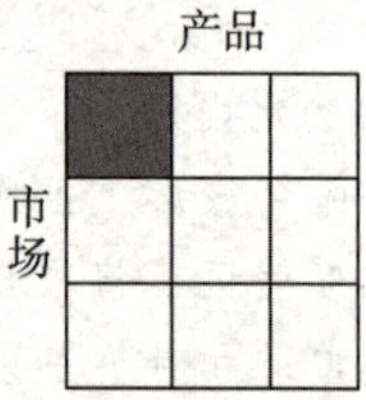

图4-1　旅游产品-市场集中化

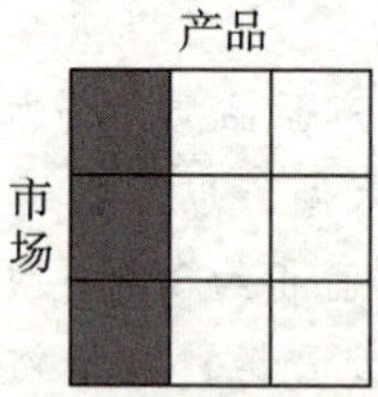

图4-2　旅游产品专业化

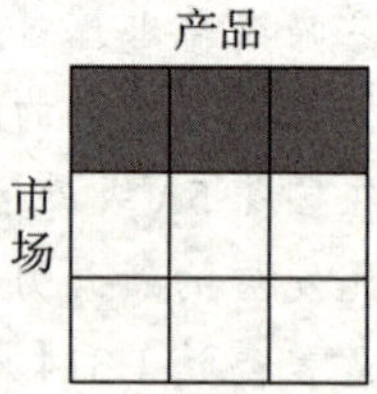

图4-3　旅游市场专业化

4）选择性专业化

旅游企业选择若干个不同的旅游消费者群（细分市场），并分别为其提供不同的旅游产品，如图4-4所示。

5）全面市场

旅游企业将所有细分市场（整个市场）作为目标市场，全方位地提供所有旅游消费者需要的不同的旅游产品。一般实力强大的大型旅游企业才能采用这种市场覆盖模式，如图4-5所示。

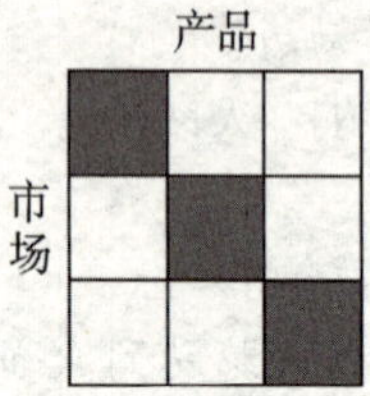

图4-4　选择性专业化

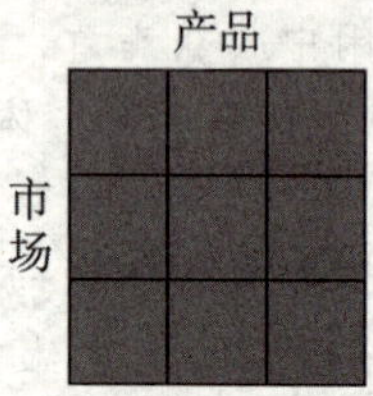

图4-5　全面市场

业务链接4-3

旅游企业对目标市场模式的选择要结合企业实际情况，考虑各种模式的优缺点。

①旅游产品-市场集中化模式使旅游企业更加了解细分市场的需要，可以采用有针对性的旅游市场营销组合策略，从而获得强有力的市场地位、良好的声誉和较好的经济效益。该模式由于产品、市场单一，经营风险较大。

②旅游产品专业化模式有利于对旅游产品的深度开发，可取得“人无我有，人有我优”的效果，但是忽略了旅游市场上的不同需求，因而难以让所有旅游消费者都满意。

学习微平台

延伸阅读4-2

③旅游市场专业化模式要求旅游企业有较强的旅游产品开发能力且自身资源较丰富。

④选择性专业化模式的优点是：多种旅游产品针对多个市场，实行多元化经营，能分散旅游企业的经营风险，即使其中某个细分市场失去了吸引力，旅游企业还能在其他细分市场上盈利。其缺点是：在分散风险的同时，也分散了旅游企业的经营投资力量，企业需要在不同的市场上同时与多个竞争对手竞争。

⑤全面市场模式的优点是：旅游企业多元化、专业化、产业化经营，利润丰厚。其缺点是：需要有大量繁重的调研工作和维护工作作为后盾，投资数额巨大，产品成本较高。

4.2.3　旅游目标市场策略

旅游企业选择的目标市场模式不同，营销策略也不一样。一般情况下，旅游企业在选择目标市场时有以下三种策略可供采用：

1）无差异市场策略

无差异市场策略是指旅游企业无视整体市场内部旅游者需求的差异性，不进行市场细分，将整个市场视为一个同质的目标市场，推出一种旅游产品，运用单一的营销组合，为满足旅游者共同的需求服务。

无差异市场策略的优点：只用一种营销组合，就可以降低旅游成本；规模效应显著，容易形成品牌效应。这一策略对垄断性强、知名度高的旅游景点较为适用。无差异市场策略的缺点：忽视了旅游消费者的差异性需求，对市场需求的变化反应迟钝，市场适应能力差。本策略只适用于某些高度垄断性的旅游产品以及新上市的旅游产品（投入期的旅游产品）。

2）差异性市场策略

差异性市场策略是指旅游企业同时选择几个细分市场作为目标市场，并针对每个目标市场的需求特点分别设计不同的产品，实施相应的营销组合策略。

差异性市场策略实质上是一种市场多元化战略。差异性市场策略的优点：小批量，多品种经营，能满足不同旅游消费者的需求，有利于扩大销售，并且可以降低旅游企业的经营风险。差异性市场策略的缺点：资源分散，难以形成旅游产品销售的规模经济效益，会增加旅游企业的成本和经营费用。为此，旅游企业在采取该策略时应注意：所选各细分市场均应有一定的吸引力；旅游企业必须有雄厚的资源和一定的规模，其技术水平、设计开发能力要与之相呼应。

3）集中性市场策略

集中性市场策略是指旅游企业将自身的资源和营销力量集中在某一个或少数细分市场上，实行高度的专业化经营，使自身在目标市场上有较高的市场占有率。

集中性市场策略的优点：有利于旅游企业发挥优势，在目标市场上取得有利地位，也可在很大程度上降低旅游企业的营销成本；若能够合理选择目标市场，可以尽快树立起旅游企业的品牌形象，提高企业知名度。集中性市场策略的缺点：旅游企业过分依赖小部分市场，具有较高的风险，被选中的细分市场可能会变质。该策略适用于资源有限的中小型旅游企业。

随堂测 4-2

4.3 旅游市场定位

4.3.1 旅游市场定位的概念与意义

1）旅游市场定位的概念

旅游市场定位是旅游企业针对潜在旅游消费者的心理进行营销设计，创立产品、品牌或企业在目标客户心目中的某种形象或某种个性特征，保留深刻的印象和独特的位置，从而取得竞争优势的一种营销活动。其实质是寻求建立某种产品的特色和树立某种独特的市场形象，以赢得旅游消费者的认同。其核心内容是努力实现旅游产品差异化与旅游形象差异化。例如，哈尔滨市的城市定位是黑龙江省省会、我国东北部中心城市、国家重要的制造业基地、历史文化名城和国际冰雪文化名城。洛阳市的市场定位是“千年帝都”“牡丹花城”。周庄的市场定位是中国最具代表性的水乡古镇。

同步思考 4-2

问题： 请举例分析市场定位的意义。

理解要点： 市场定位是为了提供差异化的产品或服务，使之区别于和优越于竞争对手的产品和服务。企业进行市场定位时，必须使产品具有显著的特色，只有当这些特色或突出之处能够迎合目标顾客的需求，并为目标顾客所看重时，才能够在顾客心目中形成本企业产品的特定形象。

深度思考 4-1

背景资料： 现代营销学之父菲利普·科特勒曾指出：“在一个竞争的行业中，取得竞争优势的关键是产品差异化。”

问题： 如何理解这句话？请问旅游企业可以在哪些方面实现差异化？

理解要点：

第一，在产品日益同质化的今天，产品差异化就显得非常重要。树立产品区别于竞争对手的清晰形象，让消费者在众多同类产品中迅速识别出自己企业的产品，就是定位；

第二，企业可以考虑在产品、服务、渠道、人员、形象等方面实现与同类产品的差异化。

2）旅游市场定位的意义

旅游市场定位是旅游企业有效地实施目标市场策略的重要步骤。它直接关系到旅游企业能否最终开拓市场、占领市场、战胜竞争对手、获取稳定的市场地位、求得进一步发展等一系列重要问题。

旅游市场定位的意义：

（1）有利于旅游企业有针对性地开展营销活动。

（2）有利于旅游企业强化在旅游消费者心目中的地位。

（3）有利于旅游企业拓展目标市场潜力。

4.3.2　旅游市场定位的程序

1）确定旅游企业的经营领域

对旅游企业进行功能定位，确定旅游企业生产经营什么产品最恰当。

2）确定旅游目标市场

将整体旅游市场细分，恰当地选择和确定企业的目标市场，明确企业为谁服务最好。

3）研究旅游目标市场特征

通过营销调研，认真分析目标顾客的价值取向，寻求形成其需求偏好及影响其购买行为的主要因素，认清目标顾客的需要。

4）研究竞争者的市场定位

通过营销调研，认真分析竞争者的旅游产品、经营特色、营销策略及其市场定位情况，包括企业面对的现实竞争者以及潜在竞争者。

5）确定本旅游企业的市场定位

在分析竞争对手、目标顾客及本企业三者之间战略关系的基础上，评估和选择出企业的优势产品，并以此确定产品在目标市场上的位置、本企业的品牌形象及经营特色，从而具体地确定本企业的市场定位，明确本企业能够提供的产品及服务，与竞争者的品牌形象、旅游产品及营销策略的差异性。

6）实施市场定位

旅游企业应积极主动地与目标顾客进行沟通，引起目标顾客的关注与兴趣，使目标顾客了解、熟悉旅游企业的市场定位，逐渐对该企业的市场定位产生认同、喜欢和偏爱并购买本企业的产品，从而实现企业目标。

4.3.3　旅游市场定位方法

1）特色定位

特色定位指根据自身的特色或者根据目标顾客所看重的某种或某些利益进行定位。这是最为常见的一种定位方法。例如，北京是中华人民共和国的首都，是全国的政治中心、文化中心，是世界著名古都和现代化国际都市。北京的城市定位为：国家首都、国际都市、文化名城。

课程思政4-1

红色旅游景区不能失去本色

背景与情境：公开资料显示，冉庄地道战遗址景区是全国首批重点文物保护单位，冉庄村是中国历史文化名村。但笔者在冉庄村口一眼望去，这里完全是一个人头攒动的农村“大集”，道路两边摆满各种卖工艺品、小人书、玩具、纪念章和砸金蛋、打气球、小吃甚至看手相等的摊点。摊点摆放无序、垃圾遍地、污水横流，眼过之处，存在不少安全和卫生隐患。

原本应被妥善加以保护的冉庄抗日村公所、抗日武装委员会、吕正操将军办公旧址、烈士张森林故居等处，几无例外被村民改作土照相馆，馆中主要摆放国民党军服以及汉奸甚至伪军服装，零星有八路军武工队服装。国民党军服和汉奸服装尤其受游客欢迎，不少身着国民党军服的女游客追着孩子换上汉奸服装在镜头前比手势，还有男游客扮作汉奸“调戏”学生或者村民打扮的女游客。

景点停车场面积较小，有村民在离村数百米之处举小红旗拦车，以景点不让停或已停满为由收取费用；厕所数量不足，有村民自建简易厕所并进行收费，擅自追罚就地“方便”的游客甚至发生争执；旅游服务信息不明、管理缺位，有村民自任收费导游，向游客介绍自建收费项目，景区旅游车司机自行要价、出尔反尔。

冉庄地道战遗址的现状令人痛心。红色“老区”是人们的“童年家园”，游客们不辞辛劳来到这里，主要是想通过实地体验，感悟先辈的革命精神，感受老乡斗志昂扬、质朴亲切的风貌，寻找被消费主义模糊的初心。

因此，红色景点的氛围必然是生动、亲切且严肃的，能通过营造仪式感和庄重感与观者达到精神共鸣。

因为红色景点一般都不收费，又大多处于“老少边穷”地区，景点给游客提供吃、住、购、娱等收费项目，支持老区建设，帮助老区人民脱贫致富，相信绝大多数游客是愿意的。

但红色景点的意义不单在旅游和创收，它也是红色宣传、红色保护、红色教育，把国家主流价值观和红色精神传承给下一代的基地，红色应该是红色景点的本色。

冀中上万千米长的抗日地道，如今只有冉庄等几个地道保存相对完好。革命先辈留下的财富，值得倍加珍惜。相信通过积极整改和规范管理，将景区管起来，将群众组织起来，地道战这类景区是大有可为的。

资料来源　李天阳. 红色旅游景区不能失去本色［N］. 环球时报，2018-02-28.

问题：发展“红色旅游”应注意哪些问题？

研判提示：“红色旅游”作为一种创意经济，更应该承载的是一个民族对历史的铭记和反思。在开发旅游产品、吸引游客的同时还应考虑民族情感，不要让“红色旅游”被经济利益所绑架，经济发展不可以牺牲道德标准为代价。

2）垄断定位

垄断定位，即强调唯一性的定位，适用于高度垄断性的旅游资源。如秦始皇兵马俑，再现了公元前古战场之壮观。埃及金字塔，是埃及古代文明的标志，是“世界七大奇迹”之冠。

3）“价格-质量”定位

“价格-质量”定位，即根据旅游消费者对“价格-质量”之间联系的认识进行定位。一般认为，产品的性能越高、越具特色或提供的服务越周到，其价格也就越高，所以，旅游企业可用高质高价来树立优质品牌形象；也可用高质低价作为竞争手段，加速市场渗透，提高市场占有率。

4）使用者定位

使用者定位，即旅游企业对准一定的目标群体，针对旅游者的不同偏好、需求来定位自己的产品。

同步案例4-2

如家酒店的市场定位

背景与情境：如家酒店组建于2002年6月，如家为什么会成功？准确的定位是关键。如家的定位是从革新旧模式、寻找新定位开始的。

首先，从现有格局开始寻找市场定位。在如家之前，中国酒店的大致格局是：高档的酒店干净、豪华，但是不经济。如家将自己定位在价格敏感程度相对较高，又要求卫生安全的中低档市场，相当于二三星级的规格。在此基础上，如家借鉴了国外经济型酒店的经验，引入经济型酒店的商业模式来服务目标市场。

其次，反向思考锁定目标客户。发展至今，商务人士占到了如家客源的75%，而中国经济型酒店的平均水平是37%，如家的备受青睐得益于产品的顾客导向和品牌忠诚度的打造。

最后，针对目标客户，把产品定位在关注客户的核心需求上。如家引入了国外经济型酒店的产品形态，跳出现有的规则、惯例、行业传统的框架，有所为、有所不为，有所多为、有所少为，以满足顾客的核心需求。

通过调查，如家发现入住的客户最关心酒店的卫生，其次是床品。如家加强了客房的卫生标准，以二星级的价钱提供三星级的棉织品、四星级的床。

资料来源 作者根据百度文库相关资料整理.

问题：以如家酒店为例，分析市场定位的作用。

分析提示：如家酒店将自身定位为“为商务和旅游休闲客人提供干净、温馨、舒适的酒店产品”。从上面的例子我们可以看出，定位对于现有商业模式、经营理念、产品的革新，以及解决发展过程中的种种问题都有着不可替代的指导作用。定位是商业模式的起点，也是商业模式成败的关键所在。

5）竞争定位

竞争定位，即针对市场竞争态势来突出自己的优势的一种定位方法，如泰山为五岳之首。

4.3.4 旅游市场定位策略

旅游企业的市场定位策略主要有以下四种：

1）初次定位策略

初次定位策略是指新成立的旅游企业初入市场、旅游新产品投入市场，或者旅游产品进入新市场时，企业为满足某一特定目标旅游者的需要，采用所有的市场营销组合而使其竞争优势与特色为目标旅游消费群体接受的过程。

2）竞争性定位策略

竞争性定位策略是指旅游企业将市场定位在竞争者附近，生产或提供与竞争者相同（相似）的产品或服务。该策略易导致竞争的加剧，所以适合一些实力雄厚的大型旅游企业或在某领域确有一技之长的中小型旅游企业。

3）补缺性定位策略

补缺性定位策略是指旅游企业将市场定位在市场“空白处”，即有潜在需求，而竞争者无法（或不愿意）满足其需求的市场。如美国宇航局拟开发太空旅游。实施该策略的条件是：

（1）该空白市场有足够的市场容量和发展空间。

（2）进入该空白市场必须能盈利。

（3）必须有进入该市场的资源、能力，在进入后能迅速建立品牌知名度和美誉度，并占领市场。

4）重新定位策略

重新定位策略是指旅游企业变动产品特色、改变目标顾客对其原有的印象，使目标顾客对其产品新形象有一个重新认识的过程。重新定位对于旅游企业适应市场营销环境、调整旅游市场营销战略是必不可少的。

旅游企业的定位即使很恰当，但在出现下列情况时也需要考虑重新定位：

（1）竞争者推出的旅游产品侵占了本企业品牌的部分市场，使本企业品牌的市场占有率有所下降。

学习微平台

随堂测4-3

（2）旅游消费者的偏好发生变化，从喜欢本企业的旅游产品转移到喜爱竞争对手的旅游产品。

旅游企业在重新定位前，需要考虑两个因素：

（1）旅游企业将自己的定位从一个市场转移到另一个市场的全部费用。

（2）旅游企业将自己的产品定位在新位置的投资回报有多少，而这又取决于市场上购买者和竞争者的情况，以及在该市场上销售价格能定多高。

本章概要

□ 内容提要与结构

▲ 内容提要

● 旅游市场细分是旅游企业为了达到向特定旅游消费者提供特定的产品及服务的目的，根据旅游消费者不同的需求特征，将整体旅游市场划分为若干个不同类别的旅游消费者群的过程。

市场细分的标准有：地理细分、人口统计细分、心理细分和行为细分。

市场细分的程序：确定旅游产品的市场范围，了解旅游市场需求，分析可能存在的旅游细分市场，确定旅游细分市场标准，为可能存在的旅游细分市场命名，分析各旅游细分市场的具体特点，评估各旅游细分市场。

● 旅游目标市场是旅游企业在市场细分的基础上所选定并决定为其服务的那部分消费群体。可供旅游企业选择的目标市场模式有以下五种：旅游产品-市场集中化、旅游产品专业化、旅游市场专业化、选择性专业化、全面市场。

旅游企业在选择目标市场时有三种策略：无差异市场策略、差异性市场策略、集中性市场策略。

● 旅游市场定位是旅游企业针对潜在旅游消费者的心理进行营销设计，创立产品、品牌或企业在目标客户心目中的某种形象或某种个性特征，保留深刻的印象和独特的位置，从而取得竞争优势的一种营销活动。旅游市场定位有利于旅游企业有针对性地开展活动，有利于旅游企业强化在旅游者心目中的地位，有利于旅游企业拓展目标市场潜力。

旅游市场定位的程序：确定旅游企业的经营领域，确定旅游目标市场，研究旅游目标市场特征，研究竞争者的市场定位，确定本旅游企业的市场定位，实施市场定位。

旅游企业选择的定位方法有：特色定位、垄断定位、“价格-质量”定位、使用者定位、竞争定位。

旅游企业的市场定位策略主要有以下四种：初次定位策略、竞争性定位策略、补缺性定位策略、重新定位策略。

▲ 内容结构

本章内容结构如图4-6所示。

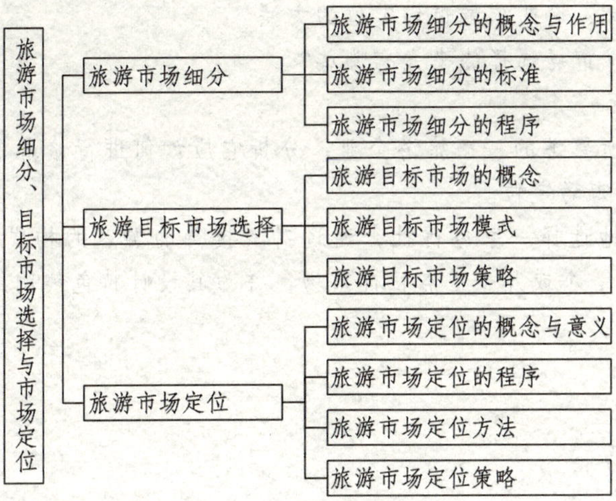

图4-6　本章内容结构

□ 主要概念和观念

▲ 主要概念

旅游市场细分　地理细分　人口统计细分　心理细分　行为细分　旅游目标

市场　无差异市场策略　差异性市场策略　集中性市场策略　旅游市场定位

▲ 主要观念

旅游市场细分标准　旅游目标市场模式　旅游市场定位方法

□ 重点实务和操作

▲ 重点实务

旅游市场细分程序　旅游目标市场选择　旅游市场定位程序

▲ 重点操作

旅游市场细分　旅游市场定位

基本训练

□ 理论题

▲ 简答题

1）旅游市场细分的作用是什么？

2）旅游市场定位的意义是什么？

3）简述旅游目标市场的概念。

▲ 讨论题

1）旅游市场细分与目标市场选择之间有何关系？

2）如何理解旅游市场细分的概念？

□ 实务题

▲ 规则复习

1）举例说明旅游市场细分的程序。

2）结合实际，说明旅游市场定位的方法。

3）旅游目标市场选择的模式有哪些？

▲ 业务解析

1）选择你所熟悉的一家旅游企业，分析它应如何进行旅游市场细分、选择目标市场、进行市场定位。

2）请在当地选择一家旅行社，通过对其接待的游客的构成情况进行分析，帮助旅行社确立一个或几个重点目标市场，并为其设计特色鲜明的旅游产品。

□ 案例题

▲ 案例分析

【训练项目】

案例分析-Ⅳ。

【相关案例】

红色研学旅行遵义成"打卡"热门地

背景与情境： 著名的红色圣地遵义，见证着中国革命走向转折的伟大历史时刻，是当代学生接受红色文化教育的优质教育基地。近日，来自贵阳观山湖区培文学校的近400名师生抵达遵义，开展了为期3天的研学旅行活动。

贵阳观山湖区培文学校此次开展的"重走长征路·阔步新时代"红色文化教

育主题研学活动的第一站是遵义会议会址。当天，在解说员的带领下，孩子们走进遵义会议会址，有序地参观遵义会议陈列馆，重温峥嵘岁月，学习革命历史。

“遵义这座光荣的城市，是一座适合研学体验的城市，以遵义会议会址综合体为核心辐射出去，近可组合娄山关、海龙屯、苟坝、大发渠等形成短线研学产品，远可组合茅台、三渡渡口、中国酒文化博物馆、四渡赤水纪念馆、女红军纪念馆以及赤水河谷旅游公路等形成3日以上的长线研学产品。”遵义市文旅部门相关负责人如是说。

2020年10月以来，贵阳每周都有不少于300名规模的初高中研学团队奔赴遵义，开展主题为“重走长征路·阔步新时代”的红色文化教育主题研学活动。

资料来源 向婧. 红色研学旅行遵义成“打卡”热门地［EB/OL］.［2020-12-09］. http：//news.gzw.net/zunyi/2020/1209/1510455.shtml.

问题：分析红色圣地遵义的旅游目标市场及旅游市场定位。

【训练要求】

同第1章“基本训练”中本题型的“训练要求”。

▲ 课程思政

【训练项目】

课程思政-Ⅳ。

【相关案例】

人民日报刊文批粗放式发展景区：忽视游客体验，走不远

背景与情境：近年来，国内旅游产业发展蓬勃向好，国人旅游热情高涨，对旅游休闲需求越来越旺盛。

但是，假日出游，除了遭遇“人从众”之外，不少朋友抱怨：有的景区，门票上百元，里面却还有另收费的园中园；还有的景区，核心景区内不需要乘车，但偏偏把大门设得远远的，逼得游客乘摆渡车前往，一来一回，每人又多花几十元车费。

“体验不好，下次不去了，就这么搞，他们不怕没人去？”朋友愤愤不平地说。

“人多，旅游需求旺，景区不怕你不来，反正有的是人来。”另一个朋友分析道。

朋友们的讨论，值得深思。当前，在井喷式发展的旅游市场面前，一些景区确实“躺着就能把钱挣了”，自然就没有什么动力去优化游客体验。门票贵、体验差，做一锤子买卖，仍是当前一些旅游景区的问题所在。

不过，这只是当前阶段的暂时性问题。不信你看身边，越来越多朋友开始关注旅游品质。这次讨论，不也正体现了人们对品质旅游的追求吗？

资料来源 方向莲. 忽视游客体验，走不远［N］. 人民日报，2019-10-21.

问题：

1）从景区市场定位角度谈谈该案例中景区发展存在的价值导向问题。

2）试对上述问题做出你的思政研判。

3）通过网上或图书馆调研等途径搜集你做思政研判所依据的相关规范。

【训练要求】

同第1章“基本训练”中本题型的“训练要求”。

□ 实训题

▲ 实训操练

【训练项目】

阶段性体验－Ⅱ：“旅游市场细分、目标市场选择与市场定位”技术应用。

【训练目标】

见本章“章名页”之“学习目标”中的“实训目标”。

【训练内容】

其“领域”、“‘技术－技能’点”、“名称”和操作“参照规范与标准”见表4-1。

表4-1 专业能力训练“领域”、“‘技术－技能’点”、“名称”和操作“参照规范与标准”

领域	“技术－技能”点	名称	参照规范与标准
“旅游市场细分、目标市场选择与市场定位”知识应用	“技术－技能”1	“旅游市场细分”技术应用	1）能全面把握“旅游市场细分”的技术。 2）能从“旅游市场细分标准”的特定视角理解并应用相应技术，有质量、有效率地进行以下操作： （1）系统体验“‘旅游市场细分标准’技术应用”的如下“技术－技能”操作，并体验“校企合作”中的“优势互补”： ①能正确分析旅游市场，选择某旅游企业作为研究对象，运用科学方法搜集相关资料，按规定格式写出调研分析报告。 ②能运用适当的细分标准进行旅游市场细分。 ③能通过旅游市场细分的结果分析，为确定某旅游企业的目标市场提供依据。 （2）总结“实践学习”中关于“‘技术－技能’1”的“操作体验”和“校企合作”的“优势互补”

续表

领域	“技术-技能”点	名称	参照规范与标准
“旅游市场细分、目标市场选择与市场定位”知识应用	“技术-技能”2	“旅游目标市场选择”技术应用	1）能全面把握“旅游目标市场选择”技术。 2）能从“旅游市场目标模式及策略”的特定视角理解并应用相应技术，有质量、有效率地进行以下操作： (1) 系统体验“‘旅游目标市场选择’技术应用”的如下“技术-技能”操作，并体验“校企合作”中的“优势互补”： ①能根据市场细分的结果，在正确理解目标市场的基础上，通过运用正确的目标市场选择方法和所搜集的相关资料与数据，确定其目标市场，按照规范格式写出调研分析报告。 ②能根据调研结果，制定相应的目标市场策略。 (2) 总结“实践学习”中关于“‘技术-技能’2”的“操作体验”和“校企合作”的“优势互补”
	“技术-技能”3	“旅游市场定位”技术应用	1）能全面把握“旅游市场定位”技术。 2）能从“旅游市场定位的方法及策略”的特定视角理解并应用相应技术，有质量、有效率地进行以下操作： (1) 系统体验“‘旅游市场定位’技术应用”的如下“技术-技能”操作，并体验“校企合作”中的“优势互补”： ①能运用旅游市场定位的相关知识和方法，选择某旅游企业作为研究对象，根据所选择的目标市场，研究旅游目标市场特征和竞争对手的市场定位，从而确定本企业的市场定位。 ②能运用正确的定位方法和策略对旅游企业进行准确的市场定位。 (2) 总结“实践学习”中关于“‘技术-技能’3”的“操作体验”和“校企合作”的“优势互补”
	“技术-技能”4	“‘训练报告’撰写”技术应用	能应用《训练报告》撰写技术，有质量、有效率地进行如下操作： (1) 合理设计关于“‘旅游市场STP战略策划’技术应用”《训练报告》，其结构合理、层次分明； (2) 能依照网络教学资源包中《学生考核手册》表考4-6中的“考核指标”和“考核标准”要求，撰写所述《训练报告》

职业核心能力和职业道德训练：其内容、种类、等级与选项见表4-2；各选项操作的“参照规范与标准”见本教材“附录三”的附表3和“附录四”的附表4。

表4-2　**职业核心能力和职业道德训练的内容、种类、等级与选项表**

内容	职业核心能力							职业道德						
种类	自主学习	信息处理	数字应用	与人交流	与人合作	解决问题	革新创新	职业观念	职业情感	职业理想	职业态度	职业良心	职业作风	职业守则
等级	中级	中级	中级	中级	中级	中级	中级	认同级	认同级	认同级	认同级	认同级	认同级	认同级
选项	√	√		√	√	√	√	√			√	√	√	√

【训练任务】

1）对“‘旅游市场细分、目标市场选择与市场定位’技术应用”专业能力的各“技术-技能”点，依照表4-1中的“参照规范与标准”，实施应用相关技术的基本训练。

2）对表4-1中所列“职业核心能力”选项，依照本教材“附录三”附表3中相关“‘技术-技能’点”的“参照规范与标准”，实施融入性“中级”强化训练。

3）对表4-2中所列“职业道德”选项，依照本教材“附录四”中“领域”的“参照规范与标准”，实施“认同级”相关训练。

【组织形式】

1）以小组为单位组成营销策划团队。

2）各营销策划团队结合实训任务进行适当的角色分工，确保组织合理和每位成员的积极参与。

【指导准备】

知识准备：

学生通过自主学习，预习如下知识：

1）该企业的相关产品或项目知识。

2）“旅游市场细分、目标市场选择与市场定位”的理论与实务知识。

3）本教材“附录一”的附表1中，与本章“职业核心能力”选项各技能点相关的“‘知识准备’参照范围”所列知识。

4）本教材“附录三”的附表3中涉及本章“职业核心能力”选项，以及“附录四”的附表4中涉及“职业道德”选项的“参照规范与标准”知识。

操作指导：

1）教师向学生阐明“训练目的”、“训练任务”和“知识准备”。

2）教师就“知识准备”中的第3）、4）项，对学生进行培训。

3）教师要指导学生从“‘旅游市场细分、目标市场选择与市场定位’技术应用”视角进行企业营销决策和业务运作情况调研、资料搜集与整理。

4）教师指导学生撰写"'旅游市场细分、目标市场选择与市场定位'技术应用"的《实训报告》。

【训练要求】

1）实训前，学生要了解并熟记本实训的"训练目的"、"训练内容"、"训练任务"与"训练要求"，了解并熟记本教材网络教学资源包的《学生考核手册》中表考4-6、4-7所列"考核指标"与"考核标准"的内涵，将其作为本实训的操练点和考核点来准备。

2）将"训练任务"所列三种训练整合并落实到本实训的"活动过程"和"成果形式"中。

3）实训后，学生要对本次实训活动进行总结，在此基础上撰写相关《训练报告》。

【训练时间】

本课程课堂教学内容结束后，安排两周时间进行"阶段性体验"训练。

【情境设计】

班级学生以小组为单位，组建"'旅游市场营销与策划'技术应用"训练团队。各团队分别选择一家开展"旅游市场细分、目标市场选择与市场定位"的企业（或本校专业实训基地，或毕业生创业团队），从"'旅游市场细分、目标市场选择与市场定位'技术应用"视角，参与企业该项目的运作，在依据表4-1中"'技术-技能'1"至"'技术-技能'3"的"参照规范与标准"系统体验各项操作的过程中，进行"校企合作"的"实践学习"，并尝试"优势互补"。

【训练步骤】

1）以班级小组为单位组建学生"阶段性体验"训练团队，每队确定1人为队长，根据训练项目需要进行角色分工与协作。

2）各团队结合"训练任务"，参照"情境设计"，分别选择一家开展"STP战略策划"的企业（或本校专业实训基地，或毕业生创业团队），从"'旅游市场细分、目标市场选择与市场定位'技术应用"视角，全程参与企业该项目运作，进行"校企合作"的"实践学习"。

3）依据表4-1中"'技术-技能'1"至"'技术-技能'3"的"参照规范与标准"，系统体验如下操作：

（1）依照表4-1中"'技术-技能'1"的"参照规范与标准"，从"'旅游市场细分'技术应用"视角，进行"校企合作"的"实践学习"，体验"'旅游市场营销与策划'胜任力"建构中"'旅游市场细分'运作"能力要素生成；

（2）依照表4-1中"'技术-技能'2"的"参照规范与标准"，从"'旅游目标市场选择'技术应用"视角，进行"校企合作"的"实践学习"，体验"'旅游市场营销与策划'胜任力"建构中"'旅游目标市场选择'运作"能力要素生成；

（3）依照表4-1中"'技术-技能'3"的"参照规范与标准"，从"'旅游市场定位'技术应用"视角，进行"校企合作"的"实践学习"，体验"'旅游市场营销与策划’胜任力”建构中“‘旅游市场定位’运作”能力要素生成。

4）各团队总结1）~3）项操作体验，撰写“基于‘旅游市场细分、目标市场选择与市场定位’技术应用”的《校企合作实践学习总结》，体验“‘旅游市场营销与策划’胜任力”建构中“旅游市场细分、目标市场选择与市场定位”的“专业互鉴”能力要素生成。

5）在“‘旅游市场细分、目标市场选择与市场定位’技术应用”的“专业能力”基本训练中，依照表4–2中相关训练选项的“参照规范与标准”，融入“职业核心能力”的“中级”强化训练和“职业道德”的“认同级”相关训练。

6）各团队综合以上阶段性成果，依照“‘技术–技能’4”的“参照规范与标准”，撰写《“旅游市场细分、目标市场选择与市场定位”技术应用训练报告》。其内容包括：实训组成员与分工；实训过程；实训总结（包括对专业能力训练、职业核心能力训练和职业道德训练的分析说明）；附件（阶段性成果全文）。

7）在班级讨论、交流和修订各团队的《训练报告》，使其各具特色。

【成果形式】

1）实训课业：《“‘旅游市场细分、目标市场选择与市场定位’技术应用”训练报告》。

2）课业要求：

（1）“实训课业”的结构与体例参照本教材“课业范例”中的范例–3。

（2）将《校企合作实践学习总结》以“附件”形式附于《训练报告》之后。

（3）在校园网的本课程平台上展示经过教师点评的班级优秀《训练报告》，并将其纳入本课程的教学资源库。

▲ 创新工作站

【工作项目】

编制《优化方案》。

【工作目的】

见本章“章名页”之“学习目标”中的“实训目标”。

【工作任务】

编制关于“旅游市场细分、目标市场选择与市场定位相关业务规范”的《优化方案》。

步骤及内容：

（1）旅游市场细分，包括旅游市场细分的标准和程序。

（2）旅游目标市场选择。

（3）旅游市场定位，包括旅游市场定位的程序、方法和策略。

【待优化对象】

（1）旅游市场细分的程序。

（2）旅游目标市场选择。

（3）旅游市场定位的程序。

【情境设计】

上述“待优化对象”涉及的规则性知识已成为企业的既定规范。为强化管理、提高企业竞争力，企业决定对这些既定规范进行优化。企业管理层要求研发部门组成若干团队，通过网络调研或其他途径，研究编制关于这些业务规范的《优化方案》。

【工作要求】

（1）在搜集、整理和研究最新相关文献资料的基础上，制订所选业务既定规范的《优化方案》。

（2）所制订的《优化方案》具有明显的创新性、优越性和可操作性。

（3）对体现在《优化方案》中的创新不求全责备。

【工作步骤】

（1）将班级同学分成若干组，模拟某企业的不同研发团队，每个团队确定1人负责。各团队从“待优化对象”中任选其一。

（2）各团队进行角色分工，通过网络调研等途径，围绕所选“待优化对象”的相关业务，搜集最新研究成果与企业先进管理措施资料。

（3）各团队整理搜集到的资料，分析并比较其与所选“待优化对象”的异同。

（4）各团队以扬长避短为宗旨，通过讨论，研究制订所选“待优化对象”的《优化方案》。

（5）在班级交流和修订各团队的《优化方案》，使之各具特色。

（6）在校园网的本课程教学平台上展出经过教师点评的各团队《优化方案》，作为本章“重点实务”的补充教学资料。

【成果形式】

工作课业：关于“旅游市场细分、目标市场选择与市场定位相关业务规范”的《优化方案》。

课业要求：同第2章本题型的“课业要求”。

单元考核

考核要求：“考核模式”“考核目的”“考核种类”“考核方式、内容与成绩核定”及考核表等规范要求，见本教材网络教学资源包中的“学生考核手册”。

第5章
旅游市场营销策略

学习目标

通过本章学习，应该达到以下目标：

理论目标：学习和把握“旅游市场营销策略”的相关概念，旅游产品的特征，旅游产品生命周期各阶段特点，旅游新产品的类型，现代旅游产品的发展趋势，旅游产品的品牌、价格、分销渠道和促销类型，以及“延伸阅读”等陈述性知识；能用其指导本章“同步思考”、“深度思考”和“基本训练”中“理论题”各题型的认知活动，正确解答相关问题；阶段性体验本章专业理论学习的横向正迁移，以及相关胜任力中“专业认知”要素的生成。

实务目标：学习和把握旅游产品生命周期各阶段的营销策略，策划旅游新产品应遵循的原则，旅游新产品开发的程序，旅游新产品推广策划，旅游产品的品牌、价格、分销渠道与促销策略，相关“业务链接”等程序性知识；能以其建构“旅游市场营销组合策略策划”中的规则意识，正确解析本章“教学互动”、“随堂测”和“基本训练”中“实务题”的相关问题；阶段性体验本章专业实务学习的横向正迁移，以及相关胜任力中“专业技术”要素的生成。

案例目标：运用本章理论与实务知识研究相关案例，培养和提高在“旅游市场营销策略”特定情境中多元表征的专业能力；能结合本章教学内容，依照相关规范或标准，对“课程思政5-1”“课程思政5-2”专栏和章后“课程思政-V”等案例中的企业及其从业人员行为进行思政研判，强化社会主义核心价值观的引领作用，促进“立德树人”根本任务的落实；阶段性体验本章专业案例学习中“专业知识”、“通用知识”与“思政元素”的协同性重组迁移，以及相关胜任力中“认知弹性”要素的生成。

自主学习：参加“自主学习Ⅲ”训练。在实施《自主学习计划》的基础上，通过学习和应用“附录一”附表1“自主学习”（中级）各技能点的“‘知识准备’参照规范”所列知识，查阅、搜集、整理与综合“旅游市场营销策略”前沿知识，讨论、撰写和交流《“旅游市场营销策略”最新文献综述》，撰写《“自主学习-Ⅲ”训练报告》等活动，培养“自主学习”的通用能力（中级）；阶段性体验本章“自主学习”中“专能”与“通能”的“重组性”迁移，以及相关胜任力中“求知韧性”要素的生成。

引例 “2023/2024河北承德冰雪温泉旅游季”

背景与情境： 2023年1月23日，承德市政府新闻办召开“2023/2024河北承德冰雪温泉旅游季”承德好礼促消费主题发布会。

发布会中提出，“2023/2024河北承德冰雪温泉旅游季”是市委、市政府深入贯彻习近平总书记视察承德讲话精神，落实中央经济工作会议精神，按照省委省政府安排部署，融入“这么近、那么美，周末到河北”全省旅游宣传大格局，助推河北冬季旅游快速发展的重要举措，是进一步丰富承德旅游产品供给，激发冬季旅游市场活力，挖掘冬季旅游资源潜力，推动文旅融合、体旅融合，推动承德市旅游由“一季游”向全域全季旅游转变的有力抓手。

“2023/2024河北承德冰雪温泉旅游季”的主题是：嬉塞外冰雪、沐热河温泉。分为“嬉冰雪、沐温泉、品民俗、看赛事”四大板块，推出46项冬季旅游和赛事活动。“2023/2024河北承德冰雪温泉旅游季”是一项全市性的活动，这“四大板块，46项活动”不是孤立的，而是一个整体，四大板块相互补充，各项活动相互联动，是为了让广大游客进一步了解承德、体验承德、爱上承德而谋划的体验式、沉浸式活动。

嬉冰雪板块：主要包括金山岭冰雪旅游季，避暑山庄皇家冰雪季，“民族团结·和合承德”冰雕艺术展，武烈河冰雪游园会，承德御道口欢乐冰雪季，“山滦骑遇·踏雪寻冬”雪骑、越野巡游，普宁“承风古韵”冰雕展，峡谷雪乡乐游园，宽城满乡冰雪趣游季，酷滑平泉·玩转冰雪过大年等10项主要活动，时间自即日起至2024年2月底，在主城区及各县市区举办。这些活动精彩纷呈、老少皆宜，充分展示了承德冰雪旅游资源，让广大游客在体验激情似火的冰雪旅游项目的同时，充分领略承德“千里冰封、万里雪飘”的壮美和“山舞银蛇、原驰蜡象”的气魄。

沐温泉板块：主要包括滦平阿那亚“岁末之旅”、热河山谷“热河温泉节”、枫水湾“森林温泉节”、兴隆阿那亚雾灵山汤泉之旅、天域温泉冰垂季、唐家湾王府温泉乐养汇等6项主要活动，这些活动自即日起至2024年2月，主要在隆化县、滦平县、承德县等地举办。承德温泉久负盛名，享誉中外，具有水质优、埋藏浅、出水温度高三大特点，这些冬季温泉活动是在承德市温泉旅游近年来发展的最新成果中精心遴选出来的，奉献给广大游客。在寒冷的冬季，在游玩了系列冰雪项目后，再来一场温泉之旅，一定能给广大游客带来无限温暖、惬意与健康。

品民俗板块：主要包括鼎盛皇家灯会，“冬迎春禧·辰龙献瑞”文化展示季、盛世普宁祈福节、金龙年货节、盛世山庄灯会展、“千人千面·民族之美”文化周、“承德好礼新春购”特色文创商品展销季、鼎盛跨年红人节、钓鱼台冬捕节、“红莓白雪”冬之行、牧蓝谷民俗美食节、兴隆“游花灯·闹大集”红火过新春、丰宁非遗烤羊节、山楂年俗文化节等14项活动，时间自即日起至2024年2月底，在主城区及各县市区举办。承德的民俗极具地域风情和民族特色，特别是在春节、元宵节期间，全市各地均会举办花会、庙会、非遗民俗展等活动千余场，其中发布的这14项是精挑细选出来的精华，让广大游客和市民们在嬉冰雪、沐温泉之后，感受承德浓浓的年味，体验满满的乡愁。

看赛事板块：在嬉冰雪、沐温泉、品民俗的同时，承德市还谋划了一系列精彩纷呈的冬季体育赛事。

另外，承德市不仅有冬季旅游温泉活动和赛事，还推出承德“不可不吃”系列美食，“不可不买”系列商品。

资料来源 根据承德市政府新闻办“2023/2024河北承德冰雪温泉旅游季”新闻发布会内容整理.

问题：河北承德市如何依托自然资源优势举办承德旅游冰雪季？

在旅游市场迅速变化的今天，旅游企业要生存、发展，就必须制定科学正确的营销策略。从引例中可以看出，旅游市场营销策略的制定首先是制定旅游产品策略，其次是在此基础上制定合理的旅游产品价格，最后是借助特定的分销渠道策略和促销策略将旅游市场做强做大。

5.1 旅游产品策略

5.1.1 旅游产品及其特征

旅游产品作为旅游企业的经营对象，遍及旅游产业，甚至存在于旅游产业以外的其他行业，是旅游市场的核心。旅游产品有广义和狭义之分。广义的旅游产品是旅游企业在旅游市场上销售的物质产品和活劳动提供的各种服务的总和，即总体层次上的旅游产品（包括食、住、行、游、购、娱等方面）。它既能满足旅游消费者的物质需求，又能满足他们精神方面的需求。狭义的旅游产品是指由物质生产部门所生产，由商业劳动者所销售的物品，包括旅游消费品、旅游日用品和旅游纪念品等。在此我们主要研究广义的旅游产品。

1）旅游产品的概念

旅游产品是指通过交换能满足旅游消费者在旅游过程中的需要的产品和服务的总和，包括旅游资源、旅游设施、可供旅游者使用的各种物品、各种形式的旅游服务等。同其他产品一样，完整的旅游产品包括以下五个层次：

（1）核心产品

核心产品也称实质产品，是指消费者购买某种产品时所追求的利益，是顾客真正要买的东西，因而在产品整体概念中也是最基本、最主要的部分。不同的旅游企业提供不同的产品，其核心层往往有很大区别。如旅行社提供的是“旅游经历”、旅游交通运输部门提供的是旅游交通工具的座位等。

（2）形式产品

形式产品是核心产品借以实现的形式，即向市场提供的实体和服务的形象，包括旅游产品质量、风格、特点、式样、品牌和包装等。如旅行社的规模、标志、旅游线路、员工的态度和仪容仪表等。

（3）延伸产品

延伸产品是旅游企业为了更好地满足游客的需要而增加的服务项目，是核心产品和形式产品的延伸和完善，包括旅游信息咨询、优惠付款条件、免费接送服务、购物折扣等。旅游企业可以利用这些延伸产品来提高旅游消费者的满意度。

（4）期望产品

期望产品是顾客购买某种产品通常期望和默认的一组产品属性和条件。例如，客人在景区旅游，期望有安全感、受到尊重和享受良好的服务等。

（5）潜在产品

潜在产品是现有产品可能发展成为未来最终产品的潜在状态，是现有产品的可能演变趋势和前景，是能满足消费者潜在需求、尚未被消费者意识到，或者已经被意识到但尚未被消费者重视或消费者不敢奢望的一些产品价值。它是旅游企业努力寻求的满足消费者并使自己与其他竞争者区别开来的新方法。

学习微平台

延伸阅读5-1

深度思考5-1

背景资料：美国营销学家李·维特曾指出："未来竞争的关键，不在于工厂能生产什么产品，而在于其产品所提供的附加价值：包装、服务、广告、用户咨询、消费信贷、及时交货和人们以价值来衡量的一切东西。"

问题：李·维特这段话的真实含义是什么？产品在未来的竞争中不重要了吗？

理解要点：

第一，要明白产品的整体概念各层次的含义，理解人们在购买过程决策中更关注什么。

第二，理解为什么"未来竞争的关键，不在于工厂能生产什么产品"，从而正确理解竞争的关键在于"产品所提供的附加价值"，树立产品的整体概念。

课程思政5-1

尽责的导游

背景与情境：一次，一个台湾地区旅行团在游览大陆某景点时，一位台胞突然生病，不能行走。带团的是一位经验比较丰富的导游，在对病人进行简单处理后，关切地询问是否需要去医院治疗。客人回答说是老毛病了，不用去医院，并告诉导游让他带其他客人先走，留下导游图，稍好些再去追赶他们，以免影响团队的行程。导游为了不影响行程，在征得这位患病台胞的同意后，毅然背起他继续游览。整个团队的游客都被导游的行为感动了，这位台胞更是感动得热泪盈眶。返回后，这位台胞写下了《同胞背我大陆游》的文章在媒体上发表。

问题：导游背游客游览属于整体产品中的哪个层次？你从中受到了哪些启发？

研判提示：旅游产品的竞争就是整体产品的竞争，旅游企业通过出售具有综合服务能力的整体产品，使旅游消费者多方面的需求得到满足；这位导游提供的（延伸）服务不仅感人至深，而且提高了其所在旅游企业的社会形象。

2）旅游产品的特征

旅游产品是由旅游资源、设施和各种服务组合起来的“组合型产品”。它同其他产业的产品相比既有许多共性，又有自身的特征，主要表现为：

（1）旅游产品文化内涵性

旅游消费者的需求虽然多种多样，但从深层意义上来说，旅游是为了满足高层次的精神文化需求，是为了增加社会阅历、增长见识和增加自我对世界的感知。因此，旅游产品具有文化内涵性。例如，以文物古迹和历史遗址为重点的科考旅游产品、以民族文化为特点的文化旅游产品、以大型会展活动为核心的会展商务旅游产品、以特色农业为主的农业旅游产品等。旅游产品只有拥有了丰富的文化内涵，才能实现旅游者所追求的文化目标。

（2）旅游产品组合连续性

旅游产品组合连续性的特征主要表现为构成旅游产品的各种要素大都可以独立存在，但又必须在旅游者的旅游过程中连续提供。如交通、住宿、景点导游、旅游购物、娱乐等，虽然都存在着自身的独立性，都可以独立出售给旅游消费者，但它们仅仅是构成旅游产品的一个个环节，是旅游产品的一个单项。旅游产品组合连续性要求旅游产品的供给要配套、完整无缺、环环紧扣，使旅游产品达到尽善尽美。所以，旅游业各部门只有充分发挥各自的职能、协调运行，才能保证旅游消费者旅游过程愉快，实现其美好的旅游愿望。

（3）旅游产品购买租借性

旅游产品同一般商品一样，必须通过市场交换才能实现其价值和使用价值。一般商品一旦被消费者购买，它的所有权就随之转移。而旅游产品被旅游消费者购买后，其价值和使用价值虽得以实现，但一般情况下旅游产品并未发生空间的转移，其所有权也未发生变化（转移），即在这个交换过程中没有物流，也没有商流。这说明旅游产品的“出售”实质上不是一般意义上的买卖，而是租借。例如，旅游者支付一定费用购买到风景区游览的权利，实际上就是租借一定时间的旅游地空间。又如，旅游者购买飞机票乘机，他只得到了从出发地到目的地对飞机一个座位的使用权。

（4）旅游产品价值实效性

旅游产品是通过对具体的物品、各种资源设施和服务的有机结合来满足旅游消费者的需要的，只有当旅游消费者购买并在现场消费，各种资源设施、物品和服务的结合才表现为产品，并实现其价值和使用价值。旅游产品的实效性较强，一天无人购买，这一天的价值就丧失了，不像其他产品，暂时无人购买，其价值和使用价值可以储存起来。如一间客房，当日未被旅游消费者购买、占用，这一天的使用价值便不能实现，应该实现的价值就损失了。

（5）旅游产品使用价值无形感受性

虽然旅游消费者外出旅行的动机各不相同，旅游形式和内容也在不断地变化，但有一点是相同的，那就是寻求精神上的愉快感受，这种感受包括追求人身的自由感、精神上的解放感和特定需要的满足感。这就决定了旅游消费者在旅游过程中不仅追求物质上的满足，更重要的是通过旅游活动获取更多的“感受”和体验，因此，旅游产品的基本功能应是让旅游消费者得到精神方面的最大享受，即提供给旅游消费者的使用价值主要是一种无形的感受。同样的旅游产品，在旅游企业相同的接待方式下，不同的旅游消费者可能会有不同的感受和体验，就会对同一旅游产品做出不同的评价。这要求旅游企业要努力开发和生产独具特色的旅游产品，重视对旅游从业人员的培训，力求尽善尽美地为旅游消费者服务，不断提高和丰富旅游产品的内涵，塑造旅游产品的美好形象，强化旅游消费者的感受。

5.1.2　旅游产品的生命周期

现代旅游市场中，由于竞争的激烈，旅游产品更新换代较快，每一种新产品的问世都会使旧产品遭到淘汰，这种淘汰会循环往复地出现，从而使每一种旅游产品都经历从投放市场到被市场淘汰的过程，这就是旅游产品的生命周期。旅游产品的生命周期是指某种旅游产品从被开发出来投放市场开始，经历成长期、成熟期到最后被淘汰的整个过程。

1）旅游产品生命周期各阶段的特点

典型的旅游产品的生命周期包括四个阶段：投入期、成长期、成熟期和衰退期，如图5-1所示。旅游产品生命周期不同的阶段呈现出不同的特点。

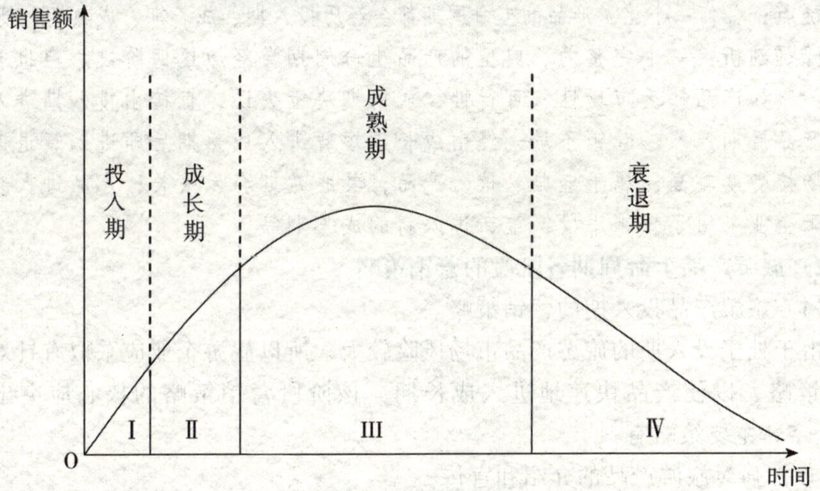

图5-1　旅游产品生命周期曲线

（1）投入期

投入期又称导入期，是指旅游产品刚投放市场的阶段，具体表现为：新推出的旅游线路、新开业的酒店、新增加的餐饮产品或种类、新开发的旅游项目等。处于这一时期的旅游产品，由于刚刚进入市场，消费者对产品还缺乏了解，所以消费会十分谨慎；该阶段旅游产品的性能有待改进，基础设施需进一步完善；旅游产品的知名度不高，因此销量较低；旅游产品开发费用较高，又需要投入一定的促销费用，因此旅游产品成本较高，从而导致旅游企业利润较低甚至亏损；该阶段由于旅游产品的市场前景还不明朗，因此竞争者很少或者竞争者还不屑于加入。

（2）成长期

旅游产品平稳度过投入期后便进入成长期，处于成长期的旅游产品已日渐被旅游消费者所接受；旅游产品的性能已基本稳定，基础设施已趋完善；产品知名度渐渐提高；销量大幅度上升，利润额飞速增长，成本逐步下降；由于有利可图，竞争者开始加入。

（3）成熟期

这一时期是旅游产品的主要销售阶段。该阶段市场基本达到饱和，旅游产品拥有很高的市场占有率，销量大且相对稳定；增长速度放慢，一般年销售增长速度为1%～5%；企业利润达到了最高点；这一时期，竞争也最为激烈，达到白热化程度，但后期，在竞争中实力不济者开始退出市场。

（4）衰退期

衰退期是旅游产品逐渐退出市场的阶段。处于衰退期的产品，在市场上已经“超龄”、老化，正逐步被市场淘汰；销量开始下滑，利润明显下降；竞争格局已明朗，胜负已成定局。

深度剖析5-1

疑点：任何一个旅游产品的生命周期都会经历投入期、成长期、成熟期和衰退期。

释疑剖析：一个完整的、典型的产品生命周期会经历这四阶段。但也有特殊情况。比如产品缺乏市场性、可行性，或前期决策失误，直接由投入期进入衰退期；产品后期产能、营销不足，经由成长期短暂进入成熟期后即进入衰退期；产品市场接受度较高，属于经典、核心产品，其成熟期会无限长；产品进入衰退期后由于企业采用了营销手段，重新进入新的成长期等。

2）旅游产品生命周期各阶段的营销策略

（1）旅游产品投入期的营销策略

由于处于投入期的旅游产品市场风险较大，所以旅游企业应采取有针对性的营销策略，以使产品快速地进入成长期。该阶段营销策略的核心应突出一个“快”字，主要策略有：

① 加强对旅游产品的介绍和宣传。

② 利用旅游企业已有的声誉或已有的品牌知名度，提携新产品。

③ 加强渠道建设，在旅游新产品推广过程中取得中间商的支持与协助。

④ 施以有效的刺激手段诱使旅游消费者使用。

（2）旅游产品成长期的营销策略

这一阶段，旅游企业的营销目标有两点：一是继续维持已有的销售增长速度；二是逐步提高市场占有率。该阶段营销策略的核心应突出一个“好”字，其策略有：

① 提高旅游产品及服务质量，进一步完善基础设施的配套建设。

② 加强促销宣传，增强旅游消费者对旅游企业和产品的信任感，提高知名度，创立名牌，使消费者产生偏爱。

③ 努力开拓新市场，扩大市场范围，进一步做好市场细分，争取赢得更多的旅游消费者。

（3）旅游产品成熟期的营销策略

根据该阶段的特点，旅游企业应尽可能延长旅游产品的成熟期，确保已有的市场占有率和有利的竞争地位。该阶段营销策略应突出一个“长”字，具体策略有：

① 从深度和广度上改革旅游市场。从深度上可以进行新的市场细分，寻找新的旅游消费者，或增加现有消费者对旅游产品的消费量；从广度上拓展市场的空间区域。

② 改革旅游产品和服务。一是产品质量改革，包括提供符合市场需要的旅游产品，在食、住、行、游、购、娱等方面全方位满足消费者的需要。加大基础设施与配套设施的建设，加强环境的治理和整顿，给消费者提供一个清新整洁的旅游环境。二是服务质量改革，促进旅游接待服务标准化建设，增设尽可能多的服务项目。三是加强旅游新产品的研制和开发，加大新产品的研发力度，满足细分市场的需求，从而达到延长成熟期的目的。

③ 改革市场营销组合。企业可以变换市场营销组合中的一个或几个变量来刺激旅游市场的需求，扩大旅游产品的销路。如调整旅游产品价格，开辟多种销售渠道，增加销售网点等。

（4）旅游产品衰退期的营销策略

旅游产品一旦进入衰退期，旅游企业必须及时有效地调整营销策略，因为它直接关系到企业的生死存亡。一般而言，该阶段营销策略的核心应突出一个“转”字，其策略有：

① 持续营销策略。继续沿用以往的营销策略，直到该产品完全退出市场。

② 集中市场营销策略。把旅游企业的资金和资源集中在最有利的细分市场和销售渠道上，尽可能取得更大的利润。

③ 榨取营销策略。旅游企业不放弃衰退期产品，尽可能地降低生产成本和各种费用，这样，虽然产品的销量下降，但依靠大幅度降低的成本，旅游企业仍能获得一定的利润。

④ 放弃营销策略。对于毫无希望的衰退期产品，应当机立断、放弃经营，但应当考虑完全放弃还是逐步放弃，即放弃的时机。

5.1.3 旅游新产品推广

1）旅游新产品的类型

旅游新产品是指同现有旅游产品相比较，在原理、构成、方法、手段等方面有显著改进和提高，并在一定市场和范围内首次投放和使用，能给旅游消费者带来某种新的满足和新的利益的产品。旅游新产品有以下四类：

（1）全新旅游产品

它是指采用新原理、新设计、新方法组合而成的市场上从未有过的旅游产品。深圳锦绣中华、世界之窗，北京中华世纪坛、鸟巢及水立方等即全新旅游产品。

（2）换代旅游新产品

它是指在原有旅游产品的基础上，采用或部分采用新技术、新设计、新原理或新方法等创造出的新产品。如在原来观光旅游线路的基础上增加休闲内容。

（3）改进旅游新产品

它是指对原有产品的局部加以改进而创造出的旅游新产品。如在原三峡游中又加入巫溪的小三峡。

（4）仿制型旅游新产品

它是指旅游企业仿制市场上已有的旅游新产品，有时在仿制过程中可能有局部的改进或创新，但基本原理或结构是仿制的。在旅游产品中，这种新产品极为普遍。

同步思考5-1

问题： 现代旅游产品的发展趋势如何？

理解要点：

（1）旅游产品多样化。

（2）个性化和参与性。

（3）大型化和集中化。

（4）旅游产品的科技含量进一步提高。

（5）主导产品明确，整体形象鲜明。

2）策划旅游新产品应遵循的原则

（1）有市场

旅游企业策划的新产品必须在市场上有一定的销量，为市场所需要。

（2）有特色

旅游企业策划的新产品要具有独特性，有新的性能、用途，符合旅游市场的需要。

（3）有能力

旅游企业必须根据自身的生产条件、技术力量、资金等情况做到量力而行，有能力生产该旅游新产品并能进入目标市场，为旅游消费者服务。

（4）有效益

旅游企业在策划新产品前，一定要对其进行可行性研究，充分挖掘现有的生产能力，争取取得一定的经济效益。

同步案例5-1

古北水镇的衰落：或是必然，中国的大多数小镇亦如是

背景与情境：2010年6月，中青旅与北京密云县签订战略协议，合作开发古北水镇国际旅游综合度假区项目，“南有乌镇，北有古北水镇”，这是古北水镇奔跑的方向。

2014年开业后，这片背靠长城、坐拥鸳鸯湖水库的仿古小镇也曾有过高光时刻，当时想要入园一观甚至难求一票，7年之后，古北水镇却日渐趋冷乃至时有门可罗雀的景象。

①先天不足

当年开发古北水镇的逻辑不外乎三点：

第一，北京是一个有着2 000万人口的巨大市场，却没有一个像样的古镇；第二，把江南水乡搬到缺水的北方，一定有很好的市场；第三，中青旅能导流海量的游客，乌镇的操盘手能复制乌镇的辉煌。

这几个条件不是必要条件，不是关键因素！主题的开发是一个永恒的难题，迪士尼亦有败笔。市场再大、再好、客流量储备再多，但也可能不是你的市场。面对市场我们只有两个选择，一是找到市场，满足需求，这是大多数企业在做的；二是开创市场，开发需求，这是目前大多数成功企业在做的。而对主题开发而言，我们需要的是一以贯之，充分挖掘主题，吸引市场，开发市场，而不是认为市场那么大，它就都是你的。

②交通限制

的确，交通上的瓶颈依旧没有被打破，项目地处燕山余脉浅丘陵地带，是华北平原通往松辽平原和内蒙古草原的必经要塞之一。甚至可以说，在交通距离上古北水镇在北京近郊游中难以形成竞争优势，其距北京市区120千米，距首都国际机场98千米，距密云区城区60千米，距承德市区80千米，拥有京承高速、京通铁路、101国道三条主要交通干线。

③再造小镇之痛

北京普域度假执行董事许冰青分析认为：“全世界做小镇项目都是原生态自发，没听说哪个国家圈起来收门票的，收取古城保护费、进城费等门票都会被市场暴击。”

④回头客难留

另一个现状是，古北水镇的新鲜感也没那么强了。在古北水镇运营期间，全国各地同类型的古镇层出不穷，北京周边就有广府古城、三家店村、滦州古城、天长古镇等，这些古镇、古城的样貌、商业模式、经营手法与古北水镇并无显著差异，但门票比古北水镇更便宜，有的甚至是免费的。由此，即使古北水镇不断打出“长城+”战略下的“碧水小镇”“星空小镇”“红叶小镇”等关键词都难以再次强烈吸引到大量的游客。

⑤转型困难

有熟悉古北水镇运营模式的业内人士指出，“一个仿古建筑群却动辄1 500元

左右的住宿价格；没有一户原住居民，丢掉了原本游客所乐于追逐的生活场景；有良好的平台却自身全经营且门面使用率仅仅1/2左右；养活3 000名左右职工且需支付巨额贷款利息；极其普通的风味小吃，没形成任何特色与品牌……”上述信息均反映了一个严峻的现实——古北水镇是一个缺乏核心定位和主题概念、没有震撼性景观和体验式场景、只有人造古建筑而缺乏原生生活气息和灵魂的地方。如果古北水镇不尽快创造新元素吸引回头客，口碑日益变差的古北水镇将更难挽回游客的心。人造古城、古镇还有发展前景吗？今日的古北水镇或许就是最好的答案。

资料来源 佚名. 古北水镇败北：或是必然，中国的大多数小镇亦如是［EB/OL］.［2021-04-29］. https：//www.sohu.com/a/463765128_100051959.

问题：试分析古北水镇衰落的原因。

分析提示：一个旅游产品的衰落原因是多方面的。古北水镇与乌镇虽然出于同一设计团队之手，但二者“基因”完全不同，乌镇拥有更深厚的底蕴，古北水镇完全是一个克隆的仿制品。再加上特色小镇、主题小镇扎堆开发，没有特色，定位雷同，游客没有了新鲜感，也就失去了应有的吸引力。

业务链接5-1

图5-2为旅游新产品开发的具体步骤。

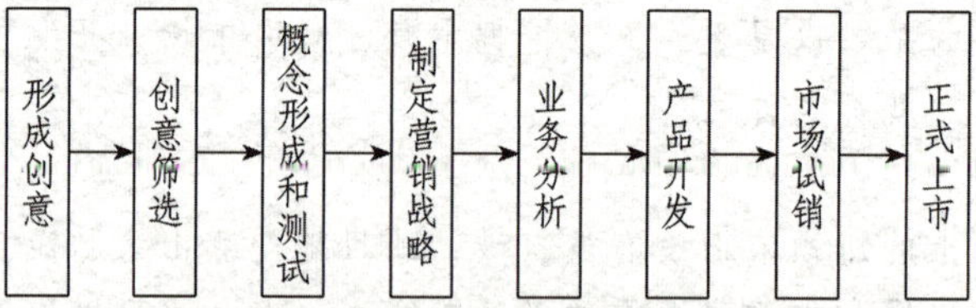

图5-2 旅游新产品的开发步骤

教学互动5-1

俄罗斯太空旅馆

背景资料：俄罗斯轨道科技公司宣布，将在茫茫太空中建成人类有史以来的第一座太空旅馆。据悉，这座太空旅馆将被建在距地球350千米的国际空间站运行轨道上，乘客可乘坐俄罗斯“联盟”号飞船抵达旅馆。它的总面积约65平方米，可以容纳7位房客。据透露，在太空旅馆中住5天的费用为10万英镑，而整趟太空之旅的费用则高达50万英镑！太空旅馆的目标客户主要是那些亿万富豪。

资料来源 根据网络资料整理.

学习微平台

延伸阅读5-2

问题：你认为太空旅馆开业后能否有市场？为什么？

要求：

①请两位同学对上述问题作答，其他同学予以评论。

②教师对学生的回答和其他同学的评论做最后点评。

3）旅游产品新形态

旅游产品新形态是根据市场需求开发出来的新的旅游产品。

(1) 与交通工具结合形成的新旅游产品，如自驾车旅游、高铁旅游、邮轮旅游、游艇旅游、自行车旅游、太空旅游等。

(2) 与特色旅游资源结合的新旅游产品，如温泉旅游、影视旅游、高尔夫旅游、工业旅游、农业旅游、森林旅游等。

(3) 针对细分市场的新旅游产品，如夕阳红旅游、夏令营旅游等。

(4) 出行目的引发的新旅游产品，如红色旅游、探险旅游、康养旅游、研学旅游、文化旅游等。

同步案例5-2

陕西：发展红色旅游　助力乡村振兴

背景与情境：百年党史不仅写在典籍史册里，也鲜活地存在于三秦大地丰富的红色资源里。这些红色资源见证着中国共产党人的初心使命，蕴含着丰富的革命精神和厚重的文化底蕴，是中华民族弥足珍贵的精神财富。党的二十大报告指出，“弘扬以伟大建党精神为源头的中国共产党人精神谱系，用好红色资源，深入开展社会主义核心价值观宣传教育，深化爱国主义、集体主义、社会主义教育，着力培养担当民族复兴大任的时代新人”。

红色旅游是红色资源保护传承的新方式，也是乡村振兴新的增长极。陕西红色资源丰富，主要集中在广大农村地区，红色旅游和乡村振兴融合发展，具有天然优势，运用红色旅游激活乡村振兴新动能，让红色资源焕发新光芒。开展红色旅游，不仅能更好利用红色资源讲好红色故事，而且能使与红色资源相关的传统农具和生活用品变为致富宝藏，从更深层次激发农村农民保护文化资源的自觉性，增强发展的信心；发展红色旅游有利于推动农文商旅深度融合；发展红色旅游不仅涉及农业，而且同文化、商贸等行业相关联。

适应新形势，要以满足人民群众对美好生活的向往为导向，找准红色旅游和乡村产业振兴之间的契合点：一是开辟新业态。着眼新需求，整合考古、演艺等优势资源，打造以红色传承为核心的新产品，变静态展示为动态参与，不断增强红色革命文化的亲和力和感召力，提升红色旅游品牌竞争力。二是培育新要素市场。按照“一数一源、一源多用”的原则，规范红色文化数据资源采集、挖掘分析、开放利用，应用新技术，推动红色文化资源转化为可读、可视、可感的资源，营造可信数据流通环境，培育数据要素市场，提升红色文化附加值。三是打造红色旅游新高地。选择一些在党史、革命史上具有重要地位和重大影响、红色遗址遗迹数量聚集的地点，统筹推进红色文化与自然生态、民俗风情、康养休闲等资源的融合发展，打造“红色游+乡村游+研学游+康养休闲游+时尚体育游”等模式，带动乡村现代特色农业、茶果等产业发展，推动以提供相关产品与服务为主的复合型产业发展；加强文化产业一站式服务，完善志愿服务体系，推动跨区域合作，让红色产业与其他产业深度融合，把陕西红色文化产业品牌做优做强。

资料来源 万生更，任振才. 发展红色旅游 助力乡村振兴［N］. 陕西日报，2023-04-17.

问题：如何发展红色旅游？

分析提示：讲好红色故事，挖掘展示红色文化精髓，通过红色文创产品开发和红色文艺作品创作，进行红色资源整合，发展旅游产品新形态，提升红色旅游品牌竞争力。

4）旅游新产品推广策划

在旅游企业确定了新产品推广的目标受众之后，应根据目标受众的特征采取有效措施，有针对性地开展促销推广活动。

（1）人员促销

旅游企业派出推销队伍，主动与旅游消费者和中间商联系，加强促销。

（2）广告促销

在旅游新产品上市之际，加强广告攻势，使目标受众很快熟悉旅游企业的新产品，迅速培养品牌偏好。

（3）销售促进

开展各种类型的销售促进活动，利用产品展示、新闻媒介、大型活动等形式广泛宣传、推销旅游新产品。

（4）意见领袖促销

借助名人、专家、各类明星的效应来宣传旅游企业的创新产品。

5.1.4 旅游产品品牌策略

旅游产品的品牌作为一种无形资产，已成为旅游企业在竞争中取胜的关键砝码。旅游产品品牌代表着一定的产品形象，越来越受到旅游消费者的重视，并成为旅游消费者在选择旅游产品时考虑的一个重要因素。

1）品牌的有关概念

品牌是用以辨别不同企业、不同产品的文字、标记、符号、图案或它们的有机结合，包括品牌名称、品牌标志和商标。

（1）品牌名称

它是指品牌中可以用语言直呼的部分，如“新疆双飞七日游”“上海锦江饭店”“承德避暑山庄”等。

（2）品牌标志

它是指品牌中可以识别但不能用语言直呼的部分，通常由符号、图案、颜色等组成。

（3）商标

经注册的品牌或品牌的一部分为商标。商标实际上是一个法律上的名称，是受法律保护的，企业具有专有权。

2）旅游产品品牌相关策略

（1）统一品牌策略

它是指一个旅游企业经营多种旅游产品时，对其所有的产品都使用同样的品牌名称。

（2）个别品牌策略

它是指旅游企业各种不同的产品或服务分别使用不同的品牌名称。如万豪国际集团即拥有万豪、万丽、万怡、丽思卡尔顿等众多品牌，其中万豪是全面服务酒店，丽思卡尔顿是豪华级酒店，万丽是优质酒店等，不同品牌代表不同级别及功能的产品。

（3）他人品牌策略

它是指旅游企业用其他企业拥有的品牌发展自己的产品和服务，包括制造商品牌策略和中间商品牌策略。我国旅游企业的品牌大多属于制造商品牌，如国旅推出的“三峡游”。

（4）主副品牌策略

它又称“母子”品牌策略，是指旅游企业在生产多种产品的情况下，给其产品冠以统一名称的同时，再根据每种产品的不同特征为其设定一个次级品牌。

业务链接 5-2

实施主副品牌策略需要注意的问题

①正确处理好主品牌与副品牌之间的关系。

②注意副品牌的定位要与目标市场相吻合。

③注意副品牌的命名问题。首先要注意主、副品牌的协调性，其次要注意主、副品牌的关联性，再次要注意副品牌名称的通俗性和简洁性，最后要注意副品牌要能直观形象地体现出景区的特点和个性。

④副品牌要起到强化主品牌的作用。

3）旅游产品品牌忠诚策划

品牌忠诚策划就是在留住现实旅游消费者、吸引潜在旅游消费者、扩大旅游企业的市场范围、增加旅游企业的销售额和利润等方面采取的有效措施，包括：

学习微平台

随堂测 5-1

① 洞察旅游消费需求，及时了解和掌握旅游消费者的意见、要求、建议，并根据旅游消费者的需求主动开拓市场。

② 长期的旅游产品质量保证。

③ 为旅游消费者提供满意的服务。

④ 塑造良好的旅游企业形象。

5.2　旅游产品价格策略

旅游产品价格是旅游消费者为满足自身的旅游需要而购买的旅游产品的价值形式。任何产品在投放市场之前都要确定一个合适的价格，旅游产品也不例外，但由于旅游产品与一般产品不同，所以旅游产品价格策略与其他产品价格策略既有相同之处又有区别。

5.2.1 旅游产品定价的影响因素

影响旅游产品定价的因素较多，一般包括以下几个方面：

1）旅游产品的成本

旅游产品的成本是制定其价格的基础，是影响旅游产品价格最基本、最直接的因素。旅游产品的成本由固定成本和变动成本组成。一般情况下，旅游产品的成本越高，价格就越高。同时，旅游企业在制定价格时，不仅要考虑旅游产品的个别成本，更重要的是要把个别成本和社会平均成本进行比较，争取使个别成本低于社会平均成本，这样才能取得价格优势。

2）旅游企业的定价目标

旅游企业在发展过程中，由于受环境因素的影响，在不同时期会制定不同的定价目标，因而会形成不同的价格。例如，旅游企业若想尽快收回投资，往往把盈利作为企业的定价目标，从而把旅游产品的价格定得远远高于其产品成本；若旅游企业为了保证有较大的市场覆盖面，争取长期的和更大的发展，则企业的定价目标可能是提高市场占有率，因而旅游产品的价格不能定得过高，应充分考虑到产品价格与价值的一致性以及广大旅游消费者对价格的接受程度，并且旅游产品或服务的价格需要在一定时期内保持不变，甚至表现为优惠价。

同步思考5-2

问题：旅游产品的定价目标有哪些？

理解要点：

（1）以获取理想利润为定价目标。

（2）以取得适当投资利润率为定价目标。

（3）以维护或提高市场占有率为定价目标。

（4）以稳定市场价格为定价目标。

（5）以应对与防止竞争为定价目标。

3）旅游产品品质与特性

一般情况下，如果旅游产品品质好、美誉度高，则可采取高价策略；反之，则可采取中低价策略。旅游产品特色明显、垄断性强、具有不可替代性，则可采取高价策略；反之，宜定中低价。

4）非价格竞争因素

旅游企业的非价格竞争主要是通过提升旅游产品品质、增强其特色、提高服务水平、提升企业形象等形式表现出来的。许多旅游企业为了实现较高价格的销售，都提供较高水平的服务，使旅游产品的价格和相应的服务保持一致，加深旅游消费者对旅游产品价格的理解和认可；同时，旅游企业还应尽可能地提供一些额外的免费服务项目，从而增强旅游消费者对购买较高价格旅游产品的信心。

5）旅游消费者的需求

一般情况下，旅游产品的价格与旅游市场的需求量成反比，产品价格越高，市场需求量就越小。当然，也有一些旅游产品例外，如知名人士下榻过的宾馆，在一定限度内价格上升反而会导致需求量的增多。

6）旅游产品市场竞争状况

旅游产品成本是制定产品价格的最低限度，消费者的需求是制定产品价格的最高限度，介于两者之间的价格则取决于市场竞争状况。旅游产品市场竞争越激烈，对旅游产品价格的影响越大。在完全竞争的市场中，企业没有定价的主动权，只能被动地接受市场竞争中形成的价格。在不完全竞争的市场中，由于旅游企业彼此提供的产品存在着差异，企业可根据“产品差异”的优势，部分地变动价格来寻求较高的利润；在寡头竞争的市场中，寡头旅游企业控制着产品的价格；在纯粹垄断的市场中，旅游产品或服务只是独家经营，不存在竞争对手，整个市场及市场价格完全由垄断企业控制。

7）政府的宏观管理

政府的宏观管理主要通过行政、法律以及货币供给、工资和物价政策等手段来体现。政府对旅游产品的价格进行干预和管理的目的在于通过法律限制旅游企业不正当竞争、牟取暴利和损害旅游消费者利益的行为，因而政府主要以行政手段、法律手段制定旅游产品的最高或最低限价。

8）汇率变动

汇率是指两国货币的比价，就是用一国货币单位来表示另一国货币单位的价格。汇率变动不仅影响一个国家的对外贸易，而且影响旅游产品的价格。如果本币升值，旅游企业就要考虑提高外币定价，本币贬值就要适当降低外币定价。一般来说，本国汇率下调有利于旅游产品的销售，因为这时外国货币的购买力相对增强，对国际旅游者来说，可以用比过去更少的外币购买同样的旅游产品；反之，本国汇率上调则可能减少旅游产品的销售。

9）通货膨胀

通货膨胀是指在流通领域中的货币供应量超过了货币需求量而引发的货币贬值、物价上涨等现象。旅游目的地的通货膨胀会造成旅游消费者单位货币购买力的下降，使旅游企业的产品生产、经营成本增加，从而使企业相应地提高旅游产品价格，并且价格提高的幅度往往要大于通货膨胀上升的幅度，这样才能保证旅游企业盈利，但旅游产品价格的大幅度上升会影响旅游目的地的形象、损害旅游消费者的利益，从而使旅游人数减少、旅游收入下降。

5.2.2 旅游产品定价方法

旅游企业在制定其产品价格时，主要考虑旅游产品的成本、市场需求和竞争状况三大因素，并结合旅游产品情况做出相应的决策。因此，定价方法可分为成本导向定价法、需求导向定价法和竞争导向定价法。

1）成本导向定价法

成本导向定价法是指以旅游产品的成本为主要依据，再综合考虑其他因素来制定旅游产品的价格。由于旅游产品的成本性态不同，以及在成本基础上核算利润的方法不同，成本导向定价法又分为以下三种具体形式：

（1）成本加成定价法

成本加成定价法即按照产品的总成本确定价格，常用平均单位成本加上若干百分比利润。此方法简便易行，在旅游企业中经常被用于制定旅行社产品、饭店餐饮产品等的价格。需要注意的是，在采用这种定价方法时，必须事前准确地核算产品或劳务的平均成本，根据产品的市场需求弹性等因素确定恰当的利润百分比。

（2）投资回收定价法

投资回收定价法是指旅游企业为了确保投资按期收回，并获得预期利润，根据投资生产的产品成本及预期生产的产品数量，确定能实现营销目标的定价方法。该方法一般用于新建酒店客房日收费标准定价和大型娱乐场馆门票的定价。利用投资回收定价法必须注意产品销量和设施利用率的保证，否则就难以确保每年的投资回收率，也就难以实现旅游企业既定的营销目标。

（3）目标收益定价法

目标收益定价法是指根据总销售收入（销售额）和估计的产量（销售量）来确定目标收益率，从而制定价格。目标收益定价法在旅游企业尤其在饭店中应用较为广泛。目标收益定价法的缺陷是：旅游企业必须以预计销量倒推价格，但价格又恰恰是影响销量的重要因素，因而就可能出现达不到预计销量、实现不了预期收益目标的情况。

2）需求导向定价法

需求导向定价法是以旅游产品的市场需求状态为主要依据，综合考虑旅游企业的营销成本和市场竞争状态而制定或调整产品、服务的营销价格的一种方法。

（1）理解价值定价法

理解价值定价法是指旅游企业根据购买者对产品价值的认知（“值多少钱”）来制定价格。在现实购买中，顾客往往根据对价值的认知和感受而不是产品的实际成本去决定付出的价格。理解价值定价法有两个关键：第一，对顾客的认知价值做出正确的估计和判断。第二，用营销手段中的各种非价格因素对顾客的认知价值做出有效引导。如利用产品形象、促销活动和网点选择等，对顾客施加影响，使他们形成既定的“认知价值”。

（2）需求差别定价法

需求差别定价法主要是根据旅游消费者不同的需求强度、不同的购买力、不同的购买地点、不同的购买时间等方面的差异来确定不同的价格。

3）竞争导向定价法

竞争导向定价法是以同类旅游产品的市场竞争状态为依据、以竞争对手的价格为基础的定价方法。此方法以竞争为中心，并结合旅游企业自身的实力和发展战略等因素来定价。

(1) 率先定价法

率先定价法是旅游企业采取率先定价的姿态制定出符合市场需求的价格，并能在市场竞争中取得较好的经济效益的一种方法。这是一种主动竞争的定价方法，一般为实力雄厚或产品独具特色的旅游企业所采用。

(2) 随行就市定价法

随行就市定价法是指以同行业的市场平均价格为基础，来制定旅游企业产品的市场可行价格。该方法可以避免市场竞争，使企业获得稳定的市场份额。

(3) 密封竞标定价法

密封竞标定价法是在招标竞标的情况下，旅游企业根据对其竞争对手报价的估计确定价格的方法（所以它的报价应低于竞争对手的报价）。

业务链接5-3

旅游产品定价步骤

①对目标市场的购买力及倾向进行评估。

②对旅游企业的产品成本进行估测。

③对旅游企业的市场环境进行调研。

④确定旅游企业的定价目标。

⑤选择旅游企业定价的方法和策略。

5.2.3 旅游产品定价策略

在明确了旅游产品定价的步骤与方法之后，旅游企业还必须运用一定的定价策略，制定合适的价格，实现旅游企业的营销目标。

1）新产品定价策略

(1) 撇脂定价策略

撇脂定价策略是指新产品上市初期，价格定得很高，随着时间的推移而逐渐降低售价。其目的是在短时间内收回产品的研发成本并获取高额利润。撇脂本意是从牛奶的上层撇取奶油，在此喻指赚取利润。撇脂定价策略适用于拥有独特的技术、不易仿制、生产能力不容易迅速提高的新的旅游产品，利用消费者求新、求奇、求特的心理，迎合市场上高消费或时尚性的要求。

(2) 渗透定价策略

渗透定价策略是指产品投入市场时，利用旅游消费者的求实心理，以较低的价格吸引旅游消费者，以期快速打开市场，扩大销量，待销路打开后，再逐步提高价格。渗透定价策略适用于以下旅游新产品：市场对价格高度敏感；随着销量的增加和经验的积累，旅游企业能降低单位成本，能快速大批量生产；产品特点不太突出、易仿制、技术简单。

(3) 满意价格策略

满意价格策略是一种折中价格策略，即制定比撇脂定价低但比渗透定价高的适中价格。当不存在适合撇脂定价或渗透定价的环境时，旅游企业往往采取该策略。这种定价策略既能保证旅游企业获取一定的初期利润，又考虑到了旅游消费者的购买能力和购买心理，能增强旅游消费者的购买信心。

2）心理定价策略

心理定价策略是旅游企业为了迎合旅游消费者的心理需要而采取的一种灵活定价的策略。常用的心理定价策略有以下几种：

（1）尾数定价策略

尾数定价策略是指为旅游产品定一个带有零头数结尾的价格，从而使旅游消费者认为该价格是经过精确计算出的最低价格，是非常合理的。该定价策略适用于价格低的旅游产品。如19.8元/袋的旅游产品（杏仁）看起来比20元/袋的旅游产品（杏仁）更有吸引力。

（2）整数定价策略

整数定价策略是旅游企业在定价时把旅游产品的价格定在整数上的一种策略。它能体现出旅游产品本身的价值，使旅游消费者产生“一分钱一分货”的感觉，从而促进旅游产品的销售。该定价策略适用于高档、名牌旅游产品（旅游产品中的一些高档工艺品、字画以及高星级酒店的客房等往往采用这种定价策略）。如豪华套房定价500美元一晚就比定价498.8美元更合适。

（3）招徕定价策略

招徕定价策略是针对旅游消费者求廉的心理而采取的一种价格策略。它是以旅游企业部分旅游商品的特殊价格（减价）吸引旅游消费者，带动和扩大其他旅游产品的销售，从而在整体上提高旅游企业的总销售收入和盈利的策略。

（4）声望定价策略

声望定价策略是指针对旅游消费者“价高质必优”的心理，对在旅游消费者心目中有较高信誉的产品制定较高的价格，以满足某些旅游消费者追逐名牌商品、崇尚名店店牌的心理需要。因为旅游商品的价格档次常常被认为是产品质量的直观反映，特别是旅游消费者在识别名优产品时，这种心理意识尤为强烈，因此，高价与性能优良、独具特色的名牌产品比较契合，更易显示出产品特色，使旅游企业的产品给消费者留下优质的印象或使消费者感到购买这种产品可提高自身的价值（社会地位）。

3）折扣定价策略

折扣定价策略是指旅游企业制定的旅游产品或服务的基本标价不变，而是通过调整实际销售价格，把一部分价格/利润转让给购买者，鼓励旅游消费者大量购买、及早购买、用现款购买旅游产品或服务的一种价格策略。

（1）现金折扣策略

现金折扣策略是旅游企业对现金交易、按期或提前付款的旅游产品或服务购买者给予一定的价格折扣优惠的策略。

（2）数量折扣策略

数量折扣策略是指旅游企业为了鼓励旅游消费者大量购买或多次购买本企业

的旅游产品或服务，根据购买的数量给予产品购买者一定的折扣。如旅行社推出15人以上集体报名旅游，免收1人旅游费用。数量折扣有累计数量折扣和一次性数量折扣两种形式。

（3）季节折扣策略

季节折扣策略是旅游企业为适应旅游产品季节性强、销售波动大的特点而采取的在淡季时给予旅游消费者折扣优惠的策略。如承德避暑山庄门票价格旺季120元、淡季90元。

（4）同业折扣策略

同业折扣策略是指旅游产品或服务的生产企业根据各类中间商在市场营销中所担负的不同职责，给予其不同的价格折扣。如希尔顿旅馆公司向旅游批发商收取净房价，若旅游批发商代替团队订房，则该旅馆公司给旅游批发商的价格低于一般团队价格的15%。

同步案例5-3

西湖景区免费20年，是一种互联网精神

背景与情境：自2002年至今，杭州西湖景区免费开放已经20年了。在这期间，西湖相继取消了130多处景点的门票，占景点总数的八成以上；经历了西湖综保工程、西湖申遗和G20峰会精彩呈现三次历程；同时，西湖也在全国景区门票的一片“涨声”中，探索出了一套开放式景区管理的“西湖模式”。

景区免费最直观的就是放弃了唾手可得的利益。在西湖免费开放一年后，杭州市审计局在一份调查报告中指出，西湖当年直接减少门票收入2 530万元。免费的西湖变得“游人如织”，以2022年“十一黄金周”为例，西湖景区累计接待中外游客518.65万余人次，其中免费公园接待游客409.32万余人次。

门票收入减少了，但景区旅游服务用房却身价倍增，过去买门票的钱，变成了到景区消费的钱，人气旺了，景区内的租金收入和自有业态营业收入也得到了显著提升。西湖的免费开放，撬动了杭州的现代服务业，提升了杭州第三产业的产值。西湖免费后，直观上降低了游客的旅游成本，使更多人愿意来杭州，游客逗留时间延长了。杭州曾经总结出一种“241算法”，意思是只要每个游客在杭州多逗留24小时，杭州的年旅游综合收入便会增加100亿元。

在互联网和数字经济的竞争中，人才、技术和资金只是硬件，真正要做到一个城市的领先，靠的还是观念和文化。西湖景区的免费，潜移默化地传播了互联网经济的精神，共享美景，而不着眼于区区门票，让整个杭州人的互联共享理念有了很大的提升。继西湖免费之后，杭州相继推出了免费公共自行车小红车，免费Wi-Fi上网，免费开放博物馆、美术馆、图书馆……正是基于这些理念和措施，移动支付、数字管理才得以走入每个家庭，杭州城市的数字化进程才如此顺利。

在“免费西湖”的顶层设计中，其实还存在着一种更深刻的理念，那就是“共同富裕”，在20年的“免费西湖”实践中，有的部门通过免费开放牺牲自己

的利益，却带动了整个杭州旅游业的发展，政府对利益再次分配，谁得利就要分享，谁吃亏就要补贴。先把蛋糕做大，再分好蛋糕，最后的结果是所有的人都在这个决策中受益。

西湖免费开放，使杭州市餐饮、旅馆、零售、交通等服务行业都获得了新的发展空间，促进了城市的整体经济发展。当城市整体获得发展后，杭州就有足够的财力来保护和进一步发展西湖，让所有市民获得更高的幸福感。

这一切，看起来只是一张小小的门票，但又远远不止一张门票。

资料来源　陈军，方薇. 西湖景区免费20年，是一种互联网精神［N］. 每日商报，2022-11-20.

问题：

①西湖模式是否适合所有的旅游景点？为什么？

②西湖景区免费，为什么说是一种互联网精神？

分析提示：西湖模式未必适合所有旅游景点，对于一个旅游目的地的核心知名景区，其知名度高、规模大，可以发挥强大的带动作用，使用西湖模式可以发挥“乘数”效应，实现较好的营销效果。互联网精神体现的是一种互联共享的理念，景区免费，牺牲了某些部门的利益，但其共享互利性却使整个旅游目的地旅游企业受益，实现“共同富裕”。

教学互动5-2

问题：通过查找资料，了解我国知名景区的定价情况，它们分别使用了哪种定价策略？

学习微平台

随堂测5-2

理解要点：首先要熟练所学过的价格策略；根据你了解到的知名景区的价格，说明其使用的是哪种定价策略。

要求：

①请3位同学对上述问题进行回答，其他同学予以评论。

②教师对3位同学的回答和其他同学的评论做最后点评。

5.3 旅游产品分销渠道策略

旅游产品从旅游生产企业转移到消费者手中，是通过一定的渠道实现的，即在“特定的时间”“特定的地点”，以“特定的方式”提供给“特定的旅游消费者”。

5.3.1 旅游产品分销渠道的概念及类型

1）旅游产品分销渠道的概念

旅游产品分销渠道是指旅游产品或服务从旅游企业向旅游消费者转移的过程中所经过的一切取得所有权（使用权）或协助所有权（使用权）转移的企业或个人，也就是旅游产品所有权（使用权）转移过程中所经过的各个环节连接起来而形成的通道。旅游产品分销渠道的起点是旅游产品生产者，终点是旅游消费者，中间环节包括各种旅游批发商、零售商、代理商、其他中介组织和个人等。

同步案例5-4

香港迪士尼乐园的分销渠道策略

背景与情境：香港迪士尼乐园在开业5年的时间里，接待的游客数量已经超过1 000万人次。它在销售渠道建设方面的成功经验值得我们借鉴。它的分销渠道策略具有计划性强、注重网络售票、采取包销制和手段灵活多样的特点。

2005年2月15日，香港迪士尼乐园开通了奇妙假期订房热线。7月1日，乐园公布售票安排，并开始接受网络订票。7月12日，乐园公布首批25家包销商名单，携程网成为内地的唯一合作网站。8月5日，乐园公布第二批包括17家旅行社在内的包销商名单。在已公布的42家包销商中，内地旅行社有12家，其中北京3家、上海2家、广东7家。8月16日，乐园在香港地铁站设立销售点，并拟定在“7-11”连锁便利店和皇岗口岸出售门票。

资料来源 沈杨．旅游市场营销与管理［M］．2版．北京：人民邮电出版社，2011：135.

问题：分析香港迪士尼乐园的分销渠道策略。分销渠道的作用有哪些？

分析提示：用什么样的渠道将产品和服务销售给最终顾客，是所有旅游企业营销战略的重要组成部分。香港迪士尼乐园通过与众多包销商建立渠道关系，在畅通渠道的同时方便了旅游消费者的购买。旅游产品的分销渠道主要有直接分销渠道和间接分销渠道。旅游产品分销渠道是保证旅游企业再生产过程顺利进行的前提条件，是提高旅游企业经济效益的重要手段，同时直接影响着旅游企业其他营销策略的实施效果。

2）旅游产品分销渠道的类型

旅游产品分销渠道是按照渠道中间环节的多少来分类的。一般来说，旅游产品分销渠道可划分为直接分销渠道和间接分销渠道。

（1）直接分销渠道

直接分销渠道是指旅游产品的生产者不借助任何中间商直接把产品卖给旅游消费者，也就是所谓的零级渠道。直接分销渠道的形式有三种：第一，旅游消费者到生产现场购买。如旅游消费者直接到旅行社购买旅行社自行提供的地区性旅游产品。第二，旅游消费者通过各种直接预订方式购买，如旅游消费者通过电话、网络直接预订旅游企业推出的旅游产品。第三，旅游消费者通过旅游企业的自设零售系统购买，如旅游消费者到有实力的大型旅游企业在主要客源地所设办事机构购买其旅游产品。

直接分销渠道的模式为：旅游产品生产商→旅游消费者。

直接分销渠道的主要优势是由于环节少、渠道短，可以节省流通费用，降低成本；便于直接沟通，能及时掌握旅游消费者需求的变化。其不足是旅游企业与市场的接触面较小，可能会影响旅游产品的销量。因此，直接分销渠道适用于规模较小的旅游企业。

（2）间接分销渠道

间接分销渠道是指旅游企业通过两个或两个以上层次的旅游中间商向旅游消

费者销售旅游产品，即旅游企业不直接向消费者出售产品，而是通过中间商进行。

间接分销渠道有以下三种模式：

① 一级渠道模式。旅游企业通过一个层次的中间商向旅游消费者销售产品。其模式为：旅游产品生产者→旅游零售商→旅游消费者。这种渠道模式适用于销售批量不大、销售地区狭窄或单一的旅游产品。它有利于降低旅游企业的产品成本，提高经济效益。

② 二级渠道模式。旅游企业通过两个层次的旅游中间商向旅游消费者出售旅游产品。其模式为：旅游产品生产者→旅游批发商→旅游零售商→旅游消费者。这种渠道模式在国际旅游市场营销中被广泛运用。旅游批发商和旅游零售商利用各自的优势联合推介旅游产品，尤其是旅游批发商，更是利用自己强大的网络、规模等实力，组合设计大量适合市场需要的旅游产品。

③ 三级渠道模式。旅游企业通过三个层次的旅游中间商销售旅游产品。其模式为：旅游产品生产者→旅游代理商→旅游批发商→旅游零售商→旅游消费者。这种渠道模式在国际旅游市场营销中也被广泛采用，当一国旅游企业欲进入另外一个国家的市场时，往往通过另一国的旅游代理商进行，主要是因为旅游企业对另一国的旅游市场不熟悉，和该国旅游批发商和零售商的接触少。

5.3.2 影响旅游产品分销渠道选择的因素及旅游中间商

1）影响旅游产品分销渠道选择的因素

旅游企业在进行分销渠道类型的选择时，会受到许多因素的影响和制约。一般情况下，影响旅游产品分销渠道选择的因素主要有：

（1）旅游产品

旅游产品是旅游企业选择分销渠道时应首先考虑的因素。影响旅游产品分销渠道选择的产品因素主要有：旅游产品的性质、种类、档次、等级等。

（2）旅游市场

影响旅游产品分销渠道选择的市场因素较多，主要包括：目标市场范围的大小、旅游消费者的集中程度、旅游消费者的购买习惯、竞争者所采用的渠道类型等。

（3）旅游企业本身

在旅游产品分销渠道的选择过程中，旅游企业产品组合状况，旅游企业的规模、声誉、资金实力，旅游企业的营销水平和管理能力等也会对其产生重大影响。

（4）旅游中间商的状况

旅游产品生产者如果能找到理想的中间商，能为旅游企业承担部分营销职能，则可采用间接分销渠道；如果中间商状况不理想，旅游企业只能采用直接分销渠道。

（5）外界环境因素

外界环境因素主要包括人口、经济、政治、自然、技术等，它们都会对旅游企业的产品分销渠道决策产生较大影响。

2）旅游中间商

旅游中间商是指处于旅游产品生产者与旅游消费者之间，参与旅游产品流转，促进旅游产品买卖行为实现的组织或个人。由于旅游中间商在旅游市场营销中的作用不同，其类型也呈多样化。在旅游市场营销中，旅游中间商通常有以下三种：

（1）旅游经销商

旅游经销商是进一步转卖旅游产品的中间商，即先买入旅游产品然后再卖出旅游产品的中间商。其利润的取得主要是旅游产品的进销差额。旅游经销商包括旅游批发商和旅游零售商。

① 旅游批发商。旅游批发商是从事旅游产品批发的旅游公司，通过大批量地购买涉及旅游产品构成的要素，组合成各种各样的旅游产品，然后批发给旅游代理商或旅游零售商，不直接向公众出售自己组合的旅游产品。一般来说，旅游批发商有满足各种经营需要的充足的资金基础；有自身直接控制或可以信赖的组织严密、范围广大的销售网络；有丰富的专业经营与营销经验。在旅游产品分销渠道中，旅游批发商具有举足轻重的地位。

② 旅游零售商。旅游零售商是从事旅游产品零售业务的旅游经销商。它从旅游产品生产企业或旅游批发商处购进旅游产品，再以零售价出售给旅游消费者。旅游零售商是旅游产品分销渠道的最终环节，直接联系旅游消费者，一般规模小，但数量多。

（2）旅游代理商

旅游代理商是指接受旅游产品生产者或经营企业的委托，在一定区域内代理销售其产品的中间商。旅游代理商并不取得旅游产品的所有权，只起交易中间人的作用，并不承担任何风险，其收入来自被代理企业支付的佣金。旅游代理商是当前世界上旅游产品销售渠道的主要环节，大型旅游代理商在发展旅游业方面起着举足轻重的作用。

（3）其他中间环节机构

除了以上两种类型的中间商外，还有一些其他形式的中间环节机构存在，它们在旅游产品分销的过程中承担着旅游产品中间商的职责，对旅游产品的销售起着重要作用，成为分销渠道中间环节的重要补充，主要包括行业大型公司的旅游部门、航空公司机票代理处、各种预订及分销系统、各级政府旅游管理当局、会议旅游组织、旅游协会等。

业务链接5-4

景区如何做分销？以下渠道值得把握！

传统的景区营销方式就是投放大量的电视广告、地铁广告等，甚至邀请明星代言。这种方式不能说完全没有效果，但对于没有特别优势、并不知名的景区而言，其实就是在撒大网捞小鱼，成本太高。而智慧的景区营销应该是精准的、可快速见效的。传统的电视广告、地铁广告还不够，如果一个人某天突然开始浏览各大在线旅游平台，或者查看大量的本地吃喝玩乐资讯，出游的意愿也就比较明显了。

因此，除了常规的销售渠道外，以下几种分销渠道，景区也应充分利用起来：

①自媒体渠道

数据显示，抖音上有关玻璃栈道的话题已经浏览上亿次，一些网红景点，也都成为新的打卡地。做旅游营销，"三微一抖"已经成为打响知名度的最佳渠道之一。如果景区在此基础上，在官方的自媒体渠道内推出特价、秒杀、团购等有针对性的促销活动，在吸引关注的同时，还能直接引流获客。

②OTA渠道

景区与OTA合作的目的是借助平台庞大的游客池，为景区增加曝光度，而不是把自身的流量引到平台上。在可以选择的情况下，自然是合适的渠道越多越好。

③同业渠道

在传统的分销模式中，旅行社等分销商一直发挥着至关重要的作用。在互联网时代，分销商也依然重要。互联网促进了资源的整合，也促成了旅游同业分销平台的形成。利用同业分销的渠道，景区可以寻找到大流量的分销商，从而实现快速传播，提升销量。

④自建渠道

除了以上几大分销渠道，景区还可自建销售渠道，这样则可以通过自主制定销售政策，留出更多的利润空间。景区无论选择哪种渠道，都要统一产品宣传物料和用户评价，这样才有利于塑造自身良好的形象和口碑，达到全网整合营销的效果。

资料来源　梦旅程．景区如何做分销？以下渠道值得把握［EB/OL］．［2020-01-08］．https：//www.sohu.com/a/365510024_410740.

3）旅游产品分销渠道的策略选择

（1）直接分销渠道或间接分销渠道策略

这是指旅游企业决定用直接分销渠道还是间接分销渠道。策略的制定取决于很多因素，如产品因素、市场因素、企业本身因素、外部环境因素等。实际工作中，由于旅游产品是组合配套产品，价值具有不可储存性和时效性，面对的目标市场范围较广，目标顾客数量众多并且分散，因此，旅游企业通常会采用两种渠道策略并存的方式来销售旅游产品。

（2）分销渠道长度选择策略

旅游产品分销渠道的长度取决于旅游产品从生产企业到旅游消费者的转移过程中所经历的中间环节或层次的多少。中间环节越多，则渠道越长；反之，则越短。一般情况下，旅游企业应力求用较短的渠道销售旅游产品。

（3）分销渠道宽度选择策略

分销渠道宽度选择策略是指确定渠道的每个层次中使用同种类型中间商数目

学习微平台

延伸阅读 5-3

随堂测 5-3

的多少。它通常有三种形式：

①广泛分销渠道策略。它是指旅游产品生产者在渠道的每个层次中，尽可能多地使用旅游中间商来销售其旅游产品的策略。

②选择性分销渠道策略。它是指旅游产品生产者择优选择一部分旅游中间商作为渠道成员来销售本企业旅游产品的策略。

③独家经销渠道策略。它是指旅游产品生产者在一定时期内，在一个地区只选择一家旅游中间商来销售本企业旅游产品的策略。

5.4　旅游产品促销策略

在旅游市场营销策略中，旅游产品策略强调的是创造价值，旅游产品价格策略关注的是体现价值，旅游产品分销渠道策略的侧重点在于交付价值，而旅游产品促销策略的着力点是在旅游企业和旅游消费者的双向沟通中展示和宣传价值。

5.4.1　旅游产品促销概述

1）旅游产品促销的概念

旅游产品促销就是旅游产品经营者将有关本企业及产品的信息通过各种方式传递给旅游消费者，促使其了解、信赖并购买本企业的产品或服务，以达到扩大销售的目的。旅游产品促销的实质是旅游产品经营者与购买者之间的信息沟通。其原理是通过各种形式不断地向购买者传递企业及产品或服务的信息，以形成外界刺激，激发购买者的欲望，促使其采取购买行动，实现购买，从而达到促销的目的。

同步案例5-5

在直播平台上“玩火”的三峡人家

背景与情境：“朝辞白帝彩云间，千里江陵一日还。两岸猿声啼不住，轻舟已过万重山。”历经千年，诗人李白笔下的峡江美景也在颠覆传统。最近三峡人家景区的宣传推广方式也让人目瞪口呆了一回。借助腾讯播客直播“上刀山，下火海”等特技表演，用自媒体发布现场图文内容，同时联合斗鱼直播平台进行“网红传播”，并利用网络软文进行推广，三峡人家获得了许多网友的关注。时代变迁，斗转星移，即便是古老严肃的景区也需要破旧迎新，改变一下古老而传统的宣传方式，毕竟这是一个不追随潮流的脚步就会被淘汰的大环境。三峡人家也算是走在潮流前端了，利用社交传播方式进行宣传推广，通过“粉丝”分享传播内容，以实现有效的口碑宣传。敢于“玩火”的三峡，看来你是真的要火呀。

资料来源　佚名．在直播平台上“玩火”的三峡人家［EB/OL］．［2020-04-23］．https：//www.sohu.com/a/390540807_120053239.

问题：分析三峡人家景区的宣传推广方式。

分析提示：旅游企业宣传的方式众多，但三峡人家景区独特的宣传方式却让人耳目一新。其改变传统的宣传方式，利用直播平台，通过社交传播方式吸引公众的注意。

2）旅游产品促销方式

旅游产品常用的促销方式主要有以下四种：

（1）旅游广告

旅游广告是指旅游企业借助广告媒体，以付费形式向目标市场的受众传播有关旅游产品或旅游企业的信息，以扩大影响和提高企业知名度，达到快速销售的目的。

旅游广告的优点是宣传面广，传递信息快，便于实现快速销售；形式多样，表现力强，形象生动。缺点是只能与旅游消费者进行单向信息传递，效果不能立即体现，有些媒体促销费用较高。旅游广告策划的过程如图5–3所示。

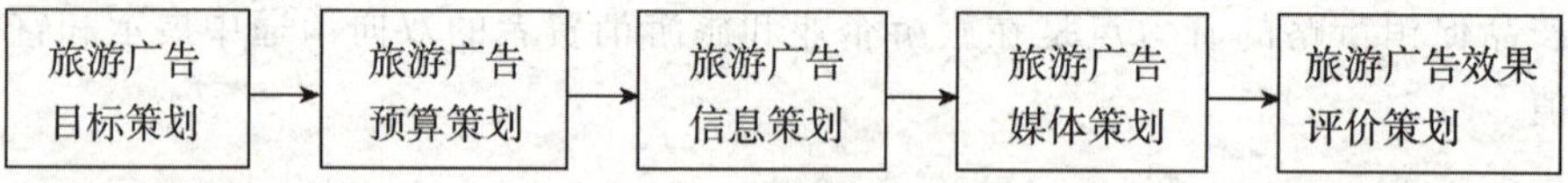

图5–3　旅游广告策划的过程

① 旅游广告目标策划。它是指在一定时期内旅游企业对某些特定潜在受众所要完成的信息传播策划。旅游广告目标必须依据旅游企业的市场营销策略和目标市场来确定。根据广告的沟通对象和销售目标的不同，旅游广告目标策划包括告知型、劝导型、提醒型广告三种。

② 旅游广告预算策划。它是指在一定时期内计划投入的广告费用总额。旅游广告预算主要包括市场调查费、广告设计费、广告制作费、广告媒体租金、广告机构办公费及人员工资、广告公司代理费等。影响旅游广告预算的因素较多，如旅游产品的生命周期、销售量、利润率、市场因素、竞争状况、国家政策和旅游企业的促销策略等。常见的广告预算方法主要有量入为出法、销售百分比法、竞争对等法和目标任务预算法。

③ 旅游广告信息策划。它是指设计、策划要发送给旅游消费者和潜在旅游者的广告信息。它是旅游广告策划活动中最富有创造力的部分。在策划广告信息时，要注意所传达的广告信息必须体现真实性、简洁性、一致性和形象性。旅游广告信息策划一般通过旅游广告信息的搜集、旅游广告信息的评价与选择、旅游广告信息的表达三个步骤来实现。

④ 旅游广告媒体策划。它是指选择负载广告信息的媒体。广告媒体的类型较多，如报纸、杂志、电视、广播、网络、户外、邮寄、LED等。进行旅游广告媒体策划时，要综合考虑目标顾客的视听习惯、旅游产品的特点、广告信息的特点、费用水平等因素，以正确选择媒体的类型及传播时间。

⑤ 旅游广告效果评价策划。它是衡量广告费用的投入是否能获得预期效益的策划活动。旅游广告效果评价主要包括反映销售情况变化的销售效果和反映消费者心理层面变化的沟通效果两个方面，目的是为修订广告计划提供依据。

课程思政 5-2

暗藏玄机的"免费出国游"广告

背景与情境： M旅游公司推出了"免费出国游，莫失良机"的广告，内容是该公司新推出了东南亚某国五天四晚游线路，邀请"有限名额"的旅游者免费参加。不少游客踊跃报名。游客在交了近1 000元的各类"手续费""证照费"后终于成行。可到达旅游目的地后，游客被告知高额的住宿费要自己支付，且每天大部分时间都在购物，在旅游景点，大部分项目也都由游客自掏腰包，价格也高得出奇。回国后经粗略计算，除购物以外，游客实际支付的旅游费平均达4 500元。暗藏玄机的"免费出国游"变成了超级豪华出国游。

问题： 旅游企业在广告信息决策中应注意哪些问题？

研判提示： 旅游企业在广告信息决策中应注意广告信息的真实性、简洁性、一致性和形象性。其要求所做的旅游广告在形式上具有较强的感染力，生动形象；语言简洁，通俗易通；内容上必须体现真实性，做到形式与内容一致，切勿做虚假的广告宣传。

（2）旅游人员推销

旅游人员推销是旅游企业利用推销人员直接与旅游消费者面对面接触，使旅游消费者了解并购买本企业产品的促销方式。

旅游人员推销的优点是直接灵活、针对性强；具有公共关系的作用，能促进交易双方建立良好的关系，进而争取更多的买主；能及时了解旅游消费者的反应和竞争者的状况，为旅游企业研究市场、开发新产品等提供更多的有价值的信息。其缺点是推销范围受推销员数量的限制；费用高，会增加销售成本；推销效果受推销员素质的影响。旅游人员推销的方式一般有营业推销、派员推销和会议推销等。旅游人员推销策划的过程如图5-4所示。

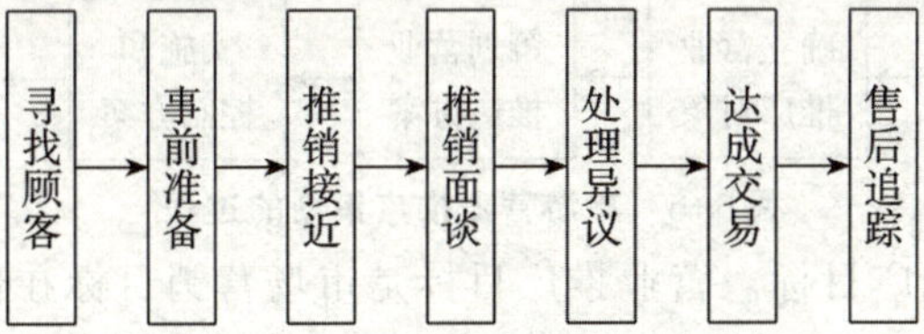

图5-4　旅游人员推销策划的过程

① 寻找顾客。旅游人员推销过程的第一步是寻找顾客，寻找顾客的方法很多，如利用现有顾客介绍、建立关系网、利用各种资料建立情报网等。

② 事前准备。推销人员在接触顾客前，必须认真做好准备，制订详细的计划，预测可能出现的各种情况，并拟订出预备方案，只有这样，才能顺利进入面谈阶段。事前准备包括：了解目标顾客的情况、拟订推销方案、确定见面的时间和地点、对推销过程中可能出现的意外情况做出预测、准备好接触顾客时必需的资料、与顾客进行事先约见、向拟访顾客通报访问的时间与地点等。

③ 推销接近。推销接近即开始登门拜访，使顾客产生好感。推销接近的技

巧主要有：商品接近法、利益接近法、介绍接近法、问题接近法、馈赠接近法、赞美接近法等。

④ 推销面谈。推销面谈是推销人员运用各种方式、方法和手段去说服顾客采取购买行动的过程。推销面谈的目的在于沟通推销信息，诱发顾客的购买动机，激发顾客的购买欲望，说服顾客采取购买行动。

⑤ 处理异议。推销人员在推销过程中会遇到顾客的反对意见（顾客异议），推销人员要想办法弄清顾客提出异议的真实原因，克服和排除障碍，说服顾客，促成交易。

⑥ 达成交易。达成交易是推销人员所希望的结果，是整个推销工作的最终目标。推销人员应该善于抓住能够与顾客成交的机会，尽快促成交易。

⑦ 售后追踪。成交签约，并不意味着交易的结束，还需要推销人员继续与顾客交往，如提供售后服务、征求顾客意见以及和顾客建立、保持一种良好的关系等。

（3）旅游营业推广

旅游营业推广是旅游企业通过一系列短期性、临时性的促销战术，对旅游消费者进行强烈刺激，以激发其购买欲望，促使其迅速购买的一种促销活动。

旅游营业推广的优点是灵活多样，具有较强的刺激性和短期高效性。其缺点是影响面小，过分渲染或经常使用容易使顾客对卖者产生疑虑，反而对产品或价格的真实性产生怀疑。

旅游营业推广的形式主要有三类：第一，面向旅游消费者的推广方式，包括优惠券、附赠品销售、有奖销售、免费使用、会员营销等；第二，面向中间商的推广方式，包括折扣、展销、返利、推销奖金、合作广告等；第三，面向推销人员的推广方式，包括奖金、带薪休假、奖励旅游、销售提成、推销竞赛等。旅游营业推广策划的过程如图5-5所示。

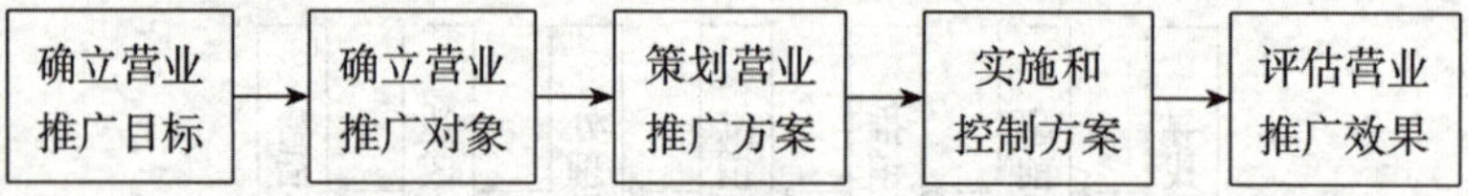

图5-5　旅游营业推广策划的过程

① 确立营业推广目标。营业推广目标是市场营销目标在促销策略方面的具体化。营业推广目标要视所选定的目标旅游市场对象而定。如对旅游消费者的推广目标是增加使用量、鼓励经常和重复购买、吸引潜在购买者使用；对中间商的推广目标是鼓励增加销量和协助开展促销活动；对推销人员的推广目标是鼓励推销员积极推销旅游产品。

② 确立营业推广对象。营业推广对象有旅游消费者、中间商和推销人员。在不同时期，旅游企业营业推广的主要对象不同，因此采取的推广方式就不一样。

③ 策划营业推广方案。营业推广方案是旅游企业营业推广活动的具体安排，包括旅游营业推广的规模与强度、对象、途径、时间及费用等内容。

④ 实施和控制方案。旅游营业推广方案制订以后必须实施，并在实施过程中进行有效控制，发现问题及时解决，不断完善推广方案，力求取得最佳效果。

⑤ 评估营业推广效果。要想了解旅游营业推广是否已取得预期效果，必须对其进行评估。评估方法包括销售量评价法和旅游营业推广利润评价法。

同步案例5-6

北京静之湖景区赏花游园季

背景与情境：北京静之湖度假酒店是一个四星级度假酒店，位于北京市昌平区兴寿镇桃峪口国家AAA级度假区，距亚运村28千米，沿立汤路、京昌高速路、京承高速路均可到达，交通便利。酒店平均海拔86米，坐落于山水之间，拥有5 000余亩的静之湖市级森林公园，前临桃峪口水库，背靠绵延起伏的燕山山脉，举目长空一碧千里，空气质量常年优级；坐拥满园果木，四季怡然，在此可以春赏桃花，夏采晨露，秋踏红叶，冬观日出。这里远离城市的喧嚣与污浊，置身其中静逸安详，绝对是给身心“补氧”的理想选择。2021年3月末，在满园春色到来之际，景区特推出如下活动：

①免费门票

A. 60周岁及以上老年人凭有效证件享受免票。

B. 6周岁（含）以下或身高1.2米（含）以下的儿童享受免票。

C. 现役军人及消防员凭有效证件享受免票。

D. 离休人员凭离休证享受免票。

E. 残疾人员凭有效证件享受免票。

F. 持北京通-养老助残卡人员享受免票。

G. 2021年3月15日至11月15日，医护工作者凭本人身份证及从业资格证（国家卫健委或省级卫生部门颁发的医师资格证、护士执业证）享受免票。

H. 住店客人凭房卡享受免票。

I. 静之湖休闲山庄业主凭业主卡享受免票。

注：享受免票优惠的游客，须到售票处经现场核验有效证件后，方可入园。

②景区活动

A. 亲子系列。专为儿童提供的儿童乐园，解放孩子的天性，引导亲子共同享受欢乐时光。具体有以下游乐项目：卡丁车、摸鱼、游船、小马车、烧烤露营基地、动物园、樱花园、儿童乐园、花水湾的小火车、亲子钓虾、亲子自行车。

B. “X勇士”障碍赛。磨炼意志，打造专业团队。

C. “桃花成长时”。春天是赏花的好时节，而3月是观赏桃花的最佳时间，趁最好的季节，快来一起赏花吧。

D. 十二生肖园。快快带上亲爱的闺蜜、小伙伴寻找属于你的生肖吧。

E. 赏樱花。花期不负，风雨不误，总能应季而开。

F. 花水湾紫色花田。走进花水湾，一片紫色围绕在身边，畅游必打卡网红地“小公举的马车”。

G. 漫步玫瑰园。

H. 走进市级森林公园。静之湖市级森林公园有清新的绿意、自然的花香，总占地面积5 000余亩，海拔388米，原生态地貌，漫步可闻林间草木花香。

资料来源　北京静之湖度假酒店微信公众号.

问题：北京静之湖景区推出各种活动的原因是什么？其主要营业推广对象是谁？具体方式是什么？

分析提示：北京静之湖景区为了提高景区知名度、吸引游客，利用春暖花开之际，抓住游客的出游心理，推出一系列活动，推广对象主要是关注北京静之湖景区微信公众号、有亲子游欲望和团队建设等需求的游客。

（4）旅游公共关系

旅游公共关系是指旅游企业以社会公众为对象，通过信息沟通，发展旅游企业与社会公众之间的良好关系，提升旅游企业和产品的形象，营造有利于旅游企业的经营环境与经营态势的一系列措施和行动。

旅游公共关系的优点是宣传促销成本低；可信度高，有助于强化顾客对产品的印象。其缺点是短时间内效果不明显，需要旅游企业长期不懈地努力。

旅游公共关系的类型有宣传型公共关系、交际型公共关系、矫正型公共关系、服务型公共关系、社会型公共关系、征询型公共关系等。旅游公共关系策划的过程如图5-6所示。

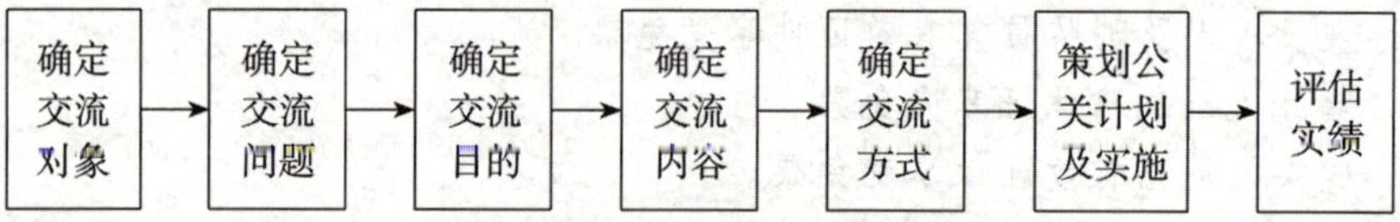

图5-6　旅游公共关系策划的过程

① 确定交流对象。实施旅游公共关系促销首先应明确其公关对象，以便根据公关对象的特点采取有针对性的公关措施。

② 确定交流问题。明确与主要公众之间需要交流哪些问题。

③ 确定交流目的。公关的目的是树立和维护旅游企业良好的形象和信誉。交流的目的如果不明确，交流的内容就不准确，进而会影响到公关的效果。

④ 确定交流内容。根据交流的目的，旅游企业应明确向公众传播哪些信息，以便加强旅游企业与公众之间的联系和相互理解。

⑤ 确定交流方式。旅游企业在公关活动过程中与公众交流的方式有很多，旅游企业应根据公关的目的和交流的内容以及目标公众的行为特点等选择适当的公关方式。

⑥ 策划公关计划及实施。公关活动是一项长期的战略活动，需要旅游企业根据实际情况策划一套科学完整的公关计划并进行相应的组织实施。

⑦ 评估实绩。旅游企业可采用一些科学合理的方法对其开展的公关活动进行评价，以便及时总结、改进，达到公关促销的目的。

同步思考5-3

问题：旅游企业公关部门的职能有哪些？

理解要点：

①新闻公关；

②参与社会公益活动公关；

③印刷各种宣传资料公关；

④拓展关系；

⑤开拓渠道。

3）旅游产品促销组合

旅游产品促销组合就是有目的、有计划地把广告、人员推销、营业推广和公共关系四种形式结合起来，综合运用，发挥各自优势，达到企业促销的目标。

旅游产品促销组合的运用，应考虑旅游产品、市场环境、促销预算、旅游企业特征、竞争状况等多方面影响因素，来制定相应的促销组合方式。

5.4.2　旅游产品促销策略的分类

旅游产品促销策略包括推式策略和拉式策略，如图5-7所示。

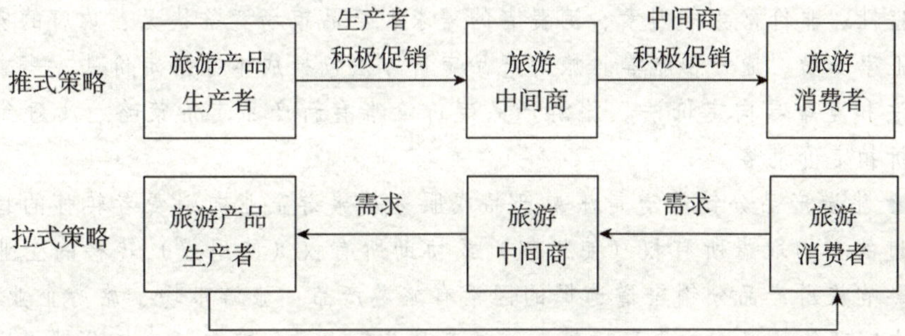

图5-7　旅游产品促销策略

1）推式策略

推式策略是指旅游企业将产品或服务直接“推”到旅游中间商或最终消费者手中，该策略多以旅游中间商为促销对象。旅游产品生产企业以此来指导对渠道成员的促销活动，以使旅游中间商订购它们的产品并将其销售给旅游消费者。该策略通常使用的促销方式以人员推销为主，辅之营业推广和公共关系等手段。

2）拉式策略

拉式策略是指旅游产品生产者大量运用广告和其他宣传措施激发旅游消费者对企业产品产生兴趣，并做出购买行为。该策略多以旅游消费者为促销对象，促使其主动向旅游企业寻求产品或服务。该策略一般以广告宣传和营业推广为主。

随堂测5-4

本章概要

□ 内容提要与结构

▲ 内容提要

● 旅游产品是指通过交换能满足旅游消费者在旅游过程中的需要的产品和服务的总和。完整的旅游产品包括核心产品、形式产品、延伸产品、期望产品和潜在产品五个层次。旅游产品具有文化内涵性、组合连续性、购买租借性、价值实效性和使用价值无形感受性等特征。旅游产品的生命周期包括投入期、成长期、成熟期和衰退期四个阶段。各阶段的特点不同，因而采取的营销策略不同。旅游新产品有全新旅游产品、换代旅游新产品、改进旅游新产品和仿制型旅游新产品四种。策划旅游新产品时应遵循有市场、有特色、有能力、有效益的原则。旅游新产品推广策划可通过人员促销、广告促销、销售促进和意见领袖促销进行。品牌是用以辨别不同企业、不同产品的文字、标记、符号、图案或它们的有机结合，包括品牌名称、品牌标志和商标。旅游产品品牌策略包括统一品牌策略、个别品牌策略、他人品牌策略和主副品牌策略。

● 旅游产品价格是旅游消费者为满足自身的旅游需要而购买的旅游产品的价值形式。影响旅游产品定价的因素有旅游产品成本、企业的定价目标、产品品质与特性、非价格竞争因素、消费者的需求、产品市场竞争状况、政府的宏观管理、汇率变动、通货膨胀等。旅游产品定价方法包括成本导向定价法、需求导向定价法和竞争导向定价法。旅游产品定价策略有新产品定价策略、心理定价策略、折扣定价策略。

● 旅游产品分销渠道是旅游产品或服务从旅游企业向消费者转移的过程中所经过的一切取得所有权（使用权）或协助所有权（使用权）转移的企业或个人。影响旅游产品分销渠道选择的因素有旅游产品、旅游市场、旅游企业本身、旅游中间商的状况、外界环境等。旅游产品分销渠道策略包括直接分销渠道或间接分销渠道策略、分销渠道长度选择策略和分销渠道宽度选择策略。

● 旅游产品促销是指旅游产品经营者将有关本企业及产品的信息通过各种方式传递给旅游者，促进其了解、信赖并购买本企业的产品或服务，以达到扩大销售的目的。旅游企业常用的促销方式有旅游广告、旅游人员推销、旅游营业推广和旅游公共关系四种。旅游产品促销策略包括推式策略和拉式策略。

▲ 内容结构

本章内容结构如图5-8所示。

□ 主要概念和观念

▲ 主要概念

旅游产品　旅游新产品　旅游产品价格　旅游产品分销渠道　旅游中间商
旅游产品促销　旅游广告　旅游人员推销　旅游营业推广　旅游公共关系

▲ 主要观念

旅游产品策略　旅游产品价格策略　旅游产品分销渠道策略　旅游产品促销策略

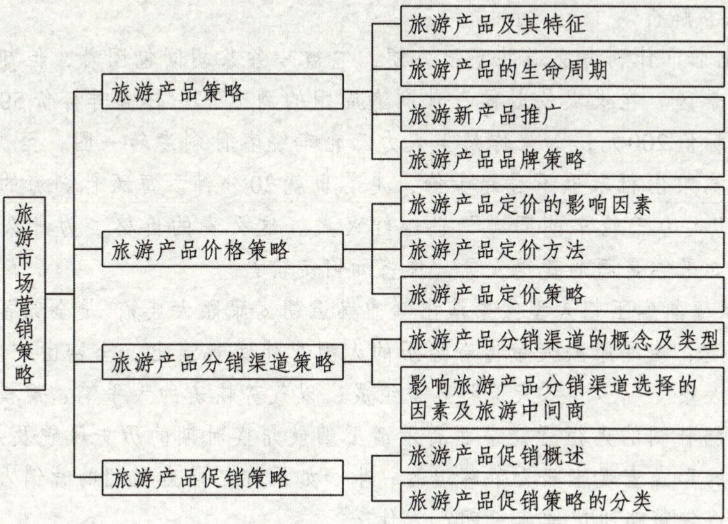

图5-8 本章内容结构

□ 重点实务和操作

▲ 重点实务

新产品推广策略　旅游产品分销渠道策略　旅游产品促销策略　相关“业务链接”

▲ 重点操作

旅游新产品开发与推广策划　旅游产品定价方法及策略　旅游产品分销渠道的选择　旅游产品促销方式策划

基本训练

□ 理论题

▲ 简答题

1）旅游产品生命周期各阶段的特点有哪些?

2）简述旅游产品的特征。

3）旅游新产品的类型有哪些?

4）简述旅游产品分销渠道的类型。

▲ 讨论题

1）品牌标志和品牌名称有什么区别?

2）现代旅游产品的发展趋势如何?

□ 实务题

▲ 规则复习

1）旅游产品各阶段应采取的营销策略有哪些?

2）简述旅游新产品开发的过程。

3）简述旅游产品定价方法及策略。

4）简述旅游产品分销渠道策略。

▲ 业务解析

1）北京市什刹海交通并不很方便，它被一条条胡同包围着，但却是蜚声国际的旅游景区。在最火的时候，什刹海周围的酒吧里一杯咖啡标价50元，一壶普通龙井标价200元；如果你想坐人力三轮车绕着什刹海转一圈，至少要30元，而这段距离乘出租车也不过起步价，走着也就20分钟。每天什刹海的酒吧里人满为患，“人力三轮车胡同游”也红红火火。这么贵的价格，为什么游客情愿“挨宰”？如果你是酒吧营销人员，你将如何定价？

2）承德鼎盛王朝大型实景演出《鼎盛王朝·康熙大典》，是全球首部以皇家文化为主题、演绎康熙大帝传奇经历的大型户外实景演出。全剧由“序·逐鹿”“天问”“天籁”“天命”“天下”五幕组成，以气势恢宏的大手笔、规模震撼的大制作、波澜壮阔的大视野，全面展示清王朝最鼎盛时期的历史风貌及人文情怀，以最精彩的形式表现康熙大帝辉煌的一生。如果你是鼎盛王朝的营销人员，你将采取何种促销策略推广鼎盛王朝？为什么？

□ 案例题

▲ 案例分析

【训练项目】

案例分析-V。

【相关案例】

西安大型歌舞《西安千古情》

背景与情境：大型歌舞《西安千古情》创作之初，总导演黄巧灵带领艺术创作团队深入采风，从陕西省历史博物馆到半坡遗址，从兵马俑到华清池，从灞河之畔到三过村，踏着历史的印迹，追寻着西安这座城曾遗留在时光裂隙中的闪亮星光，循着中华民族生生不息的文明轨迹，寻找这座城市的根脉和情怀。

《西安千古情》以一位华裔少女回国寻根的故事为主线，开启一次寻找民族记忆之旅，犹如神奇的时空穿梭机，全面立体展现周秦汉唐的宏大篇章。这里有苍茫古远的半坡之光，这里有灞柳依依的浪漫诗情，这里有泱泱大秦的风骨气魄，这里有万里扬沙的丝路传奇，这里有大唐长安的盛世华章……上万套机械与设备满场运转，3 000吨洪水倾泻而下，数百立方米黄沙扑面而来，用虚实结合的表现手法打破舞台与观众区域的界限，沉浸式地感受一次穿越之旅。

《西安千古情》以虚实结合的表现手法打破了舞台与观众区域的界限，让观众沉浸式地感受西安过去和正在发生的巨变：繁华的大唐盛世商旅往来，络绎不绝，歌舞升平，欣欣向荣；绵延的丝绸之路上，黄沙滚滚，驼铃悠悠，人喊马嘶；新时代的西安以“一带一路”为契机，正以大气、开放的姿态步入中华民族伟大复兴的新时代。

资料来源　百度百科。

问题：

1）结合案例，谈谈旅游新产品的含义。

2）旅游产品的开发原则是什么？

3）如何推广旅游新产品？

【训练要求】

同第1章“基本训练”中本题型的“训练要求”。

▲课程思政

【训练项目】

课程思政-V。

【相关案例】

整治景区乱收费须常态化

背景与情境：景区乱收费损害了旅游体验，监管部门开展常态化整治十分必要。一方面，监管部门的执法要严；另一方面，景区自身要提高管理和服务能力。

刚刚过去的这个暑期，各地旅游又热了起来，尤其是自驾游火爆，致使一些热门线路出现了堵车现象。旅游业回暖令人欣喜，但同时也出现了个别地方乱收费的事件。比如，西部某景区对自驾游的车辆按车上乘坐人数违规收取停车费，打破了行规，受到监管部门处罚，引发广泛关注。

在旅游活动中，消费超出预算是常事，人们主要图的是休闲愉悦。但是，也要看钱都花在哪儿、怎么花、值不值。如果一些旅游项目平时不收费，但是临时对游客收费，甚至毫无根据地收费，游客肯定不愿意，由此引发的消费纠纷并不鲜见。高兴而来，扫兴而归，这样的旅游无论如何也美好不起来，大大削弱了游客的体验感。因此，相关部门要常态化大力整治景区和旅游景点乱收费问题。

近年来，一些地方出现了没有经营资质的“野景区”。这些“野景区”无人约束，许多旅游项目自己定价收钱，是乱收费的重灾区，严重扰乱了旅游市场秩序。

资料来源　拓兆兵. 整治景区乱收费须常态化［EB/OL］.［2023-09-02］. https：//www.thepaper.cn/newsDetail_forward_24462168.

问题：

1）从景区市场定位角度谈谈本案例中景区发展存在的价值导向问题。

2）试对上述问题做出你的思政研判。

3）通过网络或图书馆调研等途径搜集你做思政研判所依据的行业规范。

【训练要求】

同第1章“基本训练”中本题型的“训练要求”。

□自主学习

【训练项目】

自主学习-Ⅲ。

【训练目的】

见本章“学习目标”中的“自主学习”。

【教学方法】

采用“学导教学法”和“研究教学法”。

【训练要求】

1）以小组为单位组建学生训练团队。

2）各团队依照本教材“附录三”的附表3中“自主学习”（中级）的“基本要求”和各技能点的“参照规范与标准”，确定长期学习目标，制订《自主学习计划》。

3）各团队实施《自主学习计划》，系统体验对本教材“附录一”的附表1“领域”中“自主学习”（中级）各技能点的“‘知识准备’参照范围”所列知识和“文献综述”撰写规范的自主学习。

4）各团队以自主学习获得的“学习原理”、“学习策略”与“学习方法”知识为指导，通过院资料室、校图书馆和互联网查阅和整理近3年以“旅游市场营销策略”为主题的国内外学术文献资料。

5）各团队以整理后的以“旅游市场营销策略”为主题的文献资料为基础，撰写《“旅游市场营销策略”最新文献综述》。

6）总结上述各项体验，撰写作为“成果形式”的训练课业。

【成果形式】

1）训练课业：《“自主学习-Ⅲ”训练报告》

2）课业要求：

(1) 内容包括：训练团队成员与分工；训练过程；训练总结（包括对各项操作的成功与不足的简要分析说明）；附件。

(2) 将《自主学习计划》和《“旅游市场营销策略”最新文献综述》作为《“自主学习-Ⅲ”训练报告》的附件。

(3)《“旅游市场营销策略”最新文献综述》应符合“文献综述”规范要求，做到事实清晰、论据充分、逻辑合理。

(4) 结构与体例参照本教材“课业范例”的“范例-4”。

(5) 在校园网的本课程平台上展示班级优秀训练课业，并将其纳入本课程的教学资源库。

单元考核

考核要求：“考核模式”“考核目的”“考核种类”“考核方式、内容与成绩核定”及考核表等规范要求，见本教材网络教学资源包中的“学生考核手册”。

第6章 旅游目的地营销与策划

学习目标

通过本章学习，应该达到以下目标：

理论目标：学习和把握“旅游目的地营销与策划”的相关概念，旅游目的地形象的特征及构成，旅游目的地的营销职能与特点，旅游目的地促销策划的概念与工具，以及“延伸阅读”等陈述性知识；能用其指导本章“同步思考”、“深度思考”、“教学互动”和“基本训练”中“理论题”各题型的认知活动，正确解答相关问题；阶段性体验本章专业理论学习的横向正迁移，以及相关胜任力中“专业认知”要素的继续生成。

实务目标：学习和把握旅游目的地的营销过程、旅游目的地公共关系及其他营销活动策划，以及“业务链接”等程序性知识；能以其建构“旅游目的地营销策划”中的专业规则意识，正确解析本章“深度剖析”、“教学互动”和“基本训练”中“实务题”的相关问题；阶段性体验本章专业实务学习的横向正迁移，以及相关胜任力中“专业规则”要素的继续生成。

案例目标：运用本章理论与实务知识研究相关案例，培养和提高在“旅游目的地营销策划”特定情境中多元表征的专业能力；能结合本章教学内容，依照相关规范，对“课程思政6-1”专栏和章后“课程思政-Ⅵ”中企业或其从业人员行为进行思政研判，强化社会主义核心价值观的引领作用，促进“立德树人”根本任务的落实；通过思想政治元素融入专业课的协同效应，阶段性体验本章专业案例学习中“专业知识”、“通用知识”与“思政元素”的协同性重组迁移，以及相关胜任力中“认知弹性”要素的继续生成。

实训目标：参加“‘旅游目的地营销与策划’技术应用”的实践训练。在了解和把握本实训所及“专业能力训练领域”各“‘技术-技能’点”名称、操作“参照规范与标准”，“职业核心能力与职业道德领域”相关“技能点”和“素养点”的“规范与标准”，以及“指导准备”和“知识准备”基础上，通过各项实训任务的完成、系列“技术-技能”操作的实施、《实训报告》的准备与撰写等有质量、有效率的活动，培养“旅游目的地营销与策划”的专业能力，强化“自主学习”“与人交流”“与人合作”“解决问题”“革新创新”等职业核心能力（中级），并通过“认同级”践行“职业观念”“职业态度”“职业良心”“职业作风”“职业守则”等行为规范，促进健全职业人格的塑造；阶段性体验本章专业实践学习中“‘旅游目的地营销与策划’运作”的“专能”“通能”“职业道德”元素的协同性“重组-产生”迁移，以及相关胜任力建构中“技术-技能”要素的生成。

引例　首届承德市旅游产业发展大会在兴隆和滦平两县举办

背景与情境：为贯彻落实国家和省、市大力发展旅游业的要求，承德市委、市政府决定建立承德市旅游产业发展大会平台机制，每年举办一届市级旅游产业发展大会，由各县区通过申办的形式轮流承办。举办承德市旅游产业发展大会的主要目的是加快旅游产业供给侧结构性改革，开发一批新景区，形成一批新业态，打造一批新产品，实现由景区游向全域旅游的转变，加快建设国家全域旅游示范市和国际旅游城市的步伐，为建设“生态强市、魅力承德”做出新的贡献。

首届承德市旅游产业发展大会由中共承德市委、承德市人民政府主办，中共兴隆县委、兴隆县人民政府，中共滦平县委、滦平县人民政府，以及承德市旅游发展委员会联合承办，地点在兴隆县和滦平县，时间是2017年9月25日至9月26日，会期2天，会议邀请省内外领导、嘉宾、旅行商等约500人出席。

首届承德市旅游产业发展大会以“旅居金山岭、漫游大燕山”为主题，通过景区建设、新业态项目建设、环境打造，全力改善兴隆和滦平两县的旅游条件，把兴隆县和滦平县率先建成全域旅游示范区，强力打造“燕山百里画廊风景大道”和金山岭-大燕山环京津休闲度假旅游区。为此，承德市结合兴隆、滦平两县的旅游资源，谋划建设了15个重点旅游项目：兴隆山景区项目、诗上庄诗歌小镇项目、南天门满族风情小镇项目、中国·兴隆观星小镇项目、青松岭文化旅游度假区项目、现代温室生态农业公园项目、六道河康养小镇项目、金山岭核心景区提升项目、金山岭·融合城项目、巴克什营旅游文化产业园项目、恒大山水生态旅游产业园项目、长城河谷项目、凤凰谷生态农业休闲庄园项目、御道行宫文化园项目、御龙谷国际生态旅游度假区。这些旅游项目总投资200亿元，涉及国家5A级旅游景区、特色小镇、湿地公园、房车营地、健身康养、射击运动、摄影演艺等10多种新业态。

资料来源　根据网络资料整理.

问题：

（1）旅游目的地营销的主体和企业产品营销的主体有何不同？

（2）谈谈承德市首届旅游产业发展大会给承德市旅游业的发展带来怎样的影响？

由引例可见，河北省承德市的旅游产业发展硕果累累，而这些成果仅仅依靠旅游企业和单纯的形象宣传是难以取得的，还必须依靠目的地政府利用综合的营销手段，树立良好的目的地形象，这样才能吸引旅游者，实现旅游目的地营销的目标。

6.1　旅游目的地营销概述

学习微平台

延伸阅读6-1

6.1.1　旅游目的地营销

1）旅游目的地的概念

旅游目的地是指能够激发旅游者产生旅游动机，并能实现旅游动机追求的由旅游吸引物与旅游接待设施组成的各类地域空间要素的综合，是旅游者停留、活动的复合型地域空间。它主要表现在区位条件、旅游资源、旅游服务设施、旅游目的地管理、旅游目的地形象、旅游目的地可持续发展、价格等方面。安全、友好、高质、特色，构成了一个旅游目的地的主体形象。

2）旅游目的地营销的概念

旅游目的地营销是指由某地政府旅游组织将本地作为旅游目的地而开展的营销活动。

政府旅游组织一般包括国家旅游组织和地方旅游组织。联合国旅游组织（UNWTO）对国家旅游组织的定义如下：为国家政府所承认，负责管理全国旅游事务的组织。地方旅游组织与地方政府的关系同国家旅游组织与国家政府之间的关系相似，所不同的是，地方旅游组织负责地方旅游事务，其职能与某一地区的旅游发展相联系。另外，地方旅游组织受国家旅游组织的领导，对国家旅游组织负责。

我国的旅游组织基本上可以划分为三大类，即旅游行政组织、旅游行业组织和旅游教育与学术组织。我国的旅游行政组织主要包括：文化和旅游部，省（自治区、直辖市）及省以下地方旅游行政组织。旅游行业组织泛指旅游业中的各种行业协会，我国的旅游行业组织主要有中国旅游协会、中国旅游饭店业协会、中国旅行社协会、中国旅游车船协会等。旅游教育与学术组织数量较少，主要有中国未来研究会旅游未来研究分会等。

要正确理解旅游目的地营销的概念，必须明确以下几点：

① 旅游目的地营销的参与者不是某一个旅游企业，而是地区内所有相关的机构和人员。

② 旅游目的地营销的对象不是某一个旅游产品或某一项服务，而是地区内所有的旅游产品和服务。

③ 获益者不是某一个旅游企业，而是整个地区。

3）旅游目的地营销的参与者

旅游目的地营销的参与者是地区内所有相关的机构和人员，包括政府、企业、居民、各种正式及非正式的社会机构。一般来说，旅游目的地营销的参与者可以分为两类：一类是来自公共层面的政府管理者，营销对象是地区内所有的旅游产品和服务，营销获益者是整个旅游地区；另一类来自私人层面，如房地产商、金融机构、旅游酒店、旅行社、出租车行业、其他相关行业及当地居民。

可以看出，与单纯的商业产品的市场营销不同，旅游目的地营销的成功需要得到政府部门和私人机构、有兴趣的群体及当地居民的积极支持，需要各方的参与和相互合作。

同步思考6-1

问题：旅游目的地居民如何参与旅游目的地营销？

理解要点：旅游目的地居民是旅游目的地营销的参与者之一，旅游目的地居民至少应该注意两点：

①履行好旅游目的地居民应尽的各项义务，热情好客，讲究礼貌礼仪，注重自身修养；

②将宣传、营销旅游目的地变为习惯。

6.1.2 旅游目的地形象

旅游目的地形象是公众对某一旅游地总体、抽象、概括的认识和评价，是对区域内在和外在精神价值进行提升的无形价值。我们必须认识到，旅游目的地形象是影响目标市场旅游消费者购买决策的主要因素，旅游消费者只有认可旅游目的地是一个宜人之地，才会到该目的地旅行。一个声誉、形象欠佳的旅游目的地，必定会陷入营销的困境。

1）旅游目的地形象的特征

（1）综合性

旅游目的地形象是由多种要素构成的，由于观察的角度不同，公众对同一旅游目的地形象的心理感受也是不同的。旅游消费者一般从旅游产品和区域特色的角度来认识旅游目的地形象，社区居民往往从旅游业的社会贡献、管理水平等方面来认识旅游目的地形象。

（2）标志性

旅游目的地形象是旅游目的地的象征，它往往能够集中反映一个地区或企业的特色。只要一提到某个旅游目的地，旅游消费者就会想起该旅游目的地的标志性景观或产品。

（3）稳定性

旅游目的地形象一旦形成，便会在旅游消费者心中留下深刻的印象，并具有相对的稳定性。鲜明的旅游目的地形象有助于旅游目的地形成良好的市场口碑，并充分发挥“水波纹”效应，对更多的旅游消费者产生吸引力。

（4）可塑性

旅游目的地形象并不是一成不变的，只不过形象的改变是一个渐进的过程。人们对旅游目的地的认识往往是通过各种信息的传递而形成的，这种信息传递作用既具有稳定性，又具有无形性和易变性。

2）旅游目的地形象的具体构成

（1）主题旅游形象

主题旅游形象是某一地区内外公众对该地区旅游业的总体认识和评价，是旅游地的历史、现实及未来的一种理性再现。

（2）品牌支撑形象

从某种程度上来说，**品牌支撑形象**是主题旅游形象的具体化。对于一个拥有众多优势旅游资源的地区，旅游目的地形象策划的主要任务就是将这些优势资源加以提炼，形成有较强吸引力和竞争力的品牌产品，并运用适当的形象传播方式，将其传达给旅游消费者和社会公众，以迅速提高旅游目的地的知名度。

（3）市场指引形象

市场指引形象是一个地区面向不同的客源市场推出的旅游分体形象，因此它比主题旅游形象更具有针对性。市场指引形象的确定建立在旅游消费者利益细分的基础上，塑造市场指引形象的关键是识别和突出目标旅游消费者的利益点。

同步案例6-1

以党的二十大精神为指引 加快建设高颜值国际乡村旅游综合示范区

背景与情境：习近平总书记在党的二十大报告中指出，“高质量发展是全面建设社会主义现代化国家的首要任务”。黟县迅速把思想和行动统一到党的二十大精神上来，坚持在融会贯通上抓转化出实招、在结合实际上抓落实求实效，走好“生态立县、文旅名县、工业强县、创新活县、开放兴县”之路，奋力在中国式现代化道路上把黟县建设成为高颜值国际乡村旅游综合示范区，为黄山市打造生态型国际化世界级休闲度假旅游目的地城市做出应有贡献。

①倾力建设“地多灵草木”的画里乡村

党的二十大报告指出，“必须牢固树立和践行绿水青山就是金山银山的理念，站在人与自然和谐共生的高度谋划发展”。我们将坚定不移走生态立县之路，依托老天爷赐予的原生态、老祖宗留下的古村落，把绿水青山建得更美、把金山银山做得更实。聚焦生态美最原汁，持续开展蓝天保卫战，实施“黟路风彩”综合整治提升行动，深化大气联防联控联治，加强森林资源保护，确保空气质量指数全省最优。持续开展净土保卫战，落实土壤污染防治行动计划，健全土壤污染监测预警体系，确保净土永驻。聚焦村落美最恒久，深入推进徽州古建筑保护利用工程，全力实施传统村落保护利用连片项目，扎实开展人居环境整治“五微”行动，常态举办村庄环境“擂台赛”，探索推广“席地而坐”，因地打造“金边银角”，进一步提升西递宏村遗产地、塔川秋色、碧山创意、关麓影视拍摄等村落影响力，构建黟县版“烟雨徽州、田园徽州、村落徽州”主题IP。聚焦人文美最本真，实施徽州文脉传承工程，打造非遗文化集聚区，发展文化体验、文博展示等业态，搭建高校非遗传承互动平台，开展非遗进景区、进民宿等展示活动，构建富含徽文化标识的文旅融合产品。传承活化徽文化美学、历史、文化价值，创意创作文化产品，推动民宿与康养、研学、运动、摄影、写生、电竞等多业融合，让黟县成为“没有屋顶的文创博物馆”。

②倾力建设“时尚世界级”的国际乡村

党的二十大报告指出，“坚持以文塑旅、以旅彰文，推进文化和旅游深度融合发展”。黟县既是世界文化遗产地，也是全球百佳可持续目的地，更有全国唯二的世界最佳旅游乡村。我们将锚定“大黄山”国际休闲度假旅游目的地发展战略，立足在“大黄山”核心区中当硬核、作标杆的定位，以更好的国际范儿展示中国乡村之美。推出一批具有国际范儿的创意业态，围绕四时不同，推广“嘿多好哇”品牌，打造“黟往情深·春花告白”“黟时兴起·夏雨星辰”

“黟见如故·秋叶霜花”“黟犹未尽·拾暖冬藏”四季打卡点，推出“微旅游”“自驾游”“乡村游”“美食游”“应季游”产品，结合四季特色开发民宿游、研学游、养生疗养等业态。围绕山水之境，提升《宏村·阿菊》《西递传奇》等夜娱产品、秀里影视村、守拙园等影视创作基地，开发开蒙礼、学篾匠等研学游特色活动，做强滑翔伞、热气球等时尚户外休闲运动，打造柯村油菜花、五里桃花等一村一品特色村、农旅精品线路，培育朴蔓农场、七约农场等农旅融合业态。创新一批具有国际范儿的高端产品，继续举办国际山地车公开赛、国际乡村摄影大展等节展赛事，发挥新加坡悦榕庄、景域帐篷客、东榕华美达等高端特色度假品牌影响力，稳步推进龙江文旅度假区、域见未来、未晞园等重点项目，同步培育具有深度体验、激发深度思考的新业态，初步构建高端旅游休闲度假服务体系。总结推广民宿“黟县模式”，优化《黟县民宿管家服务规范》，接续承办全省民宿大会，科学布局八大民宿集群，规范发展乡村民宿，全面打响“黟宿美居”品牌。链接一批具有国际范儿的优秀人才，谋深做实“黟企谈谋发展”“青春黟起谈”活动，着力优化营商环境，大力发展民营经济，继续评选优秀民营企业和民营企业家。

③倾力建设“宜居且宜业”的和美乡村

党的二十大报告指出，“建设宜居宜业和美乡村”。我们将聚焦打造“山区最富乡村振兴样本区”目标，加快创建首批国家乡村振兴示范县，让发展成果更好更多普及全县群众。让徽派文化活起来，充分发挥传统村落、古民居、“孝”文化等文旅资源优势，探索世界文化遗产等系统性保护、创造性转化和创新性发展，放大文化旅游综合效益。重点挖掘“作退一步想”中蕴含的哲学思想，丰富拓展原生态内涵，进一步提炼总结、融入生活、形成品牌，从社会治理延伸至乡村建设等各个领域，推动“进一步为”，营造乡风文明，促进社会和谐。让基层治理实起来，以县域社会治理现代化、全国乡村治理体系和全省“三治融合”乡村治理三项“试点示范”为主线，发挥大数据中心作用，搭建“e”治理App网格化管理平台，拓展“黟家人”微信小程序功能，创新“数字黟县”数据底座，推动民意一拍通达、线上线下一体联动，构建共治善治的基层社会治理生态系统，持续提升群众安全感和满意度。做强“五黑”特色产品和“黟品五黑”区域公用品牌。探索绿色产业“乘法”，借助世界文化遗产地等金字招牌，发挥旅游品牌效应，深化与康师傅、元气森林等企业合作，打造酒、水产业，构建精致农业、绿色食品、文创产品等绿色产业体系。

资料来源　程寄县. 以党的二十大精神为指引 加快建设高颜值国际乡村旅游综合示范区[N]. 黄山日报，2023-01-11.

问题：结合案例分析，如何做好旅游目的地整合营销？

分析提示：旅游目的地营销主体与其他企业营销主体的一个不同之处，即政府旅游组织是营销活动的主导者，它们代表国家或地方政府工作，直接或间接协助执行国家制定的旅游政策，并负责使本国或本地区的旅游业朝优化的方向发展，在政府其他部门与旅游部门之间、旅游组织与旅游企业之间架起桥梁。

（4）产业贡献形象

产业贡献形象是指旅游产业对地区社会经济发展的推动作用。产业贡献形象识别的主体，或者说产业贡献形象推广的目标受众主要是社区居民和政府。良好的产业贡献形象将赢得政府对旅游业的更大投入。

（5）创意策划形象

创意策划形象是指地区主题旅游形象的具体设计，主要包括旅游标志、旅游口号、旅游吉祥物或旅游形象大使等。与地区旅游的其他分体形象相比，创意策划形象具有一定的有形性和可操作性。设计新颖的旅游标志、简洁明了的旅游宣传口号以及形象鲜明的吉祥物或旅游形象大使，往往能给旅游消费者带来强烈的视觉冲击，从而引起极大共鸣。

同步案例6-2

海南最佳旅游口号暨宣传片评选落幕　海口摘双冠

背景与情境：在海南最佳旅游口号暨宣传片评选活动中，海口的“阳光海口拥抱您”获得“最佳市县旅游口号”冠军，海口的宣传片同样摘取了“最佳市县宣传片”桂冠，海口成为此次评选活动的“双料冠军”。本次评选活动吸引了28万余人次投票，收到了网友自创的旅游口号50余条，引起了社会各界的广泛关注。

此次活动共有25条旅游口号参加“最佳市县旅游口号”评选、19个宣传片参加“最佳市县宣传片”评选、19个景区（点）参加“最佳景区（点）宣传口号”评选、6个景区（点）参加“最佳景区（点）宣传片”评选。评选结果如下：“最佳市县旅游口号”前三名为海口（“阳光海口拥抱您”）、定安（“生态定安　美食天堂”）、琼海（“田园城市　幸福琼海”）；“最佳市县宣传片”前三名同样为海口、定安、琼海；“最佳景区（点）宣传口号”前三名为兴隆热带植物园（“品味绿色，聆听自然，呼吸纯氧，触碰文化，感受热带植物之旅”），海南热带飞禽世界（“访千年古塔，赏热带珍禽”），农垦万嘉果农庄（“万嘉果，益万家”）；“最佳景区（点）宣传片”前三名为海南热带飞禽世界、海南热带野生动植物园、琼中什寒黎苗山寨。

资料来源　黄丹. 海南最佳旅游口号暨宣传片评选落幕　海口摘双冠［EB/OL］.［2013-11-02］. http：//www.hinews.cn/news/system/2013/11/02/016190314.shtml.

问题：分析最佳旅游口号暨宣传片评选活动对海南旅游业发展的影响和作用。

分析提示：旅游口号应朗朗上口，易于传播，要能够集中凸显和概括旅游目的地文化以及旅游的核心和内涵。旅游宣传片通过视听结合的方式全面展示旅游景点的特色，有利于旅游目的地形象的传播。旅游口号暨宣传片评选活动经过媒体的报道及广大公众的参与，进一步放大了营销效果，提高了影响力。

学习微平台

延伸阅读6-2

6.1.3　旅游目的地政府旅游组织的营销职能

大部分政府旅游组织都不是旅游产品的生产者和经营者，它们通常不直接向旅游者销售产品，不直接对所提供的服务质量负责。过去政府旅游组织的营销作用主要局限在促销的狭窄层面上，即主要应用广告、公共关系和印刷品等手段打造良好的目的地形象，并提供相关信息，加强与潜在消费者的沟通，最终使潜在消费者向现实消费者转化。政府旅游组织的这些促销工作为旅游经营者进行具体产品营销创造了前提条件。

然而，从近些年的经验来看，传统营销（单纯地进行形象创造和宣传）的效果越来越不理想，在发达的旅游目的地更是如此，如英国、美国和西班牙。于是，政府旅游组织的目标越来越多地集中到营销支持上：它们代表国家或地方政府工作，直接或间接协助执行国家制定的旅游政策，并负责使本国或本地区的旅游业朝优化的方向发展；它们在政府其他部门与旅游部门之间、在旅游组织与旅游企业之间架起桥梁。基于这种架构，旅游目的地政府旅游组织的营销职能主要表现在以下几个方面：

1）制定国家或地区旅游发展总体规划

这是政府旅游组织最重要的营销职能之一。国家或地区旅游发展总体规划工作是一项战略性工作，单个旅游企业难以完成，而政府旅游组织所特有的地位赋予了它履行此项职能的绝对优势。

2）分析和预测未来的市场需求

国家旅游组织通过搜集、统计和提供相关数据，发布关于旅游市场趋势的简要报告，同时定期向旅游行业提供研究信息，为旅游企业的营销规划提供有价值的支持。例如，中华人民共和国文化和旅游部编写的《旅游抽样调查资料》《中国文化和旅游统计年鉴》等，为旅游企业提供了数量丰富、内容全面的参考资料。

3）确定特定市场和细分市场的促销重点

地方旅游组织通过对旅游市场的调研与预测，更具体地了解了旅游市场的特征和演变规律，更好地把握了市场机会，能够从中找出具体的营销对象。在对旅游市场进行细分以后，旅游目的地需要根据自身的资源优势和经营特点，从不同的细分市场中选择适合自己的对象，最终选定的细分市场就成为旅游目的地的目标市场。

4）就旅游业的发展问题同政府有关部门协调

旅游发展要靠一种社会环境来支撑，这种社会环境的营造要靠政府旅游组织出面，与决策层各部门协商合作，使它们认识到旅游业对本国或本地区各方面发展的作用，进而制定出有利于旅游业发展的规划及政策。

5）协调旅游产品的各组成要素

旅游产品是由交通、住宿、景点等各单项产品组成的综合性产品，这些单项产品往往由独立的旅游企业提供。由于经济利益的驱动，各旅游企业常常为了眼前利益而忽略自己在旅游业总体发展中应承担的责任。这就要求政府旅游组织担负起协调各经济主体之间利益的责任，以保证本国或本地区旅游业的整体协调和持续发展。

6）规定和控制旅游服务的质量标准和基本价格

我国按照国际惯例对酒店和旅游景点的星级评定工作，是我国政府旅游组织对旅游产品服务质量标准的控制；同时，对旅行社尤其是包价旅游的质量规范，在相应的旅游政策法规中也有明确规定。这不仅为旅游企业的经营提供了一定的法律依据，也为旅游消费者保护自己的合法权益提供了法律依据。

7）为符合发展政策的新产品或增长型产品提供支持

按照本国或本地区旅游规划所确立的发展思路，政府旅游组织可以选择符合标准的新产品或增长型产品进行前瞻性营销支持。这种支持可以帮助新产品在开发后的2～3年内在市场上崭露头角并站稳脚跟。

8）开展多种活动帮助中小旅游企业

一般情况下，中小旅游企业往往无力承担在全国或国际上进行营销的高额费用。开展合作营销活动，帮助众多中小旅游企业参与全国性或国际性的营销活动，以及采取所谓的“助燃自启”的支持方式，是政府旅游组织实现长期政策目标的行之有效的方法。

由此可见，政府旅游组织的营销职能主要体现在两个层面：一是设计、开发旅游产品或旅游目的地产品；二是向恰当的市场促销。

同步思考6-2

问题：举例说明旅游目的地政府在旅游目的地营销中的重要地位。

理解要点：旅游目的地政府应用广告、公共关系和印刷品等手段打造良好的旅游目的地形象，传播旅游目的地信息；直接或间接协助执行国家制定的旅游政策，并负责使本国或本地区的旅游业朝优化的方向发展；在政府其他部门与旅游部门之间、在旅游组织与旅游企业之间架起桥梁。

6.1.4 以政府为主导发展全域旅游

1）全域旅游的概念

全域旅游是指在一定行政区域内，以旅游业为优势主导产业，实现区域资源有机整合、产业深度融合发展和社会共同参与，通过旅游业带动甚至统领经济社会全面发展的一种新的区域旅游发展理念和模式。

2）全域旅游的五大战略路径

（1）产业围绕旅游转

推动旅游业与其他产业共生共荣，旅游关联产业在布局中需要充分考虑旅游业发展的需要。

（2）产品围绕旅游造

围绕市场需求，着力构建主打旅游产品，实现产品围绕旅游造，推动产品的全域化发展。

（3）结构围绕旅游调

加大旅游人才培育力度，鼓励招商引资，实现旅游业引领第三产业比重加速提升，实现产业结构优化。

（4）功能围绕旅游配

区域功能布局、基础设施建设紧密围绕旅游业发展合理配置。

（5）民生围绕旅游兴

切实增强区域旅游产业实力，使旅游业成为改善民生的主力。

3）全域旅游的特点

与景点旅游不同，全域旅游是将一个城市作为旅游景区来规划建设，通过对城市旅游资源、相关产业、生态环境、公共服务、文明素质等资源进行优化，提高旅游质量，提高人们的生活品质。全域旅游要求各行业积极融入其中，各部门齐抓共管，全域居民共同参与，充分利用旅游目的地全部吸引物要素，为前来旅游的游客提供全过程、全时空的体验产品，从而满足游客的全方位体验需求。

4）树立“推动绿色发展，建设美丽中国”理念

学习微平台

延伸阅读6-3

在发展全域旅游过程中，要注重旅游目的地生态环境的状态。良好的生态环境是最普惠的民生福祉，在党的二十大报告中，习近平总书记明确指出，“中国式现代化是人与自然和谐共生的现代化”，“尊重自然、顺应自然、保护自然，是全面建设社会主义现代化国家的内在要求”。必须牢固树立和践行绿水青山就是金山银山的理念，站在人与自然和谐共生的高度谋划发展。

深度思考6-1

背景资料：党的二十大报告指出：“坚持以文塑旅、以旅彰文，推进文化和旅游深度融合发展。”

问题：二十大报告中对推进文化和旅游深度融合发展的论述对旅游目的地营销有什么重要意义？

理解要点：从文化的角度看旅游，文化构成旅游需求的主要内容，旅游活动本身就具有文化的属性，旅游的过程是旅游者体验文化、欣赏文化的过程。正确理解文化和旅游深度融合对于旅游目的地的意义，可以从多个角度去论述。比如利用文化和旅游的深度融合，可以加强公共服务共同体与文化旅游综合体建设；创新打造文旅融合消费新空间，发挥文化在城市更新、乡村振兴中的重要作用；可以多层次壮大市场主体力量，激发文旅融合发展新活力，发展旅游目的地旅游业等。

随堂测6-1

因此，全域旅游目的地是一个旅游相关要素配置完备、能够全面满足游客体验需求的综合性旅游目的地、开放式旅游目的地，是一个能够全面动员（资源）、立足全面创新（产品）、可以全面满足（需求）的旅游目的地。从实践的角度来看，以城市（镇）为全域旅游目的地的空间尺度最为适宜。

6.2　旅游目的地营销的特点与实施步骤

6.2.1　旅游目的地营销的特点

旅游目的地营销有别于单独的企业或部门的营销活动，它是以区域性的旅游组织（或政府旅游主管部门）为主体，在区域层面上进行的一种新的营销方式。

旅游目的地营销采用的一般理论和方法与旅游企业营销是一致的。旅游目的地在营销活动中与旅游企业有很多业务交叉，因此，不能简单地把两者对立或割裂开来。但是，旅游目的地营销和旅游企业营销之间的差异足以影响彼此的营销目的、手段和流程等。旅游目的地营销与旅游企业营销的差异主要表现在五个方面，见表6-1。

表6-1 旅游目的地营销与旅游企业营销的差异

项目	旅游目的地营销	旅游企业营销
营销主体	政府旅游组织	旅游企业
营销目的	提升区域旅游的吸引力和竞争力	提升盈利能力（或利润最大化）
营销对象	区域旅游形象	旅游产品
营销手段	旅游活动和信息服务	4P（产品、价格、分销、促销）
营销流程	从营销目标确定入手	从旅游市场分析入手

与旅游企业营销相比，旅游目的地营销具有以下特点：

1）整体性

政府旅游组织在对外促销时，将本国或本地区旅游业作为一个整体推出，为客源地旅游消费者提供一种从离开居住地、开始旅游到旅游结束、返回居住地的过程中所有不同时间范围和空间跨度的“经历”，让本国或本地区旅游业作为这种“经历”的生产者出现，并完整、全面地说明这种旅游产品的特质，树立独特、鲜明的旅游目的地形象。

旅游目的地营销的整体性还体现为政府旅游组织在制定全国或地区旅游发展战略、确定支持方向和支持程度时，将旅游目的地作为一个整体进行规划，并权衡不同区域、不同部门之间的利益及发展潜力，最终做出支持决策。

2）政策性

政府旅游组织在进行营销支持和促销的过程中，可以通过制定相应的政策达到营销的目的，这与某一企业经营部门对某一产品的直接营销有着本质的区别。通常，这种政策包括产品早期开发时所需的政策支持、必要公共基础设施建设所需的财政支持、为旅游者提供签证方便、保护旅游消费者的合法权益、提升旅游产品和旅游环境的质量等。

3）长期性

直接生产和经营旅游产品的旅游企业，其营销行为相对来说是一种微观、短期的行为，是针对某一条旅游线路或某一项旅游产品而进行的。旅游目的地营销则是一种着眼于未来的长期行为。就整个国家的旅游产品开发而言，往往要按未来几年、未来几十年等几个层次进行规划。就对外促销而言，某种旅游目的地形象一旦形成，其对客源市场的影响以及在游客心目中的地位就会保持相当长的时间。因此，政府旅游组织的营销投资对本国或本地区旅游业来说是一种长期的投资行为，且具有时间上的延展性。

4）营销费用受政府预算限制

政府旅游组织与作为独立经济实体的旅游企业不同，它们本身没有利润收入，其营销费用依赖于政府拨款，而政府拨款与政府旅游组织营销所需费用相比，往往是非常有限的。最近几年，许多政府旅游组织都开展联合促销活动，依靠旅游企业的资金支持进行必要的宣传活动，以克服经费紧张的困难；旅游企业也可以利用政府强大的政治、经济影响来加大宣传力度，增强宣传效果。

6.2.2 旅游目的地营销的实施步骤

1）分析外部营销环境

分析外部营销环境需要进行大规模的营销调研，尤其是国际市场调研；同时，需要大量的人力、物力支持。对于旅游企业来说，除了少数大型企业如航空公司、国际饭店集团等具备这种能力以外，大多数中小旅游企业无力承担，而政府旅游组织在搜集相关数据方面能够发挥独特的作用，这些数据可以为整个旅游业服务。

2）制定旅游政策

政府旅游组织的营销目标必须与国家的经济发展目标相一致，并在国家经济发展政策中得到体现。但这种要求一般并不具体，只是一个概括性的描述，如争取增加旅游外汇收入，处理好旅游需求在季节和地区之间的平衡，处理好资源保护和利用之间的关系，保护旅游消费者的合法权益等。旅游政策的内容一般包括以下几个方面：

（1）通过控制价格来影响需求。

（2）通过制定入境手续办理规则来控制客流量。

（3）通过立法和制定法规对旅游企业的市场行为进行管制和规范。

（4）通过投资鼓励政策鼓励发展旅游业，协调旅游业发展的地区布局，解决旅游业发展中的“瓶颈”等。

3）进行营销规划

政府旅游组织的营销预算一般非常有限，因此进行营销规划是至关重要的。政府旅游组织营销规划的主要目标是制定产品组合和市场细分战略，并使之符合市场趋势和自身的资源基础，从而使营销预算得到合理有效的分配。

4）确定营销目标

营销规划制定好以后，就应该对具体产品的市场进行细分，并通过分析市场信息估算不同产品、不同市场可能的游客数量和可能的旅游收入，确定营销目标。

5）营销预算决策

营销预算是指政府旅游组织估算出的营销组合中每一个主要产品所需要的营销费用，它代表了为实现目标销售量和销售收入而必须提前花费的资金。营销预算决策的过程通常包括：第一，确定为实现国家或地区总体旅游营销目标而用于营销活动的资金总量；第二，将预算总额在行动方案的各构成要素间进行分配。

6.3 旅游目的地营销策划

随堂测 6-2

习近平总书记在党的二十大报告中，特别提到“繁荣发展文化事业和文化产业”，把文化事业和文化产业放到更高的地位。文化是旅游的灵魂，旅游是文化的载体。党的二十大报告中明确要求，“坚持以文塑旅、以旅彰文，推进文化和旅游深度融合发展”。未来会进一步强调文旅融合和双向互动，“旅游文化化”“文化旅游化”要不断强化，旅游要加强对文化的弘扬和传播，文化要为旅游提供内涵和支撑。

旅游目的地营销关注的是整个旅游目的地及其旅游产品，这也是政府旅游组织的工作重点。政府旅游组织通过实施促销组合提升潜在旅游消费者对旅游目的地的认知，并对其态度施加影响，从而进一步提升旅游目的地的形象和知名度，增加旅游消费者的数量。在这个过程中，尤其要注重发挥文化因素的作用，促进旅游与文化融合发展。

6.3.1 旅游目的地形象促销策划

旅游目的地形象促销策划是指通过实施促销方案向目标细分市场中的潜在旅游消费者提供重要信息，以突出旅游目的地在旅游消费者心目中的形象，激发其旅游意愿，进而促使其索取产品宣传册，或与当地的旅游代理商联系。著名旅游营销学家伯卡特和麦德里克将旅游目的地形象促销概括为“送伞运动”，这个形象的比喻已被旅游业界广泛引用。

课程思政 6-1

内蒙古扎兰屯：山花烂漫正当时“扎兰杜鹃”擦亮城市名片

背景与情境：内蒙古自治区呼伦贝尔市扎兰屯市，位于内蒙古自治区与黑龙江省的交界处，是一座镶嵌在大兴安岭向松嫩平原过渡地带的小城。

逐美而来：杜鹃花开 莫负春光

春和景明，繁花似锦。积蓄了整冬力量的兴安杜鹃苏醒了，它的绽放也为呼伦贝尔大草原春季旅游奏响了序曲。兴安杜鹃，又称映山红、达子香、达达香，是呼伦贝尔市市花，而扎兰屯市是呼伦贝尔“兴安杜鹃第一枝”绽放地，其宏大壮观的场景已名扬海内外。

为方便游人安全登山赏花，同时更好地保护生态植被，扎兰屯市在翠屏山杜鹃坡修建了木栈道和观景平台。漫山遍野的杜鹃迎春盛放，宛如一片望不到边际的红云，为这里的辽阔大地增添了一抹亮丽的色彩。

重塑生态：写好“绿色文章” 铸就生态底色

春风骀荡，草木葳蕤。千亩杜鹃花开成海，勾勒出一幅秀美的春日画卷。

曾几何时，翠屏山杜鹃坡还是一片荒坡，林木被随意砍伐，生态破坏严重。青山不青，如何整治？在“绿水青山就是金山银山”理念指引下，扎兰屯市委、市政府把守护生态环境的责任扛在肩上，重点实施了城市污水处理厂、重点企业排污设施提标改造等一批污染防治和生态保护工程，挂牌建档百年古树155棵，累计造林19.7万亩，使森林覆盖率达到70.04%。

在“荒山、荒坡‘一寸不让’”重塑之下，如今荒山变花海，是风景，亦是扎兰人一代又一代接续奋斗的成果。

建楼不伐树、修路绕树走、赏花不折枝……群众自发自觉共建，美好环境成了扎兰屯的亮丽名片。经过多年努力，扎兰屯市摘取了一系列国家级金字招牌，先后荣获“国家生态市”“国家园林城市”“中国天然氧吧”等称号。

文旅融合：打造旅游新业态 构建旅游新格局

“赏完花”，如何把更多的游客“留下来”?

扎兰屯以赏花节为契机，充分依托当地丰富的生态资源优势，举办杜鹃花短视频大赛、民间艺术展演、摩旅穿越、网红赏花直播、塞外音乐节、文旅商贸展等主题宣传系列活动，新增夜赏杜鹃、娱乐体验等新业态，设计特色赏花游线路产品，为游客打造了一场大自然的视觉盛宴。

此外，扎兰屯市还将积极引进大型旅游集团和社会资本，全力打造庙尔山国家森林公园、翠屏山映山红生态公园、金龙山四季运动主题乐园、扬旗山水上乐园和柴河月亮小镇，大力发展乡村旅游，加快推动景区景点提质升级，着力构建独具特色、多点支撑的旅游精品线路，让“杜鹃红”全域资源成为全域风景。

扎兰屯市在聚焦度假休闲、观光体验、民俗风情等系列旅游产品的同时，还将拓展森林湿地、火山大池、冰雪运动等旅游资源，积极开发文化体验、健康养生、低空体验、农业嘉年华等新业态，大力发展红色旅游、康养旅游、冰雪旅游等产业，进一步提高城市知名度和美誉度。

如今，“春赏杜鹃”已成为扎兰屯文旅的一张金名片，展现着这座城市历史文化、民族文化、旅游文化、乡村文化、美食文化的不同切面，也让更多身在扎兰屯之外的人们纷纷返回家乡，为城市发展注入新活力。

资料来源 韩冷. 内蒙古扎兰屯：山花烂漫正当时 “扎兰杜鹃”擦亮城市名片［EB/OL］.［2023-05-04］. https: //www. xuexi. cn/lgpage/detail/index. html? id=5923102059733711934& item_id=5923102059733711934.

问题：扎兰屯在开发旅游市场的过程中是如何贯彻“绿水青山就是金山银山”这一理念的?

研判提示：扎兰屯市委、市政府把守护生态环境的责任扛在肩上，重点实施了城市污水处理厂、重点企业排污设施提标改造等一批污染防治和生态保护工程；本着“荒山、荒坡‘一寸不让’”，建楼不伐树、修路绕树走、赏花不折枝的理念，大力发展乡村旅游，加快推动景区景点提质升级，着力构建独具特色、多点支撑的旅游精品线路，让“杜鹃红”全域资源成为全域风景。

旅游目的地形象促销的方式主要包括以下两种：

1）旅游目的地广告策划

旅游目的地形象最理想的传播方式是广告。从某种意义上说，广告是战略性的，销售促进是战术性的，旅游目的地在追求长远利益时更应注重广告宣传，这一点与旅游形象塑造及传播的长期性是一致的。

广告宣传的费用昂贵，效果难以评估，因此旅游目的地应认真规划广告活动，以尽可能地增强形象传播的效果。首先，要明确广告宣传的主要目标，是建立公众对旅游目的地的形象感知，还是促成短期的购买行为。其次，依据成本费用、产品定位、受众特征等因素，选择适当的广告媒体。最后，选取一条最容易打动人心的信息，在合适的时间传递给目标市场。

旅游目的地广告策划中常用的广告宣传媒体有：

（1）旅游宣传册

旅游宣传册即旅游目的地用来宣传自身的旅游资源、旅游产品和服务的小册子，是向目标旅游消费者传递产品与服务信息的重要工具。旅游目的地营销人员在利用旅游宣传册推广旅游目的地形象时，应做好以下三项工作：

① 确定目标受众。在设计旅游宣传册的具体内容之前，营销人员首先应明确旅游宣传册的读者是谁。一般来说，营销人员面临两种选择：一是面向整个目标市场制作内容齐全的旅游宣传册；二是针对不同的细分市场设计不同内容的旅游宣传册。前者虽然针对性不强，但操作起来相对简单，因而被众多旅游目的地采用；后者针对性强，但制作成本较高，适合旅游目的地开发不同的细分市场时采用。

② 选择分发渠道。合理选择分发渠道对充分发挥旅游宣传册的作用至关重要，因为旅游宣传册只有到达目标受众手中，才会产生吸引作用。可供选择的分发渠道包括：直接邮寄、新闻媒体、旅行社、旅游企业总服务台或入口处、主要旅游景区（点）、市场、车站或码头、海外旅游代理商、旅游行政主管部门、驻外旅游机构以及外事机构。

③ 设计附加利益。旅游宣传册除了要设计精美外，还要能够给旅游消费者带来一定的附加利益，以使他们妥善甚至长久地保存。可以预见，一份印有当地地图的旅游宣传册与一份全部都是产品或服务介绍的旅游宣传册相比，必定更具有吸引力和保存价值。同样，如果在某个地区旅游消费者可以凭借旅游宣传册在指定场所享受一定程度的优惠，甚至能免去个别景点的门票，也会收到很好的宣传效果。

（2）出版物

出版物也是旅游目的地宣传自身形象的主要工具。从旅游形象传播的角度来看，出版物可以分成五大类，即报纸、杂志、图书、电子音像制品和旅游地图。其中，电子音像制品以其图、文、声并茂，信息量大等特点受到营销人员和旅游消费者的青睐；旅游地图作为旅游消费者出游的必备物品，也是旅游目的地形象传播的重要渠道。

（3）网络

随着网络信息时代的到来，互联网已经成为人们获取信息的重要渠道，网络营销已经成为旅游目的地开展营销活动的主要工具之一。利用互联网塑造和推广旅游目的地形象，具有范围广泛、传播及时、更新快捷等特点，并且能让目标受众获得全方位的感受。

业务链接6-1

旅游目的地如何进行网络营销

旅游这个行业是最需要口碑传播、体验传播的一个行业，而口碑传播与体验传播是最离不开网络这个环境的。很多研究调查机构通过对旅游者进行实地或电话抽样调查，都得到了这样一个结论：互联网已经超过了报纸、杂志、电视等传统媒体，成为公众获取旅游信息的最重要渠道。

在旅游目的地营销中，网络营销有以下几种方式：

①旅游目的地网站营销。

②网络社区营销。网络不仅是一个媒体，而且是一个具有整合、互动、参与功能的平台。网络社区通过把具有共同兴趣的目标受众集中到一个虚拟空间，进行相互沟通，从而实现营销目的。

③网络视频营销。网络视频营销是一种新的网络营销形式，其增长速度非常快，如直播营销、短视频营销等。

④即时通信营销。即时通信营销是利用互联网即时聊天工具进行推广宣传的营销方式。

⑤新媒体营销。随着互联网技术的高速发展，越来越多的新媒体平台出现在大众的眼里，新媒体营销是指利用微信、微博、抖音、快手、小红书等社交平台，以及百家号、今日头条、大鱼号、知乎、简书等以内容为主体的自媒体平台进行推广的一种宣传方式。通常大家看到的视频网站中的内容植入、短视频网站上的视频广告、新闻App上的信息流广告、网红直播等均属于新媒体营销。

2）旅游目的地公共关系策划

公关宣传无须向媒体支付高额广告费，且其新闻可靠性高于广告，因此公关营销活动也受到了旅游目的地的重视。为塑造鲜明的旅游目的地形象，旅游目的地营销组织应注重开展以下四种公关营销活动：

（1）召开旅游说明会或新闻发布会

旅游说明会或新闻发布会不仅能有效推广旅游目的地的旅游形象，而且有助于潜在旅游消费者了解旅游目的地的旅游产品、项目或节庆活动，从而使旅游目的地接待人数迅速增加。召开旅游说明会或新闻发布会应做好以下工作：一是明确信息传递的对象；二是尽力取得新闻媒体的支持；三是具有一定规模，能对既定目标受众产生较大影响。

（2）处理与新闻媒体的关系

与广告相比，新闻的权威性更高，而且能为营销主体节约一大笔费用。因此，旅游目的地营销人员不仅要善于创造新闻，而且要处理好与新闻媒体之间的关系。要及时发现新闻事件，促使编辑采用本地区的新闻稿；适时邀请旅游专栏作家、编辑、记者或电视节目制作人来旅游目的地旅游，激发他们宣传该旅游目的地的主动性和积极性。

（3）开展公共关系专题活动

旅游目的地公共关系专题活动是指旅游目的地为了某一明确目的，围绕某一特定主题而精心策划的公共关系活动。公共关系专题活动是旅游目的地与广大公众相互沟通、塑造自身良好形象的有效途径。因此，国内外许多旅游目的地都采用公共关系专题活动来扩大影响、提高声誉。旅游目的地营销人员在举办公共关系专题活动时必须掌握一个基本原则：只可成功，不可失败。因为不成功的公共关系专题活动会产生巨大的负面效应。

业务链接6-2

旅游目的地公共关系专题活动

公共关系专题活动是为了向广大公众传递信息、引起新闻媒体的注意、提高旅游目的地的知名度和美誉度而设计的“公共关系特别节目”。

旅游目的地公共关系专题活动具有吸引力大、创新力强、影响力大等特点。旅游目的地开展公共关系专题活动时可以选择以下形式：

①小型公共关系专题活动、大型公共关系专题活动、系列公共关系专题活动。

②公益性公共关系专题活动、专业性公共关系专题活动、商业性公共关系专题活动、综合性公共关系专题活动。

③典礼型公共关系专题活动、喜庆型公共关系专题活动、会议型公共关系专题活动、展示型公共关系专题活动、新闻传播型公共关系专题活动、竞赛型公共关系专题活动。

（4）注重开展危机公关

危机公关是指在旅游目的地的信誉、形象等遇到突如其来的危机时，旅游目的地应开展的一系列公关活动。危机公关对旅游目的地的信誉、形象和品牌都会产生巨大的影响，成功的危机公关可以“扶大厦之将倾”，失败的危机公关则会置旅游目的地于死地。

深度剖析6-1

疑点：公共关系是一种“免费的广告”，它和广告所要达成的目的是一样的。

释疑剖析：公共关系和广告具有完全不同的运作机制。公共关系是企业促销工具中唯一一个建立公众信用度的工具，通过公共关系活动，树立企业美好的公众形象；而广告是通过付费的方式与媒体合作，最终目的是实现企业产品的销售。

6.3.2 旅游目的地其他营销活动策划

1）旅游节庆活动策划

旅游节庆活动是将旅游目的地的人-地感知要素和人-人感知要素有效整合的一种重要方式。一次主题鲜明的旅游节庆活动往往能在人们心目中塑造一个积极的直观形象，会促进旅游目的地的基础设施建设，从而迅速提高旅游目的地的知名度和综合接待能力。

节庆活动不仅能有效整合旅游目的地形象的构成要素，而且可以促进旅游业六大要素的协调与发展，因而一个地区通常会组织多个节庆活动来塑造自身的形象。但各类节庆活动之间应相互补充、主次分明，这样主题旅游形象才能更加鲜明突出。旅游目的地策划节庆活动时要注意以下四点：

（1）以当地的地脉、文脉及社会经济条件为依托，定期举办某一特别节庆活动，使其成为本地区永久性、垄断性、制度化的旅游识别标志，即选择和策划标志性旅游节庆活动。

（2）在不同的旅游季节推出形式各异的节庆活动，以提升旺季时旅游地区的容纳能力，增强淡季时旅游目的地的吸引力，如承德市在冬季举办的承德冰雪节。

（3）积极与新闻媒体合作，在尽可能大的空间范围内介绍旅游节庆活动的丰富内容，将旅游区宣传成一个令人向往的旅游目的地。

（4）多次举办同一主题的节庆活动，以塑造“××方面最理想的目的地”的主题形象，如滑雪、冰雕等。

教学互动6-1

问题：

①谈谈目前旅游目的地节庆活动存在的主要问题是什么。

②在旅游目的地节庆活动策划方面你有哪些建议？

要求：

①课堂上以小组为单位进行讨论，然后进行小组交流。

②教师对学生的回答进行点评。

2）旅游事件营销策划的概念与类型

（1）旅游事件营销策划的概念

旅游事件营销是指旅游目的地为提升知名度，利用或策划为社会公众关注的重要事件所进行的旅游形象宣传。成功的旅游事件营销，不仅社会公众关注度高，可以在较短时间内使传播价值最大化、传播效果最优化，而且营销宣传成本较低。因此，旅游事件营销是旅游目的地形象宣传常用的方法。

（2）旅游事件营销策划的类型

旅游事件营销的类型包括：

①利用既定事件进行营销。一般来说，既定事件应是具有较大影响力的事

件，如奥运会、世界杯足球赛、世博会等。此类事件为社会公众所关注，利用这种关注度进行旅游目的地营销宣传可以有效扩大宣传覆盖面和提高影响力。利用既定事件营销应进行充分的策划，以求取得最佳效果。

②利用突发事件进行营销。突发事件尤其是重大突发事件是媒体与公众的即时关注点，若能及时有效地加以利用，也是旅游目的地形象宣传的极好机会。

同步案例6-3

哈尔滨冰雪大世界“退票”事件始末

背景与情景： 2023年12月18日上午11时，以“龙腾冰雪 逐梦亚冬”为主题的第二十五届哈尔滨冰雪大世界正式开园，开园后不到3个小时，预约游玩人数已达40 000人，哈尔滨冰雪大世界暂停销售当天门票。当天下午，由于排队时间过长，无法玩到想玩的热门项目，现场有游客大喊“退票”，相关视频在社交媒体传播引发关注。19日，哈尔滨冰雪大世界在其微信公众号上发布《致广大游客的一封信》，称对未满足部分游客需求表示歉意，将进行反思并连夜整改。但致歉信发出后，网上讨论更加热烈，有网友认为，哈尔滨冰雪大世界无须致歉：“为什么要道歉？玩了七八个小时没坐免费滑梯就要退票？”“不欢迎白嫖的”“退票后还要发视频抹黑，过分了”……部分“退票”事件中的亲历者与发声者都遭到了网暴与谩骂。

20日上午，哈尔滨文旅局一名工作人员表示，目前景区已恢复正常，热门项目大滑梯已经取消预约制。

人民热评：哈尔滨的真诚，我们都看见了，值得点赞。面对游客不满，冰城打了个样。

资料来源　佚名．哈尔滨冰雪大世界“退票”事件始末［EB/OL］．［2023-12-22］．https：//new.qq.com/rain/a/20231222A06A2R00.

问题： 哈尔滨真的是因为一场退票事件“火出圈”的吗？

分析提示： 表面上2023年冬哈尔滨的“出圈”是由退票事件所引发的，实际原因却在于哈尔滨文旅部门多年来对当地旅游资源的深耕建设和积淀，源于哈尔滨人民的真诚和热情。

利用突发事件进行旅游形象宣传，需要有强烈而敏锐的营销意识，善于抓住机遇，及时策划运作，最终借助媒体来扩大影响力。

③策划事件进行营销。这是指有意识地策划一些重要事件（活动），以吸引媒体与公众的关注，达到旅游形象宣传的目的。由于既定事件的有限性及突发事件的不可预知性，因此旅游事件营销大多是策划性的事件营销。这种策划可以说是“无中生有”，如果策划得好，则可以取得很大的成功。

目前，常见的策划事件有选美赛事、旅游节庆等，但真正成功的往往是少数，多数效果一般，当然也有弄巧成拙的案例。

3）旅游吸引物营销活动策划

旅游吸引物是指自然界和人类社会中能对旅游者产生吸引力的各种事物和因

素，它是旅游活动的客体。旅游吸引物可能是自然形成的，如黄山云海、庐山瀑布、泰山日出等；也可能是由人类建造而成的，如北京中华世纪坛等；还有可能是人类祖先留下的人文景观，如石棺、岩画、庙宇等遗迹。许多国家都认识到了旅游吸引物的价值，并建立了国家级或省（州）级公园来保护这些旅游吸引物；同时，人们对新吸引物的需求永不停止，这就需要不断进行旅游投资。

4）旅游目的地影视营销策划

旅游目的地影视营销是指通过影视作品对旅游目的地的自然风光或历史文化进行营销策划和宣传，增强旅游者对旅游目的地的感知和印象，从而影响旅游者的旅游动机和决策，推动旅游目的地旅游业发展的一种营销活动。据不完全统计，《欢乐颂2》上映后，其相关拍摄地如泰国普吉岛和我国上海、舟山、婺源等地的自由行订单量增幅明显；电视剧《三生三世十里桃花》则带火了该剧取景地云南普者黑，而且让桃花主题游成为春游的一大热点；同样，收视口碑爆棚的电视剧《人民的名义》也让南京游火了起来。为此，旅游目的地营销人员应利用影视内容覆盖人群广、影响力强等特点，深入挖掘旅游主题，把握宣传促销时机，同时要科学引导影视拍摄，避免外景地环境遭到破坏。

教学互动6-2

问题：

①影视作品在旅游目的地营销方面有哪些突出优势？

②列举你所知道的通过微电影（或者影视作品）进行营销活动的旅游目的地。

③以你熟悉的一个旅游目的地为例，设计一个微电影脚本。

要求：

①课堂上以小组为单位进行讨论，然后进行小组交流。

②教师对学生的回答进行点评。

随堂测6-3

总之，旅游目的地营销人员应该充分认识到目的地营销的重要性，进行慎重分析、周密策划，利用恰当的促销工具，开展有针对性的公关活动，充分提升旅游目的地的知名度与美誉度。

本章概要

□ 内容提要与结构

▲ 内容提要

● 旅游目的地是指能够激发旅游者产生旅游动机，并能实现旅游动机追求的由旅游吸引物与旅游接待设施组成的各类地域空间要素的综合，是旅游者停留、活动的复合型地域空间。旅游目的地营销是指由某地政府旅游组织将本地作为旅游目的地而开展的营销活动。旅游目的地营销的参与者是地区内所有相关的机构和人员。

● 旅游目的地形象是公众对某一旅游地总体、抽象、概括的认识和评价，是对区域内在和外在精神价值进行提升的无形价值。它的特点包括：综合性、标志性、稳定性和可塑性。旅游目的地形象的具体构成包括主题旅游形象、品牌支撑形象、市场指引形象、产业贡献形象和创意策划形象。

● 旅游目的地营销的特点主要有整体性、政策性、长期性和营销费用受政府预算限制。旅游目的地营销的实施始于分析外部营销环境，然后要制定旅游政策、进行营销规划、确定营销目标，最后要进行营销预算决策。

● 旅游目的地形象促销策划是指通过实施促销方案向目标细分市场中的潜在旅游消费者提供重要信息，以突出旅游目的地在旅游消费者心目中的形象，激发其旅游意愿，进而促使其索取产品宣传册，或与当地的旅游代理商联系。旅游目的地形象促销策划主要有旅游目的地广告策划和公共关系策划；其他营销活动策划包括旅游节庆活动策划、旅游事件营销活动策划、旅游吸引物营销活动策划和旅游目的地影视营销策划。

▲ 内容结构

本章内容结构如图6-1所示。

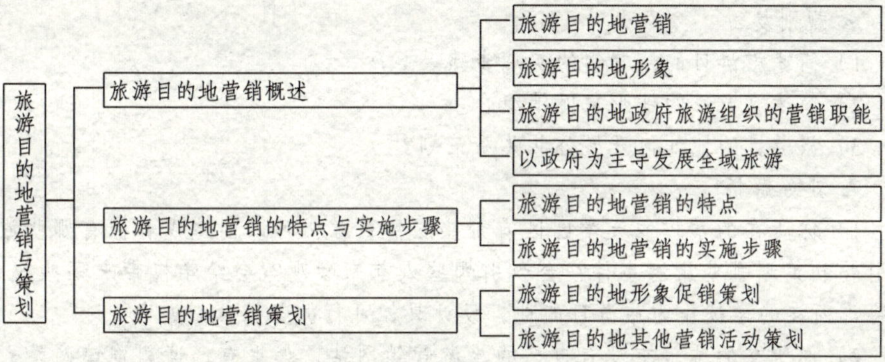

图6-1　本章内容结构

□ 主要概念和观念

▲ 主要概念

旅游目的地　旅游目的地营销　旅游目的地形象　主题旅游形象　品牌支撑形象　市场指引形象　产业贡献形象　创新策划形象　全域旅游　旅游节庆活动　旅游事件营销

▲ 主要观念

旅游目的地营销的特点与实施步骤　旅游目的地营销策划

□ 重点实务和操作

▲ 重点实务

旅游目的地营销的实施步骤　旅游目的地营销策划　相关“业务链接”

▲ 重点操作

旅游目的地形象策划　旅游目的地广告策划　旅游目的地公共关系策划

基本训练

□ 理论题

▲ 简答题

1）什么是旅游目的地营销？

2）旅游目的地形象的特征是什么？

3）旅游目的地形象的具体构成因素有哪些？

4）简述旅游目的地政府旅游组织的营销职能。

5）简述旅游目的地营销的特点。

▲ 讨论题

1）谈谈你学校所在的城市是如何进行旅游目的地营销的？你认为营销的亮点是什么？还存在什么问题？

2）如何理解旅游目的地形象对旅游目的地营销的作用？

□ 实务题

▲ 规则复习

1）简述旅游目的地营销的实施步骤。

2）简述旅游目的地形象促销组合。

3）旅游目的地如何开展公共关系策划？

▲ 业务解析

1）你所在的学校或大学园区有哪些旅游资源？可以创造或者拥有哪些旅游吸引物和策划哪些旅游事件？会吸引哪些人前来参观？会给学校带来哪些效益？请将你所在的学校作为旅游目的地，设计具体可行的营销策划方案。

2）你所在的城市有没有自己的旅游营销网站，如果有，请浏览该网站，根据你的感受，评价该网站在旅游目的地营销中的作用。你认为该网站的营销活动还存在哪些问题？

□ 案例题

▲ 案例分析

【训练项目】

案例分析-Ⅵ。

【相关案例】

第二届承德避暑山庄文化使者大赛吸引众多名校参赛

背景与情境：清华大学、北京大学、中国人民大学等30余所高校，以团委、协会或学生会名义，组织学子参加由世界文化遗产承德避暑山庄和新浪网共同主办的第二届“盛景说天下——承德避暑山庄文化使者网络选拔大赛”，短短20天内，已经有800人次报名参加海选。大学生们通过博客，对康熙、乾隆二帝的避暑山庄72首定景诗进行个性化品读，抒发了对中国传统文化和大好山河的向往。

长久以来，避暑山庄一直被视为避暑品牌，而避暑山庄品牌的唯一性则在于它“形貌如中华成一统，名胜集全国于一园，文化融华夏五千年”。正是这个集中华传统文化之大成的文化符号，吸引着全国高校的学子参赛。

此次大赛是在首届承德避暑山庄文化使者网络选拔大赛取得圆满成功的基础上开展的“以文化提升旅游品位、以旅游彰显文化底蕴”的全国性文化旅游活动。大赛选出6名避暑山庄文化使者进行文化巡游。在文化巡游阶段，文化使者会乘坐避暑山庄文化巡游大巴，重走清朝自后金逐步由北向南、迁都盛京（沈阳）、定都北京的路线，再现康、乾二帝江南巡游的历程，开展包括避暑山庄、沈阳故宫、北京故宫、泰山、南京大报恩寺琉璃宝塔、苏州园林和杭州西湖7个旅游胜地的文化之旅，并会在所经之地各举办一场公益捐赠活动。

资料来源　佚名. 第二届承德避暑山庄文化使者大赛吸引众多名校参赛［EB/OL］.［2011-05-25］. https: //www.163.com/news/article/74T3M89K00014JB5.html.

问题：

1）谈谈承德避暑山庄文化使者大赛的重要意义。

2）在此次大赛中，政府旅游组织所起的作用是什么？单个旅游企业能否完成该工程的策划及推广？

3）试评估承德形象标识推广活动的营销效果。

【训练要求】

同第1章“基本训练”中本题型的“训练要求”。

▲ 课程思政

【训练项目】

课程思政-Ⅵ。

【相关案例】

海南旅游业内“晒底价”　游客：知底价更明白

背景与情境：张某曾是海南某旅行社的从业人员，他爆料称，“零负团费”团队在业内被称为“填坑团”。他表示，旅行社已不采用过去那种“成本加利润”的经营模式，而是采用成本减算法。例如，地接成本为500元/人，地接社或导游则从中减掉200元，只报300元/人的价格给游客或同行分销商，然后采用购物回扣、自费项目等手段进行回填，这就是“填坑团”的普遍做法。低于成本价200元的俗称“两米坑”；对于成本价为500元/人的团，如果当事导游或旅行社不仅不报成本价，还按照150元/人的标准给组团社或关系户进行返还，这种做法就是最典型的“零负团费”操作，俗称“六米半坑”。

旅行社及包团导游采取各种不当手段，先“填坑”再赚钱。先以低于正常价格的团费吸引游客心动，再通过购物消费等方式从游客身上找补。旅游“填坑团”的做法因为成本低、盈利高，所以在竞争中更有优势。

济南某市民曾在三亚上过当，当时贪图报价便宜报了团，团队被导游带着购物，在导游和店主巧舌如簧的劝说下，掏出4 000元购买了玉手镯，但回到家中才发现是假货。他表示，这种做法不但伤害了游客，而且破坏了当地旅游业的声誉。

为了让游客明明白白游海南，避免落入“零负团费”的陷阱，更好地维护游客的合法权益，海南省旅游协会公布了《海南常规旅游线路团队地接价的参考标准》，并承诺将定期更新。从一日游到五天四晚游、从三星标准到五星标准，都明确标注了收费参考标准，同时细化了行程中每天的餐费、车费、住宿费及景点项目收费。

资料来源 佚名．海南旅游业内“晒底价”游客：知底价更明白［EB/OL］．［2013-03-06］．http：//www.slrbs.com/lvyou/lydt/2013-03-06/93954_2.html.

问题：

1）谈谈你对海南旅游业内“晒底价”之价值导向的理解。

2）试析公布《海南常规旅游线路团队地接价的参考标准》对游客避免落入“零负团费”陷阱所起的作用。

【训练要求】

同第1章“基本训练”中本题型的“训练要求”。

□ 实训题

▲ 实训操练

【训练项目】

阶段性体验-Ⅲ：“旅游目的地营销与策划”技术应用。

【训练目标】

见本章“章名页”之“学习目标”中的“实训目标”。

【训练内容】

其“领域”、“技术-技能’点”、“名称”和操作“参照规范与标准”见表6-2。

表6-2 专业能力训练“领域”、“‘技术-技能’点”、“名称”和操作“参照规范与标准”

领域	“技术-技能”点	名称	参照规范与标准
“旅游目的地营销与策划”知识应用	“技术-技能”1	“旅游目的地形象策划”技术应用	1）能全面把握“旅游目的地形象策划”的技术。 2）能从“旅游目的地形象”的特定视角理解并应用相应技术，有质量、有效率地进行以下操作： (1）系统体验“‘旅游目的地形象策划’技术应用”的如下“技术-技能”操作，并体验“校企合作”中的“优势互补”： ①能运用正确的调研方法，了解旅游目的地的营销现状、市场定位、目标市场、目前所采用的主要营销策略、存在的主要营销问题等。对调研资料进行初步汇总和解析，并按照规范格式写出调研分析报告。 ②能根据调研分析的结果，重新确定旅游目的地的市场定位及目标市场。 ③能根据旅游目的地形象的特点，确定旅游目的地的具体形象定位，可以从主题旅游形象、品牌支撑形象、市场指引形象、产业贡献形象和创意策划形象中选择策划角度，最终形成策划方案。 (2）总结“实践学习”中关于“‘技术-技能’1”的“操作体验”和“校企合作”的“优势互补”

续表

领域	“技术-技能”点	名称	参照规范与标准
	“技术-技能”2	“旅游目的地广告策划”技术应用	1）能全面把握“旅游目的地广告策划”技术。 2）能从“旅游目的地广告策划”的特定视角理解并应用相应技术，有质量、有效率地进行以下操作： (1) 系统体验“‘旅游目的地广告策划’技术应用”的如下“技术-技能”操作，并体验“校企合作”中的“优势互补”： ①能够明确旅游目的地的市场定位和目标市场。 ②能根据旅游目的地的促销目标，策划相关的广告促销活动。 (2) 总结“实践学习”中关于“‘技术-技能’2”的“操作体验”和“校企合作”的“优势互补”
“旅游目的地营销与策划”知识应用	“技术-技能”3	“旅游目的地公共关系策划”技术应用	1）能全面把握“旅游目的地公共关系策划”技术。 2）能从“旅游目的地公共关系”的特定视角理解并应用相应技术，有质量、有效率地进行以下操作： (1) 系统体验“‘旅游目的地公共关系策划’技术应用”的如下“技术-技能”操作，并体验“校企合作”中的“优势互补”： ①熟悉公共关系策划的具体内容。 ②能根据旅游目的地的促销目标，策划相关的公共关系活动。 (2) 总结“实践学习”中关于“‘技术-技能’3”的“操作体验”和“校企合作”的“优势互补”
	“技术-技能”4	“‘旅游目的地营销策划’撰写”技术应用	能应用《训练报告》撰写技术，有质量、有效率地进行如下操作： (1) 合理设计关于“‘旅游目的地营销策划’技术应用”《训练报告》，其结构合理、层次分明； (2) 能依照网络教学资源包中《学生考核手册》表考6-6中的“考核指标”和“考核标准”要求，撰写所述《训练报告》

职业核心能力和职业道德训练：其内容、种类、等级与选项见表6-3；各选项操作的“参照规范与标准”见本教材“附录三”的附表3和“附录四”的附表4。

表6-3　　职业核心能力和职业道德训练的内容、种类、等级与选项表

内容	职业核心能力							职业道德						
种类	自主学习	信息处理	数字应用	与人交流	与人合作	解决问题	革新创新	职业观念	职业情感	职业理想	职业态度	职业良心	职业作风	职业守则
等级	中级	中级	中级	中级	中级	中级	中级	认同级	认同级	认同级	认同级	认同级	认同级	认同级
选项	√			√	√	√	√	√			√	√	√	√

【训练任务】

1）对“‘旅游目的地营销与策划’技术应用”专业能力的各“技术–技能”点，依照表6–2中的“参照规范与标准”，实施应用相关技术的基本训练。

2）对表6–3中所列“职业核心能力”选项，依照本教材“附录三”附表3中相关“‘技术–技能’点”的“参照规范与标准”，实施融入性“中级”强化训练。

3）对表6–3中所列“职业道德”选项，依照本教材“附录四”中“领域”的“参照规范与标准”，实施“认同级”相关训练。

【组织形式】

1）以小组为单位组成营销策划团队。

2）各营销策划团队结合实训任务进行适当的角色分工，确保组织合理和每位成员的积极参与。

【指导准备】

知识准备：

学生通过自主学习，复习如下知识：

1）实训所在旅游目的地旅游业发展及营销情况。

2）“旅游目的地营销与策划”的理论与实务知识。

3）本教材“附录一”的附表1中，与本章“职业核心能力”选项各技能点相关的“‘知识准备’参照范围”所列知识。

4）本教材“附录三”的附表3中涉及本章“职业核心能力”选项，以及“附录四”的附表4中涉及“职业道德”选项的“参照规范与标准”知识。

操作指导：

1）教师向学生阐明“训练目的”、“训练任务”和“知识准备”。

2）教师就“知识准备”中的第3）、4）项，对学生进行培训。

3）教师要指导学生从“‘旅游目的地营销与策划’技术应用”视角进行旅游目的地营销情况调研、资料搜集与整理。

4）教师指导学生撰写“‘旅游目的地营销与策划’技术应用”的《实训报告》。

【训练要求】

1）实训前，学生要了解并熟记本实训的“训练目的”、“训练内容”、“训练

任务”与“训练要求”，了解并熟记本教材网络教学资源包的《学生考核手册》中表考6-6、6-7所列“考核指标”与“考核标准”的内涵，将其作为本实训的操练点和考核点来准备。

2）将“训练任务”所列三种训练整合并落实到本实训的“活动过程”和“成果形式”中。

3）实训后，学生要对本次实训活动进行总结，在此基础上撰写相关《训练报告》。

【训练时间】

本课程课堂教学内容结束后，安排两周时间进行“阶段性体验”训练。

【情境设计】

班级学生以小组为单位，组建“‘旅游市场营销与策划’技术应用”训练团队。各团队分别选择一个旅游目的地开展“旅游目的地营销与策划”，从“‘旅游目的地营销与策划’技术应用”视角，参与所在旅游目的地营销运作，在依据表6-2中“‘技术-技能’1”至“‘技术-技能’3”的“参照规范与标准”系统体验各项操作的过程中，进行“校企合作”的“实践学习”，并尝试“优势互补”。

【训练步骤】

1）以班级小组为单位组建学生“阶段性体验”训练团队，每队确定1人为队长，根据训练项目需要进行角色分工与协作。

2）各团队结合“训练任务”，参照“情境设计”，分别选择一个旅游目的地开展营销调研与营销策划，从“‘旅游目的地营销与策划’技术应用”视角，参与旅游目的地营销与策划运作，进行“校企合作”的“实践学习”。

3）依据表6-2中“‘技术-技能’1”至“‘技术-技能’3”的“参照规范与标准”，系统体验如下操作：

（1）依照表6-2中“‘技术-技能’1”的“参照规范与标准”，从“‘旅游目的地形象策划’技术应用”视角，进行“校企合作”的“实践学习”，体验“‘旅游市场营销与策划’胜任力”建构中“‘旅游目的地形象策划’运作”能力要素生成；

（2）依照表6-2中“‘技术-技能’2”的“参照规范与标准”，从“‘旅游目的地广告策划’技术应用”视角，进行“校企合作”的“实践学习”，体验“‘旅游市场营销与策划’胜任力”建构中“‘旅游目的地广告策划’运作”能力要素生成；

（3）依照表6-2中“‘技术-技能’3”的“参照规范与标准”，从“‘旅游目的地公共关系策划’技术应用”视角，进行“校企合作”的“实践学习”，体验“‘旅游市场营销与策划’胜任力”建构中“‘旅游目的地公共关系策划’运作”能力要素生成；

4）各团队总结1）～3）项操作体验，撰写“基于‘旅游目的地营销与策划’技术应用”的《校企合作实践学习总结》，体验“‘旅游市场营销与策划’

胜任力”建构中“旅游目的地营销与策划”的“专业互鉴”能力要素生成。

5）在“‘旅游目的地营销与策划’技术应用”的“专业能力”基本训练中，依照表6-3中相关训练选项的“参照规范与标准”，融入“职业核心能力”的“中级”强化训练和“职业道德”的“认同级”相关训练。

6）各团队综合以上阶段性成果，依照“‘技术-技能’4”的“参照规范与标准”，撰写《“旅游目的地营销与策划”技术应用训练报告》。其内容包括：实训组成员与分工；实训过程；实训总结（包括对专业能力训练、职业核心能力训练和职业道德训练的分析说明）；附件（即阶段性成果全文）。

7）在班级讨论、交流和修订各团队的《训练报告》，使其各具特色。

【成果形式】

1）实训课业：《“‘旅游目的地营销与策划’技术应用”训练报告》。

2）课业要求：

(1)“实训课业”的结构与体例参照本教材“课业范例”中的范例-3。

(2）将《校企合作实践学习总结》以“附件”形式附于《训练报告》之后。

(3）在校园网的本课程平台上展示经过教师点评的班级优秀《训练报告》，并将其纳入本课程的教学资源库。

▲创新工作站

【工作项目】

编制《优化方案》。

【工作目的】

见本章“章名页”之“学习目标”中的“实训目标”。

【工作任务】

编制关于“旅游目的地营销与策划相关业务规范”的《优化方案》。

步骤及内容：

(1）旅游目的地营销的实施步骤。

(2）旅游目的地形象促销策划，包括旅游目的地广告策划、旅游目的地公共关系策划。

(3）旅游目的地其他营销活动策划，包括旅游节庆活动策划、旅游事件营销活动策划和旅游吸引物营销活动策划。

【待优化对象】

(1）旅游目的地营销过程。

(2）旅游目的地营销策划。

【情境设计】

上述“待优化对象”涉及的规则性知识已成为企业的既定规范。为强化管理、提高企业竞争力，企业决定对这些既定规范进行优化。企业管理层要求研发部门组成若干团队，通过网络调研或其他途径，研究编制关于这些业务规范的《优化方案》。

【工作要求】

(1) 在搜集、整理和研究最新相关文献资料的基础上，编制所选业务既定规范的《优化方案》。

(2) 所编制的《优化方案》具有明显的创新性、优越性和可操作性。

(3) 对体现在《优化方案》中的创新不求全责备。

【工作步骤】

(1) 将班级同学分成若干组，模拟某企业的不同研发团队，每个团队确定1个负责人。

(2) 各团队从“待优化对象”中任选其一。

(3) 各团队进行角色分工，通过网络调研等途径，围绕所选“待优化对象”的相关业务，搜集最新研究成果与企业先进管理措施资料。

(4) 各团队整理搜集到的资料，分析比较其与所选“待优化对象”的异同。

(5) 各团队以扬长避短为宗旨，通过讨论，研究编制所选“待优化对象”的《优化方案》。

(6) 在班级交流和修订各团队的《优化方案》，使之各具特色。

(7) 在校园网的本课程教学平台上展出经过教师点评的各团队《优化方案》，作为本章“重点实务”的补充教学资料。

【成果形式】

1) 工作课业：关于“旅游目的地营销与策划相关业务规范”的《优化方案》。

2) 课业要求：同第2章本题型的“课业要求”。

单元考核

考核要求：“考核模式”“考核目的”“考核种类”“考核方式、内容与成绩核定”及考核表等规范要求，见本教材网络教学资源包中的“学生考核手册”。

第7章
旅游景区营销与策划

学习目标

通过本章学习，应该达到以下目标：

理论目标：学习和把握“旅游景区营销与策划”的相关概念、特点、构成要素、类型与影响因素，以及“延伸阅读”等陈述性知识；能用其指导本章“同步思考”、“深度思考”和“基本训练”中“理论题”各题型的认知活动，正确解答相关问题；阶段性体验本章专业理论学习的横向正迁移，以及相关胜任力中“专业认知”要素的生成。

实务目标：学习和把握旅游景区的STP策划、产品策划与促销策划，以及“业务链接”等程序性知识；能以其建构“旅游景区营销策划”中的规则意识，正确解析本章“教学互动”、“随堂测”和“基本训练”中“实务题”的相关问题；阶段性体验本章专业实务学习的横向正迁移，以及相关胜任力中“专业技术”要素的生成。

案例目标：运用本章理论与实务知识研究相关案例，培养和提高在“旅游景区营销与策划”特定业务情境中的多元表征能力；能结合本章教学内容，依照相关规范或标准，对“课程思政7-1”专栏和章后“课程思政-Ⅶ”等案例中的企业及其从业人员行为进行思政研判，强化社会主义核心价值观的引领作用，促进“立德树人”根本任务的落实；阶段性体验本章专业案例学习中“专业知识”、“通用知识”与“思政元素”的协同性重组迁移，以及相关胜任力中“认知弹性”要素的生成。

自主学习：参加“自主学习-Ⅳ”训练。在实施《自主学习计划》的基础上，通过学习和应用“附录一”附表1“自主学习”（中级）各技能点的“‘知识准备’参照规范”所列知识，查阅、搜集、整理与综合“旅游景区经营及营销中存在的问题与对策”前沿知识，讨论、撰写和交流《“旅游景区经营及营销中存在的问题与对策”最新文献综述》，撰写《“自主学习-Ⅳ”训练报告》等活动，培养“自主学习”的通用能力（中级）；阶段性体验本章“自主学习”中“专能”与“通能”的“重组性”迁移，以及相关胜任力中“求知韧性”要素的生成。

引例 中国旅游日：全国各景区实行多项惠民政策促进消费

背景与情景：2020年5月19日是第10个中国旅游日，各地景区在疫情防控常态化的背景下，推出了多项惠民政策吸引游客，同时通过创新、融合等方式让游客有了更好的体验。

四川和重庆两地山水相连、人文相通，长期以来互为旅游集散地、客源地。为了更好地迎接中国旅游日的到来，两地共同举办的“巴蜀文化旅游走廊自由行”活动在成都、重庆同步启动，上百家景区为川渝游客准备了超过百万张免费门票，峨眉山、乐山大佛等国家5A级旅游景区也包括其中。部分景区还针对两地游客，在交通、住宿等方面推出了一系列优惠措施。

除了互赠景区门票外，各地景区还将文化内容和旅游项目相连接，使游客在观景赏景的同时对民俗文化有了更深的了解。

江苏扬州积极推动木偶表演、弹词、剪纸等非遗技艺，不仅使旅游景点的人气不断提升，而且让运河文化得到彰显和传承。

安徽省16个市面向游客推出景区门票降价、派发旅游消费券等250余条优惠措施，并实施“云上”同步分享，宣传文明旅游等方面的知识。

北京、山东、江西、福建等地的多家景区也采取了一系列优惠措施，推动了文旅市场的复苏，满足了游客的出游需求。

资料来源 佚名. 中国旅游日：全国各景区实行多项惠民政策促进消费［EB/OL］.［2020-05-19］. http://news.cnr.cn/native/gd/20200519/t20200519_525095008.shtml.

问题：结合案例分析旅游景区的定价策略和促销方式。

从引例可以看出，旅游景区的定价策略应根据旅游市场环境的变化及时进行调整，同时采取恰当的促销方式以吸引更多的游客。

7.1 旅游景区营销

旅游景区是旅游业的核心要素，是旅游产品的主体成分，是旅游消费的吸引中心。

7.1.1 旅游景区的概念与构成要素

1）旅游景区的概念与特点

（1）旅游景区的概念

旅游景区是吸引国内外旅游消费者前往游览的区域或场所，是能够满足旅游消费者游览观光、消遣娱乐、康体健身、求知等旅游需求，具备相应的旅游服务设施并提供相应旅游服务的独立管理区。

（2）旅游景区的特点

从上述概念可知，旅游景区具备以下特点：

① 空间——地域性。旅游景区是一个特殊形态的地域单元，它具有确定的空间或地域范围，有固定的经营场所。

② 功能——旅游性。旅游景区是旅游消费者实现旅游目的的场所，具有吸

引旅游消费者的吸引物和资源基础，旅游消费者可以采用不同的形式进行旅游，如参观、游览、健身、教育、求知等。

③ 设施——服务性。旅游景区拥有必要的旅游设施，提供相应的旅游服务。旅游设施与服务构成了旅游景区的产品，没有旅游设施与服务，景区的旅游活动就不可能实现。

④ 经营——管理性。旅游景区内部有专门的人、财、物、场所等，能够为其经营提供服务。

2）旅游景区的构成要素

旅游景区的构成要素包括资源要素和非资源要素两类。

（1）资源要素

资源要素是构成旅游景区的基础，包括旅游吸引物、旅游设施和旅游服务。

① 旅游吸引物。它是指赋存于旅游景区空间范围内，对旅游消费者产生吸引力的资源，包括自然旅游资源和人文旅游资源。旅游吸引物是旅游活动的客体。

② 旅游设施。它是指旅游景区向旅游消费者提供服务时依托的各项物质设施，包括交通运输设施、食宿接待设施、游览娱乐设施和旅游购物设施等。旅游设施是旅游消费者实现旅游活动的基本条件之一，也是旅游景区存在的基本条件。

③ 旅游服务。它是指旅游景区服务人员通过各种设施、设备、方法、途径和“热情好客”的种种表现形式，在满足旅游消费者生理和心理的物质和精神需要的过程中，营造一种和谐的气氛，产生一种心理效应，使旅游消费者在接受服务的过程中产生惬意、幸福之感，进而乐于交流、乐于消费的一种活动。

（2）非资源要素

非资源要素主要包括旅游消费者、当地居民和当地政府三类。

① 旅游消费者。旅游消费者是旅游活动的主体。旅游消费者对旅游景区的满意度和消费的规模、结构与水平直接影响着旅游景区的经济效益。因此，向旅游消费者提供满意的旅游景区产品和服务是旅游景区营销的主要目标。

② 当地居民。当地居民与旅游景区的关系非常密切：第一，当地居民所负载的传统文化、民俗、民风本身就可能是景区旅游资源的一部分，对旅游消费者具有极大的吸引力；第二，当地居民是旅游景区的依附者，其生活水平的提高常常依赖于旅游景区的经营和发展；第三，当地居民对旅游的认识和对旅游消费者的态度直接影响着旅游景区的经营。

③ 当地政府。旅游景区所在地政府对旅游景区具有一定的控制力和引导力，对旅游景区的营销活动影响重大。如果当地政府希望通过开发旅游资源、发展旅游产业来增加财政收入、带动经济发展，就会采取多种措施，构建适应市场需要和经济发展的旅游景区营销管理新模式，推动和促进旅游景区的经营发展。

7.1.2 旅游景区营销的概念、特点与影响因素

目前，全国范围内的旅游景区数量众多，新的景区又层出不穷，导致市场竞争日趋激烈。如何在众多的旅游景区中脱颖而出，科学的营销策划是关键。

1）旅游景区营销的概念

旅游景区营销是指旅游景区以旅游消费者的需求为导向，通过分析、规划、执行、监控来管理旅游景区，从而使旅游消费者感到满意，创造旅游消费者价值的过程。

旅游景区是旅游消费者的旅游目的地，旅游活动的各个要素均可以在旅游景区部分或全部得以实现，因此旅游景区营销是一个相对复杂的过程。

2）旅游景区营销的特点

（1）营销目标多样化

旅游景区的营销目标除了包括经济目标之外，还包括环境目标和社会目标。一方面，旅游景区作为独立的经济单位，要获得生存和发展，就必须取得合理的经济效益；另一方面，旅游景区必须实施可持续发展战略，旅游景区有责任保护自身及周边资源，并为社区居民提供增加收入的机会。

（2）营销主体多元化

旅游景区营销工作的重心是提高旅游景区的知名度，吸引更多游客参观游览，但是多数旅游景区很难仅靠自己的力量进行宣传与推销。旅游景区所在地的政府通常把当地的旅游景区纳入统一运作的目的地营销系统中，或并入统一设计的旅游线路中，与其他旅游企业联合推销，这时政府就是旅游景区营销的主体。

（3）营销对象复杂化。旅游景区的营销对象复杂多样。首先，旅游消费者是旅游景区生存、发展的前提，因此旅游消费者的体验与需求是旅游景区营销的重心；其次，旅游景区内部员工直接参与了旅游景区产品的生产和销售，他们的态度和行为直接影响到旅游消费者的体验，因此旅游景区营销要保证每一位景区员工都能为旅游消费者提供及时、准确的旅游服务；最后，旅游景区所在地的社区、政府管理部门、旅行社、媒体等都与旅游景区有着密切的联系，旅游景区必须与它们建立良好的关系，取得它们的支持和配合，以保证营销工作的顺利开展。

深度思考7-1

背景资料：景区产品主要由景区的自然或人造景观、人文名胜、景区基础设施和服务设施、景区服务、紧固旅游活动项目等构成。

问题：请问景区员工是不是景区的一部分？对景区企业营销有什么影响？

理解要点：游客和员工都是营销的重要组成部分，景区的特点之一就是，游

客是生产过程的一部分，而员工也是产品的一部分。

游客是服务的对象，服务过程就是产品的生产过程，游客的态度和行为，不仅会影响自己的经历，也会影响其他游客的经历；而员工直接参与产品的生产和销售，员工直接和游客接触，他们的态度和行为会直接影响到游客是否喜欢该产品。因此，游客和员工都是营销的重要组成部分。

3）旅游景区营销的影响因素

旅游景区营销成功的关键，就是要不断适应瞬息万变的市场环境，分析各种影响旅游景区营销的因素，发现并利用有利于旅游景区发展的机会，避开不利的市场威胁。

（1）旅游景区营销微观环境因素

学习微平台

旅游景区营销微观环境因素对旅游景区的营销活动具有直接影响。旅游景区营销微观环境因素包括：旅游景区本身、各级（各类）旅行社、旅游交通企业、旅游酒店、金融企业、旅游市场竞争者、营销服务机构、旅游消费者和社会公众。

延伸阅读7-1

（2）旅游景区营销宏观环境因素

旅游景区在开展营销活动时，同样会受到人口、经济、政治法律、科技、自然和社会文化等宏观环境因素的影响和制约。

随堂测7-1

7.2 旅游景区营销策划

旅游景区营销策划是指在对旅游景区内部环境予以准确分析，并有效运用旅游景区资源的基础上，对一定时间内旅游景区营销活动的目标、战略以及实施方案与具体措施进行的设计和谋划。

业务链接7-1

旅游景区营销策划的程序

①分析市场机会。这包括营销信息调研、营销环境分析、旅游消费者分析等。

②研究和选择目标市场。这包括旅游景区市场预测、市场细分、目标市场选择。

③确定市场营销策略。这包括旅游景区开发策略、旅游景区形象定位、旅游景区市场定位、旅游景区生命周期策略。

④编写营销策划方案。这包括旅游景区的产品组合、定价方案、分销渠道和促销方案。

⑤实施与评价营销策划方案。这包括旅游景区营销策划方案的组织、实施、控制、效果评价。

7.2.1 旅游景区STP策划

旅游景区STP策划包括市场细分、目标市场选择和市场定位三个方面，

S、T、P三个字母分别是segmenting、targeting、positioning三个英文单词的首字母。

1）旅游景区市场细分策划

（1）旅游景区市场细分策划的概念

旅游景区市场细分策划是指旅游景区营销策划人员在市场调研的基础上，根据景区所提供的旅游产品，将整体景区市场划分为若干个消费者群的策划活动。

旅游景区在进行市场细分策划时应遵循可衡量性、可进入性、可盈利性和稳定性等原则。

市场细分策划有利于旅游景区及时发现市场上新出现、尚未被满足的市场机会，从而形成新的目标市场；有利于旅游景区适时调整经营策略，制定出最佳的营销战略，把握市场的变化方向；有利于旅游景区科学开发目标市场和取得良好的经济效益。

业务链接7-2

旅游景区如何进行市场细分策划

①确定旅游景区的市场范围；

②分析旅游景区现有顾客和潜在顾客的不同需求；

③根据一定的细分标准分析可能存在的细分市场；

④分析每个细分市场的需求与购买行为、规模和潜力。

（2）旅游景区市场细分策划的方法及应注意的问题

旅游景区市场细分策划也要考虑地理、人口、心理和购买行为四个变量（详见本书第4章）。

旅游景区市场细分策划应注意以下问题：

① 必须从景区的经营情况出发，对不同的产品使用不同的细分变量，且细分变量必须是有效可行的。

② 景区必须经常调查研究和预测所用细分变量的变化情况和变动趋势，据以调整细分市场。

③ 市场细分并不是越细越好，细分出的市场应具有一定的规模和发展潜力，能够使景区获得较好的经济效益。

教学互动7-1

任务：请对所在地区最有影响力的旅游景区进行市场细分，并描述各细分市场的特点。

要求：

①小组讨论，然后每组推荐1名同学对上述问题进行回答，其他小组同学予以评论。

②教师对学生的回答和其他同学的评论做最后点评。

同步案例7-1

华山旅游市场细分

背景与情境：华山是首批国家级风景名胜区，在旅游市场竞争日益激烈的今天，华山景区的市场细分策划为其增强了竞争力。

地理因素：华山景区面对的市场主要是国内旅游市场，以市场占有额相对稳定的黄河金三角地区为中心，循序渐进，向外辐射。华山地处北温带，可根据自身优势把旅游市场划分为南北两大市场。春季和夏季的营销重心放在北方地区和交通较为便捷的地区，秋季和冬季的营销重心放在长江以南地区，能够取得较好的营销效果。在国外旅游市场营销方面，华山景区的旅游产品必须明显区别于其他景区。其中，华山攀岩是将华山景区推向国际市场的一个相当好的产品；华山国际围棋大会则可以吸引日本、韩国客源。

人口因素：根据年龄的不同，可将旅游市场细分为青年旅游市场、中年旅游市场和老年旅游市场。在青年旅游市场，求知、猎奇是主要动机，探险旅游、修学旅游等活动颇受欢迎。在老年旅游市场，休闲、度假、寻根是主要动机。例如，"天下杨氏出华阴"，华山曾尝试举办过一次杨氏寻根祭祖活动，在国内引起了较大反响。进一步挖掘杨氏先祖在华阴的踪迹，通过多种形式进行宣传，提高杨氏寻根旅游市场的效应，同时与道教文化相辅相成，也是对华山旅游产品的强有力补充。

心理因素：按心理因素细分旅游市场，主要是根据旅游者的个性特征、兴趣爱好、生活方式等因素划分旅游者群。但具有相同心理因素的旅游者通常分散于不同的地理区域，这增加了景区针对各细分市场布置营销力量的难度。因此，在旅游市场细分过程中，景区应将心理因素与地理因素结合起来考虑。

购买行为因素：首先，根据旅游动机的不同，旅游市场可以细分为探亲访友旅游市场、观光旅游市场、度假旅游市场、公务旅游市场、奖励旅游市场五类。探亲访友旅游市场受客观条件影响较大，不进行重点论述；针对观光旅游市场，华山景区应将各种旅游信息通过媒体、旅行社推向目标市场，加大对旅游者的视觉冲击力，增强旅游者的选择信心；针对度假旅游市场，华山景区应调整价格，组织专题促销宣传；针对公务旅游市场，华山景区在产品包装、旅游环境、服务质量、营销方式等方面都应体现高规格；针对奖励旅游市场，华山景区可在传播先进典型方面做文章。其次，根据购买时机、频率、数量的不同，旅游市场可以细分为淡季旅游市场、旺季旅游市场和平季旅游市场。华山景区采用淡旺季门票价格平抑淡旺季旅游市场，同时利用季节变化形成的风光优势进一步包装旅游产品，炒热淡季旅游。

资料来源 百度文库.

问题：根据上述细分结论，结合华山景区的其他资源条件，请对华山景区的目标市场选择和市场定位进行分析和讨论，并提出合理化建议。

分析提示：华山景区将国内市场作为目标市场是比较正确的决策，华山景区的市场细分比较详细，也较为合理。华山景区应根据市场细分结果进一步整合自身资源，充分利用相关文化资源开展营销活动，或者统一宣传，或者各个击破。

2）旅游景区目标市场选择策划

旅游景区在市场细分之后，往往并没有实力进入所有细分市场，只能从中选择一个或几个细分市场作为自己的目标市场，开展营销工作。旅游景区的一切营销活动都是围绕目标市场展开的，因此，选择和确定目标市场关系到旅游景区营销目标的实现，是旅游景区制定营销战略的重要依据。

旅游景区目标市场选择策划是旅游景区在市场细分的基础上，选择一部分子市场作为营销对象的策划活动。

（1）旅游景区目标市场选择策划的程序

旅游景区目标市场选择策划一般要经过评估细分市场和选择旅游景区目标市场策略两个阶段。

① 评估细分市场。首先，分析细分市场的规模和发展潜力，只有具备适当规模和发展潜力的市场对旅游景区才有吸引力。其次，分析细分市场的结构吸引力，即对威胁旅游景区长期盈利的主要因素进行评估。影响市场结构吸引力的因素有竞争者、潜在进入者、替代者、旅游者和供应者。最后，分析细分市场是否与旅游景区的经营目标和资源条件相吻合。

② 选择旅游景区目标市场策略。细分市场评估完成后，旅游景区即可确定自己的目标市场。一般而言，旅游景区进入目标市场的模式有五种，即市场集中化、市场专业化、产品专业化、选择专业化和完全市场覆盖。可供选择的目标市场策略有三种，即无差异市场策略、差异性市场策略和集中性市场策略（详见本书第4章）。

同步案例7-2

兴文石海景区：文旅融合焕新颜

背景与情境：兴文石海景区位于四川省宜宾市兴文县，近年来，兴文石海景区坚决按照“以文塑旅、以旅彰文”的发展原则和方向，立足核心资源做足“地质+”文章，推进文化和旅游深度融合，景区的设施环境、产品服务焕然一新。

A.“地质+科普研学”贮潜力

兴文石海景区充分利用当地的地质资源，设计地质科普、僰苗文化、红色教育三大主题研学线路，打造竹、石、僰、苗四类精品研学课程，培养50余名研学导师，形成了涵盖小学、初中、高中全龄段研学体系，景区先后获评“全国科普教育基地”“四川省研学旅行实践基地（地学类）”。兴文石海形成“营地+基地”的联动发展模式。

B.“地质+文化演艺”彰魅力

在兴文石海景区，游客可以亲身体验苗装旅拍、学唱苗歌，还可以在特定时段参与苗族婚俗表演、苗族花山节、僰人赛神节等民俗活动，感受非遗文化的魅力，更能入住天下奇观豪生苗族文化主题酒店，深入了解苗族的历史风情。景区开发了苗家长桌宴、小勾留文创酒、僰人虎生茶等特色产品，丰富了景区游客的旅行体验。

C."地质+户外运动"显活力

兴文县以丘陵地貌为主，属亚热带湿润型气候，山、谷、溪、瀑、湖、洞、石、竹等特色资源丰富，适宜开展登山、攀岩、徒步、溯溪、探洞、露营、野外生存等山地户外运动。

兴文石海景区高标准打造的户外运动基地包括溜索、飞拉达、丛林穿越、滑草、步步惊心、僰人射箭等特色运动项目。基地定期举办溶洞探险、定向越野、攀岩洞降、帐篷露营等趣味活动，游客可以在运动中感受兴文石海的别样奇美。

D."地质+智慧文旅"聚动力

兴文石海景区充分利用天泉洞洞厅宏大的自然优势，结合数字技术和场地条件，以"地质+航天"为主题，打造了浪漫星河、火山熔岩、月球基地、宇航洞降等沉浸式光影项目。其中，火山熔岩项目获评第十七届中照照明奖二等奖，《兴文石海异星登录》科幻短片荣获宜宾市"时代光影·百部川扬"短视频大赛最佳创意奖。

与此同时，智慧停车、智慧票务、电子导游、虚拟景区、旅游直播等一批智慧文旅项目正在兴文石海景区落地，在提升游客体验的同时，为景区的服务和管理注入了新的动力。

资料来源 李勉. 兴文石海景区：文旅融合焕新颜［EB/OL］.［2023-06-29］. https://www.yibin.gov.cn/zjyb/ybly/lydt/202306/t20230614_1866196.html.引文有删减.

问题：兴文石海景区推出的"地质+"产品，分别服务于哪个目标市场？具有什么意义？

分析提示：兴文石海景区推出"地质+"产品，分别服务于不同的目标市场，比如针对学生的"地质+科普研学"；针对注重文化体验游客的"地质+文化演艺"；针对户外健身用户的"地质+户外运动"；针对科技探索型游客的"地质+智慧文旅"等。营销推广措施针对性较强，景区产品丰富，能够吸引更多旅游者的到来。

（2）旅游景区目标市场切入策划

旅游景区在确定目标市场、选择目标市场策略以后，还要就切入目标市场的过程和方法进行策划。

① 旅游景区目标市场切入过程策划。旅游景区切入目标市场的过程一般有三个阶段，即启动阶段、开业阶段和立足阶段。在启动阶段，旅游景区对所要进入的市场一般了解不透，对成功与否也无太大把握，因此应进行试探性进入，即对目标市场进行深入的调查和研究，对进入方式和时机进行缜密的策划，在一定范围内对景区旅游产品进行试销等。在开业阶段，经过前一阶段的试销等活动，旅游景区对目标市场已经有了足够的了解和把握，决定正式进入该目标市场。此时，旅游景区应开展一系列营销活动，包括正式成立相应的机构和确立合作伙伴、针对目标市场选择促销方法等。在立足阶段，旅游景区应采取一定规模的进

入方式，如通过景区旅游产品开发等站稳市场。

② 旅游景区目标市场切入方法策划。旅游景区可运用下列方法切入目标市场：

A.人员推销法，即利用旅游景区内部或外聘的推销人员，直接与旅游消费者接触并推销旅游产品。

B.广告宣传法，即精心进行广告策划，向目标市场传播景区旅游产品信息，提高景区和旅游产品的知晓度，促成旅游消费者的购买行为。

C.公共关系法，即通过开展各种形式的公关活动，树立景区在旅游消费者心目中的良好形象，赢得目标市场上公众的支持和信赖。

D.营业推广法，即采取各种优惠措施，给旅游消费者以实惠，从而吸引众多的旅游消费者。

此外，旅游景区还可采取权威人士推介、展销会、推介会等方法切入目标市场。

3）旅游景区市场定位策划

旅游景区市场定位策划就是在市场细分的基础上，为使旅游景区及其产品在旅游消费者心目中形成区别并优于竞争者产品的独特形象，通过各种途径、运用各种方法制订有效方案及措施。旅游景区市场定位策划的实质是寻求形成景区旅游产品的特色和树立景区独特的市场形象，以赢得旅游消费者的认同。例如，海南岛的市场定位为“热带中国——海南岛”。

（1）旅游景区市场定位策划的要点

旅游景区市场定位的关键是在明确目标市场的基础上，设法找出自己的产品比竞争者更具有竞争优势的特性。为此，旅游景区在进行市场定位策划时要把握以下要点：

① 旅游景区要以地域为界去选择市场，实施等级区域措施。旅游景区目标市场的选择不能只针对某一个地区或某一个城市，可以根据区域界线划分不同的目标市场，实施等级区域措施。采用这一措施开展市场营销时，旅游景区应遵循由近到远、逐步扩大的原则。

② 旅游景区营销要瞄准中心城市。消费通常存在梯次传递的规律，即大城市—中等城市—小城市—农村，时尚消费更是如此，而旅游就属于一种时尚消费。所以，市场定位策划应抓好中心城市旅游市场，突出景区旅游产品特色，从而吸引更多的旅游消费者。

（2）旅游景区市场定位策划的程序

旅游景区市场定位策划一般采用以下流程：

① 分析目标市场。旅游景区应分析目标市场上潜在旅游消费者的旅游习惯、出游时间、旅游花费、旅游偏好等，关注目标市场上旅游消费者的欲望满足程度及未满足的需要有哪些。

② 识别自身的竞争优势。分析竞争对手的经营管理状况、产品价格、分销渠道、市场形象、品牌状况等，寻找自身可能存在的竞争优势，如在产品、服

务、人员、形象等方面与竞争者的差异。

③ 准确选择竞争优势。通过分析对比，选出最适合本景区的优势项目，初步确定本景区在目标市场中所处的位置。

④ 初步定位目标市场。旅游景区通过一系列宣传促销活动，将自身独特的竞争优势准确传递给潜在旅游消费者，并在其心目中留下深刻印象，以达到树立旅游景区市场形象的目的。

⑤ 巩固市场形象。旅游景区应时刻关注市场动向，不断修正和调整市场定位，巩固市场地位，提高旅游消费者对旅游景区的忠诚度。

同步案例7-3

孔明山市场定位分析

背景与情境：孔明山旅游区位于云南省西双版纳傣族自治州东北部、勐腊县象明彝族乡境内。在对孔明山旅游区的区位特征、自然环境、社会经济背景、资源禀赋、客源市场、SWOT分析等要素进行综合分析的基础上和规划指导思想的指导下，可对孔明山旅游区的具体性质进行如下定位：

(1) 功能定位

以休闲度假、探险登山、生态观光、民俗风情体验、户外活动等为主要功能。

(2) 产品定位

结合孔明山旅游区功能定位将其产品定位为：以开发多元化的休闲度假游、生态观光游、民族风情体验游、原始丛林穿越游、户外活动游（如登山、野营、漂流、攀岩、绳降、康体活动等）为主的旅游产品。

(3) 市场定位

依据孔明山旅游区的产品定位、功能定位、项目规划及分期建设等，将孔明山旅游区市场定位如下：

近期（2006—2020年）：以国内外休闲度假和观光旅游者尤其是城市年轻爱冒险者、喜欢户外活动一族和国外散客旅游者为主要目标市场。

中远期（2011—2020年）：以国内外大众旅游者及城市高收入阶层、国外休闲度假旅游者为主要目标市场。

(4) 形象定位

依托西双版纳已有的区域形象，以“美丽的西双版纳，生态康体孔明山”为主题形象。

(5) 目标定位

根据孔明山旅游区客源市场分析及发展目标战略，得出如下目标定位：

近期（2006—2010）：使孔明山旅游区逐步成为面向景洪市及其周边市场的首选生态文化康体度假旅游地、户外运动探险（漂流）旅游地。

中期（2011—2015）：使孔明山旅游区成为西双版纳州生态文化度假旅游区示范点、东部旅游圈上的精品旅游区、茶马古道旅游的起点及六大茶山茶文化集中展示区、国家生态旅游区、国家AAAA级旅游区。

远期（2016—2020）：使孔明山旅游区成为国内知名的生态文化康体度假旅游地、澜沧江-湄公河国际旅游圈上的重要旅游点之一。

通过以上五个方面的分析，可将孔明山旅游区性质定位为：

以良好的生态植被、险峰峻石及多民族风情为基础，以生态康体休闲度假为主要功能，面向国内外市场的生态文化康体度假旅游区。

资料来源 深圳市创艺园旅游规划设计院. 旅游度假区总体规划设计——以孔明山旅游区性质与形象为例［EB/OL］.［2021-04-28］. https：//www.zhihu.com/org/chuang-yi-yuan-89/posts？page=34.

问题：孔明山景区是如何进行市场定位的？

分析提示：孔明山景区在进行市场定位时，首先确认了自身的优势及不足，明确潜在竞争优势，最后将自身独特的竞争优势准确传播给目标旅游消费者，从而强化了景区在旅游消费者心目中的形象。

7.2.2 旅游景区产品策划

旅游景区产品是指旅游景区能够提供给市场并被旅游消费者消费，以满足旅游消费者某种需要的旅游产品、旅游项目或旅游服务，它主要由旅游景区的自然或人造景观、人文名胜、基础设施和服务设施、景区服务、旅游活动项目等构成。

旅游景区产品具有如下特点：区域性；不可移动性；一定的季节性；大多具有观赏性；服务产品的无形性；生产和消费的同步性；所依托的资源具有独立性和垄断性；文化属性是旅游景区产品的内涵；部分旅游景区产品具有不可再生性；成熟的旅游景区产品需要具有整体性等。

同步思考7-1

问题：根据旅游景区产品的特点分析，旅游景区营销人员的工作任务有哪些？

理解要点：

①准确进行市场细分，利用不同的旅游资源，为旅游消费者提供不同的旅游产品。

②在旅游消费者“租借”旅游景区产品要素的过程中，为旅游消费者提供高质量的旅游体验。

③开发和生产独具特色的旅游景区产品，重视对从业人员的培训，力求为旅游消费者提供完美的服务，不断变化和丰富旅游景区产品的内涵，提升旅游景区产品形象，强化旅游消费者的感受。

④突出对旅游景区形象和垄断性产品的宣传，提高品牌知名度。

⑤运用各种促销手段，使“淡季不淡，旺季更旺”。

⑥挖掘旅游景区产品的文化内涵，满足旅游消费者的精神需求。

⑦注重旅游景区产品的整体开发，使旅游景区产品配套成龙、环环紧扣。

⑧树立现代旅游市场营销观念，走可持续发展之路。

1）旅游景区产品策划的概念

旅游景区产品策划是指旅游景区为使自己的产品适应景区市场开发活动、满足旅游消费者的需要而进行的谋划。旅游景区产品策划的内容包括旅游景区产品生命周期策划、旅游景区产品组合策划、旅游景区产品设计开发策划、旅游景区新产品推广策划、旅游景区产品品牌策划、旅游景区主题产品策划、旅游景区产品形象策划等。下面重点介绍旅游景区产品设计开发策划和旅游景区主题产品策划。

2）旅游景区产品设计开发策划

（1）旅游景区产品设计开发策划的原则

旅游景区产品设计开发策划一般应遵循以下原则：

①市场导向原则。这是指旅游景区应根据旅游市场的需求和变化规律，确定所开发产品的主题、规模等，即旅游景区在开发产品之前应先进行市场调研，准确掌握市场需求和竞争状况，然后结合景区旅游资源的特色，寻求相应的客源市场，确定目标市场。例如，个性化旅游的兴起要求旅游景区开发并提供品种多样、参与性强的产品。

课程思政 7-1

湖南岳阳平江石牛寨景区为游客免费发放“一米帽”

背景与情境：2020年5月2日，在湖南岳阳平江石牛寨景区，游客们都戴上了有趣的“一米帽”，以保持人员之间的安全距离，确保疫情防控工作落到实处。所谓“一米帽”，其实就是普通的帽子上绑了一根1米长的塑料棒或者长条气球。景区工作人员表示，5月2日当天，景区给每位游客都免费发放了“一米帽”，提醒游客有序游玩。另外，为了应对“五一”假期游客增多的情况，景区栈道也进行了全面消毒。

网友纷纷为景区的创意做法点赞：“好可爱，想拥有”“来看风景的人自己也成了一道风景”。

为了让游客直观感受1米距离，景区将原本用于魔术表演的1米气球运用到安全距离提示上，这也为游客的旅游活动增添了乐趣。

资料来源　佚名．硬核！湖南一景区为游客免费发放“一米帽”，网友：太可爱了［EB/OL］．［2020-05-05］．https：//new.qq.com/omn/20200505/20200505A0A66000.html.

问题：旅游景区产品开发除了考虑景区经济效益外，还应该综合考虑哪些因素？

研判提示：市场导向原则要求旅游景区在开发产品时要进行市场调研，研究旅游消费者的心理，准确把握旅游消费者的需求，开发出适销对路的旅游景区产品，取得更好的经济效益。同时还应该从思想道德高度照顾到消费者的其他利益，比如健康、安全等。

②独特性原则。这要求旅游景区在开发产品时，必须突出民族特色、地方特色，努力反映当地文化，尽可能保持资源的原始风貌。

教学互动7-2

任务：请为你所在地的某个旅游景区设计开发具有地方文化特色的旅游产品。

要求：

①小组讨论，然后每组推荐1名同学对上述问题进行回答，其他小组同学予以评论。

②教师对学生的回答和其他同学的评论做最后点评。

③经济效益原则。这是指旅游景区应在充分了解旅游市场需求的基础上，对所开发的产品进行可行性分析，即对其可进入性、投资规模、建设周期、对旅游消费者的吸引力、资金回收周期等进行分析。

④环境保护与社会效益原则。生态环境是旅游资源赖以存在的物质空间，因此旅游景区在开发产品时应做到：第一，正确处理开发与保护的关系，在产品开发过程中不破坏旅游资源；第二，将景区游客接待量控制在环境承载力之内，以维持生态平衡，使旅游资源能够永续利用；第三，注重社会文化影响，遵守旅游政策法规等。

同步案例7-4

踔厉奋发 全力以赴打造最美黄河之滨

背景与情境：党的二十大报告明确指出，“深入推进环境污染防治”“持续深入打好蓝天、碧水、净土保卫战”“基本消除重污染天气”“基本消除城市黑臭水体”“加强土壤污染源头防控”“提升环境基础设施建设水平，推进城乡人居环境整治”。

新的历史阶段，生态环境保护有了新的要求。未来，黄河风情线大景区管委会将更加着力加强生态保护治理、保障黄河长治久安，在开发上绿色化、高质量，共同抓好大保护，协同推进大治理，尽心尽力开发保护好黄河兰州段。

近年来，兰州黄河风情线大景区管委会坚持绿色生态的发展理念，深入开展黄河风情线综合提升整治工作，致力于建设山青、水净、岸绿、景美的黄河生态廊道，不断擦亮“黄河之滨也很美”的城市名片，打造黄河安澜行洪、黄河母爱共享、黄河生态造福的“黄河福道”。

为了让游人饱览黄河之滨美景，兰州市在七里河黄河大桥至雁滩黄河大桥段，打造了核心区20千米健身步道循环圈，让市民游客随心而动，畅意而行，打造出集健身、游览、观光等功能为一体的慢生活休闲廊道。

按照“一园一主题”的理念，对沿河10个主题公园进行了改造提升，改造面积34万平方米，打造了马拉松公园马鞭草紫色花海、市民公园牡丹园和安宁樱花大道、七里河玉兰大道等特色景观，全面展现了黄河之滨一点一景观、一处一主题、一段一特色的独特魅力。

此外，充分利用滨河空间，因地制宜建成足球场、篮球场、乒乓球场、空竹园等全民健身场所72处，增设自助书吧、环保公厕、健身器材、休闲座椅、衣帽架等便民设施3 000多套，初步建成了沿河运动休闲带，市民群众幸福感、获得感不断增强。

初秋时节，漫步在黄河之滨，远处白塔巍巍、水车悠悠，铁桥横卧，游船穿行；眼前的黄河湍急、翻滚，浩浩荡荡奔流向前。景随步移，公园、广场、小游园、雕塑景观等星罗棋布，形成了水天一色、诗情画意的滨水空间。看着眼前越来越美的黄河风情线，赵治全说，下一步，黄河风情线大景区将持续开展河道岸线综合整治工作，统筹推进生态环境综合治理，进一步提高市民群众的幸福指数。

资料来源：万及敏.【二十大时光·回响】踔厉奋发 全力以赴打造最美黄河之滨［EB/OL］.［2022-10-17］. https://www.163.com/dy/article/HJT7HA6N0534B3UM.html.

问题：结合案例，谈谈在景区产品开发过程中应该如何兼顾生态和环境问题？景区在提高市民群众幸福指数方面起着怎样的作用？

分析提示：在旅游景区产品开发过程中，要注重对生态环境的保护，主要是对旅游景区的基础性环境——自然环境的保护，主要针对该旅游景区内的自然环境特点，对土壤、植物、野生动物、噪声、大气等几个方面有重点地加以保护。人是大自然的一部分，要秉持人与自然和谐共生的理念，打造人类居住、生活的理想家园。

⑤综合性开发原则。这是指旅游景区在开发产品时应围绕重点项目，挖掘潜力，逐步形成系列产品和配套服务，延长游客的停留时间，提供健全的食、住、行、游、购、娱等配套服务和设施，提高旅游效益。

深度剖析 7-1

疑点：景区产品开发与环境保护可以兼顾吗？

释疑剖析：景区产品开发和环境保护既相互联系又相互矛盾，应处理好景区产品开发与环境保护的辩证关系，逐步推动旅游业的可持续发展。

旅游资源是旅游景区发展的基础，许多旅游资源是不可再生的。所以旅游景区营销不仅要考虑旅游者的需求，还要考虑旅游资源保护，要将市场需求与旅游资源保护结合起来，使市场营销运行与环境保护得到协调统一发展。

（2）旅游景区产品开发策划的方法

旅游景区产品开发策划可参考以下方法：

① 文化差异与文化认同法。文化差异可以形成旅游吸引力，激发旅游动机，如深圳世界之窗。文化认同是文化群体或文化成员承认群内新文化或群外异文化因素的价值效用符合传统文化的价值标准，如寻根谒祖游等。

② 典型集中法。它是指将有特色的旅游景区产品和分散的旅游景区产品进行整合与包装，形成规模较大、类型齐全的旅游产品。例如，北京欢乐谷设有

60余项人文生态主题景观、50余项游乐设备、20余项主题游戏及商业辅助性项目，营造了一个神秘、梦幻的世界，可以满足不同人群的需要。

③ 逆向思维法。这是一种与旅游消费者的思维习惯逆向而行的策划方法。例如，全国第一家返璞归真的开放式动物园——深圳野生动物园就是运用该方法成功策划的典型案例。

④ 借鉴与引进法。它是指根据市场需求借鉴和引进一些旅游项目，如城市近郊的生态旅游项目。

⑤ 时空搜索法。它是指从空间轴和时间轴两个向量上搜寻与本地区位、市场及资源条件相交叉的点的方法。例如，深圳华侨城的创意策划就是运用了时空搜索法，最终打造出了一座集中国与世界、古代与现代、认同与差异、静态与动态、人文与自然于一体的主题公园群。

3）旅游景区主题产品策划

主题产品具有渲染娱乐气氛、促进游客参与、丰富游客经历、提高景区亲和力和吸引力、塑造景区形象的营销效果，能够形成市场冲击力、营造商业卖点等，所以旅游景区的发展离不开各种主题产品的策划。旅游景区主题产品的策划取决于旅游景区的地脉、文脉和人脉，因此旅游景区要以环境调查、提炼亮点、主题选择、主题项目策划为路径，确定主题产品。

同步思考7-2

问题： 旅游景区主题产品策划应围绕哪些旅游活动展开？

理解要点： 旅游景区主题产品策划可围绕下述五个方面展开：

①节日活动；

②庆典活动；

③趣味活动；

④表演活动；

⑤综合性主题旅游线路。

学习微平台

延伸阅读7-2

(1) 影响旅游景区主题产品策划的因素

影响旅游景区主题产品策划的因素包括以下三个方面：

① 旅游景区的地脉。旅游景区的地脉是指旅游景区的自然地理背景，它表现为时间变化上的动态性和空间分布上的系统性，包括地质地貌、气象气候、生物、水体和自然区位等要素。旅游活动是在一定的自然环境的基础上产生和发展的，因此人们称自然环境为旅游的第一环境。例如，300多年前，集天下景物之美于一身的避暑山庄拔地而起，成为使人流连忘返的避暑胜地，这也说明了避暑山庄之“美”缘于其地脉。

② 旅游景区的文脉。旅游景区的文脉是指旅游景区所在地域的人文地理背景，包括当地的历史、社会、经济、文化等人文地理特征。文脉是旅游景区的内核，旅游景区主题产品应依文脉而立。只有准确把握旅游景区的文脉，挖掘特色卖点，提升文化质感，才能增强旅游景区的吸引力。

③ 旅游景区的人脉。旅游景区的人脉是指旅游景区目标市场上不同层次消费者群体所组成的脉络系统和旅游消费者对旅游景区的认可程度。因此，旅游景区应有针对性地策划符合目标市场消费心理和消费习惯的主题产品，为旅游消费者提供愉悦的旅游体验。

旅游景区主题产品策划与旅游景区地脉、文脉、人脉之间的关系是：地脉是旅游景区主题产品策划的切入点；文脉是旅游景区主题产品策划的核心；人脉则是旅游景区与旅游市场的和谐点。地脉、文脉、人脉相辅相成，统一构成了旅游景区主题产品策划的脉络体系。

（2）旅游景区主题产品策划的原则

旅游景区主题产品策划应遵循以下原则：

① 与旅游景区的性质协调一致原则。旅游景区的性质是由旅游景区资源的类型与特征、旅游景区在区域旅游系统中的分工决定的。旅游景区主题产品策划必须与旅游景区的性质协调一致，这样不仅有利于突出景区旅游资源的特色，而且可以避免在一定地域内景区主题产品雷同的问题。

② 突出旅游景区资源特色原则。特色是旅游景区生命力、竞争力和吸引力的源泉。旅游景区主题产品策划要在深入挖掘旅游景区资源特色的基础上进行。

③ 适应旅游市场需求原则。旅游资源是旅游景区产品的主要原材料，其本身并不是旅游产品。在市场经济条件下，旅游景区必须以市场为导向，发现、挖掘、评价、筛选和开发旅游资源，提炼旅游产品主题，设计、制作和组合旅游产品，并将其推向旅游市场，进而引导、开发旅游市场。

（3）旅游景区主题产品策划的过程

旅游景区主题产品策划的过程如图7-1所示。

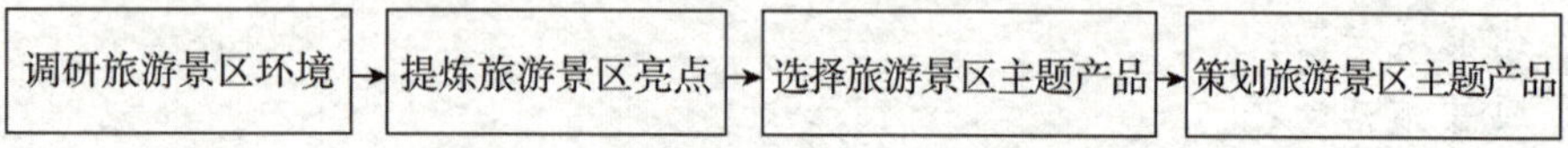

图7-1　旅游景区主题产品策划的过程

①调研旅游景区环境。对旅游景区环境进行调研是旅游景区主题产品策划的第一步，只有准确掌握旅游景区的“三脉”，及时了解旅游市场的动态信息，才能使策划建立在坚实可靠的基础之上。

学习微平台

微课7-1

②提炼旅游景区亮点。旅游景区主题产品策划是以旅游资源为基础的。由于某些旅游资源具有普遍性和类似性，因此旅游景区必须根据自身资源情况，寻找、挖掘本景区的独特之处，即根据当地历史文化积淀分析资源特色，最终提炼出旅游景区的亮点，吸引旅游消费者。

③选择旅游景区主题产品。每个旅游景区都可能有多个较为鲜明的主题，但是由于条件的限制，旅游景区不可能同时开发多个主题，这就需要对存在的多个主题进行评价、筛选。选择主题产品是旅游景区主题产品策划的关键，是资源配置的凝聚点、产品制作的创意点、市场营销的兴奋点。

④策划旅游景区主题产品。这是指根据选定主题的功能要求和目标进行产品策

划，包括主题产品功能设计、选址建议、开发时序、策划依据、主题内容五大方面。

同步案例7-5

承德避暑山庄《梦入避暑山庄》：打造让观众“穿越”的体验剧

背景与情境： 2020年9月11日，承德避暑山庄打造的首部沉浸式皇家园林体验剧——《梦入避暑山庄》正式开演，引发了游客连连点赞。

据了解，乾隆三十六年（1771年），土尔扈特部首领渥巴锡（阿玉奇汗之曾孙）为摆脱沙俄压迫，率领部众冲破沙俄重重截击，历经千辛万苦，胜利返回祖国，谱写了一曲不畏强暴、奋勇抗争、万里东归的赞歌。《梦入避暑山庄》在这一真实历史事件的基础上进行还原和再创作。该剧正常演出时间为70分钟，剧场可同时容纳400人观看。

“该剧设置了正黄旗、正蓝旗、正红旗三条主线，舞台分散到现场的22个蒙古包中，三条故事线都不同，22个蒙古包里的演艺活动也各不相同，讲述的都是小人物的悲喜故事。以小人物的视角呈现大历史，这种讲述方式更生动，更令游客动容。”该剧编剧、空间创想、导演王卓说，为了让该剧与避暑山庄的环境相结合、相呼应，舞台专门选址在当年乾隆皇帝设宴款待土尔扈特部众首领的万树园，面积达2 000余平方米，游客观看演出的地方就是当年历史的发生地，这样的情景交融更容易让游客入戏。与此同时，整个故事围绕“家国情怀”与“民族团结”两大主题展开，以“历史+艺术+科技+创新”的方式呈现，突出体现了避暑山庄的皇家文化、草原文化特色，有助于其在同类产品中脱颖而出。

据了解，《梦入避暑山庄》分为“初归故土”“梦回山庄”“再忆东归”“又现盛世”“梦回避暑山庄”五幕，设置了结绳、面具、婚礼、姐妹、信等主题，演出打破了空间界限，让每一位游客既是旁观者，也是参与者，游客可以观看演出，也可以与演员互动交流。

《梦入避暑山庄》立意清晰、特色鲜明、故事丰富、体验独特、情感真挚。主场大幄重现了土尔扈特部回归的艰辛历程，游客可以切身感受200多年前东归同胞的英勇与执着，体会到当今国家富强的来之不易，激起民族自豪感。同时，该剧通过精心编排和视听渲染，将沉浸式作为演出特色。比如大幄之内的环幕演出，不仅有幕布上的电脑特效场景，也有幕后真人表演，虚虚实实，让人恍然如梦，有“穿越”之感，突出了“梦境”的主题。在叙事表现上，该剧从生活细节刻画到人物性格塑造，都给人以真实、有血有肉的感觉，观感体验良好。

资料来源 任丽．承德避暑山庄《梦入避暑山庄》：打造让观众“穿越”的体验剧［EB/OL］．［2020-11-24］．https：//www.mct.gov.cn/whzx/qgwhxxlb/hb/202011/t20201124_902885.htm.

问题：《梦入避暑山庄》如何突出“梦境”主题？景区策划主题产品时应考虑哪些因素？

分析提示：《梦入避暑山庄》结合避暑山庄的文脉，围绕“家国情怀”与“民族团结”两大主题展开，以“历史+艺术+科技+创新”的方式呈现，突出体现了避暑山庄的皇家文化、草原文化特色。

学习微平台

延伸阅读7-3

7.2.3 旅游景区促销策划

旅游景区促销是指旅游景区借助一定的传播媒介，将旅游景区产品的信息传递给旅游消费者，使其了解、信赖旅游景区产品，激发其购买欲望并做出购买行为，从而实现扩大销售的目的。旅游景区促销工作的核心是与旅游消费者沟通信息并与其建立长期而稳固的关系。

1）旅游景区促销策划概述

旅游景区促销策划是指运用科学的思维方式，在调查研究的基础上，根据旅游景区总体营销战略的要求，对某一时期各种旅游产品的促销活动做出总体规划，并为具体旅游产品制订周密的活动计划。

（1）旅游景区促销目标策划

旅游景区的促销目标就是旅游景区促销活动所要达到的目的。旅游景区促销目标必须服从旅游景区营销的总体目标，不能为了促销而促销。旅游景区应根据自身要求及市场调研情况确定促销目标。一般来说，针对旅游消费者的促销目标有：增加销售量，扩大销售；吸引潜在顾客，维护老顾客；树立旅游景区形象，提升旅游景区知名度；应对竞争，争取客源。旅游景区可以确立单个促销目标，也可以确立多个促销目标。

（2）旅游景区促销方式策划

旅游景区的促销方式主要包括广告、人员推销、公共关系和营业推广四种。

①旅游景区广告策划。**旅游景区广告策划**是指根据旅游景区整体营销战略，在广告调研的基础上，制定系统的广告策略、创意表现与实施方案的过程。

旅游景区广告策划的程序如下：

第一步：策划广告目标。广告目标是旅游景区针对目标顾客所要实现的特定的传播任务。旅游景区的广告目标很多，有信息性目标、说服性目标、提醒性目标、创牌目标、保牌目标、竞争目标等。旅游景区营销策划人员应根据既定的广告目标，进行相应的广告策划。

第二步：策划广告预算。广告预算是旅游景区投入广告的费用计划，广告预算策划直接影响着旅游景区的效益。

第三步：策划广告媒体。旅游景区在选择广告媒体时，一方面要对各类媒体的优缺点进行评价；另一方面要考虑影响媒体选择的因素，如目标顾客的特点、旅游景区产品的性能和特征、媒体成本和旅游景区实力、媒体性质和传播效果等。

第四步：策划广告时机。广告时机策划是指对广告发布的具体时间和频率进行合理安排。

第五步：评价广告效果。广告效果主要表现为销售效果、诉求认知效果、综合效果三个方面。旅游景区通过评价广告效果，可以衡量广告费用的投入是否达到了预期目标，也可以为以后广告活动的开展提供有力的依据。

②旅游景区人员推销策划。旅游景区人员推销策划是指制订并实施人员推销方案的过程。旅游景区人员推销策划合理与否，直接关系到旅游景区推销活动的

进程和实际效果。

旅游景区人员推销策划的程序如下：

第一步：策划推销目标。虽然旅游景区推销人员的每一次推销活动都以达成交易为最终目标，但这并不是最根本的目标，最根本的目标是令目标顾客感到满意，从而实现与目标顾客的长期合作。因此，旅游景区推销人员必须了解目标顾客做出购买决策的过程，清楚目标顾客在购买过程中需要解决的主要问题，这样才能确定每一次推销活动应采取的对策和行动方案。

第二步：策划目标顾客拜访方式。旅游景区推销人员应对要拜访的目标顾客进行适当的分类，然后根据确定的推销目标，采取不同的拜访方式，最终与目标顾客建立良好的关系。

业务链接7-3

旅游景区目标顾客拜访工作流程如图7-2所示。

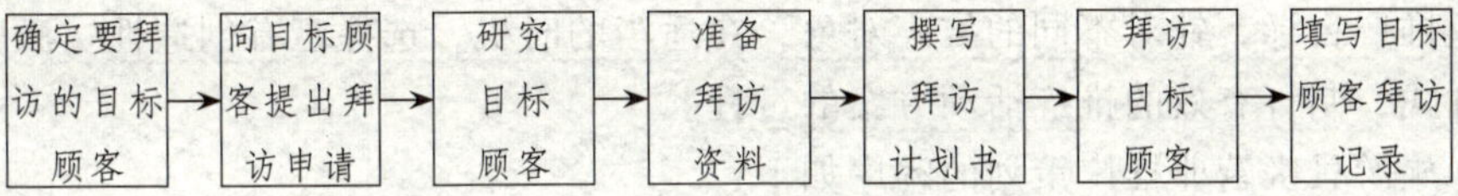

图7-2 旅游景区目标顾客拜访工作流程

第三步：确定推销洽谈要点。旅游景区推销人员应针对目标顾客的具体情况和所推销旅游景区产品的特殊性，确定推销洽谈要点。

第四步：策划推销策略和技巧。在推销洽谈过程中，目标顾客可能会提出各种问题，因此推销人员应事先对这些问题进行预估，同时策划一些必要的推销策略和技巧，以应对和解决这些问题。

第五步：安排推销洽谈日程。旅游景区推销人员应根据双方时间，安排洽谈日程，掌握好洽谈进度，这也是推销取得成功的必要条件之一。

③旅游景区公共关系策划。**旅游景区公共关系策划**是指在公关调研的基础上，为旅游景区制订既富有创意又经济有效的战略性或策略性公关促销活动方案并指导实施的过程。旅游景区公共关系策划的主要目的是借助各种媒体的宣传，提高旅游景区的知名度和美誉度。

旅游景区公共关系策划的程序如下：

第一步：分析旅游景区公关现状。旅游景区公关策划人员应深入了解旅游景区当前的公关状态，如旅游景区在公众中的知名度和美誉度、目前存在的问题、出现问题的原因、旅游景区最希望解决的公关问题、解决这一问题的关键是什么等。

第二步：确定旅游景区公关目标。旅游景区公关的总体目标是塑造旅游景区的良好形象，同时根据旅游景区的需要，还存在许多分目标，如近期目标与远期目标，一般目标与特殊目标，传播信息目标、联络情感目标、改变态度目标和引起行为目标等。旅游景区应根据市场环境和当前的实际问题来确定公关活动应该达到的具体目标。

第三步：确定旅游景区公众。确定旅游景区公众是旅游景区公关策划的主要任务。只有确定了公众，才能确定公关媒体、公关模式等，才能做到有的放矢，实现效益最大化。

第四步：编制公关活动方案。这是旅游景区公共关系策划的核心工作。公关活动方案应包括活动时机、活动地点、活动媒体、活动策略及活动预算等内容。

第五步：评估公关活动效果。旅游景区公关活动的效果通常以认知度、美誉度及和谐度为基础进行评估。认知度与美誉度的建立，必须通过提高旅游景区公关活动的公众参与度来实现；和谐度是指旅游景区公关活动应能够实现各利益主体在利益方面的一致性。除此之外，旅游景区还应该考虑公关活动在销售业绩促进方面的效果。

④旅游景区营业推广策划。**旅游景区营业推广策划**是指根据旅游景区的营销目标，在充分研究旅游市场的基础上，确定旅游景区在某一阶段或对某一产品的营业推广目标，针对不同的推广对象，在适当的时机，选择富有创造性、激励性的方式，制订有效的推广活动方案的过程。

旅游景区营业推广策划的程序如下：

第一步：确定营业推广目标。旅游景区的营业推广目标主要有三类：针对旅游消费者的营业推广目标、针对旅游中间商的营业推广目标和针对旅游景区推销人员的营业推广目标。

第二步：选择营业推广方式。根据旅游景区的三类营业推广目标，分别选择不同的营业推广方式。

第三步：制订营业推广方案。营业推广方案的内容主要包括推广规模、措施、时间、时机及总预算等。

第四步：实施营业推广方案。旅游景区实施营业推广方案时应注意：掌握好工作进度，监督方案的实施情况并及时进行反馈。

第五步：评估营业推广效果。评估营业推广效果不仅是对营业推广工作的总结，而且有利于旅游景区了解所采用营业推广方式的有效性，从而为以后改进营业推广方式提供经验和参考。

2）旅游景区形象策划

（1）旅游景区形象的构成要素

旅游景区形象是指在一定时期和一定环境下，公众（包括旅游消费者）对旅游景区进行识别后形成的一种总体评价，是旅游景区的表现与特征在公众心目中的反映。

① 旅游景区景观形象。这是公众对旅游景区各种景观的外貌特征、自然地理、历史文化、民俗风情等要素的直接感知，是旅游景区形象的基础和主导吸引因素。

② 旅游景区产品质量形象。这是指旅游景区所提供的基础设施和产品的质量水平。其中，产品质量包括两方面内容：第一，旅游景区对食、住、行、游、

购、娱六大旅游要素的衔接所提供的服务；第二，旅游景区在提供服务的过程中所表现出的管理水平和员工之间的协调合作，这是旅游景区产品质量形象的核心内容。

③ 旅游景区社会形象。旅游景区居民的文化素质、旅游景区居民对旅游消费者的态度、社区参与旅游的保障机制等，都是影响旅游景区社会形象的因素。

④ 旅游景区环境要素。旅游景区所在地的政治、经济和社会环境等因素会影响公众对旅游景区以及整个地区的形象认知和评价。

（2）旅游景区形象策划概述

旅游景区形象策划是指对与旅游景区形象有关的要素进行全面系统的设计，通过全方位的信息传送，塑造出为内外公众所认同的旅游景区形象战略系统的过程。

旅游景区形象识别系统（CIS）的构成要素包括理念识别（MI）、行为识别（BI）和视觉识别（VI）。其中，MI是最深刻的部分，堪称旅游景区的“灵魂”；BI是动态的识别形式，像旅游景区的“手”；VI是静态的识别形式，犹如旅游景区的“脸”。BI和VI是MI的表现，MI则是BI和VI的内涵，三者相辅相成、有机协调。现代公关理论中还增加了顾客满意的相关内容。顾客满意是旅游景区营销的宗旨，坚持顾客满意是实现和维护旅游景区形象的根本。旅游景区形象识别系统的构成如图7-3所示。

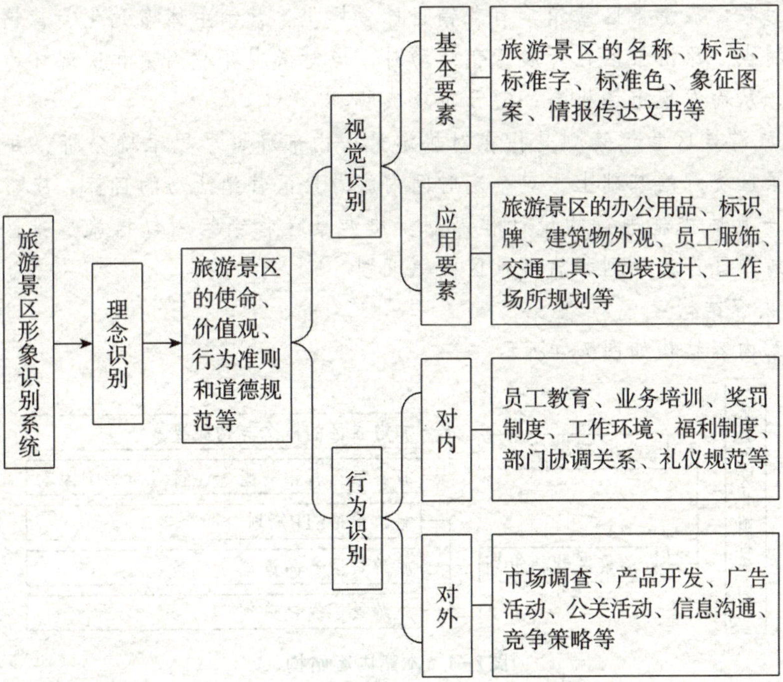

图7-3 旅游景区形象识别系统的构成

旅游景区形象策划的程序如下：

第一步：旅游景区形象识别系统导入。这包括导入CIS的动机、时机和

学习微平台

延伸阅读7-4

随堂测7-2

机构。

第二步：旅游景区形象调研与分析。这包括旅游景区环境调研、旅游景区CIS现状分析等。

第三步：旅游景区形象策划与设计。这包括策划的原则和预算、创意方法、行动方案及策划书。

第四步：旅游景区形象识别系统实施及管理。这包括CIS传播、CIS实施督导、CIS效果评估及调整改进。

本章概要

□ 内容提要与结构

▲ 内容提要

● 旅游景区是吸引国内外旅游消费者前往游览的区域或场所，是能够满足旅游消费者游览观光、消遣娱乐、康体健身、求知等旅游需求，具备相应的旅游服务设施并提供相应旅游服务的独立管理区。旅游景区具有空间——地域性、功能——旅游性、设施——服务性、经营——管理性等特点。旅游景区的构成要素包括资源要素和非资源要素两类。

● 旅游景区营销是指旅游景区以旅游消费者的需求为导向，通过分析、规划、执行、监控来管理旅游景区，从而使旅游消费者感到满意，创造旅游消费者价值的过程。旅游景区营销具有营销目标多样化、营销主体多元化、营销对象复杂化的特点。旅游景区在开展营销活动时，应对微观环境因素和宏观环境因素进行分析，从而发现市场机会，避开市场威胁。

● 旅游景区营销策划是指在对旅游景区内部环境予以准确分析，并有效运用旅游景区资源的基础上，对一定时间内旅游景区营销活动的目标、战略以及实施方案与具体措施进行的设计和谋划。旅游景区营销策划包括旅游景区STP策划、旅游景区产品策划和旅游景区促销策划。

▲ 内容结构

本章内容结构如图7-4所示。

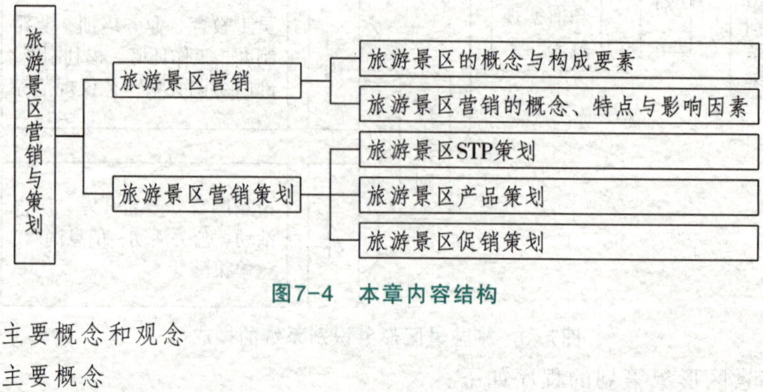

图7-4 本章内容结构

□ 主要概念和观念

▲ 主要概念

旅游景区　旅游景区营销　旅游景区营销策划　旅游景区市场细分策划　旅

游景区目标市场选择策划 旅游景区市场定位策划 旅游景区产品 旅游景区产品策划 旅游景区促销策划 旅游景区广告策划 旅游景区公共关系策划 旅游景区营业推广策划 旅游景区形象策划

▲ 主要观念

旅游景区的特点及影响因素 旅游景区营销策划

□ 重点实务和操作

▲ 重点实务

旅游景区STP策划 旅游景区产品策划 旅游景区促销策划 相关“业务链接”

▲ 重点操作

旅游景区主题产品策划 旅游景区广告策划 旅游景区人员推销策划 旅游景区公共关系策划 旅游景区营业推广策划 旅游景区形象策划

基本训练

□ 理论题

▲ 简答题

1）简述旅游景区的特点和构成要素。

2）简述旅游景区营销的影响因素。

3）旅游景区形象的构成要素有哪些？

▲ 讨论题

1）如何理解旅游景区营销对象的复杂化？

2）如何理解旅游景区营销主体的多元化？

□ 实务题

▲ 规则复习

1）旅游景区如何进行市场细分策划？

2）简述旅游景区目标市场切入策划。

3）结合旅游景区产品的特点说明旅游景区营销人员的营销任务。

4）简述旅游景区产品策划的方法。

▲ 业务解析

1）有着“仙踪灵迹”之称的河北省承德市双塔山与人不再有距离美感，人们对双塔山远距离的凝望遐想变成了近距离的逼视。一座重约40吨、与双塔等高的钢铁旋梯硬生生地立在了南塔边上，人们可以登上旋梯近距离地细数双塔山顶的一砖一木。但是钢铁旋梯的出现极大地破坏了双塔山的自然美景，从此，人们看到的不再是双塔，而是“三塔”并立，承德人形象地称为“第三者插足”。钢铁旋梯从建成之日起就在社会上引起了极大的争议，然而，在拆声一片中它仍然默默矗立长达4年之久。2003年3月，承德市终于将钢铁旋梯拆除，还了双塔山原貌。如果你是双塔山景区的营销人员，你认为钢铁旋梯的出现对该景区的营销有何影响？你是否同意将其拆除？

2）如果承德避暑山庄利用其湖区旅游资源，在冬季（旅游淡季）推出多项冰上旅游项目，那么在开拓北京、天津市场时，采取哪种促销方式效果会更好？为什么？

□ 案例题

▲ 案例分析

【训练项目】

案例分析-Ⅶ。

【相关案例】

避暑山庄及周围寺庙景区全力打造“5A+”标准景区新形象

背景与情境：时值盛夏，告别白日的燥热，习习晚风中，走进避暑山庄，惊喜地发现：承德避暑山庄亮起来了。水心榭、烟雨楼、金山亭……一座座古建筑通过绚烂的灯光布景，在悠悠湖水中形成倒影，少了一些庄严肃穆，多了一丝神秘雅致，不仅给游者带来独一无二的视觉盛宴，更赋予古建筑新的生命力，让这座驰名中外的皇家园林更添魅力。

近年来，避暑山庄及周围寺庙景区亮点频出、精彩不断：举办“蒙曼讲避暑山庄”活动，试水“云端”直播，线上尽览山庄美景，品读历史文化，引数十万网友围观；利用大数据技术分析游客需求，提升旅游接待水平，使景区居于全国5A级景区品牌100强榜单第十六位。为促进夜经济发展，“夜游避暑山庄”活动一经推出，便再一次吸引了人们的关注，也让夜色中的避暑山庄成为游人新晋打卡地。

（1）实施亮化工程，助力承德夜经济

2020年，承德市以“避暑山庄之夜”为主题，从夜文化提升、夜服务配套、夜消费促进、夜景观打造入手，大力发展夜间商业、文化、体育、旅游融合经济，培育多元化夜间消费模式，推出一批品牌化、标志性商旅文一体化项目，着力打造“一核一带三个精品片区”。其中，“一核”就是指打造“避暑山庄之夜”核心品牌。

山庄内一期的亮化工程基本完成，工程总投资170万元，环线总长2.6千米。除了环湖区沿线路面照明和古建筑整体轮廓照明外，还对12组古建筑进行了投光照明。

（2）全面升级服务设施，提升旅游接待水平

随着5G技术的不断普及，以“万物智联”为特征的5G给承德市旅游业也带来了变革式的发展。避暑山庄景区围绕打造精品景区景点，紧跟科技发展步伐，全面升级服务设施，不断提升旅游接待水平。

避暑山庄是全国首批、河北省首个覆盖5G信号的5A级景区，并将深度开展“5G+智慧文旅”领域的合作，于2020年年底实现5G信号全覆盖，构建“5G+智慧文旅”生态体系，更好满足人民美好生活需要，全面开启5G智慧旅游新时代。

（3）强化旅游管理，提升服务接待软实力

建立文明引导，开展义务讲解，加强景区巡查，维护旅游秩序……为提升服

务接待能力，景区强化了一系列旅游管理举措——加强导游服务管理；成立综合执法队，强化景区内巡查力度，维护景区旅游秩序；完善导游服务，进一步加强丽正门、德汇门导游服务站管理，严格按照相关法律、法规开展导游服务工作，为广大游客提供优质的导游讲解服务。

（4）进一步扩大景区开放区域，提升景区吸引力

为进一步打造景区新亮点，提升景区吸引力，避暑山庄及周围寺庙景区在以“5A+”标准打造景区接待软、硬实力的同时，进一步拓展景区开放区域，逐步开放避暑山庄松鹤斋区域及殊像寺、溥仁寺两个新景点。

文旅融合开新景，风光无限看今朝。我们相信，乘着文旅融合发展的东风，避暑山庄及周围寺庙景区一定会越来越风光旖旎、魅力无限。

资料来源　林海娇，刘子安．避暑山庄及周围寺庙景区全力打造“5A+”标准景区新形象［EB/OL］．［2020-07-20］．https：//www.chengde.gov.cn/art/2020/7/20/art_360_632540.html.有删改．

问题：

1）通过多种途径了解承德避暑山庄景区，根据案例内容谈谈该景区完善建设对你的启发

2）如果你是该景区的营销人员，你将如何借助已有的资源对该景区进行促销策划？

【训练要求】

同第1章“基本训练”中本题型的“训练要求”。

▲ 课程思政

【训练项目】

课程思政-Ⅶ

【相关案例】

游客被拖进“洞房”3分钟收费168元，当地文旅部门介入

背景与情境：4月2日，有博主称自己在某景区体验少数民族婚俗时，参与舞台演出后与女演员进行“洞房”环节，在小房间中演员为博主倒了一杯茶，3分钟收费168元。不少网友称这个项目太坑了、太贵了。

事发地景点的管理员告诉记者，体验婚俗的公司收费标准是39元，含民族风俗包一个、绣球一个，小房间内的茶水免费。管理员称，演员的行为违反了公司规定，将对她私下收小费行为进行调查。

据悉，当地文旅部门已关注到相关信息，正进行调查了解。相关部门也将根据调查情况，做出下一步处理。

资料来源　王若溪．游客被拖进“洞房”3分钟收费168元，当地文旅部门介入［EB/OL］．［2024-04-03］．https：//www.ctnews.com.cn/jianguan/content/2024-04/03/content_158505.html.

问题：

1）景点演员应具备哪些职业道德素养？

2）地方文旅部门和景区管理人员在旅游法治建设中应承担起怎样的责任？

【训练要求】

同第1章“基本训练”中本题型的“训练要求”。

□ 自主学习

【训练项目】

自主学习-Ⅳ。

【训练目的】

见本章“学习目标”中的“自主学习”。

【教学方法】

采用“学导教学法”和“研究教学法”。

【训练要求】

1）以小组为单位组建学生训练团队。

2）各团队依照本教材“附录三”的附表3中“自主学习”（中级）的“基本要求”和各技能点的“参照规范与标准”，确定长期学习目标，制订《自主学习计划》。

3）各团队实施《自主学习计划》，系统体验对本教材“附录一”的附表1“领域”中“自主学习”（中级）各技能点的“‘知识准备’参照范围”所列知识和“文献综述”撰写规范的自主学习。

4）各团队以自主学习获得的“学习原理”、“学习策略”与“学习方法”知识为指导，通过院资料室、校图书馆和互联网查阅和整理近3年以“旅游景区经营及营销中存在的问题及对策”为主题的国内外学术文献资料。

5）各团队以整理后的以“旅游景区经营及营销中存在的问题与对策”为主题的文献资料为基础，撰写《“旅游景区经营及营销中存在的问题与对策”最新文献综述》。

6）总结上述各项体验，撰写作为“成果形式”的训练课业。

【成果形式】

1）训练课业：《“自主学习-Ⅳ”训练报告》。

2）课业要求：

（1）内容包括：训练团队成员与分工；训练过程；训练总结（包括对各项操作的成功与不足的简要分析说明）；附件。

（2）将《自主学习计划》和《“旅游景区经营及营销中存在的问题与对策”最新文献综述》作为《“自主学习-Ⅳ”训练报告》的附件。

（3）《“旅游景区经营及营销中存在的问题与对策”最新文献综述》应符合“文献综述”规范要求，做到事实清晰、论据充分、逻辑合理。

（4）结构与体例参照本教材“课业范例”的“范例-4”。

（5）在校园网的本课程平台上展示班级优秀训练课业，并将其纳入本课程的教学资源库。

单元考核

考核要求：“考核模式”“考核目的”“考核种类”“考核方式、内容与成绩核定”及考核表等规范要求，见本教材网络教学资源包中的“学生考核手册”。

第8章 旅游酒店营销与策划

学习目标

通过本章学习，应该达到以下目标：

理论目标：学习和掌握“旅游酒店营销与策划”的相关概念，旅游酒店有形要素的内容及其在酒店营销中的作用，旅游酒店服务营销的特点，旅游酒店客户关系管理的内容与必要性，旅游酒店的主要客源及开发原因，酒店餐饮面临的外部压力，以及“延伸阅读”等陈述性知识；能用其指导本章“同步思考”、“深度思考”、“教学互动”和“基本训练”中“理论题”各题型的认知活动，正确解答相关问题；阶段性体验本章专业理论学习的横向正迁移，以及相关胜任力建构中“专业认知”要素的继续生成。

实务目标：学习和把握旅游酒店营销的基本任务与策略，酒店客户关系管理实施过程及需要注意的问题，旅游酒店客源与餐饮市场营销策划，以及“业务链接”等程序性知识；能以其建构“旅游酒店营销与策划”中的专业规则意识，正确解析本章“深度剖析”、“教学互动”和“基本训练”中“实务题”的相关问题；阶段性体验本章专业实务学习的横向正迁移，以及相关胜任力建构中“专业规则”要素的继续生成。

案例目标：运用本章理论与实务知识研究相关案例，培养和提高在特定情境中多元表征的“旅游酒店营销与策划”专业能力；能结合本章教学内容，依照相关规范，对“课程思政8-1”专栏和章后“课程思政-Ⅷ”等案例中企业或其从业人员行为进行思政研判，强化社会主义核心价值观的价值引领作用，促进“立德树人”根本任务的落实；通过学习本章专业案例中思想政治元素融入专业课的协同效应，阶段性体验本章专业“通用知识”与“思政元素”的协同性重组迁移，以及相关胜任力建构中“认知弹性”要素的继续生成。

实训目标：参加本章“旅游酒店营销与策划”技术应用的实践训练，在了解和把握本实训所及“专业能力训练领域”各“技术-技能点”名称、操作参照“规范与标准”，“职业核心能力与职业道德领域”相关“素养点”的“规范与标准”，以及“指导准备”和“知识准备”基础上，通过各项实训任务的完成、系列“技术-技能”操作的实施、《实训报告》的准备与撰写等有质量、有效率的活动，培养“旅游酒店营销与策划”的专业能力，强化“信息处理”、“与人交流”、“与人合作”、“解决问题”和“革新创新”等职业核心能力（中级），并通过“认同级”践行“职业观念”“职业态度”“职业良心”“职业作风”“职业守则”等行为规范，促进健全职业人格的塑造；阶段性体验本章专业实践学习中“旅游酒店营销与策划”运作的“专能”“通能”“职业道德”元素的协同性“重组-产生”迁移，以及相关胜任力建构中“技术-技能”要素的生成。

引例 如何处理酒店与旅行社的关系

背景与情境：万豪国际集团前首席执行官兼总裁苏安励曾在美国旅行社全球大会上向记者表示，万豪国际集团收购喜达屋酒店之后，将继续保持与旅行社的良好业务关系。

有记者向苏安励发问，万豪打算如何定位集团与旅行社、喜达屋酒店之间的关系，为什么大家认为喜达屋酒店和旅行社的关系更为密切。

苏安励表示，这可能是因为他们个人与喜达屋酒店的关系比较好，也可能是因为喜达屋酒店的员工比较擅长处理与旅行社的关系，或者是其他方面的原因。“我们希望维持好我们与客户之间的关系。我们与旅行社之间的关系就是我们与客户之间的关系。所以，我们会维护好与旅行社之间的合作。”

苏安励的发言非常小心谨慎，他说：“这并不意味着所有的决策都能获得大家的青睐，但是我们希望能在相互理解的基础上做出决策，我们也希望旅行社能够理解这一点。”

苏安励还探讨了对旅行社来说比较敏感的话题——酒店直接预订策略。

苏安励表示：“当前，如果你问顾客在哪里能订到价格最优惠的房间，即使网上和万豪酒店直接预订的价格完全相同，顾客还是会回答在线旅行社。这是在线旅行社花大价钱做市场营销给人们造成的错觉。”

苏安励说，为了纠正人们的这一看法，不少酒店开始推广直接预订方法。

资料来源 根据网络资料整理.

问题：

(1) 苏安励表达了怎样的观点？

(2) 酒店应如何处理与旅行社的关系。

由引例可知，旅行社是酒店重要的分销渠道，而酒店又是旅行社不可或缺的供应商，两者作为渠道成员，具有各自不同的利益，它们既要考虑合作，又要考虑各自的经济利益，于是渠道成员之间出现矛盾是不可避免的。酒店通过旅行社分销产品，需要让渡一定比例的利润，因此许多酒店纷纷尝试建立网络直接预订体系。

8.1 旅游酒店产品有形要素展示

旅游酒店是为客人提供住宿和饮食的场所，即以它的建筑物为凭证，通过出售客房、餐饮及综合服务等酒店产品获得经济收益的组织。

8.1.1 旅游酒店营销概述

1）旅游酒店产品的概念

旅游酒店产品是指客人在酒店下榻期间所获得的各种满足与不满足的总和。旅游酒店产品既包括有形产品，又包括无形产品。旅游酒店整体产品也是由核心产品、形式产品、延伸产品、期望产品和潜在产品五个层次构成的。

旅游酒店产品的特征：有形产品和无形服务的结合、不可储存性、明显的季节性、脆弱性、不可专利性、品牌忠诚度低和对中间商信息的依赖性强。

2）旅游酒店营销

旅游酒店营销是指旅游酒店为了满足客人的合理要求、为使酒店盈利而进行的一系列经营销售活动。

旅游酒店营销是一项持续不断、有步骤进行的活动。酒店管理人员在此过程中通过市场调研，了解客人的需求，努力提供高质量的产品与服务，从而使客人满意，使酒店盈利。

业务链接8-1

如何做好旅游酒店营销工作

①客人需求被作为最先考虑的事。

②注意市场调研。

③及时了解竞争对手，了解其产品，了解其竞争手段。

④充分认识长期计划的价值，制定酒店市场营销组合策略。

⑤了解该酒店在客人心目中的形象。

⑥重视并鼓励酒店内部各部门之间的合作。

⑦充分认识到与相关单位或企业搞好合作的重要性。

⑧积极创新。

⑨适当扩大业务范围，开展多种经营，更好地满足客人的需求。

⑩经常对酒店的营销活动进行评估。

8.1.2 旅游酒店产品中的有形要素

酒店是一个集中为社会提供服务产品的公共场所，而服务产品是无形的，所以酒店通常非常注重无形产品的质量，力求使每位客人都拥有一个满意的消费经历。然而从营销的角度来讲，有形产品是无形服务中不可缺少的，酒店产品中的有形要素能够给客人创造一种很强的价值感觉，加深客人对酒店的认可度。例如，当销售人员向一位不了解其酒店的客户推销时，或者酒店接待初次入住的客人时，有形要素是决定酒店能否被客人选择的首要因素。因此，酒店的良性运作既依赖于服务员高效率的服务行为，又必须建立在酒店良好的物质设备基础之上。

1）酒店的地理位置

美国饭店业标准化之父埃尔斯沃思·斯塔特勒认为，对任何酒店来说，取得成功的三个最重要因素都是地点、地点、地点。随着旅游业的飞速发展，处于优势地理位置的酒店在日趋激烈的市场竞争中表现出较强的竞争力和影响力。地理位置不仅是酒店产品的一部分，而且对酒店经营的成功与否起着十分重要的作用。一般来说，位于市中心的酒店给客人的感觉是商务型酒店，而位于风景区的酒店会被认为是度假型酒店。繁华的商业，便利的交通，会对酒店的入住率、房价、餐饮销售等产生有利的影响。

2）建筑风格

酒店的建筑风格往往是酒店最好的、最重要的广告标志，它在一定程度上代表了酒店的形象。同时，酒店的建筑风格被人们赋予了文化内涵，能够形成独特的审美空间，反映了旅游目的地的文明和当地的文化传统，现代旅游酒店的建筑本身就是旅游目的地景观中一道亮丽的风景。因此，建筑风格对酒店的经营具有至关重要的作用。此外，酒店建筑主题鲜明，外观造型独具一格，也有助于所在地建筑形象与所在地历史、文化、自然环境相结合，从而恰到好处地表现和烘托酒店的主题氛围，让客人光临酒店时有一种自豪感和安全感。

3）助销产品

酒店在为客人提供主要产品（服务）的同时，还有一些助销产品也在向客人传递着酒店的品质信息，如大堂饼屋的蛋糕陈列、印制精美的酒店宣传资料、赠送给客人的礼品、公共区域的标识牌等。

4）服务环境

服务环境是有形产品的派生物，它是有形产品通过综合作用而带给人们的一种感受。比如，酒店空间的温度、湿度，周围的声音、气味，环境的整洁度，顾客和服务人员的数量、衣着、行为等，都决定了客人是否愿意在此逗留。

5）价格

价格提供了酒店档次和质量方面的信息，直接影响着客人对酒店的认知和选择。高价格能提高客人对产品和服务的信任感和期望值，低价格会降低客人感觉中的服务价值。

6）酒店员工

影响酒店服务质量的核心因素是“人”，具备专业服务素质且对酒店有较高满意度的“人”（酒店员工）服务于酒店“客人”就会产生高的“顾客满意度”。例如，训练有素的餐厅服务员、仪表端庄的接待人员、彬彬有礼的管理人员等都会给客人带来一种可信度。

7）顾客

例如，定位为商务型的酒店，如果接待大量的旅游团队，则会使商务客人感到不适。

8）服务设备

现代酒店为满足人们日益增长的需求，已不再仅仅是提供住宿的场所，而是从衣食住行、视听娱乐到运动健身、商务购物、医疗美容等应有尽有，服务设备日趋完善。例如，商务中心，贵重物品寄存处，健身室及各种健身设备和器材，桑拿室、按摩室及各种配套设施，酒店的接待用车、大堂的行李车，餐厅的桌椅等，都为客人感知酒店的档次和质量提供了证据。

9）装饰布置

酒店的装饰布置包括室内外装饰、陈设和环境绿化等许多方面，如照明的确定和灯具的布置，家具的配备、选择和摆放，帘幔的配置和管理，地毯及其他装饰织物的铺放，室内观赏品、绿化饰品的陈设等。酒店的装饰布置除了以上基本内容外，还体现在许多方面，如宴会布置、节庆布置、广告宣传等。随着旅游业的发展、酒店设施的不断更新和人们对生活服务要求的不断提高，酒店的装饰布置越发显示出其重要性。例如，装饰典雅别致的大堂、酒吧会促进客人的消费，温馨干净并且有着宽大床垫的客房能够提高客人的回头率等。

10）店徽、商标

酒店店徽、商标能够将本酒店与竞争对手区别开来，使客人联想到酒店的服务特色，刺激客人的购买欲望，提高酒店的营销效果。

同步思考8-1

问题：二十大报告要求坚持以推动高质量发展为主题，后疫情时代，对于酒店业来说，你是如何理解质的有效提升和量的合理增长是未来的主流发展方向？

理解要点：后疫情时代，我国旅游业迎来了报复式增长，各项指标逐渐恢复到疫情前的水平，从2022年国庆节和2023年“五一”假期旅游业的火爆行情来看，未来旅游业的发展将进入爆发增长的阶段，酒店业应该从“质”和“量”两个方面做好准备，才能满足行业发展的需要。

随堂测8-1

酒店通过展示有形要素，不仅能为客人创造良好的消费环境，而且能为员工创造良好的工作环境，使员工掌握更多的服务知识和更好的服务技能，满足客人的需求和愿望，进而为客人提供更优质的服务。

8.2 旅游酒店服务营销管理

“服务营销”是一种通过关注顾客，进而提供服务，最终实现有利交换的营销手段。酒店服务营销是服务营销理论在酒店行业的具体应用和深化发展。酒店市场营销的实践表明，酒店管理人员必须从服务型企业的特点出发，将服务的及时性、服务的交互化等内在需求作为着眼点，通过服务营销的运作与管理打造全新的酒店营销模式和酒店客户关系。

8.2.1 旅游酒店服务营销

1）旅游酒店服务营销概述

（1）旅游酒店服务营销的概念

旅游酒店服务营销是指旅游酒店依靠服务质量来获得顾客的好评，以口口相传的方式吸引顾客，维护并增进与顾客的关系，从而实现旅游酒店的营销目标。美国希尔顿酒店创办人康拉德·希尔顿曾言：如果酒店里只有一流的设备而没有一流服务员的微笑，就好比花园里失去了春天的太阳和春风。旅游酒店服务营销组合在传统的4P营销组合的基础上增加了人员（people）、过程（process）和有形展示（physical evidence）3个变量，变成了7P营销组合。

（2）旅游酒店服务营销的特点

旅游酒店服务营销具有如下特点：

① 深度和广度的扩大化。酒店的顾客除了有功能需求、价格需求和形式需

求外，还希望获得附加利益，如心理上的满足、文化上的满足等。同时，随着感性消费时代的到来，顾客更注重酒店的外延服务，如个性化服务、超前服务、情感化服务、文化服务等。酒店服务外延的扩大化，使酒店服务营销的深度和广度也具有扩大化的特点。从深度上来说，酒店服务营销包括外部营销、内部营销、一线员工与顾客互动营销；从广度上来说，酒店服务营销包括顾客消费前的服务营销、顾客消费过程中的服务营销以及顾客消费后的服务营销。

② 互动性。酒店产品主要通过服务来体现，这种服务主要在酒店员工与顾客相互接触的互动过程中完成，因此酒店员工和顾客成为酒店服务营销中重要的组成部分。酒店要提供优质服务，一方面要加强对员工服务态度、服务技能的管理；另一方面要加强对员工与顾客的交流和沟通的管理。酒店服务营销不但要注重外部营销，而且要注重内部营销，重视服务的提供过程，讲究服务过程中的沟通和交流，实行互动营销。

③ 时间的价值化。酒店服务产品具有不可储存性，由此产生了时间的附加价值，以实体形态存在的酒店服务设备、劳动力只能代表酒店服务的供给能力而非服务产品本身，这种供给能力往往相对固定，不能随需求的变化而迅速变化，而且服务产品既不能提前生产，也不可之后交货，因此酒店服务经常面临供求不平衡的问题，这也大大增加了酒店服务营销的难度。所以，在服务营销过程中，酒店服务产品的推广必须及时、快速，时间价值对提高服务效率、提高顾客对服务的评价起着重要的作用。

④ 规模效应的局限性。酒店服务产品具有不可分离性，酒店不可能像有形产品的生产企业那样通过批发、零售等物流渠道把产品送到顾客手中，只能借助特定的分销渠道推广服务产品，采取服务生产与消费地点结合在一起的形式。

同步思考8-2

问题： 旅游酒店服务营销的基本任务有哪些？

理解要点： 旅游酒店服务营销是服务营销理论在酒店这一领域的具体应用和深化发展，它的基本任务包括：市场调研、市场细分、目标市场选择、市场定位和市场策略制定等。

2）旅游酒店服务营销策略

（1）旅游酒店整合营销策略

旅游酒店整合营销策略是指旅游酒店依据服务营销战略对营销过程中的7P要素进行配置和系统化管理，是一种统一并且能够代表酒店产品或酒店形象的一元化行为。

（2）旅游酒店差异化营销策略

旅游酒店差异化营销策略是指旅游酒店凭借自身的技术、管理和服务等条件，设计并生产在性能、质量、价格、形象、销售等方面不同且优于市场同类产品的酒店产品，从而在顾客心目中树立起特别的、有创意的良好形象。

酒店一方面按照顾客的共性需要提供共性服务，另一方面根据每一位顾客的不同需要，提供个性化、差异化的服务产品。这些个性化、差异化的服务产品可以表现为物质属性差异、服务差异、员工差异、区位差异、形象差异等。

这些服务产品的差异必须具备以下条件：

① 重要性：对顾客而言这种差异是关键的。

② 独特性：这种差异是竞争对手无法模仿的。

③ 优越性：这种差异是富有时代特色的。

④ 可沟通性：酒店可以通过某些方式将自己的差异传递给目标顾客。

⑤ 可承受性：这种差异在顾客的购买能力范围内。

⑥ 可盈利性：对酒店而言，通过产品交换可获利。

⑦ 领先性：这种差异是一种流行时尚的前奏，具有很强的生命力。

采用差异化营销策略的酒店通常选择两个或者两个以上的细分市场作为自己的目标市场，并为每个细分市场确定一种营销组合，各种营销组合在产品、价格、促销方法以及销售渠道等方面都有区别。这种策略最大的优点是可以提高酒店产品的针对性和市场竞争力，提升酒店在顾客心目中的形象，提高顾客的忠诚度。

深度剖析 8-1

疑点：一家酒店自称“我们是市内最好的酒店”是一回事，顾客说“你是市内最好的酒店”则是另一回事，而只有后者做出评价时，市场定位才能实现。

释疑剖析：市场定位是通过创造特色、优势与效益，使人们形成对某企业或产品的特定印象，树立市场独特、清晰的形象，从而形成竞争优势。但企业自身塑造的“形象”不是自说自话，必须在潜在顾客心目中占据一席之地，得到顾客的认可定位才能实现。

同步案例 8-1

亲子酒店受青睐

背景与情境：亲子酒店已经成为家长带孩子出游的首选住宿方式，其中的奥秘就是，这种主题酒店能满足当代年轻父母对亲子游产品品质和内容的需求，给孩子提供适合其年龄特点的休闲项目，并兼顾家庭其他成员的度假需求。

① 面向精准客户群

亲子酒店与普通高星级酒店的经营有明显差异，其客户群体是家庭。这样的家庭对出行品质的要求高，价格敏感度低，因此酒店需要以全新的视角来看待客户群体，促进服务升级，从而获得未来商机。

在国内，各地酒店开发了形式多样的亲子游项目。例如，广州长隆酒店拥有1 500间生态主题客房，客人入住时仿佛走进了真实的热带雨林；杭州第一世界大酒店以埃及风情为主题，还赠送杭州乐园门票；三亚海棠湾仁恒皇冠假日度假酒店不仅专门设计了儿童卫浴间，还有丰富多样的儿童娱乐设施和亲子活动。

这些酒店的共同特点是将睡眠空间变成了生活体验场景，充分挖掘每一个细分的亲子年龄段市场，专注一个或多个亲子客户群，目标明确地做出自己的特色并牢牢抓住固定消费人群。

②助推旅游业提质

在大众旅游时代，人们的消费方式发生了巨大的变化，新的需求、新的技术、新的业态不断出现。当前，亲子游已经成为刚需，亲子酒店的附近常常就是热门出游主题项目，如主题乐园、动物园、海洋馆、博物馆、科技馆等。

不少运作成熟的亲子酒店已经成为推动旅游业品质提升的重要角色。如果旅游景点、旅游城市、公共服务设施等更多旅游产业组成部分能够兼顾不同类型的人群，提供多种可供选择的便利条件，推出更多不同主题的细节服务，则必然会吸引更多如亲子游这样的庞大客户群前往。

尽管亲子酒店已经成为家长首选，但其在各方面还有很大提升空间。业内专家建议，亲子酒店可以更加细分，响应不同年龄阶段儿童的个性化、多元化需求，结合父母的参与体验，开发满足市场需求的亲子产品及项目。

资料来源　敖蓉. 淡季不淡　亲子酒店受青睐［EB/OL］.［2021-06-01］. http：//news.gtxh.com/rdxw/2021/0601/58531.html.

问题：试用营销原理分析将亲子市场作为酒店的目标市场是否明智，该目标市场营销成功的条件是什么？

分析提示：在我国的家庭模式中，孩子是家庭的中心，家长关注孩子的成长，舍得为孩子的成长投资。亲子市场是目前发展最快的细分市场，并且处于发展初期，所以选择这个子市场作为酒店的目标市场是非常明智的。亲子酒店应该有季节策略，寒暑假以小学生为主要对象设计产品，平时以学龄前儿童为主要对象设计产品。

（3）旅游酒店内部营销策略

菲利普·科特勒曾指出，内部营销是指成功地雇用、训练和尽可能地激励员工很好地为顾客服务的工作。**旅游酒店内部营销策略**是指把员工视为企业的内部顾客，把工作视为内部的产品，从而努力满足内部顾客需要的一系列活动，也就是通过提供能满足员工某种需要的工作及环境来吸引、发展、激励并保持合格的员工留任于酒店的一种管理策略。

（4）旅游酒店关系营销策略

旅游酒店关系营销策略是指把营销活动看成酒店与消费者、供应商、分销商、竞争者、政府机构及其他公众发生互动关系的过程，其核心是建立和发展酒店与他们的良好关系。这种良好的关系具有双向沟通、合作、双赢、亲密和控制的性质，是酒店市场营销成功的关键因素。

现代管理学之父彼得·德鲁克曾说，顾客是唯一的利润中心。顾客关系营销是关系营销的核心和归宿。与交易营销相比，关系营销更关注如何提高顾客满意度，如何留住顾客，如何培育忠诚顾客。

教学互动8-1

背景资料：某客人每周六都入住同一家酒店，上周六该客人入住时已付了本周六入住的定金，酒店按常规帮他保留了一间单人房。可是到了本周六，该客人还有3个同行的同伴要入住，此时酒店已客满，没有剩余房间。酒店遂介绍该客人的同伴到其他酒店入住，但是该客人不接受，于是投诉。

问题：如何解决这件事较妥当？

要求：

①小组讨论，然后每组推荐1名同学对上述问题进行回答，其他小组同学予以评论。

②教师对学生的回答和其他同学的评论做最后点评。

业务链接8-2

服务补救

在酒店经营过程中，服务补救具有十分重要的意义。那么，酒店应如何做好服务补救呢？

①制定服务补救的方针，增强"顾客满意"的意识；

②建立让顾客发出不满的渠道；

③授权员工，确立服务补救的安全边界；

④道歉并争取理解是服务补救的起点；

⑤解决问题是服务补救的核心；

⑥使顾客满意是服务补救的关键；

⑦总结经验，重新设计酒店服务体系。

8.2.2 旅游酒店客户关系管理

管理大师迈克尔·哈默说，今天的时代是客户经济时代。如今，酒店营销的商业环境正从以产品为中心转向以客户为中心，从规模市场转向规模用户，从产品导向转向客户导向。如何留住客户，如何提高客户的满意度，这些问题都可以通过客户关系管理来解决。

同步案例8-2

互联网时代，酒店如何开启营销新模式？

背景与情境：酒店在做线上运营的时候，酒店营销模式的突破口很多，但这些突破口都只有一个核心——互联网式营销。

①自媒体式营销

目前大家获取信息的渠道多且迅速，信息越来越扁平化。客人可以通过网络平台获取酒店的资讯，酒店也能与客人通过网络平台进行互动。

现在自媒体平台有很多，不过还是优先推荐大家使用微信平台。据统计，

2019年微信用户数量已超11亿，这说明如果酒店人能依托微信这个平台来获取酒店客流量，那么获取的流量会更多更容易一些。

那么酒店人如何用微信做营销呢？这里给大家提供几点思路：

借助微信公众号平台发布酒店资讯、促销信息等，吸粉和增加粉丝的转化率。

A.通过公众号平台办理酒店会员业务，有针对性地对部分客户进行精准营销。

B.把入住、续订、退订等业务搬到公众平台上，增加用户的留存。

C.利用微信平台做好客户的维护和二次转化。

②短视频营销

短视频营销并不适合所有酒店采用，要想利用短视频进行酒店营销，得把握三个要素：爆点、场景、剧本。

首先，要找到一个爆点。就是为客人设计一个剧本：在什么样的场景下，客人怎样对我们的爆点进行拍摄和录制。

例如，拉萨平措康桑观景酒店，拉开客房的窗帘就能看到布达拉宫。于是酒店就利用这个爆点，从客人的角度为他们设计了一个拍摄场景：客人推开房门，窗帘自动打开，客人慢慢地把镜头推向窗外，布达拉宫逐渐呈现。最终，这个设计取得的效果非常好，这个案例也是一个非常成功的酒店短视频营销案例。几乎入住这家酒店的客人都会按照预期的设想去拍视频发抖音。

其次，要借助短视频平台做营销。在找到设计爆点、打造方便消费者拍摄的场景、帮助消费者设计好拍摄脚本后，还要借助UGC平台进行营销。

UGC平台，也就是用户原创平台，自媒体、短视频平台等都属于UGC平台。在在线旅游行业，我们常见的UGC是马蜂窝、携程的氢气球发文频道、猫途鹰等。

那么，酒店行业如何借助UGC平台进行营销呢？这里有两个思路可供大家参考：

其一，酒店试睡评价。邀请旅游相关的KOL、平台大V，或者专业试睡员等来酒店试睡，并通过他们自有的平台为酒店进行推广。

其二，有偿邀请已消费用户写攻略。比如在马蜂窝、携程的氢气球发文频道、猫途鹰等平台，邀请一些已消费的用户写旅游攻略，借助用户的渠道来对酒店进行营销。

③品牌和口碑营销

做营销一定离不开做品牌和口碑，前面的营销模式能在短期内为酒店带来流量和收益，但是要想把生意做得长久一点，获得长期的收益和回报，那么就得靠品牌和口碑了。

高境界的营销并不是要获取多少流量，而是让用户帮我们宣传和推广，即让用户口口相传。想要把酒店经营到这样的境界，产品+服务是基础，营销是手段，品牌是门面，口碑是目标。每一个环节都需要认真去打磨、去优化。只要记住一个核心：客人不是客人，客人是营销者，不仅要认真对待，还要努力服务，得到客人的认可，因为客人背后强大的朋友圈，是酒店口碑营销的最大舞台。

任何营销都只是手段，营销的本质是要与客人建立信任感，如何让客人找到我们、信赖我们并选择我们，就是我们做酒店营销的突破点。

资料来源 佚名. 互联网时代，酒店如何开启酒店营销新模式？[EB/OL]. [2019-09-19]. https：//zhuanlan.zhihu.com/p/83177891.

问题：阅读该案例，你受到了哪些启发？结合本案例你认为应该如何开展酒店互联网营销新模式。

分析提示：酒店企业除了传统的促销方式外，应该更多地关注当下为众多消费者所关注的互联网新媒体营销，才能不断适应消费者获取信息渠道及消费习惯的改变。酒店营销人员应该熟悉多种网络媒体营销新形式，利用多种平台、多种手段，建立起与消费者之间的联系和互动，使消费者知晓、信赖酒店，并购买酒店产品。

1）旅游酒店客户关系管理概述

（1）旅游酒店客户关系管理的概念

客户关系管理（customer relationship management，CRM）起源于美国，经历了接触管理、关系营销、客户关怀等理论与实践过程。CRM既是一套软件，又是一种管理制度，它集合了电子商务、数据库、呼叫中心等信息技术，凝聚了市场营销、销售管理、管理科学等知识理论。

旅游酒店客户关系管理是指在充分重视顾客资源的基础上，以信息技术为支撑建立顾客档案，为不同的顾客提供不同的定制化产品，通过完善周到的全程服务来增强顾客的体验，最终达到提高顾客满意度和忠诚度的目的。

教学互动8-2

观点：客户关怀是客户关系管理的核心。客户关怀的目的是与所选客户建立长期和有效的业务关系，在与客户的每一个“接触点”上都更加接近客户、了解客户，从而增加企业的利润。

问题：

①为什么客户关怀是客户关系管理的核心？

②酒店为什么要引入客户关系管理？

要求：

①请两位同学对上述两个问题进行回答，其他同学予以评论。

②教师对学生的回答和其他同学的评论做最后点评。

（2）客户关系管理分析内容

客户关系管理的分析内容包括：

① 客户概况：包括客户的层次、风险、爱好、习惯等。

② 客户忠诚度：指客户对某个产品或商业机构的忠实程度、持久性、变动情况等。

③ 客户利润：指不同客户所消费产品的边缘利润、总利润、净利润等。

④ 客户性能：指不同客户所消费的产品按种类、渠道、销售地点等指标划分的销售额。

⑤ 客户未来：包括客户数量、客户类别等的未来发展趋势，争取客户的手段等。

⑥ 客户产品：包括产品设计、关联性、供应链等。

⑦ 客户促销：包括对广告、宣传等促销活动的管理。

课程思政 8-1

从客人的快乐中寻找自身的价值

背景与情境：某酒店曾出现过这样动人的一幕：一家三口入住酒店，妻子是全身瘫痪的残疾人，也许是由于疾病心情不好，她始终不肯吃饭，弄得丈夫愁、孩子哭。看到这种情况，中餐厅一位年轻的服务员走上前去，接过饭碗，一遍又一遍地鼓励、安慰女客人，一次又一次地把饭碗送到女客人的嘴边，终于女客人张开嘴笑了，一口、两口……服务员代替女客人的家人，喂她吃完了这顿饭。

事后，有人问年轻的服务员怎么会走上前去？服务员说：看到这不幸的一家，我从心里感受到他们的痛苦，忍不住流下同情的泪水，一股强大的力量促使我上前帮助他们。

问题：这位年轻服务员的行为是否符合职业素养要求？如果你是这家酒店的服务员，你会怎样处理这件事？

研判提示：符合。热心为客人服务是酒店业的基本精神，也是优质服务之本。酒店工作人员必须在不断提高职业认知的基础上，逐步加深职业情感，磨炼职业意志，树立崇高的职业理想和职业道德。

同步思考 8-3

问题：酒店引入客户关系管理的必要性有哪些？

理解要点：

①有利于酒店整合顾客资源，拓展顾客群，提高服务水平；

②有利于提高顾客的忠诚度；

③建立完整的顾客档案，实行定制跟踪服务，有利于酒店营销工作的开展。

2）旅游酒店客户关系管理的实施过程

（1）取得高层管理者的支持

客户关系管理需要投入大量的人力、物力、财力，并且在短时间内无法体现其优势，因此要想使CRM项目得以顺利实施，高层管理者的支持至关重要。

（2）成立CRM工作组

CRM工作组的成员应该由酒店内部各部门人员（包括酒店高层管理者、销售和营销部门的人员、IT部门的人员以及财务人员等）及外部人员共同组成。

CRM工作组的成员要承担分析业务需求、制定实施流程、选择信息系统、开展沟通等事务。

（3）分析客户类别，制定相应策略

分析酒店电脑系统中存储的客户信息，根据其消费金额用“客户金字塔”法对客户进行分类。

（4）建立完整的客户档案

分析完客户的类别，找到20%的有价值客户之后，酒店就可以建立起完整而详尽的客户档案了。建立客户档案的目的是使酒店能够分析和掌握目标市场客源的基本情况、制定相应的营销策略和建立合适的销售渠道，同时了解客户的个性化需求，提供个性化服务。

3）旅游酒店客户关系管理中需要注意的问题

（1）酒店必须建立起“以顾客需求为导向”的服务文化，酒店员工的服务意识、业务素质及酒店的组织结构等必须满足客户关系管理的要求。

（2）实施酒店客户关系管理必须充分利用互联网。

（3）实施酒店客户关系管理必须改革酒店的组织结构，提高员工的素质。例如，设立独立的客户服务部，进行服务流程再造，由酒店相关部门协助顾客办理所有事情，以缩短顾客的等待时间等。

业务链接8-3

旅游酒店实施客户关系管理的措施

①从注重一次性交易转变为注重与客户保持长期的关系。

②从以提供服务功能为核心转变为以高度重视客户的利益为核心。

③将服务质量是前台服务部门过问的问题转变为是酒店所有部门都要关心的问题。

④将客房、餐饮等部门各自销售的形式转变为由酒店统一管理的整体营销机制。

⑤“客户关系管理机构”要一天24小时接受客人的订房、订餐及其他销售预订业务和提供咨询服务；搜集、处理、分析并向相关部门提供客户信息；通过信函、电子邮件、电话、传真等工具与相关的客户进行“一对一”的联系沟通，必要时上门与客户进行面对面的沟通。

⑥建立网络化的客户关系管理系统。

学习微平台

微课8-1

随堂测8-2

8.3 旅游酒店营销策划

学习微平台

延伸阅读8-1

客房和餐饮是酒店的主体产品，其销售收入往往占据了酒店总销售额的绝大部分。酒店针对客房和餐饮市场营销活动的效果将直接影响到酒店的经济效益，因此，旅游酒店的营销策划主要围绕这两个方面来展开。

8.3.1 旅游酒店客房营销策划

在旅游酒店的总销售额中，客房收入所占比重最大，因此客房营销水平的高低，直接影响着客房的销售收入，也决定了旅游酒店经营业绩的好坏。

1）针对团队的营销策划

(1) 公司类客户

很多旅游酒店的主要收入来源是公司类客户，如当地重要的大型企业、跨国公司等，因此这部分客源也是各家酒店争夺的焦点。

①酒店开发公司类客户市场的原因。

A. 公司类客户入住酒店没有季节性，能给酒店带来稳定的收入。

B. 相较于其他市场，公司类客户市场取消预订的概率较低。

C. 公司类客户一旦对酒店形成良好的印象，便有可能成为酒店的回头客或常客。

D. 公司类客户的信誉良好，极少出现欠款或跑账现象。

E. 除合同约定外，公司类客户通常不需要给予其他优惠或折扣。

②酒店营销人员针对公司类客户的营销策略。

酒店营销人员应主动配合客户，并维持与客户的良好关系；提高公关能力；提高酒店自身的品质。

同步案例8-3

“包个酒店过大年”热度攀升

背景与情境：“春节酒店量价齐升，是格外热闹的一个假期”“今年春节市场，将达到近年假期酒店市场的新高点”……临近春节假期，多个在线旅游平台根据各自预订数据发出预测。据了解，上海的酒店预订量不断攀升，预订价格较平时有所上涨，很多热门旅游景区附近的酒店和一些特色、网红酒店甚至出现“一房难求”的现象。

订个酒店过大年：这个春节假期，选择在本地过年的上海市民不在少数。在当地寻找一个设施齐全的酒店或民宿，一家人其乐融融过大年，成为许多“就地过年”一族的选择。飞猪数据显示，春节期间，上海酒店的人均预订量同比提升近两成。高端酒店的预订量同比增长近三成。

除了高星级酒店，各类特色民宿也是市民“就地过年”的一个重要选择。从相关数据来看，沪上一些热门度假酒店在春节期间的房间价格比平时至少上涨了50%，部分已经突破4 000元。

根据沪上相关酒店预订情况的抽样调查，春节假期深受欢迎的沪上酒店，通常具有周边环境优美、亲子项目突出、美食丰富等特点。一些较为小众的主题酒店和亲子乐园酒店最受欢迎，如上海海昌海洋公园新建的奥特曼主题酒店，预售开启后没多久就全部售罄。

“酒店+”组合产品受青睐：目前很多消费者喜欢在酒店“宅”起来，享受相关配套和服务。美团数据显示，以上海为例，相较此前，不少酒店的住客停留时长增加了1天以上。这意味着，消费者在出游时，不再仅仅满足于“住”，还看重有更多附加值的“品”。因此，酒店围绕吃喝玩乐等丰富业态，推出了“花式”组合体验，目的是让消费者能够“住下来、有得玩”。

从某在线旅游平台提供的上海亲子酒店人气预订产品数据来看，受欢迎的酒店套餐产品均搭配了度假旅游活动，如包含了迪士尼门票的玩具总动员酒店，多项附加产品内容丰富。

上海市区多家酒店纷纷打出组合拳，尤其是设计了面向小朋友和老人等特殊群体的互动体验活动，提供覆盖全年龄层的过节“新”玩法：上海阿纳迪酒店推出春节温泉、下午茶、疗愈体验等休闲组合套餐；上海银星皇冠假日酒店推出假日电影文化之旅住宿体验；上海国际饭店推出“饭店客房+文化体验”套餐；上海虹桥康得思酒店推出热闹非凡的舞狮活动等。

飞猪春节项目负责人说：“从平台预订数据来看，‘酒店+景区’等组合产品更受消费者青睐，尤其是一些优质的中高端度假酒店产品。”

沪上酒店业内专家表示，“酒店+年夜饭”套餐是春节期间较为常见的组合产品。2023年，市场上兴起众多新玩法，例如，酒店+咖啡轻食、酒店+下午茶、酒店+帐篷、酒店+电竞等新组合，都是在住的基础上叠加丰富的娱乐因素，为消费者带来多层次的旅游新体验，迎合消费者“不远行也有新探索”的假日旅游需求。

资料来源　倪怡雯．“包个酒店过大年”热度攀升［EB/OL］．［2023-01-19］．https://www.ctnews.com.cn/zt/content/2023-01/19/content_136101.html.

问题：阅读该案例，对你有哪些启发？

分析提示：现阶段，酒店企业竞争激烈，产品具有高度同质化现象，发现自己的一片蓝海对于酒店提高经营效益具有重要作用。酒店应该通过产品和服务的创新，来吸引更多细分市场客人。

（2）会议旅游者

会议业在发达国家已经成为比较成熟的产业，会议旅游成为国际旅游业中发展最快的市场之一。

①酒店开发会议旅游者市场的原因。

A. 市场量大，许多大型会议参加人数众多，加上新闻记者和随行人员，能给酒店提供客满的机会。

B. 由于开会日期分布在全年各个时间段，因此接待会议能够使酒店在淡季依然有稳定的收入。

C. 会议旅游者平均住宿时间较其他客人长，加上人数多，对食品、饮料等其他产品的需求量大，因此能够带动酒店其他产品的销售。

D. 具有较大影响力的会议往往会有大量媒体进行追踪报道，这对酒店而言是难得的提高声誉的机会。

②酒店营销人员针对会议旅游者的营销策略。

酒店营销人员应通过各种渠道尽快获取会议信息（如各级政府部门会议、行业企业会议）；弄清会议召开的时间及筹备时间、会议规模、会议要求、会议决策者等；根据会议要求分析本酒店的接待能力；注意建立和管理客户档案。

教学互动8-3

背景资料：近年来，会议旅游悄然崛起，得到了长足的发展，也越来越受到各国旅游部门的高度重视。各国和各地区都非常重视会议旅游产品的开发、宣传、促销，纷纷建立专门机构，命名会议城市。

问题：

①如何看待会议旅游？

②酒店应该如何开发会议旅游市场？

要求：

①小组讨论，然后每组推荐1名同学对上述问题进行回答，其他小组同学予以评论。

②教师对学生的回答和其他同学的评论做最后点评。

（3）旅游团

有相当数量的酒店客源是由旅行社组织的，有些酒店几乎完全由旅行社组织客源。酒店和旅行社之间的关系非常紧密，它们相互依赖、相互促进，共同发展。

①酒店开发旅游团市场的原因。

A. 由于旅游团人数众多，因此其能为酒店带来一次性大批量预订，使酒店资源达到最高使用率并获取最高收益。

B. 由于旅行社通常与酒店有合约关系，因此其可为酒店带来连续的出租率。

C. 旅游团通常不需要使用会议场所及其他设施，可节省酒店在这方面的投入。

②酒店营销人员针对旅游团的营销策略。

A.经常与长期保持良好合作关系的旅行社进行沟通。

B.诚信为本，坦诚相待。

C.若遇特殊情况，应积极协助旅行社为旅游团安排客房。

学习微平台

D.采取多种营销方式开发旅游团客户。

E.在与旅行社签订合作协议时，应对特殊时期（如节假日期间）的房价做出特别说明。

微课8-2

（4）体育代表团

体育代表团包括各种体育活动的组织者、教练、运动员、经纪人等。

①酒店开发体育代表团市场的原因。

A. 各种体育活动是新闻的焦点和社会关注的热点。

B. 各种体育活动是提高酒店知名度和扩大市场影响力的有利时机。

C. 体育代表团还可以吸引其他客源，因此市场容量极大。

②酒店营销人员针对体育代表团的营销策略。

A. 酒店应为客人准备好会议室和储藏室，提供及时联络、安全保卫、新闻发布以及宗教服务等帮助，保证运动员的人身和财产安全，并使体育明星免受外界干扰。

B. 提供丰富的娱乐设施、便捷的购物环境以及多样化的餐饮服务。

同步案例8-4

借力体育营销推升酒店品牌

背景与情境：作为一个城市的门面，酒店时常扮演的都是“旅客港湾”的角色。而在国际性体育赛事中，酒店更会成为许多知名运动员和官员的“大本营”，从而得到许多曝光机会。借助体育营销，提升自身品牌，已成为许多酒店成功的“捷径”。

酒店所处的地理位置是体育赛事资源能否为酒店所用的关键之一。体育赛事种类繁多，举办地也不尽相同，为避免舟车劳顿，主办方往往倾向于入住赛事举办地周边酒店。这类酒店凭借先天优势，在承接体育团队方面拥有丰富的经验。

位于上海体育场内的上海富豪东亚酒店便是一例典型。据介绍，2014年5月，该酒店成功接待了国际田联钻石联赛上海站的所有运动员和赛事官员，为其提供了优质的住宿和餐饮服务；2014年7月，第19届国际泳联跳水世界杯在上海举办，来自30多个国家的选手和官员也选择在此酒店入住。紧邻体育场馆、相关经验丰富，无疑是酒店受到青睐的原因。

2014年4月，F1中国大奖赛在位于上海嘉定的国际赛车场圆满落幕，昆山花桥希尔顿逸林酒店作为周边唯一的五星级酒店成为诸多车队住宿的首选。该酒店的销售总监说，酒店开业以来，与F1赛车相关的合作和宣传已经相当成熟，也和各车队保持了长期稳定的合作关系。比赛期间，车队的住宿可以占到整个酒店入住率的70%～80%。同时，由于比赛的活动效应和车手的名人效应，酒店在业内和车迷当中树立了极高的知名度，未来也将继续和更多车队建立合作关系。

资料来源　佚名. 借力体育营销推升酒店品牌［EB/OL］.［2015-03-13］. http：//ytsports.cn/news-5807.html.

问题：谈谈体育赛事对提升酒店品牌知名度及品牌形象的重要性。

分析提示：体育代表团市场不同于其他市场，其显著特点是人员众多，除了运动员、教练外，还包括随队记者、官员等。尤其是大型国际性赛事，更是承载了亿万体育爱好者的梦想，是亿万体育爱好者关注的对象。因此，体育代表团的入住无疑会给酒店带来空前的营销机会，其影响甚至会延续多年。

（5）航空机组与空乘人员

航空机组与空乘人员主要是指与酒店签订年度或其他方式的长期合同的航空公司人员。这类客人也是许多酒店尤其是机场酒店的重要客源。

①酒店开发航空机组与空乘人员市场的原因。

A. 这类客人通常停留时间长，人数多，用餐量大。

B. 全年客房出租率均衡，付款及时，极少出现拖欠款行为，因此这类客人通常能给酒店带来持续稳定的收入。

②酒店营销人员针对航空机组与空乘人员的营销策略。

酒店应根据这类客人的特点有针对性地提供服务，如保障机组人员安全、注意日程保密、提供24小时全天候服务等。

2）针对一般散客的营销策划

散客是指一次性订房数量少于10间的客人。由于散客一次性订房量小，因此酒店通常不给予价格上的折扣和优惠，而是采用门市价格出售。

（1）商务散客

这是指以公务为目的的单独旅行的旅游者，他们是酒店的“面包与黄油”客人。这类客人住店没有季节性，具有回头率高、人均消费水平高等特点。

商务散客是一个十分成熟的细分市场，他们对酒店的服务和设施等十分讲究甚至挑剔。他们要求酒店有良好的地理位置、便利的交通，能为其迅速办理入住和离店手续，早餐服务要求快捷并有送餐服务；他们对商务中心有特别要求，需要提供收发传真、互联网接入等服务。酒店还应提供小型会议室，供商务散客在酒店会见客户和进行其他商务洽谈活动。

（2）个人旅游者

这是指到酒店所在地从事私人活动和以休闲观光为目的的单个和零星旅游者，这类客人是旺季时酒店重要的客源。个人旅游者不同于旅游团队客人，他们喜欢自由自在、无拘无束的旅行生活，愿意下榻在交通便利、环境宜人的小型酒店或度假型酒店，较多使用酒店的各种娱乐设施和服务设施，如游泳池、游艺室、健身房等。在国外，许多个人旅游者喜欢自己开车或从机场、火车站租车进行旅游，因此需要酒店提供免费停车场。个人旅游者对酒店的价格非常敏感，希望酒店的服务热情周到。

（3）包价客人

这是指购买酒店各种特殊包价产品、参与酒店促销活动的客人。这类客人能够缓解酒店淡季或其他营业时间客源不足的状况。采用包价形式，如三日两夜的周末包价、一周包价等，可以促进酒店其他服务设施和项目的销售、促进本地居民到酒店消费，使酒店在客人和公众心目中树立起丰富多彩的形象。

参加包价活动的客人以家庭、情侣、朋友居多，他们对价格、服务内容、质量等非常关注，十分关心通过包价能给自身带来的好处，因此酒店推出的包价活动必须能够满足客人物质和精神上的期望。此外，由于参加酒店包价活动的客人大多是本地居民，因此包价必须具有足够的吸引力，才能促使他们前来消费。

（4）享受优惠和折扣客人

这是指在下榻酒店时可享受价格折扣的某些重要客人。吸引这类客人能够帮助酒店打开难以推销的市场，也可以弥补酒店因淡季或其他原因造成的出租率不足，因此酒店对这类客人的服务不能降低质量要求。

学习微平台

延伸阅读8-2

3）针对长住客的营销策划

长住客是指与酒店签订合同，至少留住一个月的客人。长住客一般包括外国公司、商社设在我国的办事机构的工作人员，在我国厂矿、公司、学校及其他组织工作的外国专家、学者等，也包括国内各企业、公司及其他驻外办事机构的工作人员。这类客人对酒店的要求不同于一般客人，他们要求酒店提供舒适方便的居住条件，卫生间尤其重要，应该宽敞明亮、设施齐全；在饮食方面，要尽可能丰富多样，避免单调乏味；对商务设施和健身设施的使用频率也较高。酒店应根据长住客的特点提供细致入微的服务，使客人有宾至如归的感觉。

酒店在接待长住客时应注意：当客人抵达酒店时，应采用接待VIP客人的程序和标准，前台接待人员应立刻将所有信息输入电脑，在为客人提供优质服务的同时建立客人档案。

8.3.2 旅游酒店餐饮营销策划

“民以食为天”，在旅游六要素（食、住、行、游、购、娱）中，“食”排在第一位。这里的“食”不仅仅包括为了满足生理需要而填饱肚子，更重要的是在旅游过程中，品尝旅游目的地的特色美食，了解当地的美食文化，注重品尝、体验和享受。但是很多人都认为酒店是以“居住”为首要功能的，无论是酒店管理者，还是入住酒店的客人。客人在选择酒店时几乎只考虑选择怎样的客房，餐饮条件却很少被考虑在内。如今，酒店正面临社会餐饮的严重挑战，社会餐饮的火爆与酒店餐饮的冷清形成了鲜明的对比。

1）酒店餐饮面临的外部压力

（1）社会餐饮业蓬勃发展，并且规模日益扩大，五百餐位甚至上千餐位的大餐厅越来越多，走集团化经营的餐饮集团也越来越多。

（2）高档食府、主题餐厅的装修和提供的产品，在某些方面已接近或超过星级酒店的水平。

（3）酒店餐饮和社会餐饮不在同一起跑线上，从原材料采购、税收再到员工的各项福利都没有可比性。

（4）一些酒店餐饮经营思想、观念陈旧，竞争力不强，跟不上市场的发展变化。

2）酒店餐饮部门的营销策略

（1）根据市场需求和企业技术力量，选好经营风味，安排好花色品种，形成产品组合，并随时根据客人的需求变化做好必要的调整。

（2）保证食品原材料供应，做好生产过程的组织，确保产品色、香、味、形并重，坚持以产品特色取胜。

（3）加强客房和餐厅之间的联系，提供优良的就餐环境，扩大产品销售。

（4）做好餐厅服务过程的组织，切实提高服务质量，树立餐厅形象，提高酒店声誉。

（5）根据市场需求变化和酒店设施条件，采取灵活多样的销售方式，如宴会推销、会议推销、客房送餐、与食品展销活动相结合等。

3）酒店餐饮的市场定位

如何在激烈的竞争环境下对酒店餐饮进行精准定位，是每位酒店餐饮管理者都要思考的重要问题。

酒店餐饮的市场定位一定要与社会餐饮有所区别，不能盲目跟着社会餐饮的潮流走，要注重利用自身的软硬件优势，在经营理念和主题方面做文章，不要搞“大而全”，要形成自己的特色和文化。

（1）酒店餐饮首先要满足住店客人的需求，要有全局观念，要与酒店的整体环境氛围相协调，不能不顾格调单方面追求利润。

（2）餐厅要有特色和主题，注重文化品位，给予客人精神上的享受。

（3）争取成为大型国际、国内会议及展会的专业服务团队，做好主题宴会和酒会的接待工作。

（4）多出精品，创新产品，培育顾客对酒店餐饮产品的忠诚度，打造优秀品牌。

4）酒店餐饮市场营销组合策略

（1）产品策略

酒店应注重开发新产品，如采用新材料和新搭配，形成“旧菜新颜”；采用新的制作方法，西菜中做、中菜西做、南菜北做；推出养生健身餐饮、怀古餐饮；根据季节特点推出不同口味的菜式等。

同时，酒店应对餐厅的形象进行设计策划，如在店徽的设计、餐厅主题的选择、餐厅的装饰格调、色彩等方面下功夫，使之起到促销的功能。例如，越南风情的芭蕉别墅；傣族风格的竹楼餐厅；富有浪漫、高雅气息的西餐扒房；以蒙古包、小方桌、花地毯作为主题形象，散发着粗犷、野味气息的内蒙古餐厅；在餐厅门口的小黑板上手写菜单，餐厅内到处可见红、白、绿三种鲜艳国旗色的意式餐厅；迎宾员身着红花绿叶小袄，手提小红灯笼，操着清亮的川腔迎候宾客，服务员穿着中式大褂，手提一把有长长壶嘴的大铜壶，犹如飞瀑一般隔人冲茶的川味餐厅等，都是餐厅形象营销的成功范例。

同步案例8-5

金海湾酒店在传承中创新

背景与情境：在传承中创新的优质产品，是酒店可持续发展的不竭动能。以特色餐饮为例，金海湾酒店在餐厅的设置方面做足了海文章，从面海而建的中餐厅到海景风情的西餐区域，从隔窗远眺的海岸线风光到临海看浪花拍岸的潮汐涌动，客人在金海湾就餐的每一个厅房的名字、每一个摆台的构思，都与海息息相关。

在菜品配搭方面，金典鲁菜坊以胶东海鲜、海派鲁菜为主，配合了一部分淮扬菜、粤菜，以及燕、鲍、翅、参等特色海珍品。金海湾酒店将传统鲁菜和新派鲁菜融会贯通，推出了具有胶东特色的鲁菜宴席。客人不仅是在吃鲁菜，还能品味鲁菜餐饮文化。

金海湾酒店每月都会举办创新菜品比赛。酒店行政总厨说："每月的创新菜品比赛既给了老师傅一个展示实力的舞台，也给了年轻人一个挑战权威的机会。其实我们并不把它当成比赛，只是技艺的切磋、思想的碰撞，很多时候年轻人会给老师傅上一课，让创意菜品不仅叫好，还能叫座。"

金海湾酒店是烟台最早的涉外饭店之一，创意菜品小组长说："在涉外酒店工作，你设计的菜品要考虑到外宾的接受程度。如果你要给外宾推荐一个具有地方风味的特色菜品，那么一定要考虑到地方文化背景和特产原料、独特口味、饮食习惯等。当然这并非一成不变的，要根据具体情况灵活运用。"

"用心做事，以情服务"的理念时刻牢记在每一个金海湾人的心中。满足每一位客人的多元化需求，让客人高兴而来、满意而归，得到最好的酒店消费享受和城市文化体验，是金海湾酒店能够"赢"得市场的主要原因。

资料来源 佚名. 新兴酒店层出不穷，"老饭店"何以焕发新机？[EB/OL]. [2018-07-28]. https: //www.sohu.com/a/244495739_166401.

问题：谈谈金海湾酒店如何在传承中创新产品？

分析提示：金海湾酒店贯彻了正确的营销理念，注重在传承中创新，站在客人的角度做营销，从就餐环境到餐饮产品，都充分考虑到客人的需求及喜好，从而赢得了市场。

（2）价格策略

①撇脂定价策略。撇脂定价策略适合知名度高的品牌酒店，但是实行这种策略通常要具备两个条件：一是菜品具有独特性，市场上竞争对手较少，容易在市场中占据主导地位；二是餐饮企业本身的品牌效应强、信誉高，有一定的高消费顾客群。

②渗透定价策略。渗透定价策略是指酒店将推出的餐饮产品以较低的价格投入市场的策略。酒店采取渗透定价策略，需要具备两个条件：一是市场对价格的敏感度高；二是酒店具有一定的耐受力，能够阻止其他竞争者以低廉的价格进入市场。

③折扣定价策略。折扣定价策略是利用消费者乐于享受各种优惠待遇的心理而制定的策略，即在原有餐饮产品价格的基础上给消费者一定比例的优惠，使消费者在购买此餐饮产品时比原价便宜。在实际工作中，酒店还可以采用赠送优惠券、免去餐费零头、赠送菜肴、免费享受特价菜等做法来吸引顾客。

深度思考 8-1

背景资料：某海岛上新建了一个旅游度假村，开业之际，企业制定开业营销策略时确定的目标是出租所有客房，使同业和媒体对其开业的良好业绩留下深刻的印象。

问题：为了实现企业开业营销目标，你认为是提供特别的折扣还是进行大规模的广告宣传更好呢？

理解要点：

第一，广告是企业通过各种媒体，向受众传播企业及产品的信息，以达到扩大知名度和达成销售的目的，其优点很多，但效果却不能立即体现；

第二，营业推广方式灵活多样，其优点是强调快速、立竿见影的效果，能够提高消费者现场（当场）购买的热情；

第三，这家旅游度假村要达成的目标是开业之际较高的出租率以及给业界留下良好的印象，从而引发媒体关注，所以开业之际采用特别的折扣这种营业推广方式更合适。

④需求定价策略。需求定价策略是以市场需求状况为依据，根据客人就餐时间的不同制定不同价格的策略。

⑤心理定价策略。酒店可以利用消费者对价格的心理反应，刺激消费者的购买热情。例如，突出特价菜，以达到招揽顾客的目的；对店内的招牌菜采用声望定价策略，给消费者留下优质优价的印象。

（3）促销策略

酒店餐饮部应该有针对性地开展促销活动，这主要包括：

① 利用各种方式向住店客人宣传本酒店的餐饮产品，尤其要宣传当地的特色菜肴和招牌菜系，以增加住店客人对酒店餐饮产品的购买量。例如，在客房内放置宣传手册，介绍特色菜肴、当地风味；给予住店客人餐饮优惠等。

② 电视广告。在当地电视台有影响力的节目中插播餐饮广告，利用游走字幕适时介绍酒店餐饮新品及促销信息。

③ 交通广播广告。交通广播电台听众广泛，广告内容便于在人群中传播。

④ 平面广告。平面媒体适于登载食品节、特别活动等餐饮广告，也可以登载一些优惠券，让读者剪下来凭券享受餐饮优惠服务。

⑤ 酒店自制宣传品。例如，可以印制一些精美的餐饮活动目录单，介绍本周或本月的各种餐饮娱乐活动；印制刊有餐厅的类型、级别、位置、电话号码、餐位数、服务方式、开餐时间、各式特色菜点介绍等内容的精美宣传册；特制一些可以让宾客带走以作留念的“迷你菜单”等。

⑥ 邮寄广告。这种方式比较适合于一些特殊餐饮活动，邮寄对象为本地的一些大公司、企事业单位等。

⑦ 户外广告。酒店可以利用户外的道路指示牌、建筑物、交通工具、灯箱等制作餐饮广告，甚至广告衫、打火机等也可以成为广告载体。广告载体的地理位置以及形象，应给人以新、奇、特的感觉。

（4）渠道策略

酒店可以采用直接分销渠道策略，将餐饮产品销售给商务客人、个人旅游者等，也可以采用间接分销渠道策略，将餐饮产品销售给旅行社、当地社团、企事业单位等。

随堂测 8-3

本章概要

□ 内容提要与结构

▲ 内容提要

● 旅游酒店是为客人提供住宿和饮食的场所。旅游酒店营销是指旅游酒店为了满足客人的合理要求、为使酒店盈利而进行的一系列经营销售活动。旅游酒店产品中的有形要素包括酒店的地理位置、建筑风格、助销产品、服务环境、价格、酒店员工、顾客、服务设备、装饰布置、店徽、商标。

● 旅游酒店服务营销是指旅游酒店依靠服务质量来获得顾客的好评，以口口相传的方式吸引顾客，维护并增进与顾客的关系，从而实现旅游酒店的营销目标。旅游酒店服务营销具有深度和广度扩大化、互动性、时间的价值化、规模效应的局限性等特点。旅游酒店服务营销策略包括整合营销策略、差异化营销策略、内部营销策略和关系营销策略。

● 旅游酒店客户关系管理是在充分重视顾客资源的基础上，以信息技术为支撑建立顾客档案，为不同的顾客提供不同的定制化产品，通过完善周到的全程服务来增强顾客的体验，最终达到提高顾客满意度和忠诚度的目的。客户关系管理的分析内容包括客户概况、客户忠诚度、客户利润、客户性能、客户未来、客户产品和客户促销。旅游酒店可以通过取得高层管理者的支持、成立CRM工作组、分析客户类别并制定相应策略、建立完整的客户档案等，加强客户关系管理。

● 客房和餐饮是酒店的主体产品，其销售收入往往占据了酒店总销售额的绝大部分，旅游酒店的营销策划主要围绕这两个方面来展开。酒店的客源市场主要包括团队、一般散客和长住客。酒店主要通过提供合适的餐饮产品、制定合理的餐饮价格、采用适合的分销渠道及恰当的促销方式来促进餐饮产品的销售。

▲ 内容结构

本章内容结构如图8-1所示。

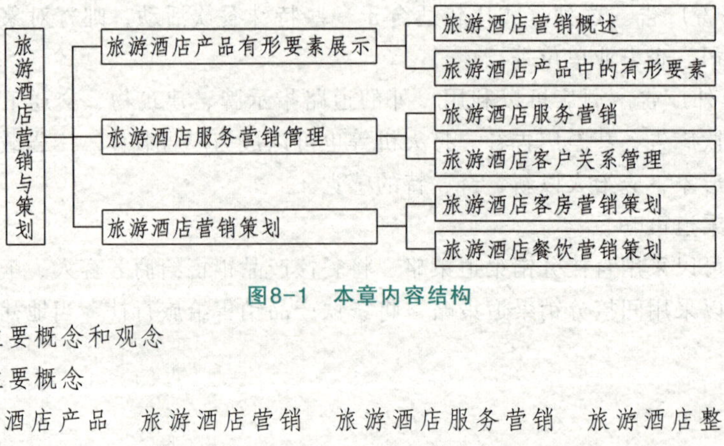

图8-1 本章内容结构

□ 主要概念和观念

▲ 主要概念

旅游酒店产品 旅游酒店营销 旅游酒店服务营销 旅游酒店整合营销策

略　旅游酒店差异化营销策略　旅游酒店内部营销策略　旅游酒店关系营销策略　旅游酒店客户关系管理

▲ 主要观念

旅游酒店有形要素展示　旅游酒店服务营销管理　旅游酒店关系营销策划

□ 重点实务和操作

▲ 重点实务

旅游酒店客房营销策划　旅游酒店餐饮营销策划　相关“业务链接”

▲ 重点操作

旅游酒店客户关系管理　旅游酒店客房营销策划　旅游酒店餐饮营销策划

基本训练

□ 理论题

▲ 简答题

1）旅游酒店中有形要素的作用是什么？

2）简述旅游酒店服务营销的特点。

3）旅游酒店客户关系管理的内容有哪些？

4）旅游酒店客房的客源主要有哪些？

▲ 讨论题

1）旅游酒店为什么要引入客户关系管理？

2）会议旅游者与旅游团有何不同？

□ 实务题

▲ 规则复习

1）如何做好旅游酒店的营销工作？

2）简述旅游酒店客户关系管理中需要注意的问题。

3）简述旅游酒店客户关系管理的实施过程。

▲ 业务解析

1）某酒店是一家集娱乐、休闲、商务于一体的五星级酒店。近年来，该酒店周边建造了大量高星级酒店，产品同质化现象严重，局部已经供大于求，恶性竞争也已经拉开序幕。在这种情况下，如果你是该酒店的营销经理，你将如何对酒店进行定位？应采取何种服务营销策略？

2）酒店大多数客人都习惯在早餐以后退房结账，并希望酒店以最快的速度结好账。许多酒店明知道客人有这一需求，但还是满足不了客人的愿望，因为酒店不想在结账高峰时额外聘用人员。万豪酒店认为，这是一个很重要的问题，于是发明了快速结账系统。客人在退房前一天晚上会接到账单，如果客人觉得账单没有错误，只需要将账单连同房卡放到前台即可，从而解决了客人等待时间过长的问题。面对客人排队结账问题，有些酒店听之任之，万豪酒店却开发出了快速结账系统，这说明了什么？万豪酒店的做法对我们开发酒店产品有何启发？如果你是一家酒店的营销经理，你会怎样解决客人排队结账问题？

□ 案例题

▲ 案例分析

【训练项目】

案例分析-Ⅷ。

【相关案例】

酒店“自强”推出会员折扣

背景与情境：一些大型酒店，包括希尔顿酒店和万豪酒店在内，都在采取新的策略，以减少向快速发展的OTA（在线旅游公司）付款。

2016年，为了避免向类似Expedia和Priceline这样的OTA支付两位数的佣金，一些连锁酒店已开始给自己忠诚度计划的会员提供高达25%的独家折扣。

希尔顿酒店还发起了一场广告宣传活动，以说服顾客不要再四处寻找OTA，而是通过希尔顿官方网站或者官方App预订住宿产品。这一宣传活动与希尔顿酒店的忠诚俱乐部紧密相关，这一俱乐部向其会员提供的折扣高达10%。“是时候要有点竞争意识了，现在我们要做大市场。”希尔顿酒店首席营销官说。

在过去，希尔顿酒店的大部分忠诚度项目只向其会员提供Wi-Fi、房间升级和奖励积分等特权。如今，希尔顿酒店已开始在自己的旅游网站上向其会员提供折现的特权。

资料来源　佚名．酒店"自强"推出会员折扣　OTA：它们会付出代价［EB/OL］．［2016-07-12］．https：//www.meadin.com/131142.html.

问题：酒店与在线旅游公司之间纷争不断，你如何看待这场纷争？酒店应该采取什么对策？

【训练要求】

同第1章“基本训练”中本题型的“训练要求”。

▲ 课程思政

【训练项目】

课程思政-Ⅷ。

【相关案例】

650元“楼梯间房”被查封

背景与情景：有媒体报道称，北京一连锁快捷酒店推出国庆节期间“楼梯间房”，引发大众关注。记者了解到，2023年9月25日下午，执法人员已对该酒店“楼梯间房”采取临时查封措施。

据了解，9月24日，北京朝阳消防部门检查发现，该酒店的3间“楼梯间房”均未设置烟感报警器，存在防火分隔等级不达标等问题，责令整改并清空房间。9月25日，该酒店集团在官网发布声明称，该酒店连锁分店“楼梯间房”经北京朝阳消防部门检查，属于违法销售，已责令停止使用。该酒店连锁分店私自违规上架“楼梯间房”并售卖，不按照集团培训的原则和规范做事，置客人的利益于不顾，集团对此采取“零容忍”态度。集团已对该连锁分店及相关员工做出严肃处理。现在相关网站上已将该房型下线。

此前，有群众举报称，北京一快捷连锁酒店涉嫌违反消防法规推出一款单人间房型。预订平台上的信息显示，房间6平方米，封闭窗，摆放1张1米宽单人床，需用公共卫生间。从开门到床上，还需步行下一段楼梯，被网友称为“楼梯间房”。在部分预订平台，该单人间在国庆期间最高涨至650元每晚。

目前，在多个订购平台，已查询不到该“楼梯间房”的预订信息。

资料来源 唐伯依. 650元“楼梯间房”? 已被查封［EB/OL］.［2023-09-26］. https://www.ctnews.com.cn/jianguan/content/2023-09/26/content_150981.html

问题：

1）研判案例中这家连锁快捷酒店推出“楼梯间房”的违规行为。

2）酒店集团在酒店法治建设中应承担哪些责任？

【训练要求】

同第1章“基本训练”中本题型的“训练要求”。

□ 实训题

▲ 实训操练

【训练项目】

阶段性体验-Ⅳ“旅游酒店营销与策划”技术应用。

【训练目标】

见本章“章名页”之“学习目标”中的“实训目标”。

【训练内容】

其“领域”、“‘技术-技能’点”、“名称”和操作“参照规范与标准”见表8-1。

表8-1 专业能力训练“领域”、“‘技术-技能’点”、“名称”和操作“参照规范与标准”

领域	“技术-技能”点	名称	参照规范与标准
“旅游酒店营销与策划”知识应用	“技术-技能”1	“旅游酒店客户关系管理”技术应用	1）能全面把握“旅游酒店客户关系管理”的技术。 2）能从“旅游酒店客户关系管理”的特定视角理解并应用相应技术，有质量、有效率地进行以下操作： （1）系统体验“‘旅游酒店客户关系管理’技术应用”的如下“技术-技能”操作，并体验“校企合作”中的“优势互补”： ①能运用信息技术建立顾客档案； ②能根据客户关系管理的内容开展有效的客户管理； ③能为不同顾客提供不同的服务。 （2）总结“实践学习”中关于“‘技术-技能’1”的“操作体验”和“校企合作”的“优势互补”

续表

领域	“技术-技能”点	名称	参照规范与标准
“旅游酒店营销与策划”知识应用	“技术-技能”2	“旅游酒店客房营销与策划”技术应用	1）能全面把握“旅游酒店客房营销与策划”技术。 2）能从“旅游酒店客房营销与策划”的特定视角理解并应用相应技术，有质量、有效率地进行以下操作： (1) 系统体验“‘旅游酒店客房营销与策划’技术应用”的如下“技术-技能”操作，并体验“校企合作”中的“优势互补”： ①能策划关于旅游酒店客房的不同营销活动，制订切实可行的营销策划方案； ②能根据策划的营销活动，做出准确的预算； ③能通过策划方案的执行情况，进行效果评估； ④能规范撰写营销策划方案。 (2) 总结“实践学习”中关于“‘技术-技能’2”的“操作体验”和“校企合作”的“优势互补”
	“技术-技能”3	“旅游酒店餐饮营销与策划”技术应用	1）能全面把握“旅游酒店餐饮营销与策划”技术。 2）能从“旅游酒店餐饮营销与策划”的特定视角理解并应用相应技术，有质量、有效率地进行以下操作： (1) 系统体验“‘旅游酒店餐饮营销与策划’技术应用”的如下“技术-技能”操作，并体验“校企合作”中的“优势互补”： ①能策划关于旅游酒店餐饮的不同营销活动，制订切实可行的营销策划方案； ②能根据策划的营销活动，做出准确的预算； ③能通过策划方案的执行情况，进行效果评估； ④能规范撰写营销策划方案。 (2) 总结“实践学习”中关于“‘技术-技能’3”的“操作体验”和“校企合作”的“优势互补”
	“技术-技能”4	“‘训练报告’撰写”技术应用	能应用《训练报告》撰写技术，有质量、有效率地进行如下操作： (1) 合理设计关于“‘旅游酒店营销与策划’技术应用”《训练报告》，其结构合理、层次分明； (2) 能依照网络教学资源包中《学生考核手册》表考8-6中的“考核指标”和“考核标准”要求，撰写所述《训练报告》

职业核心能力和职业道德训练：其内容、种类、等级与选项见表8-2；各选项操作的“参照规范与标准”见本教材“附录三”的附表3和“附录四”的附表4。

表8-2 职业核心能力和职业道德训练的内容、种类、等级与选项表

内容	职业核心能力							职业道德						
种类	自主学习	信息处理	数字应用	与人交流	与人合作	解决问题	革新创新	职业观念	职业情感	职业理想	职业态度	职业良心	职业作风	职业守则
等级	中级	中级	中级	中级	中级	中级	中级	认同级	认同级	认同级	认同级	认同级	认同级	认同级
选项		√		√	√	√	√	√			√	√	√	√

【训练任务】

1）对“‘旅游酒店营销与策划’技术应用”专业能力的各“技术-技能”点，依照表8-1中的“参照规范与标准”，实施应用相关技术的基本训练。

2）对表8-2中所列“职业核心能力”选项，依照本教材“附录三”附表3中相关“‘技术-技能’点”的“参照规范与标准”，实施融入性“中级”强化训练。

3）对表8-2中所列“职业道德”选项，依照本教材“附录四”中“领域”的“参照规范与标准”，实施“认同级”相关训练。

【组织形式】

1）以小组为单位组成营销策划团队。

2）各营销策划团队结合实训任务进行适当的角色分工，确保组织合理和每位成员的积极参与。

【指导准备】

知识准备：

学生通过自主学习，复习如下知识：

1）实训合作企业的概况知识。

2）“旅游酒店营销与策划”的理论与实务知识。

3）本教材“附录一”的附表1中，与本章“职业核心能力”选项各技能点相关的“‘知识准备’参照范围”所列知识。

4）本教材“附录三”的附表3中涉及本章“职业核心能力”选项，以及“附录四”的附表4中涉及“职业道德”选项的“参照规范与标准”知识。

操作指导：

1）教师向学生阐明“训练目的”、“训练任务”和“知识准备”。

2）教师就“知识准备”中的第3）、4）项，对学生进行培训。

3）教师要指导学生从“‘旅游酒店营销与策划’技术应用”视角进行企业营销决策和业务运作情况调研、资料搜集与整理。

4）教师指导学生撰写“‘旅游酒店营销与策划’技术应用”的《实训

报告》。

【训练要求】

1）实训前，学生要了解并熟记本实训的“训练目的”、“训练内容”、“训练任务”与“训练要求”，了解并熟记本教材网络教学资源包的《学生考核手册》中表考8-6、8-7所列“考核指标”与“考核标准”的内涵，将其作为本实训的操练点和考核点来准备。

2）将“训练任务”所列三种训练整合并落实到本实训的“活动过程”和“成果形式”中。

3）实训后，学生要对本次实训活动进行总结，在此基础上撰写相关《训练报告》。

【训练时间】

本课程课堂教学内容结束后，安排两周时间进行“阶段性体验”训练。

【情境设计】

班级学生以小组为单位，组建“‘旅游酒店营销与策划’技术应用”训练团队。各团队分别选择一家开展“旅游酒店营销与策划”的企业（或本校专业实训基地，或毕业生创业团队），从“‘旅游酒店营销与策划’技术应用”视角，参与企业该项目的运作，在依据表8-1中“‘技术-技能’1”至“‘技术-技能’3”的“参照规范与标准”系统体验各项操作的过程中，进行“校企合作”的“实践学习”，并尝试“优势互补”。

【训练步骤】

1）以班级小组为单位组建学生“阶段性体验”训练团队，每队确定1人为队长，根据训练项目需要进行角色分工与协作。

2）各团队结合“训练任务”，参照“情境设计”，分别选择一家开展“旅游酒店营销与策划”的企业（或本校专业实训基地，或毕业生创业团队），从“‘旅游酒店营销与策划’技术应用”视角，全程参与企业该项目运作，进行“校企合作”的“实践学习”。

3）依据表8-1中“‘技术-技能’1”至“‘技术-技能’3”的“参照规范与标准”，系统体验如下操作：

（1）依照表8-1中“‘技术-技能’1”的“参照规范与标准”，从“‘旅游酒店客户关系管理’技术应用”视角，进行“校企合作”的“实践学习”，体验“‘旅游市场营销与策划’胜任力”建构中“‘旅游酒店客户关系管理’运作”能力要素生成；

（2）依照表8-1中“‘技术-技能’2”的“参照规范与标准”，从“‘旅游酒店客房营销与策划’技术应用”视角，进行“校企合作”的“实践学习”，体验“‘旅游市场营销与策划’胜任力”建构中“‘旅游酒店客房营销与策划’运作”能力要素生成；

（3）依照表8-1中“‘技术-技能’3”的“参照规范与标准”，从“‘旅游酒店餐饮营销与策划’技术应用”视角，进行“校企合作”的“实践学习”，体验“‘旅游市场营销与策划’胜任力”建构中“‘旅游酒店餐饮营销与策划’运作”能力要素生成；

4）各团队总结1）~3）项操作体验，撰写“基于‘旅游酒店营销与策划’技术应用”的《校企合作实践学习总结》，体验“‘旅游市场营销与策划’胜任力”建构中“旅游酒店营销与策划”的“专业互鉴”能力要素生成。

5）在“‘旅游酒店营销与策划’技术应用”的“专业能力”基本训练中，依照表8-2中相关训练选项的“参照规范与标准”，融入“职业核心能力”的“中级”强化训练和“职业道德”的“认同级”相关训练。

6）各团队综合以上阶段性成果，依照“‘技术-技能’4”的“参照规范与标准”，撰写《“旅游酒店营销与策划”技术应用训练报告》。其内容包括：实训组成员与分工；实训过程；实训总结（包括对专业能力训练、职业核心能力训练和职业道德训练的分析说明）；附件（即阶段性成果全文）。

7）在班级讨论、交流和修订各团队的《训练报告》，使其各具特色。

【成果形式】

1）实训课业：《“‘旅游酒店营销与策划’技术应用”训练报告》。

2）课业要求：

（1）“实训课业”的结构与体例参照本教材“课业范例”中的范例-3。

（2）将《校企合作实践学习总结》以“附件”形式附于《训练报告》之后。

（3）在校园网的本课程平台上展示经过教师点评的班级优秀《训练报告》，并将其纳入本课程的教学资源库。

▲ 创新工作站

【工作项目】

编制《优化方案》。

【工作目的】

见本章“章名页”之“学习目标”中的“实训目标”。

【工作任务】

编制关于“旅游酒店营销与策划相关业务规范”的《优化方案》。

步骤及内容：

（1）旅游酒店客房营销策划，包括针对团队的营销策划、针对一般散客的营销策划和针对长住客的营销策划。

（2）旅游酒店餐饮营销策划，包括旅游酒店餐饮产品策划、价格策划、促销策划和渠道策划。

【待优化对象】

（1）旅游酒店客房营销策划。

（2）旅游酒店餐饮营销策划。

【情境设计】

上述“待优化对象”涉及的规则性知识已成为企业的既定规范。为强化管理、提高企业竞争力，企业决定对这些既定规范进行优化。企业管理层要求研发部门组成若干团队，通过网络调研或其他途径，研究编制关于这些业务规范的《优化方案》。

【工作要求】

(1) 在搜集、整理和研究最新相关文献资料的基础上，编制所选业务既定规范的《优化方案》。

(2) 所编制的《优化方案》具有明显的创新性、优越性和可操作性。

(3) 对体现在《优化方案》中的创新不求全责备。

【工作步骤】

(1) 将班级同学分成若干组，模拟某企业的不同研发团队，每个团队确定1个负责人。

(2) 各团队从“待优化对象”中任选其一。

(3) 各团队进行角色分工，通过网络调研等途径，围绕所选“待优化对象”的相关业务，搜集最新研究成果与企业先进管理措施资料。

(4) 各团队整理搜集到的资料，分析比较其与所选“待优化对象”的异同。

(5) 各团队以扬长避短为宗旨，通过讨论，研究编制所选“待优化对象”的《优化方案》。

(6) 在班级交流和修订各团队的《优化方案》，使之各具特色。

(7) 在校园网的本课程教学平台上展出经过教师点评的各团队《优化方案》，作为本章“重点实务”的补充教学资料。

【成果形式】

1）工作课业：关于《“旅游酒店营销与策划相关业务规范”的优化方案》。

2）课业要求：同第2章本题型的“课业要求”。

单元考核

考核要求：“考核模式”“考核目的”“考核种类”“考核方式、内容与成绩核定”及考核表等规范要求，见本教材网络教学资源包中的“学生考核手册”。

第9章 旅游交通营销与策划

学习目标

通过本章的学习，应该达到以下目标：

理论目标：学习和把握"旅游交通营销与策划"的相关概念与特征，旅游交通在旅游业中的地位与作用，旅游交通体系的构成及各种交通方式的优缺点，影响旅游交通营销的因素，旅游交通营销的新趋势等陈述性知识，以及"延伸阅读"等陈述性知识；能用其指导本章"同步思考"、"深度思考"和"基本训练"中"理论题"各题型的认知活动，正确解答相关问题；阶段性体验本章专业理论学习的横向正迁移，以及相关胜任力中"专业认知"要素的生成。

实务目标：学习和把握旅游交通营销战略与战术策划，相关"业务链接"等程序性知识；能以其建构"旅游交通营销与策划"中的专业规则意识，正确解析本章"教学互动"、"随堂测"和"基本训练"中"实务题"的相关问题；阶段性体验本章专业实务学习的横向正迁移，以及相关胜任力中"专业技术"要素的生成。

案例目标：运用本章理论与实务知识研究相关案例，培养和提高在"旅游交通营销与策划"特定情境中多元表征的专业能力；能结合本章教学内容，依照相关规范或标准，对"课程思政9-1"专栏和章后"课程思政-IX"等案例中的企业及其从业人员行为进行思政研判，强化社会主义核心价值观的引领作用，促进"立德树人"根本任务的落实；阶段性体验本章专业案例学习中"专业知识"、"通用知识"与"思政元素"的协同性重组迁移，以及相关胜任力中"认知弹性"要素的生成。

自主学习：参加"自主学习-V"训练。在实施《自主学习计划》的基础上，通过学习和应用"附录一"附表1"自主学习"（中级）各技能点的"'知识准备'参照规范"所列知识，查阅、搜集、整理与综合"旅游交通营销与策划"前沿知识，讨论、撰写和交流《"各旅游交通方式在旅游中的作用及营销重点"最新文献综述》，撰写《"自主学习-V"训练报告》等活动，培养"自主学习"的通用能力（中级）；阶段性体验本章"自主学习"中"专能"与"通能"的"重组性"迁移，以及相关胜任力中"求知韧性"要素的生成。

引例 河北承德："交通+"赋能全域旅游

背景与情境：交通运输是国民经济中基础性产业，也是民生保障的重要支撑。2023年以来，承德市交通运输局紧扣交通强市目标，稳步推进承平高速、克承高速等高速公路建设及普通干线公路新建、改建，公路场站大中修及安全设施精细化提升，"四好农村路"提升等，全力推动交通运输事业高质量发展。

1）畅通京津冀互联互通高速"动脉"

2024年1月15日，首都环线高速公路承德至平谷段（以下简称"承平高速"）最长隧道——杨家窝铺特长隧道双洞顺利贯通，为全线建成通车打下坚实基础。

在加快推进承平高速建设的同时，克承高速也取得重要进展。除承平高速、克承高速项目外，承德在不断完善高速路网方面，还有不少新亮点。

2023年12月16日，京承高速承德南互通工程建成通车，实现双桥区、双滦区南北轴线贯通，进一步优化主城区路网结构，极大缓解了周边道路交通压力。同日，位于隆化县茅荆坝镇的承赤高速茅荆坝互通工程也建成通车，对该市北部片区经济发展、温泉旅游康养产业发展等具有重要战略意义。

位于滦平县巴克什营镇的京承高速金山岭互通施工图已批复，施工许可办理完成，计划2024年3月开工，2025年建成通车。该项目建成后可提升金山岭长城旅游片区通达能力。

2）交通达带来产业兴、生活美

大广高速、省道承赤线、县道韩七线在隆化县七家镇纵横交错，实现无缝对接。通畅便捷的路网，让百姓依托丰富的温泉资源，端上"金饭碗"，吃上"旅游饭"。

承德作为旅游城市，交通基础设施建设对推动旅游产业高质量发展、助力乡村全面振兴具有重要意义。

2023年以来，该市以"交通+"融合发展模式赋能全域旅游，着力打造"快进漫游"公路交通网络，实现旅游景区快速通达。

围绕金山岭长城、避暑山庄皇家园林、温泉康养、坝上草原及塞罕坝红色旅游五大旅游度假区，打造以京承高速、承赤高速、克承高速、承张高速和国家"一号风景大道"共同构建的558千米旅游快速环线，探索交通支撑旅游、旅游反哺交通的新模式。

以串联全市55家A级以上景区、6个国家级文旅品牌、数十个旅游村落、2 153家乡村民宿为目标，大力推进"四好农村路"建设，谋划建设一批产业路、资源路、旅游路，有力助推景区游向乡村游、生态游、全域游转变。

同时，根据农村公路周边环境、地形地貌特点，因地制宜建设停车港湾、观景平台、路边公园等，促进与乡村旅游、生态宜居乡村融合发展。

3）城乡公交构建便民交通圈

为满足人民群众对交通出行日益增长的需求，承德市委、市政府将城乡公交一体化建设作为一项重要民心工程，全面构建"人悦其行"的城乡客运一体化服务体系。经广泛调研，对原有公交线路优化调整，实现主要街道、商场、学校、居民小区公交全覆盖。同时，将原有的农村客运燃油车辆进行替换，实现更加安全、舒适、经济、便捷、环保的公交出行环境。

资料来源　陈宝云. 河北承德：“交通”赋能全域旅游［N］. 河北日报，2024-02-19.

问题： 谈谈承德市交通运输业的发展对于赋能当地全域旅游发展的重要意义。

从引例可以看出，交通是联系客源地和旅游区的桥梁，没有良好的交通条件，就不能形成旅游流（客流）。交通是旅游的通道和媒介，是完整的旅游功能系统的必要组成部分，现代大众旅游就是在交通条件得到极大改善后形成的。在全域旅游时代，旅游交通环境的提升，可以有效提高全域旅游的通达性。

9.1　旅游交通营销概述

9.1.1　旅游交通的概念及特征

1）旅游交通的概念

旅游交通是指为旅游消费者在旅游过程中提供所需交通运输服务而产生的一系列社会经济活动与现象的总和。旅游交通业是由旅游公路运输、旅游航空运输、旅游铁路运输、旅游水路运输以及特种旅游运输共同构成的产业集合体，它介于公共交通运输业与旅游业之间，属于第三产业的范畴。一方面，它借助民用客机、旅客列车等公共交通设施，从事包括旅游消费者在内的所有旅客及其行李的公共运输活动；另一方面，它还利用旅游包机、旅游列车、邮轮等专用交通设施，在旅游客源地与目的地之间以及旅游目的地内各旅游活动场所之间，从事旅游消费者及其行李的专项运输活动。旅游交通业依托运输设施为旅游消费者提供空间位移服务，并通过这种无形服务产品的生产、交换、消费创造经济产值。

深度剖析9-1

疑点： 旅游交通与公共交通是既有联系又有区别的两个概念。

释疑剖析： 公共交通也可以充当专业性的旅游交通，而专业性的旅游交通则不能承担公共交通的职能；公共交通的运输人群较广，客运量大，专业的旅游交通载客量相对较小，专门为旅游者提供服务；两者都承担着旅游者的运送任务；旅游交通是由公共交通和专业性的旅游交通共同构成的。

2）旅游交通的特征

（1）交叉性

旅游交通是为了适应旅游业发展的特殊需要，从公共交通中衍生出来的。一方面，它在很大程度上依赖于公共交通基础设施，与公共交通运输业密切关联；另一方面，它以旅游消费者为主要服务对象和目标市场，与旅行社、景区、酒店等旅游企业保持着紧密的业务关系，与旅游业息息相关。

旅游交通的交叉性，决定了它具有优越的市场适应能力和巨大的发展潜力。

首先，旅游交通横跨旅游和交通运输两个客源市场，可以兼顾旅游专项客运和高档公共客运两种业务。因此，当某一市场需求滑坡时，旅游交通企业能够及时调整营销策略，进入另一个目标市场。其次，旅游交通凭借公共交通基础设施为旅游业服务，由于传统的公共基础设施产业具有高度稳定的特征，而旅游产业具有朝阳产业的特征，因此集“稳定”与“朝阳”双重特征于一身的旅游交通业蕴藏着巨大的发展潜力。

（2）服务性

旅游交通业与工农业不同，它不生产有形产品，而是提供无形的运输服务。因此，旅游交通具有明显的服务性，它借助交通工具使旅游消费者及其随身物品实现地理空间中的位置移动。旅游交通业也不同于商品批发与零售业，它一般不提供与销售有形产品，而是利用有形的各类交通工具提供并销售无形的运输服务。

旅游者与普通旅客不同，他们对旅行生活的舒适性、游览性和个性化有更高的要求，因此质量、品种、特色是旅游交通产品的核心内容和生命源，这也使得旅游交通的服务性越发重要和显著。

（3）经济性

旅游交通业完全按照市场经济规律运作，以追求最佳的社会经济效益为产业发展目标，是国民经济的重要组成部分之一。因此，经济性是旅游交通的根本性质。

9.1.2 旅游交通在旅游业中的地位和作用

旅游交通是整个交通运输业的有机组成部分，是实现旅游消费者空间位移的必要方式。所以，旅游交通作为旅游业的六大支柱之一，在旅游业中发挥着不可替代的作用。

1）旅游交通本身有时也是旅游活动的组成部分

通常情况下，旅游交通只是旅游者前往旅游目的地的手段，但有时它也可能是旅游者旅游经历的一部分。例如，在长江三峡旅游项目中，旅游者在湖北宜昌登船，逆水而上，先过西陵峡，西陵峡是长江三峡中最长的峡谷，旅游者可以在此观赏水底的景观；接着进入巫峡，旅游者可以在此欣赏幽深秀丽的美景；最后进入瞿塘峡，旅游者可以在此饱览雄奇险峻的盛景。长江三峡从湖北宜昌至重庆白帝城，全长193千米，乘船行驶不仅使旅游者形成了较长距离的空间位移，也是旅游者游览过程的一部分。

2）先进发达的现代交通既是构成现代旅游的必要条件，也是促进旅游目的地旅游业发展的重要因素

旅游者要到达旅游目的地，必须借助旅游交通来实现。旅游者的活动半径有多大，旅游业的发展规模就有多大，但这首先取决于旅游交通的发展规模。同时，旅游者的空间位移不仅有距离长短的问题，还有所需时间长短的问题，如果所需时间过长，就可能有一大批人取消旅游计划。因此，旅游者的活动半径和旅游业的发展规模，不仅取决于旅游交通的发展规模，而且取决于旅游交通发展的先进程度。此外，现代交通对旅游者的需求具有极强的引导效应。例如，一旦航空公司开辟出一条新航线，相关目的地的旅游就会引人注目。

3）旅游交通运输能力是旅游生产力的重要组成部分

旅游生产力一般可以理解为旅游综合接待能力，它由许多因素组成，包括旅游景点的承载能力、旅行社的接待能力、酒店的接待能力、旅游交通运输能力等。上述几个方面的接待能力必须保持一定的比例，彼此相互协调和配合。旅游交通运输能力作为旅游综合接待能力的一个有机组成部分，必须与旅行社、酒店等的接待能力相协调，这样旅游业才能实现健康有序的发展；否则，即使旅行社和酒店等的接待能力较强，但由于旅游交通发展滞后，不能提供相应的运输能力，整个旅游业的发展也会出现困难和问题。

深度思考9-1

背景资料：交通服务作为旅游业发展的先决条件之一，对于丰富旅游形式、提升服务品质、满足游客多样化需求具有重要意义。交旅融合是建设现代化旅游产业体系的必然要求，本质上是快进慢游，通过打造健全完善的旅游交通网络，让游客出行更方便、体验更丰富。

问题：谈谈交通业的发展对旅游业的影响；交旅融合建设的思路有哪些？

理解要点：

第一，旅游业与交通业发展之间联系紧密，“行”是旅游六要素之一，交通运输业对地区旅游经济和产业发展具有重要的战略意义，交通是影响旅游者旅游目的地选择的重要因素，“进得来，出得去”是旅游者最基础的旅游需求。

第二，例如，要完善基础设施建设；市场化运作，拓展关联产品服务；推进新技术应用；创新体制机制等。

9.1.3 旅游交通体系的构成

现代旅游交通体系主要由公路运输、铁路运输、航空运输、水路运输、特种旅游交通五种方式构成，如图9-1所示。每种交通方式又由客运工具、客运站场和客运线路三个基本要素构成。各种交通方式根据自身优势分工协作，分别主导不同运距、不同运速、不同运价的旅游交通细分市场，同时又优势互补、互相衔接、彼此竞争。

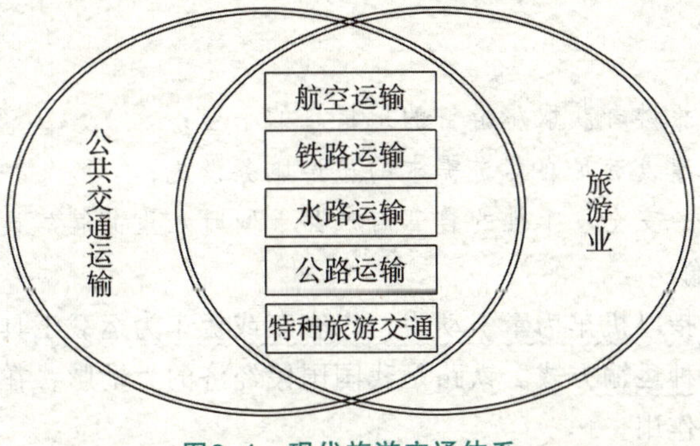

图9-1 现代旅游交通体系

1）公路运输

固定班次的公共汽车主要限于为城际非商务旅行者提供服务。长途汽车是包价旅游的主要交通工具，短途旅游车是目的地内游客流动和一日游的主要交通工具，私家车是国内旅游、休闲短途旅游、休闲娱乐旅游的主要交通工具。在我国，随着私人轿车的普及，自驾游已成为一种新的时尚。发达的公路交通网络及配套设施，如路边的汽车旅馆、餐厅、加油站、维修站和目的地停车场等，都为自驾游提供了极为便利的条件。

业务链接9-1

房车旅游

房车旅游是一种以房车为载体的新型旅游方式。“车子外面是世界，车子里面是自家”，旅游和生活完全结合起来，行在路上，乐在其中。

在美国和欧洲，房车早已和人们的生活密不可分，将家安在轮子上体现的是一种个性化的生活方式。旅游者在什么地方吃饭，在哪安营扎寨，全凭自己的兴趣。2020年夏，欧洲房车旅游变得十分火爆。

房车旅游的特点：

①更自由。房车旅游的目的地、移动路线、逗留时间等完全由旅游者自己掌握，自由度更高。

②更经济。驾驶房车旅游比驾驶轿车或乘飞机，以及住酒店旅游更节省费用。

③体验性强。房车上有炊事设备，旅游者可以在旅行途中展示厨艺，与家人及朋友一起用餐，其乐融融。车停靠宿营地后，旅游者还可以利用宿营地所开设的游泳场、烧烤场、钓鱼场等多种休闲娱乐设施，丰富旅游的体验和乐趣。

房车旅游作为一种时尚的旅游方式越来越受到人们的喜爱，发展前景十分广阔。

同步思考9-1

学习微平台

延伸阅读9-1

问题：自驾游越来越成为人们青睐的旅游形式，对此，旅游企业可以采用哪些营销措施?

理解要点：

①建设方便旅游者获取旅游目的地信息的平台；

②大力开发建设满足自驾游需求的旅游服务设施；

③推出完善、安全、个性的自驾游产品，同时注重品牌建设。

2）铁路运输

铁路运输是指以机车为牵引动力，以客车或货车为运载工具，沿着轨道载运旅客和货物的一种运输方式。铁路是我国国民经济的大动脉，在综合运输体系中起着骨干和主导作用。

铁路运输的优点是：牵引力大，运输能力强；运输成本低；较少受气象、季节等自然条件的影响，能保证运行的经常性和持续性；运输的地区局限性较小；便于统一指挥和管理，计划性强，客货出发、到站的时间比较准确，运输速度也较快；安全程度高。

铁路运输的缺点是：初始建设投资费用高，建设时间长；始发与终到作业时间长，不利于运距较短的运输业务；受轨道限制，灵活性较差，需要有其他运输方式为其集散客源；运输总成本中固定费用所占比重大，一旦停止运营，损失较大。

同步案例9-1

赋能经济高质量发展，为交通强国注入强力量

背景与情境：京广高铁纵贯中国南北，跨越长江与黄河，沿途囊括高山、平原、丘陵等各类地貌，途经石家庄、郑州、武汉、长沙等地，终到广州南站，全长2 298千米，是当今世界上营运里程最长的高速铁路，行车时间最快为7小时38分钟。全线贯通运营近10年来，共运客约10亿人次，带动人流、物流、生产要素快速流转，也是全国最繁忙的高铁线路之一。

京广高铁是交通强国的“关键一笔”。阡陌交通，纵横交错。随着时代的发展，中国的交通运输体系越加完善，越来越多的地方实现了高铁的从无到有、从少到多。

京广高铁是铁路事业的“靓丽一笔”。从“四纵四横”全面建成，到“八纵八横”加密形成，高铁路网规模快速扩大，我们看到的不仅是铁路的覆盖面越来越广，也看到了铁路事业的不断发展。

京广高铁是人民出行的“幸福一笔”。“人民铁路为人民”，不管是铁路事业的发展，还是交通强国的推进，人民都是最厚重的底气。京广高铁巨大的人流量说明这条铁路是深受旅客欢迎的，书写了人民出行的“幸福一笔”，让他们减少在路上的耽搁时间，有更愉快的出行体验。推动交通强国，要始终坚持以人民为中心的发展理念，方能让交通运输体系完善的每一个足迹，都能赢得群众的点赞，迈向更美好的未来。

问题：谈谈我国高铁事业的发展对我国区域旅游业的影响。

分析提示：高速铁路的发展能够带动区域经济的发展，从而影响和促进当地旅游业的发展。随着我国居民可随意支配收入的提高以及人们生活方式的变革，消费者出游意愿进一步加大，这成为旅游业飞速发展的前提条件。我国高铁的覆盖范围越来越广，旅游资源的可达性大大提高，游客可以有更多的在旅游目的地停留的时间，高铁还能大幅减少游客出游的时间成本，使远距离旅游更有可能。

资料来源　思贤．赋能经济高质量发展，为交通强国注入强力量［EB/OL］．［2022-12-06］．http：//pinglun.youth.cn/shsz/202212/t20221206_14178727.htm.

教学互动9-1

背景资料：中国铁路郑州局集团有限公司按照“提升洛阳国际文化旅游名城

的知名度、美誉度和吸引力”“大力培育激活文旅消费”“河南人游河南”的要求，积极调配管内铁路优势资源，开行郑州至洛阳高铁旅游列车，引导郑州市民夜游洛阳，共享洛阳“古都夜八点”等丰富的夜间文旅消费产品，提振洛阳文旅市场活力，助力洛阳副中心城市建设。

2020年6月12日晚，郑州东站至洛阳龙门站“中原快车·古都夜八点”号高铁旅游列车正式开行，每天一趟。

问题：

①谈谈你对高铁旅游列车发展的看法。

②面对飞速发展的高铁，国内航空公司面临着怎样的竞争？航空公司在营销上应做哪些改变？

要求：

①以小组为单位进行讨论，然后进行小组交流。

②教师对学生的回答进行点评。

3）航空运输

航空运输是指使用飞机、直升机及其他航空器运送人员、货物的一种运输方式。航空运输具有快速、机动的特点，是现代旅客运输，尤其是远程旅客运输（500千米以上）的重要方式，在国际贸易中主要运输贵重物品、鲜活货物和精密仪器等。现代航空运输是社会生活和经济生活的一个重要组成部分，是目前发展最快的一种运输方式。

航空运输的优点是：速度快、机动性大、舒适安全、基本建设周期短、投资少。

航空运输的缺点是：飞机机舱的容积和载重量都比较小，运载成本和运价都比地面运输高；航空运输受气象条件限制，有时难以准时到达；航空运输速度快的优点在短途运输中难以充分发挥。

4）水路运输

水路运输是指利用船舶、排筏和其他浮运工具，通过水道运送旅客和货物的一种运输方式。水路客运服务主要有四种，即远程定期班轮服务、海上短程渡轮服务、内河客运服务和游船服务。单纯作为交通运输方式的轮船客运，由于速度慢而逐渐走向衰落，日益被航空、公路、铁路运输所取代。同时，作为旅游度假形式的海上巡游（邮轮业）开始发展起来，成为一种特殊的旅游形式。

水路运输具有以下突出优点：主要利用江、河、湖泊和海洋的“天然航道”来进行，通航能力几乎不受限制；投资少，建设与维护费用较低；劳动生产率高，劳动力需求量少；运行持续性强。

水路运输也存在缺点：速度较慢，受气象条件影响大；受航道限制，灵活性较差，需要其他运输方式集散或接运客货等。

5）特种旅游交通

特种旅游交通主要是指在旅游景区、景点的渡船、索道、缆车、轿子、滑竿、马匹、骆驼等形式的旅游交通方式。

特种旅游交通的优点是：便于旅游者通过一些难行的路段，可以辅助老弱病残旅游者完成旅游，有些还带有娱乐、观赏性质，可以丰富旅游体验。

特种旅游交通的缺点是：有些特种旅游交通如索道、缆车等，会破坏景观审美，甚至会对风景区的环境造成破坏。

上述交通方式对所有旅游目的地都有一定程度的影响，大部分旅游目的地同时受几种交通方式的影响。虽然不同交通工具之间存在许多差异，但其功能的发挥却有许多共性。

同步思考 9-2

问题： 应该如何抓住高铁迅速发展的新机遇，做大做强旅游产业？

理解要点： 旅游主管部门应采取“走出去”策略，摒弃原始的景点竞争、线路竞争、城市竞争关系，与沿线省市共同进入互换资源、互换市场、差异化发展的区域性旅游合作新阶段，构建区内、国内、国际的多层次、全方位的跨区域旅游线路，建立“政策互惠、客源互送、信息互通、资源共享、品牌互铸”的高铁沿线省市合作模式。

学习微平台

延伸阅读 9-2

随堂测 9-1

9.2 影响旅游交通营销的因素

旅游交通营销是指根据市场的需求，结合旅游交通企业的优势，确定目标市场，通过开发经营适销对路的旅游产品，最终满足特定市场需求的营销活动。

9.2.1 影响旅游交通营销的外部制约因素

1）交通工具技术

随着时代的变化和科学技术的进步，交通工具在大小、座位数、速度、最大行程、节油程度、噪声及舒适度等方面不断得到改进。这些变化不仅影响着企业的获利能力，也影响着旅游消费者的选择。例如，宽体远程喷气式客机的问世使洲际旅游成为可能。

随着新航线的不断开辟，空中运行时间进一步缩短，机场利用率大大提高，这些都对旅游市场产生了深远的影响。

虽然交通工具技术对旅游市场的意义在公共交通中体现得最为明显，但私人轿车对旅游市场的意义同样至关重要。事实上，周末度假、景点一日游等在很大程度上都依赖于自驾游。因此，那些对私人交通工具产生影响的技术也成为企业开展营销必须考虑的问题。

2）信息技术

20世纪80年代以来，计算机技术的广泛应用使客运企业得以有效应对业务量的不断增长。目前，订票、出票、线路选择及报价等业务都由计算机来处理。这些业务同时生成了大量关于旅客特征的调研数据，这些调研数据对企业制订营销计划具有重要意义。与此同时，信息技术还改变了旅游业的分销过程，而这些发展有很多是由交通企业带动的。

3）政府管制

在20世纪的大部分时间里，国际级客运交通系统的经营活动在所有国家都受到严格控制和管理。在国际航空业中，机场准入、国家间飞行、飞越其他国家领空必须经政府间协议商定，这些协议包括准许哪些航空公司飞行哪些航线、允许多大运力及许可价格的范围和种类等。掌握这些决策权的政府机构，如中国民用航空局，实际上是直接插手营销决策的关键机构。无论哪个机构，如果控制了产品容量，并决定或影响价格，那么该机构必然会对旅行需求产生极强的影响。

4）环境问题

交通涉及的环境问题主要包括五个方面，即噪声、尾气、能源利用、拥挤、废弃物的产生与处理。在20世纪80年代，这些问题对营销的意义并不显著，但是在90年代，随着人们对环境保护的重视，环境污染也日益成为法规管制的内容。

交通拥挤是造成环境成本增加的一个重要因素，因为拥挤会导致登机或上车时间延误，进而导致更多的燃料耗费及更多的废气排放。交通系统的建设和维护会产生特殊废弃物，其中有些废弃物毒性很大，对废弃物的处理也越来越受到严格管制。

通过上述分析我们不难发现，随着人们环境保护意识的提高和环境保护力度的不断加大，环境问题将对旅游交通的营销活动产生重要影响。

同步案例9-2

携程“一石三鸟”，发力旅游交通“最后一公里”

背景与情境：自2014年12月16日起，登录携程旅行网站或者携程旅行App后，你会发现“用车”频道内的“接送机”“接送火车”项，新增了AA租车（后更名为“AA出行”）的选择。接入平台的AA租车，先期对携程用户开放包括北京、上海、广州、深圳、太原、大连、青岛、杭州等12座城市的商务租车服务。

面对市场的旺盛需求，接入第三方数据和产品服务，打造平台价值，成为携程深耕旅游服务O2O模式的重点。为此，携程在旅游交通市场推出了接送机、接送火车、包车等一系列大旅游交通服务。

携程具备大数据的优势，能集合终端消费者的旅游订单，根据海量的商品数据、信息数据、会员数据，通过大数据技术，对高端消费者的用车习惯进行分析。这些数据结论对AA租车调整后台调度规则、升级服务流程、进一步将品质做到极致都具有较大的帮助。而AA租车对“最后一公里”接入进行升级，也将为携程塑造良好的用户口碑，助力携程提高品牌美誉度。

随时随地为用户提供优质、便捷、定制化的服务，携程与AA租车的牵手，看似偶然，实为必然。

资料来源 佚名. 携程“一石三鸟”，发力旅游交通“最后一公里”[EB/OL]. [2014-12-24]. http://roll.sohu.com/20141224/n407244605.shtml.

问题：

①分析携程与AA租车的合作有什么重要意义。

②信息技术的不断发展对旅游交通营销提出了哪些要求？

分析提示：携程深耕旅游服务O2O模式的重点是接入第三方数据和产品，打造平台价值，充分利用自己拥有的大数据优势，抓住新的营销机会，解决了旅游交通“最后一公里”的问题，也给自身创造了更大的利润空间。在信息技术不断发展的今天，旅游交通企业应该具有敏锐的市场洞察力，及时捕捉信息技术和科技发展的新动向，创造更有效、更新颖的营销模式，这样才能更好地服务于游客，实现企业的经营目标。

9.2.2　影响旅游交通营销的内部制约因素

现代交通经营的一个主要特征是高投资成本与高固定成本。企业购买及维护交通工具和设备、建立与维护线路网络，以及聘用操作人员等，都需要投入很高的成本，航空业的投资成本尤其高昂。此外，企业经营任何服务的固定成本都很高，变动成本则较低。

因此，营销管理者应重点考虑以下三个衡量企业经营效率的指标：上座率、收益率和设施利用率。

业务链接9-2

衡量客运交通企业经营效率的几个指标

①上座率。它也称座位利用率，在其他条件不变的情况下，上座率的高低会直接影响客运交通企业的收益。

②收益率。它是由上座率乘以实际平均价格得出的收入系数。

③设施利用率。它是指停放设备（如汽车、飞机、轮船等）的设施（如车站、飞机场、码头或港口等）的利用效率。

随堂测 9-2

9.3　旅游交通营销策划

9.3.1　旅游交通营销的新趋势

1）一体化旅游交通营销模式的应用

全球化是国际旅游业的一个主要发展趋势，跨国公司展现了资本全球化的趋势，并生产标准化的产品，推动了国际旅游市场的同质化。这从根本上表明，超越了地理局限性的跨国公司之间的国际旅游业务在不断增长，而且虚拟化公司也能作为交通运营商，其结果是旅游和交通将会更加一体化。同时，旅游交通企业规模的扩大、利润链条的增长、新型营销观念的产生，也推动了企业一体化经营模式的形成，寻求合作成为旅游交通企业普遍的选择。由于旅游消费者需要通过多种交通方式的结合来完成旅程，因此旅游交通企业应该寻求不同交通方式的结合与互换，从而为旅游消费者提供一体化的服务。

2020年，交通运输部办公厅发布了《交通运输部办公厅关于做好交通运输促进消费扩容提质有关工作的通知》（以下简称《通知》），提出要改善交通基础设施条件，激发消费潜力；提升交通运输服务品质，服务消费升级；推进交通运输跨业融合，培育新消费；营造放心的交通运输消费环境，提升消费满意度。《通知》指出，推进交通运输与旅游体育产业融合。加强高速公路与景区交通的衔接，在高速公路规划、建设中充分考虑与重点景区道路的连接，完善交通引导标识设置；推动高速公路服务区因地制宜拓展旅游、消费等功能，结合地域特色配套房车车位、加气站、新能源汽车充电桩等设施设备；持续推进旅游公路、旅游航道、邮轮游艇码头建设，推动邮轮经济、旅游专列、低空飞行旅游等发展，推动邮轮港提升服务水平；鼓励创建以交通资源为特色的自主品牌体育赛事活动。《通知》同时指出，鼓励各类互联网平台和市场主体参与交通、旅游服务大数据产品及增值服务开发，以移动互联网为载体，为公众提供多样化交通出行、旅游、体育赛事等综合信息服务。

2）信息技术在旅游交通营销中的应用

随着互联网的普及与电子商务营销模式的兴起，大量旅游交通服务商纷纷建设预订系统和咨询平台，以使更多的旅游消费者能够更快、更及时、更全面地了解企业的产品和服务，从而扩大企业的客源群体，提高销售收入。信息技术的出现使交通企业和旅行代理商之间的销售结算变得更加方便。

9.3.2 旅游交通营销战略策划

1）预测旅游市场潜力

由于旅游交通业具有高投资与高固定成本的特征，交通工具及其他投资决策必须与收入预测（顾客量×顾客所付平均价格）相适应，因此营销管理者必须按每一条线路及每一个细分市场对交通需求的数量、层次结构、质量等方面进行估计。通过开展大量的营销研究和持续的顾客追踪来预测市场潜力，为规划未来的运营线路、班次安排及相关投资奠定基础。

虽然经营环境具有不可预见性，企业对旅游交通需求量的预测也不可避免地存在偏差，但企业对顾客的行为了解越多，其经营风险就会越小。

2）树立良好的市场形象

营销战略是企业将市场潜能转化为现实收入过程的一部分，有助于企业在不断争夺市场份额的过程中与竞争对手相匹敌甚至超越竞争对手。在市场经济体制下，企业营销战略的重点应转移到对顾客行为特征的研究上，同时应了解顾客是如何审视企业的，企业有什么样的优势（这些优势可以演变成企业形象或市场定位，对顾客具有长久的吸引力），并以广告等形式将这些优势传递给目标顾客。当企业处于保本上座率两侧高度敏感的边际运营区时，少量市场份额的流失就可以使企业由盈转亏。因此，旅游交通企业必须对企业广告和产品广告予以高度重视，从而在公众心目中树立企业良好的市场形象。

课程思政9-1

乘务员化身“推销员” 高铁售卖“特色产品”引争议

背景与情境：“好吃的牦牛果粒乳酪！原价39元一袋！现价100元三袋！还可以随意混搭”“我敢保证，出了我这趟列车，你再也买不到价格这么划算的乳酪！”“可以免费试吃，买不买都可以尝一尝”……高铁上，一位身穿制服的乘务员在卖力推销着牦牛果粒乳酪、风干牛肉等特色产品20多分钟，引得乘客们纷纷购买。暑假期间，高铁的方便快捷使其成为人们外出旅游的主要出行方式，高铁乘务员在列车上推销“特色产品”也是近年来越来越普遍的现象。高铁乘务员利用高铁旅程中的机会向乘客推销各种“特色产品”，这种推销行为在一定程度上给乘客带来了方便，但也引起一些乘客的不适，引发了一些争议。

资料来源 蔺丽爽．乘务员化身“推销员” 高铁售卖“特色产品”引争议［EB/OL］．［2023-08-18］．https：//new.qq.com/rain/a/20230818A04TYH00.

问题：从思政角度谈谈你如何看待目前火车等交通工具上的推销活动。

研判提示：在旅游交通工具上，工作人员沿途推销是一种司空见惯的现象，但这种行为应该在为旅客提供良好服务的前提下，本着不损害旅客利益的原则进行。

3）做好顾客关系管理，吸引并留住顾客

由“二八定律”可知，少量的常客（其中大多数为商务客人）所带来的收益在企业整个收益中占很高的比例，即企业收益的很大比例来自忠诚顾客。

例如，在一些线路上，占乘客总数20%的人可能带来80%的收入，原因在于，他们支付较高的票价并经常旅行。对于这些顾客，企业需要认真维护并不断开发，战略之一就是对老顾客实施奖励。20世纪80年代以来，大多数航空公司、汽车租赁企业和其他交通运输企业都提供各种形式的会员俱乐部、优惠卡或通行证来回报老顾客。

4）建立旅游交通企业之间的联盟

交通运输领域的竞争日益激烈，一些企业为了扩大自己的市场份额，不惜大打价格战，从而破坏了市场经济秩序。为了避免出现这样的局面，旅游交通企业应结成联盟，如国际航空公司之间的联盟——星空联盟。

同步案例9-3

河南焦作年引十多万韩国游客 郑云高速开启“天地联运”

背景与情境：郑州至云台山高速公路（简称郑云高速）2016年11月26日正式全线通车，从郑州到韩国游客所钟爱的云台山风景区仅需1小时。至此，郑云两地开启天上航空与地上铁路、公路的联运模式。

郑云高速的建成通车，贯通了郑州、焦作两座城市，对接桃花峪黄河大桥，可以直通云台山风景区，对促进沿线地区居民脱贫和经济社会发展具有重要意义。在此之前的2015年6月，郑焦城铁开通运营，旅客可通过这条便捷通道直达新郑国际机场，加之已经开通的“云台山号”旅游专列和旅游包机，作为全国交通重要枢纽的郑州与焦作由此进入“铁公机”联运模式。

这种联运模式不仅让人们的出行有了更多的选择，而且方便了境内外游客到云台山旅游。2013年3月，云台山风景区在韩国首尔麻浦区正式设立中国河南焦作云台山驻韩国办事处，这是中国旅游景区设立的第一个境外办事处。

云台山上溯夏商，下至明清，文人墨客不绝于此。2004年，云台山被联合国教科文组织评选为全球首批世界地质公园。

资料来源　李贵刚．河南焦作年引十多万韩国游客　郑云高速开启“天地联运”[EB/OL]．[2016-11-26]．http：//www.chinanews.com/sh/2016/11-26/8075324.shtml.

问题：

①郑云高速“天地联运”对河南旅游业有什么影响？

②结合案例说明旅游交通企业之间联盟的意义。

分析提示：企业规模的扩大、利润链条的延伸、新型营销观念的产生推动了企业一体化经营模式的形成，寻求合作成为企业普遍的选择。由于旅游企业垂直一体化趋势的出现，并且旅游者需要通过多种交通方式的结合来完成旅程，因此旅游交通企业之间应结成联盟，寻求能够有效结合的交通方式，从而为旅客提供高质量的服务。

5）加强与旅游业其他部门的合作

整体旅游产品包括旅游活动过程中的食、住、行、游、购、娱六个基本要素。作为旅游产品的一个组成部分，旅游交通与酒店、旅游景区、旅游商店、娱乐场所等常常是一损俱损、一荣俱荣的关系。近年来，一些旅游交通企业逐渐将注意力从业内向业外转移，从作为交通工具、线路和终点站企业的传统角色转向与整体旅游产品中其他产品要素经营者进行联盟的合作者角色。这种联盟的范围非常广泛，上至与酒店、旅游景区的有限联盟，下至与旅行社等中介组织的全面联盟。其中，与旅游目的地企业和旅游产品销售网络结成战略营销联盟，是旅游交通企业的一项重要营销战略。

9.3.3　旅游交通营销战术策划

1）针对不同的细分市场制定不同的价格

对于旅游交通企业而言，大部分营销战术往往是针对特定细分市场的，无论其目标是抓住并利用由外部环境中的意外事件所带来的市场机会，还是保护受到不利环境或竞争者行为威胁的市场地位，都是如此。但旅游交通企业又会通过调整价格来提高人们在高峰时段以外的时间里对交通工具的利用率，常用的做法是针对不同的细分市场制定不同的价格，同时规定前提条件，以避免所谓的“收入稀释”，防止旅客放弃本来要购买的高价票，转而购买低价票。

在欧洲和北美广泛使用的预购游览票便是针对不同的细分市场制定不同价格的范例，目的是最大限度地创造边际收益。此外，旅游交通企业往往通过大幅度降价或给予团队价格优惠等方法鼓励旅行社提前预订。

2）制定详尽可行的营销策略

旅游交通营销的一个重要作用就是将潜在的旅游需求变成现实的旅游需求，使旅游交通企业获取一定的收益。所以，旅游交通企业应制定详尽可行的营销策略，以树立良好的形象，培养忠诚顾客。

（1）航空交通企业的营销策略

恰当运用价格折扣策略；加强与其他交通方式的联合，为旅游者提供一站式便捷服务；多维共进改善机场总体服务；加强航空交通安全管理；推出特殊旅游航线；制定旅游包机策略；实施“航空+旅游”策略。

（2）铁路交通企业的营销策略

采用差异化定价策略；优化旅游列车环境；开发旅游宾馆列车产品；增加旅游列车上的娱乐项目；开行不同档次的旅游列车；实施“旅游+铁路”策略。

（3）水路交通企业的营销策略

实施形象定位策略；提高准点率；宣传水上风情；在游船上开发多种娱乐项目。

（4）公路交通企业的营销策略

合理定位；做好与其他交通方式的衔接。

（5）特种旅游交通经营者的营销策略

提高产品的特色化、个性化，不断进行产品创新；完善安全措施，提高游客参与度。

教学互动9-2

德国汉莎航空：一路为你 Nonstop you

背景资料：“一路为你 Nonstop You”是德国汉莎航空2012年推出的主题广告。与之前推出的广告不同，“一路为你 Nonstop You”完全从乘客的角度出发，与其不断强调航空公司所提供的服务内容，不如聚焦于航空公司对乘客的人性关怀和服务理念。

如何将广告词背后承载的理念传递给用户，是品牌传播的一大挑战。

营销目标：目标群体是25～35岁的社交媒体活跃用户，主要包括留学生、年轻白领、旅行者和商旅乘客。将“一路为你 Nonstop You”的服务理念传播到这些用户中，并针对每个人群的不同特征和偏好进行差异性的、深度的沟通。

策略与创意：

第一阶段，在新浪微博发起传图活动，鼓励用户上传照片，并在线生成海报，成为“一路为你 Nonstop You”主题广告中的主角。

第二阶段，推出“一路为你 Nonstop You”系列主题广告视频，通过视频内容及与用户的互动，为“一路为你 Nonstop You”释意，体现汉莎航空的人文关怀。

第三阶段，从汉莎航空现有的粉丝中筛选出各个人群的意见领袖，邀请他们参与到活动中来。

第四阶段，倾听粉丝的声音，关注粉丝的需求，将“一路为你 Nonstop You”融入每日的内容发布中去，并定期举办有奖活动，与粉丝建立稳定、亲切的关系。

资料来源 根据网络资料整理.

学习微平台

延伸阅读 9-3

随堂测 9-3

问题：

①汉莎航空公司是如何选择目标市场和进行市场定位的？

②汉莎航空公司是如何根据目标市场特点选择促销方式和促销媒介的？

要求：

①请3位同学对上述问题进行回答，其他同学予以评论。

②教师对3位同学的回答和其他同学的评论做最后点评。

3）制定应急措施

旅游业是一个脆弱的行业，它与环境存在着高度的依存性。因此，旅游交通企业的营销战术中应包括应急措施，如临时性大规模促销、大幅降价等，以减少因外部环境变化而带来的损失。

本章概要

□ 内容提要与结构

▲ 内容提要

● 旅游交通是指为旅游消费者在旅游过程中提供所需交通运输服务而产生的一系列社会经济活动与现象的总和。旅游交通业是由旅游公路运输、旅游航空运输、旅游铁路运输、旅游水路运输以及特种旅游运输共同构成的产业集合体，每种交通运输方式都具有不同的优缺点，适用不同的运输条件。旅游交通业是一个具有交叉性、服务性、经济性的产业。旅游交通是整个交通运输业的有机组成部分，是实现旅游消费者空间位移的必要方式，在旅游业中发挥着不可替代的作用。

● 影响旅游交通营销的外部制约因素有交通工具技术、信息技术、政府管制和环境问题；影响旅游交通营销的内部制约因素主要有高投资成本与高固定成本等。

● 一体化旅游交通营销模式的应用、信息技术在旅游交通营销中的应用是旅游交通营销的新趋势。在营销战略策划方面，旅游交通企业应该做好以下几个方面的工作：预测旅游市场潜力；树立良好的市场形象；做好顾客关系管理，吸引并留住顾客；建立旅游交通企业之间的联盟；加强与旅游业其他部门的合作等。在营销战术策划方面，旅游交通企业应该做好以下几个方面的工作：针对不同的细分市场制定不同的价格；制定详尽可行的营销策略；制定应急措施。

▲ 内容结构

本章内容结构如图9-2所示。

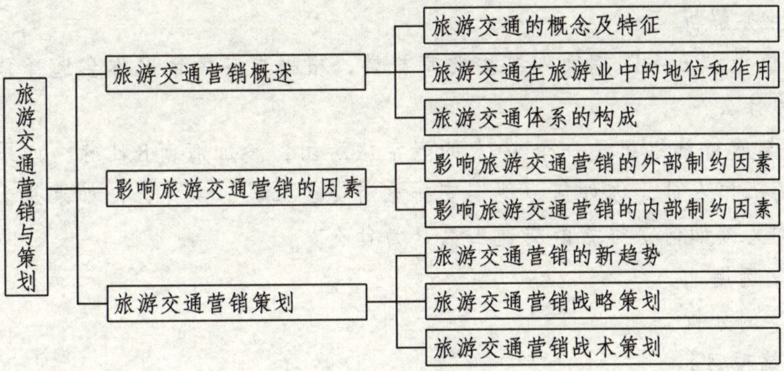

图9-2　本章内容结构

□ 主要概念和观念

▲ 主要概念

旅游交通　铁路运输　航空运输　水路运输　特种旅游交通

▲ 主要观念

影响旅游交通营销的因素　旅游交通营销策划

□ 重点实务和操作

▲ 重点实务

旅游交通营销战略策划　旅游交通营销战术策划

▲ 重点操作

旅游交通企业顾客关系管理策划　旅游交通企业与旅游业其他部门合作营销策划　旅游交通企业促销策划

基本训练

□ 理论题

▲ 简答题

1）什么是旅游交通？

2）旅游交通体系由哪些部分构成？

3）旅游交通营销受哪些内部因素的制约？

▲ 讨论题

1）交通工具技术与信息技术对旅游交通的影响有哪些？

2）旅游交通营销发展的新趋势是什么？

3）如何理解旅游交通在旅游业中的重要地位和作用？

4）分析航空客运和高铁客运各自的优劣势。

□ 实务题

▲ 规则复习

1）简述铁路客运企业的宣传报道策略。

2）简述旅游交通企业营销战略的内容。

3）简述旅游交通企业营销战术的内容。

▲ 业务解析

1）假设“五一”期间你要去北京旅游，根据自身的情况你会选择什么交通工具，为什么？

2）某旅行社组织了一个40人的老年旅游团，参加海南8日游。如果你是该旅行社的工作人员，你如何为他们安排旅游交通工具，为什么？如果是大学生旅游团，你又该如何安排旅游交通工具，为什么？

□ 案例题

▲ 案例分析

【训练项目】

案例分析 - IX。

【相关案例】

机场旅游是理念创新的体现

背景与情境：北京大兴国际机场推出了“发现兴世界”旅游项目，游客可通过扫码预约旅游参观讲解服务，讲解员会向游客宣扬人文机场建设理念，介绍旅客出行、机场服务等内容。

北京大兴国际机场通过人文机场建设，改变传统机场出行方式，让文化更加多元，体验更加新鲜，将文化艺术融入景观空间，让旅客无缝体验机场文化和服务，享受大机场内的小旅行。

从全球主要机场的发展趋势来看，非航空性收入已成为机场重要的盈利来源。这些业务主要包括零售、广告、特许经营、停车场、楼宇租赁、值机柜台出租等方面的商业收入，但真正涉及旅游业务的机场还不多。

目前，机场旅游项目开发比较成熟的只有新加坡樟宜机场。新加坡樟宜机场不仅有食品中心、购物中心，还有全球最大的室内瀑布。食品中心、购物中心、植物园、森林、瀑布结合在一起，使整个机场变成了旅游景点。

樟宜机场的做法为各地开发旅游项目带来了新的启示。在全域旅游背景下，若想开发出独特的旅游景点，创新思维必不可少。例如，京张高铁车厢内的智能设施和冰雪主题的内饰颇具特色。设计师以冰雪蓝为基调，以雪花、飞扬的线条为元素，在动静相宜中彰显出冬奥主题，使车厢成了旅游景点。

在公路与旅游的融合方面，旅游风景道实现了道路从单一交通功能向交通、生态、游憩等复合功能的转变。高速公路服务区也提档升级，成为游客的打卡景点。例如，读书铺服务区是云南省最大的高速公路服务区，除了正常的服务功能外，还有大型儿童乐园让孩子尽情玩耍，有商业综合体、滇食坊美食城供游客消费，有国际卡丁车俱乐部供游客体验飙车快感，有滇花生态空间让游客一馆识遍所有云南花卉。

资料来源 丁慎毅．机场旅游是理念创新的体现［EB/OL］．［2020-06-04］．http：//travel.lnd.com.cn/system/2020/06/04/030113538.shtml.

问题：

1）查阅相关资料，分析机场旅游的发展趋势。

2）如何开发机场旅游项目？

【训练要求】

同第1章“基本训练”中本题型的“训练要求”。

▲ 课程思政

【训练项目】

课程思政－IX。

【相关案例】

“俱乐部”自驾游雾里看花

背景与情境：如今，越来越多的私家车主选择自驾游，自驾游市场发展迅猛。与此同时，一些没有经营资质的企业和个人利用大众结伴出游的心理，采用“俱乐部”、“导购团”或者“医疗团”等形式，以零团费为诱饵，巧立名目收取各种费用，规避旅游执法检查。

太原的李先生经朋友介绍，参加了山西某车友俱乐部组织的一次行程2天的自驾游活动。令李先生气愤的是，除了自己的往返过路费、油钱，搭载2名自称车友俱乐部的成员外，还被组织者先后收取了共1 300元的景区门票、住宿及餐饮费用。其间，还有一次大约4小时的购物安排。

这次自驾游活动共有33名游客参加，其中自驾车者12名，其余皆以车友俱乐部成员身份拼车出游。全部行程中，除了组织者之前承诺的2个景点外，还增加了2个景点和其他购物、娱乐等消费项目。唯一一晚的住宿条件非常差，行程中的餐饮也价高质次。

回到太原后，李先生仔细回忆了一下自己的行程，并与其他旅行社类似的线路做了比较。他发现，如果选择正规旅行社的线路，将节省约700元；或者在同价的情况下，会享受到更好的旅游服务。

该车友俱乐部没有旅行社资质，也未在市场监督管理部门注册登记，而是通过同城交友、QQ群等方式，打着车友俱乐部的旗号对外招纳会员组织活动。

资料来源　根据网络资料整理.

问题：

1）本案例中山西某车友俱乐部组织的“自驾游”活动中存在哪些违规行为？

2）市场监督管理部门和网络平台在旅游法治建设中应承担哪些相关责任？

【训练要求】

同第1章“基本训练”中本题型的“训练要求”。

□ 自主学习

【训练项目】

自主学习－V。

【训练目的】

见本章“学习目标”中的“自主学习”。

【教学方法】

采用“学导教学法”和“研究教学法”。

【训练要求】

1）以小组为单位组建学生训练团队。

2）各团队依照本教材“附录三”的附表3中“自主学习”（中级）的“基本要求”和各技能点的“参照规范与标准”，确定长期学习目标，制订《自主学习计划》。

3）各团队实施《自主学习计划》，系统体验对本教材“附录一”的附表1“领域”中“自主学习”（中级）各技能点的“‘知识准备’参照范围”所列知识和“文献综述”撰写规范的自主学习。

4）各团队以自主学习获得的“学习原理”、“学习策略”与“学习方法”知识为指导，通过院资料室、校图书馆和互联网查阅和整理近3年以“各旅游交通方式在旅游中的作用及营销重点”为主题的国内外学术文献资料。

5）各团队以整理后的以“各旅游交通方式在旅游中的作用及营销重点”为主题的文献资料为基础，撰写《“各旅游交通方式在旅游中的作用及营销重点”最新文献综述》。

6）总结上述各项体验，撰写作为“成果形式”的训练课业。

【成果形式】

1）训练课业：《“自主学习－Ⅴ”训练报告》。

2）课业要求：

(1) 内容包括：训练团队成员与分工；训练过程；训练总结（包括对各项操作的成功与不足的简要分析说明）；附件。

(2) 将《自主学习计划》和《“各旅游交通方式在旅游中的作用及营销重点”最新文献综述》作为《“自主学习－Ⅴ”训练报告》的附件。

(3)《“各旅游交通方式在旅游中的作用及营销重点”最新文献综述》应符合“文献综述”规范要求，做到事实清晰、论据充分、逻辑合理。

(4) 结构与体例参照本教材“课业范例”的“范例-4”。

(5) 在校园网的本课程平台上展示班级优秀训练课业，并将其纳入本课程的教学资源库。

单元考核

考核要求：“考核模式”“考核目的”“考核种类”“考核方式、内容与成绩核定”及考核表等规范要求，见本教材网络教学资源包中的“学生考核手册”。

第10章 旅行社营销与策划

学习目标

通过本章的学习，应该达到以下目标：

理论目标：学习和掌握“旅行社营销与策划”的相关概念、特点及对营销活动的影响，旅行社产品销售渠道的类型，以及“延伸阅读”等陈述性知识；能用其指导本章“同步思考”、“深度思考”、“教学互动”和“基本训练”中“理论题”各题型的认知活动，正确解答相关问题；阶段性体验本章专业理论学习的横向正迁移，以及相关胜任力中“专业认知”要素的继续生成。

实务目标：学习和把握旅行社营销的内容，旅行社产品销售渠道策略的选择，旅游中间商的选择与管理，旅行社营销手段、策划程序与旅游路线策划，以及“业务链接”等程序性知识；能以其建构“旅行社营销与策划”中的专业规则意识，正确解析本章“深度剖析”、“教学互动”和“基本训练”中“实务题”的相关问题；阶段性体验本章专业实务学习的横向正迁移，以及相关胜任力中“专业技术”要素的继续生成。

案例目标：运用本章理论与实务知识研究相关案例，培养和提高在“旅行社营销与策划”特定业务情境中多元表征的专业能力；能结合本章教学内容，依照相关规范，对“课程思政10-1”专栏和章后“课程思政-X”等案例中企业或其从业人员行为进行思政研判，强化社会主义核心价值观的引领作用，促进“立德树人”根本任务的落实；通过思想政治元素融入专业课的协同效应，阶段性体验本章专业案例学习中“专业知识”、“通用知识”与“思政元素”的协同性重组迁移，以及相关胜任力中“认知弹性”要素的继续生成。

实训目标：参加“‘旅行社营销与策划’技术应用”的实践训练。在了解和把握本实训所及“专业能力训练领域”各“‘技术-技能’点”名称、操作“参照规范与标准”，“职业核心能力与职业道德领域”相关“技能点”和“素养点”的“规范与标准”，以及“指导准备”和“知识准备”基础上，通过各项实训任务的完成、系列“技术-技能”操作的实施、《实训报告》的准备与撰写等有质量、有效率的活动，培养“旅行社营销与策划”的专业能力，强化“自主学习”“与人交流”“与人合作”“解决问题”“革新创新”等职业核心能力（中级），并通过“认同级”践行“职业情感”“职业理想”“职业态度”“职业良心”“职业作风”“职业守则”等行为规范，促进健全职业人格的塑造；阶段性体验本章专业实践学习中“‘旅行社营销与策划’运作”的“专能”“通能”“职业道德”元素的协同性“重组-产生”迁移，以及相关胜任力建构中“技术-技能”要素的生成。

引例 8.26亿人次！从“文旅热”读懂“幸福中国”

背景与情境： 2023年中秋国庆假期，文化和旅游行业恢复势头强劲，全国假日市场平稳有序。经文化和旅游部数据中心测算，中秋节、国庆节假期8天，国内游客出游8.26亿人次，按可比口径同比增长71.3%，按可比口径较2019年增长4.1%；实现国内旅游收入7 534.3亿元，按可比口径同比增长129.5%，按可比口径较2019年增长1.5%。这些振奋人心的数据背后，源于对中国经济发展实力、中国文旅市场潜力的信心。而更多市民走出去，也展示了城市文化与形象，折射出“幸福中国”新面貌。

“文旅热”绘就幸福中国多彩画卷。旅游业是幸福产业，具有一业兴、百业旺的乘数效应，文旅融合催生优质产品，旅游热带来消费热。中秋国庆假期，除研学旅游、红色旅游、度假休闲旅游、探亲访友等出行需求旺盛外，智慧旅游、沉浸式旅游、数字化体验产品，海上冲浪、高空滑翔、户外探险，以及村超、村排、村BA、村龙舟、城市漫步也异常火爆。“科技+旅游”“文化+旅游”“农业+旅游”“体育+旅游”等百姓喜闻乐见的文旅融合产品的“牵手”，带来的不仅是愉快的假期，更是世界认识幸福中国的途径，可谓旅游扮靓幸福生活。

“文旅热”讲好幸福中国生活故事。当下，旅游从“有没有、缺不缺”到了“好不好、精不精”的阶段，是获得幸福感最重要的途径之一，彰显的是无数家庭对生活品质更高的追求。中秋团圆宴、亲友宴、婚庆宴等成为假期消费热点，旅游、观影等休闲消费备受青睐。此外，亲子游、城郊游、文化游等产品已不能单单依靠概念吸引游客，提供更具互动性的体验项目，更多元化、多层次的文旅产品和配套服务，才是政府和文旅企业共同努力的目标。期待旅游给人们带来更多精神上的幸福感，落脚于万千家庭的富裕安康。

“文旅热”奏响幸福中国时代强音。美好生活，从幸福“旅”程出发。

资料来源 唐代远. 8.26亿人次！从“文旅热”读懂“幸福中国”[EB/OL]. [2023-10-08]. http://www.rmlt.com.cn/2023/1008/684444.shtml.

问题： 旅行社应如何抓住“文旅热”机会创新营销？

由引例可见，旅行社作为服务主体，应该有敏锐的市场意识，分析市场环境中各种因素，发现并抓住市场机会，精心设计旅游产品，借助多种手段实现整合营销，从而为游客提供更好的服务。

10.1 旅行社营销概述

10.1.1 旅行社营销的概念

在网络经济时代，旅行社面临着营销模式创新的考验。加快推动旅游在线服务、网络营销、网上预订、网上支付等智慧旅游服务，提高旅行社的知名度，是旅行社在未来竞争中脱颖而出的必由之路。如何利用各种营销手段塑造旅行社崭新的品牌形象，赋予旅行社新的活力，成为旅行社要思考的主要问题。

旅行社营销是指旅行社在充分了解旅游消费者需求的基础上，对自身的经营理念，产品的构思、预测、开发、定价、促销、分销，以及售后服务的计划和执行过程。旅行社营销的目的在于创造满足旅游消费者需求和实现旅行社目标之间的交换条件，旅行社营销的成功与否决定了旅行社规模的大小、业绩的好坏以及盈利情况等。

10.1.2 旅行社营销的内容

由于旅行社的主要产品是旅游线路，因此旅行社营销的主要内容是旅游线路营销。**旅游线路**是指为了使旅游者在最短的时间内获得最佳的观赏效果，由旅游经营部门利用交通线串联若干旅游点或旅游城市（镇）所形成的具有一定特色的合理走向。

旅游线路营销可细分为包价旅游线路营销、散客旅游线路营销、自助游线路营销。

1）包价旅游线路营销

包价旅游又可以分为以下几种：

（1）全包价旅游。全包价旅游是指将交通、住宿、门票、餐饮和文娱等费用全部包含在内的旅游产品形式。全包价旅游是旅行社的主要产品形式。

（2）半包价旅游。半包价旅游是指在全包价旅游的基础上，扣除中、晚餐费用的一种旅游产品形式。

（3）小包价旅游。小包价旅游是指并非将旅游全程的食、住、行、游、购、娱全部包含在内，而是只将其中某几项进行串联组合而形成的一种旅游产品形式。小包价旅游由非选择部分和可选择部分构成。非选择部分包括接送、住宿和早餐，费用在旅游前预付；选择部分包括导游、风味餐、节目欣赏和参观游览等，旅游者可根据时间、兴趣和经济情况自由选择，费用可预付，也可现付。

（4）零包价旅游。零包价旅游是一种独特的产品形态，多见于旅游发达国家，旅游者必须随团前往和离开旅游目的地，但在旅游目的地的活动是完全自由的，形同散客。

包价旅游线路营销是旅行社营销的重点。

深度思考10-1

背景资料：有旅游者认为旅行社包价游产品尤其是全包价产品行程过于紧凑，疲于奔波，走马观花，旅游体验不好；另外激烈的竞争导致有些旅行社经营模式扭曲，零团费、宰客、高价购物、导游态度恶劣、业务水平低等现象也屡屡见诸报端。而随着航空、高铁等交通业的迅速发展、自驾游的兴起以及人们收入水平的提高，人们越来越倾向于自由行。

问题：基于此，包价产品的存在价值是什么？包价产品应该如何良性发展？

理解要点：

全包价产品有很多优点，比如节省旅游者的时间成本和精力成本，价格合理，性价比高，安全性好等，依然有庞大的目标顾客群。

包价旅游产品应该注重产品创新与服务水平提升，正确处理旅行社和游客的关系，建立健康发展的经营模式；规范旅游购物环节，佣金规范化管理；严格按照行程说明书进行，不得随意更改行程；不断提高旅行社服务人员的职业道德水准及业务水平等。

2）散客旅游线路营销

散客旅游是相对团体旅游而言的，主要是指9人以下的自行结伴旅游。旅行社在进行散客旅游线路营销时，必须认真分析散客的需求，采取有针对性的营销策略。

3）自助游线路营销

自助游一般是指由旅行社提供打折机票、火车票或安排住宿，游客自行决定旅游日期，自行安排旅游期间的一切活动。随着人们出游理念的日趋成熟，自助游日渐受到人们的青睐，旅行社应在自助游线路营销方面下足功夫。

随堂测 10-1

10.2 旅行社渠道建设

10.2.1 旅行社产品销售渠道的概念及类型

旅行社产品销售渠道是旅游线路报价后的完善措施。旅游线路报价即使很有竞争力，也需要选择合理的销售渠道进行分销。

1）旅行社产品销售渠道的概念

旅行社产品销售渠道是指旅行社产品从生产领域到达旅游消费领域所经过的路线或途径，又称销售分配系统。旅行社产品销售渠道的选择是否合理，会直接影响旅行社产品的销售。

2）旅行社产品销售渠道的类型

旅行社产品的销售渠道主要包括两大类：直接销售渠道和间接销售渠道。

（1）直接销售渠道

直接销售渠道又称零环节分销渠道，是指在旅行社和旅游消费者之间不存在任何中间环节，旅行社将产品直接销售给旅游消费者的一种销售方式。

直接销售渠道的形式有两种：第一，旅行社直接在当地旅游市场上销售其产品；第二，旅行社在主要客源地区建立分支机构或销售点，通过这些分支机构或销售点向当地居民销售本旅行社的产品。

（2）间接销售渠道

间接销售渠道是指旅行社通过旅游客源地的旅行社等中间环节将本旅行社产品销售给旅游消费者的一种销售方式。

按照销售渠道所包含中间环节数量的不同，间接销售渠道又可以分为单环节销售渠道、双环节销售渠道和多环节销售渠道。

10.2.2 旅行社产品销售渠道策略的选择

旅行社产品的销售渠道策略根据旅行社产品的销售渠道，有直接销售渠道策略和间接销售渠道策略之分，其中间接销售渠道策略又有销售渠道长度选择策略和销售渠道宽度选择策略之分。目前，我国大多数旅行社采用间接销售渠道策略。下面我们主要介绍旅行社销售渠道宽度选择策略。

1）广泛性销售渠道策略

广泛性销售渠道策略是指旅行社通过多家旅游中间商把产品散布到各个零售商处，以便及时满足旅游消费者需求的销售渠道策略。

这种策略的优点是：旅行社可以选择较多的批发商和零售商销售产品，方便旅游者购买；有利于旅行社发现理想的旅游中间商，提高产品销售效率。

这种策略的缺点是：销售成本较高，而且由于产品销售过于分散，因此会给旅行社的销售管理带来一定的困难。

2）选择性销售渠道策略

选择性销售渠道策略是指旅行社在一定市场中仅选择少数几个旅游中间商的销售渠道策略。

这种策略的优点是：旅行社集中少数有销售能力的旅游中间商进行产品销售，可以降低销售成本。

这种策略的缺点是：如果旅游中间商选择不当，就会影响旅行社产品的销售。

3）专营性销售渠道策略

专营性销售渠道策略是指旅行社在一定时期、一定地区内仅选择一家旅游中间商的销售渠道策略。在通常情况下，作为旅行社总代理的旅游中间商不能同时代销其他竞争对手的产品。

这种策略的优点是：便于旅行社控制旅游中间商的经销活动，有利于提高旅游中间商的积极性和推销效率，使旅游中间商更好地为旅游者服务。此外，由于旅行社仅与一家旅游中间商联系，因此可以最大限度地降低销售成本。

这种策略的缺点是：如果旅游中间商经营失误，则有可能降低旅行社产品的市场份额，甚至可能使旅行社完全失去该市场。

10.2.3 旅游中间商的选择与管理

1）旅游中间商的选择

在选择旅游中间商之前，旅行社应首先进行综合分析，明确自己的目标市场，产品的种类、数量和质量，旅游市场的需求状况和销售渠道策略，然后才能有针对性地选择符合自己需要的旅游中间商。

业务链接10-1

旅行社对旅游中间商考察的方法

旅行社可以通过参加国际旅游博览会、派遣出访团、向潜在的中间商寄发信件资料或接团等方式发现合适的旅游中间商，并主动与旅游中间商进行接触和联系。需要说明的是，旅行社必须首先对旅游中间商的情况进行详细的调查与分析，待时机成熟后，再与旅游中间商合作。旅行社对旅游中间商的考察主要包括以下几个方面：

①旅游中间商可能带来的经济效益。

②旅游中间商目标市场与旅行社目标市场的一致性。

③旅游中间商的商誉与能力。

④旅游中间商对旅行社业务的依赖性。

⑤旅游中间商的规模与数量。

⑥旅游中间商的合作意向。

2）旅游中间商的管理

（1）日常管理

旅行社对旅游中间商的日常管理方式有以下两种：

① 建立业务档案。建立业务档案是旅行社管理旅游中间商的一种重要方法。业务档案应按照旅游中间商的名称建立，其中应记录每一个旅游中间商的历史和现状、输送旅游者的人数、频率、档次、欠款情况、付款时间等信息。通过对这些信息的分析和研究，旅行社销售人员能够对各旅游中间商的能力、信誉、合作程度、合作前景等做出预测，并据此对各旅游中间商分别采取相应的对策。

② 及时沟通信息。及时沟通信息也是旅行社加强对旅游中间商管理的重要措施之一。旅行社及时向旅游中间商提供产品信息，有助于提高旅游中间商产品推销的效果。同时，旅行社也能够根据旅游中间商提供的市场信息改进产品设计，开发出更多适销对路的产品。

（2）折扣策略

折扣策略是以经济手段鼓励旅游中间商多向旅行社输送客源，调节旅游中间商输送旅游者的时间，鼓励旅游中间商及时向旅行社付款，以避免不良债权的重要方法。折扣策略包括数量折扣策略、季节折扣策略和现金折扣策略等。

（3）定期评价

旅行社应定期对旅游中间商进行评价，以掌握每一位旅游中间商的现实表现及合作前景。评价内容包括旅游中间商的积极性、旅游中间商的经营能力、旅游中间商的信誉等。

（4）适当调整

旅行社在管理旅游中间商的过程中，还可以根据旅游市场变化、旅游中间商合作情况和旅行社自身发展等因素，对旅游中间商做出适当的调整。

深度剖析 10-1

疑点：旅游企业竞争激烈，产品同质化严重，开发能力强的旅行社一旦开发出新的旅游产品，众多旅行社便一拥而上，出现“搭便车”现象。因此，旅行社为了提高市场占有率，保持竞争中的有利地位，应该“宁让利润，不让市场”。

释疑剖析：价格竞争是把“双刃剑”，在伤害竞争对手的同时，往往也会伤及自身。低价策略还会影响旅游企业的形象，损害旅游企业自身利益。因此，旅行社应该注重非价格竞争因素，在人员素质提升、品牌建设、渠道建设、服务质量提升、产品创新等方面树立自己的优势。

同步思考10-1

问题：选择旅游中间商失败对旅行社来说有何损失？

理解要点：旅行社如果选择了无信誉的旅游中间商，即使旅游中间商同意承担违约责任，对旅行社来说也是一种商誉上的损失。因此，旅行社应当选择有良好信誉和较高声誉，并具有较强的推销能力和偿付能力的旅游中间商。

随堂测 10-2

10.3 旅行社营销策划

10.3.1 旅行社的营销手段

互联网的快速发展对旅行社来说既是机会，也是挑战。信息不对称逐渐被打破，旅游者出行越来越便捷，旅游者对旅行社的依赖自然也越来越少。面对散客旅游时代的到来，旅行社必须主动了解、适应消费主体的需求，运用现代技术和多种营销手段，提高旅行社产品的核心竞争力，在服务意识、服务手段、服务模式、产品策划等方面都要有一个颠覆性的改变。

1）旅行社品牌营销

旅行社品牌营销是指旅行社通过利用旅游消费者的品牌需求，创造品牌价值，最终形成品牌效益的营销策略和过程。通俗来讲，旅行社品牌营销就是把旅行社良好的形象、信誉等展示给旅游消费者，在旅游消费者心中形成对旅行社产品或者服务的品牌形象。旅行社可以采用人员推销、广告促销、营业推广以及公共关系等手段进行品牌建设。

教学互动10-1

问题：

①选取一家你熟悉的旅行社，分析该旅行社在品牌营销过程中存在的问题。

②讨论该旅行社应如何开展品牌营销。

要求：

①请3位同学对上述问题进行回答，其他同学予以评论。

②教师对3位同学的回答和其他同学的评论做最后点评。

2）旅行社定制营销

旅行社定制营销是指旅行社将每一位旅游消费者都视为一个单独的细分市场，根据旅游消费者个人的特定需求进行市场营销组合，以满足每位旅游消费者特定需求的一种营销方式。

同步思考10-2

问题：你是如何理解旅行社定制营销业务的？旅行社开展定制营销的必要性是什么？

理解要点：如今，旅游消费者的需求日益个性化，旅游市场细分日益精细化，传统的大规模营销方式已不再适用。因此，旅行社在设计产品时必须充分重视旅游消费者需求的个性化。此外，互联网和电子商务的发展，也为旅行社定制营销提供了很好的科技保证。

3）旅行社关系营销

旅行社关系营销是指把营销活动看成旅行社与旅游消费者、供应商、分销商、竞争者、政府机构及其他公众产生互动作用的过程，其核心是建立和发展与这些公众的良好关系。

4）旅行社事件营销

旅行社事件营销是指旅行社通过策划、组织和利用具有新闻价值或社会影响力的人物或事件，吸引媒体、社会团体和旅游消费者的兴趣与关注，以提高旅行社或产品的知名度、美誉度，树立良好的品牌形象，最终促成产品销售的手段和方式。由于这种营销方式具有受众面广、突发性强、在短时间内能实现最优传播效果、节约宣传成本等特点，因此其应用越来越广泛。

同步思考10-3

问题：谈一谈你对事件营销的认识。

理解要点：事件营销是近年来十分流行的一种公关传播与市场推广手段，它集新闻效应、广告效应、公共关系、形象传播、客户关系于一体，能够为新产品推介、品牌展示创造机会，能够建立品牌识别和品牌定位，是一种快速提升品牌知名度与美誉度的营销手段。

5）旅行社网络营销

旅行社网络营销是指基于互联网平台，利用信息技术与软件工具，进行市场开拓、产品推广、定价促销、品牌宣传等活动，以满足旅行社与客户之间交换概念、推广产品、提供服务的过程，同时通过在线活动创造、宣传和传递客户价值，进行客户关系管理，以达到一定营销目的的新型营销活动。

课程思政10-1

北京消协互联网消费调查：在线旅游平台捆绑搭售问题突出

背景与情境：2019年10月16日，北京市消费者协会发布了一份互联网消费捆绑搭售问题调查结果。调查结果显示，途牛旅游、智行火车票、驴妈妈旅游等平台仍存在涉嫌捆绑搭售的问题。

本次调查通过问卷和体验两种方式进行。其中，收回有效问卷3 350份；同时，体验人员以普通消费者身份对26家互联网平台（包括10家在线旅游平台、8家网络票务平台、6家网络购物平台和2家网络餐饮平台）进行了调查。

调查结果显示，八成多被调查者表示有过网购被捆绑搭售的经历。在对26家互联网平台进行的74个模拟消费体验样本中，有8个样本存在涉嫌捆绑搭售问题，占比10.81%。

资料来源　郑萃颖．北京消协互联网消费调查：在线旅游平台捆绑搭售问题突出［EB/OL］．［2019-10-18］．https：//www.traveldaily.cn/article/132369.

问题：谈谈你了解到的有关在线旅游平台捆绑搭售的问题，从思想政治角度谈谈你对该问题的研判？

研判提示：自2019年1月1日起施行的《中华人民共和国电子商务法》第十九条规定："电子商务经营者搭售商品或者服务，应当以显著方式提请消费者注意，不得将搭售商品或者服务作为默认同意的选项。"少数企业虽然设置了选择或取消选项，但仍通过模糊选项、模糊语言等方式误导消费者购买其捆绑搭售的商品或服务。建议完善有关法律法规，明确商家搭售行为的法律属性和法律边界。平台应该加强自律，遵守法律法规，提高从业人员的职业道德及业务素质，杜绝该现象发生。

6）旅行社新媒体营销

新媒体是相对于传统媒体而言的，是利用数字技术，通过计算机网络、无线通信网、卫星等渠道，以及电脑、手机、数字电视机等终端，向用户提供信息和服务的传播形态。简而言之，新媒体就是以数字技术为基础、以网络为载体进行信息传播的媒介。新媒体具有交互性、即时性、海量性与共享性等特点。

旅行社新媒体营销是指旅行社利用新媒体平台如门户网站、微博、微信、论坛、直播平台、短视频平台等基于特定产品的概念诉求与问题分析，对旅游消费者进行有针对性的心理引导，从而达到品牌宣传、产品销售目的的一种营销模式。旅行社应充分利用新媒体平台发布产品信息，加强网络社区互动，传播企业形象。

教学互动10-2

问题：旅行社应该如何利用抖音、小红书等平台进行产品营销？

要求：

①请3位同学对上述问题进行回答，其他同学予以评论。

②教师对3位同学的回答和其他同学的评论做最后点评。

学习微平台

延伸阅读10-1

10.3.2　旅行社营销策划的程序与旅游线路策划

旅行社营销策划是指在对旅行社内外环境予以准确分析，并有效运用经营资源的基础上，对一定时间内旅行社（产品）营销活动的方针、目标、战略以及实施方案进行的设计和谋划。

1）旅行社营销策划的程序

（1）市场调研

这是指旅行社通过科学的方法寻找市场信息，捕捉商机。市场调研的信息来源包括：门市部对旅游消费者的咨询，旅游目的地旅行社或旅游部门的推介，国内外的旅游交易会、展览会等。

（2）产品开发

从操作层面对选定的旅游目的地进行考察（包括旅游目的地的可进入性、区域位置、旅游景点、旅游接待设施、容量等），挖掘产品能够提供给旅游消费者的核心价值，同时分析旅游消费者的可接受性，即旅游消费者是否有足够的时间和支付能力，及其对本产品的感兴趣程度（市场需求偏好）。在统筹各项旅游资源要素的基础上，根据旅游线路主题，确定旅游线路名称。

同步案例10-1

众信旅游：线下客服“领跑”线上直播

背景与情境：在半年度报告中，众信旅游提到：“2022年上半年，公司电商平台累计直播场次超406场，累计观看超3 387万人次，直播旅游产品售卖数量近4 000套，活跃粉丝数量超过30万。”

自2021年上半年开始，众信旅游着手做自媒体。首先，在部门配置上，在传统的产品、操作、销售等部门的基础上，增加了短视频内容制作部门，包括内容编辑、摄影、剪辑、视频运营等岗位。其次，成立了直播运营团队，包括主播、导播、直播运营等岗位。此外还成立了直播商务拓展部，负责主动挖掘KOL达人及其他可以带货的商务资源，与其达成带货合作关系。

到目前为止，众信旅游一共运营了6个账号。其中，3个以直播带货为主，云南账号主要销售一家一团产品，海南账号主要销售三亚的酒店套餐，京郊游账号以销售北京景区门票、碎片化的旅游产品为主。另外3个账号则以短视频为主，介绍不同国家和地区的美食、美景、人文风俗等资源。

目前，海南账号是众信旅游运营时间最长、粉丝量最高（稳定保持在20万粉丝）、累计商品交易总额最高的一个。

众信旅游深刻意识到，即便入局较早，但依然处于摸索阶段，旅行社业迫切需要破局者。抖音直播卖货，并不是凭借一腔热情就能做好的。众信旅游不仅要在产品、策略、平台直播规则等方面做足功课，还要边做边学习，不断总结、不断调整。

对于众信旅游而言，无论是直播带货，还是视频号运营，其目的不仅仅是创收。众信旅游最看重的，一是稳定的人才队伍，二是提高团队综合能力。等到出入境旅游市场恢复，众信旅游随时可以再出发。为此，众信旅游还运营了一些介绍国外旅游资讯的短视频账号，如欧洲、大洋洲、亚洲周边一些国家的视频号。创新新媒体营销方式，众信旅游在为未来做准备。

资料来源　赵垒．直播带货+短视频营销，从被动到主动——三家传统旅行社热情拥抱新媒体［N］．中国旅游报，2022-09-22.

学习微平台

延伸阅读10-2

问题：以众信旅游为例，谈谈直播带货和短视频营销的优势。

分析提示：目前，直播带货与短视频营销已经渗透到消费者的生活中，其互动性强，生动形象，更直观、更真实。可以现场解答消费者的问题、促成购买。营销成本较低，能够激发消费者的购买热情。因此，旅行社应该布局直播带货和短视频营销，以达到销售产品、传播企业信息、树立企业形象的营销目标。

（3）确定价格

旅行社应在充分考虑各种影响定价的因素和定价目标的基础上，确定产品的合理价格，并进行报价。

（4）寻找并选择销售渠道

与当地供应商谈判或协商，选取合适的地接社。

（5）产品促销

产品促销的方式包括电视广告、报纸广告、宣传手册、网络广告、人员推销等。旅行社应通过有特色的宣传活动、灵活的推销手段、周到的售后服务，在消费者心中树立起良好的形象。

（6）效果评估

对旅行社营销策划方案的实施情况进行效果评估，随时调整并优化营销策划方案。

2）旅游线路策划

旅游线路是旅行社的核心产品，旅行社必须不断创新旅游线路，以赢得旅游消费者的认同，这样才能创造效益。然而，许多旅行社策划的旅游线路看似很有吸引力，但其实质仍是对不同景点的简单组合，并不能使旅游消费者真正感到满意。因此，旅行社应打破传统思维，让旅游消费者真正享受到旅游的乐趣。

（1）旅游线路策划的原则

旅游线路策划的原则包括主题鲜明、顺序合理、行程丰富和设施完善四个方面。

① 主题鲜明。旅行社在策划旅游线路时，应突出某个主题，如“草原风光游”“博物馆研学游”等都具有鲜明的主题。同时，旅行社应围绕该主题策划具体的旅游活动，使旅游者从不同侧面了解旅游目的地的文化，领略美好的风景，满足旅游者休息、娱乐和求知的欲望。

② 顺序合理。一般情况下，一条旅游线路应尽量避免重复经过同一个旅游点。同时，在交通安排合理的前提下，一条旅游线路的游览顺序应由一般的旅游点逐步过渡到吸引力较大的旅游点。

③ 行程丰富。行程安排直接关系到旅游者对旅游线路的整体感受和印象。旅行社在安排行程时，既要体现出产品内涵的丰富，又要创造性地设定每天行程的主题，使每天的行程都有一个核心的亮点，有一个体验的高潮。

④ 设施完善。旅游线路途经的旅游点应具有完善的旅游设施，这是旅行社

向旅游者提供旅游服务的物质保证，缺少旅游设施的旅游点一般不应编入旅游线路。

（2）旅游线路策划的过程

旅游线路策划包括线路构思、线路编排、线路定价与报价、线路试销与调整四个步骤。

①线路构思。线路构思阶段主要进行市场调研和确定旅游吸引物两方面的工作。

第一，市场调研。市场调研的主要目的是了解旅游者的现实旅游需求，确定目标市场，形成产品构思。市场调研的主要内容是外部市场环境分析、内部能力分析、竞争对手分析。市场调研的方法包括访谈法、观察法、实验法、问卷调查法等。

第二，确定旅游吸引物。旅行社经过市场调研，形成几个策划方案，然后对这些策划方案进行筛选，根据自身的发展目标、业务专长和接待能力进行可行性论证，确定主要旅游吸引物。

②线路编排。旅行社根据可行性论证的结论及旅游吸引物的特点进行线路编排。

第一，统筹各资源要素。首先根据旅游吸引物确定旅游节点；然后确定住宿、餐饮、购物、文化娱乐活动、景点的具体位置及时间；最后用比较法，以一定的交通方式把各节点合理串联起来，形成旅游线路。

第二，制作线路行程表。首先根据线路主题，确定线路名称；其次编制线路行程；最后编制业务提示、友情提示、儿童政策，制作景点介绍。

③线路定价与报价。旅行社完成线路编排以后，要进行线路定价与报价。定价时，首先要确定各资源要素的价格；其次进行成本核算，设置利润；最后根据不同的方法，确定价格。报价时，旅行社要在了解同行报价的基础上，制作自己的报价表。

④线路试销与调整。线路策划完成后，旅行社应将该线路投放到市场上进行试销，并根据旅游者的意见反馈，调整不完善之处。如果线路符合市场需求，就可以制作宣传手册了。

同步案例10-2

旅游线路设计：别浪费了一路上的好风景

背景与情境：2016年，我国举办了“中国十大精品旅游线路”评选活动，其中“丝绸之路精品旅游线路”凭借沿途的斑斓风景和璀璨的文化宝藏荣获第一名。

这条线路将沿途的省市、景点串联成一条独具魅力的风景线：西安（秦始皇陵及兵马俑坑）—兰州—西宁—青海湖—茶卡盐湖—柴达木盆地—新疆—敦煌（鸣沙山、月牙泉）—嘉峪关—张掖（七彩丹霞）。这条具有历史意义的旅游线路在古代曾为东西方之间的经济、文化交流做出了重要贡献，在今天则可以让人们近距离感受丝绸之路的无穷魅力。沿线的青海湖鸟岛、巴音布鲁克草原的天鹅自然保护区和天山深处的天池、青海的盐湖、罗布泊的雅丹地貌、吐鲁番的火焰山及克拉玛依的魔鬼城等壮丽瑰异的自然景观，令人流连忘返；一路上壮观的石窟寺庙、错落有致的古城遗址、各民族独特的民俗风貌等丰厚的人文景观，能够使人身临其境感受到历史、文化。该线路展示了丝绸之路被自然所赋予的原始神秘，以及人文环境下塑造的地方风情、历史底蕴，有别于其他旅游线路，从而形成了自己的旅游特色。

在2018北京国际旅游博览会上，针对国内的自驾游热潮，新疆旅游研究院推出了新疆旅游10条精品自驾线路，深挖了新疆旅游的可塑性；河北旅游研究院为周边游游客量身定制了10条精品旅游线路，涵盖了自驾游、亲子游、休闲游等各种短途旅游类型，包括壮美太行之旅、历史文化之旅、红色经典之旅等主题旅游线路；山西省推介了黄河、长城、太行三大旅游品牌，以及以夏养山西为品牌的康养旅游线路，宣传休闲度假、研学旅游、文旅村镇等旅游新产品的建设；海南省则突出会展旅游、婚庆旅游、邮轮游艇旅游、康养旅游、免税购物旅游等海南本土优势旅游线路，不少景区还联合酒店带来了多种亲子游、婚庆游、航天游主题旅游线路……由此我们可以看到时下旅游线路设计的趋势——在出行形式上以自驾游为主，同时旅游行业应积极响应国家政策号召，打造乡村旅游、文化旅游等主题旅游线路。

是否具备旅游线路的组织与设计能力，是衡量一个地区旅游行业基本业务能力的重要标准之一。就算单个旅游景点至善至美，但如果不能把这个美丽的景点与周边景点合理组合起来，那么这个美丽的景点也无法发挥出应有的价值。

资料来源　佚名. 旅游线路设计：别浪费了一路上的好风景［EB/OL］.［2018-07-26］. https：//www.douban.com/note/684360515/.

问题：目前市场上的旅游线路存在哪些问题？旅行社在策划旅游线路时应该关注哪些因素？

分析提示：目前市场上的旅游线路在景点、服务、价格等方面还存在同质性，目标市场不明确，定位不清晰。旅行社在策划旅游线路时应该关注目标市场的需求特点，注重突出旅游资源的特色，突出差异性，从而形成独特的卖点。

本章概要

□ 内容提要与结构

▲ 内容提要

● 旅行社营销是指旅行社在充分了解旅游消费者需求的基础上，对自身的经营理念，产品的构思、预测、开发、定价、促销、分销，以及售后服务的计划和执行过程。

● 旅行社产品销售渠道是指旅行社产品从生产领域到达旅游消费领域所经过的路线或途径，又称销售分配系统。旅行社产品的销售渠道主要包括直接销售渠道和间接销售渠道两大类。

● 旅行社的营销手段主要包括品牌营销、定制营销、关系营销、事件营销、网络营销、新媒体营销等。旅行社营销策划的程序包括市场调研、产品开发、确定价格、寻找并选择销售渠道、产品促销和效果评估。旅游线路策划要做到主题鲜明、顺序合理、行程丰富和设施完善。

▲ 内容结构

本章内容结构如图10-1所示。

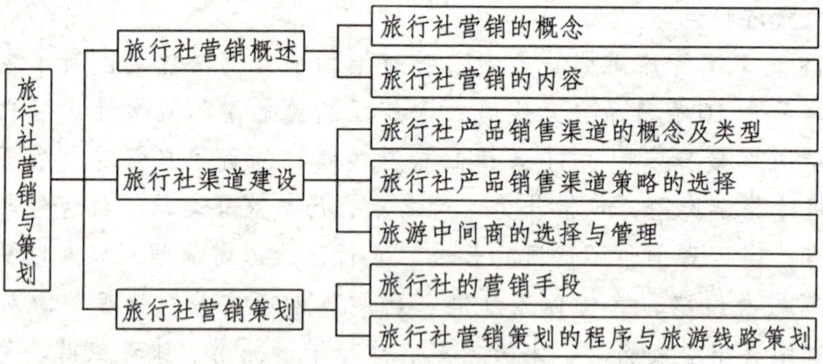

图10-1　本章内容结构

□ 主要概念和观念

▲ 主要概念

旅行社营销　旅游线路　旅行社产品销售渠道　直接销售渠道　间接销售渠道　旅行社营销策划

▲ 主要观念

旅行社渠道建设　旅行社营销策划

□ 重点实务和操作

▲ 重点实务

旅行社的营销手段　旅行社营销策划的程序　旅游线路策划

▲ 重点操作

旅行社产品销售渠道策略的选择　旅行社全包价旅游线路策划　旅游线路策划

基本训练

□ 理论题

▲ 简答题

1）什么是旅行社营销？

2）旅行社产品销售渠道策略有哪些？

3）旅行社的营销手段有哪些？

▲ 讨论题

1）旅行社如何开展品牌营销？

2）旅行社产品开发应注意哪些问题？

□ 实务题

▲ 规则复习

1）旅行社营销的内容包括哪些？

2）简述旅行社营销策划的程序。

3）旅游线路策划应注意哪些问题？

▲ 业务解析

1）选择一家你熟悉的旅行社，分析其如何选择旅游中间商，分析其应如何进行渠道建设。

2）对旅行社进行市场调研，了解其本月热卖的旅游线路，分析其中一条旅游线路的产品特色、目标市场定位、报价、服务标准及营销策略等。

□ 案例题

▲ 案例分析

【训练项目】

案例分析－X。

【相关案例】

销售失败

背景与情境：A旅行社经理与某公司总经理是同学，得知该公司拟于7月1日赴某旅游景点举行团建活动，遂派外联人员张小姐去该公司促销。经总经理帮忙，张小姐很顺利地将原已内定由B旅行社承办的团建之旅拿了下来，并与该公司办公室主任达成销售意向。但张小姐未当场签约，她准备回旅行社汇报后第二天再去签约。不料该公司办公室人员将此消息告诉了B旅行社，B旅行社经理连夜打电话给总经理："你怎么把给我们的团转给别人了呢？"结果可想而知，当张小姐第二天再去时，被告知他们还要再考虑几天。

问题：

1）从本案例中你可以吸取什么教训？

2）张小姐有可能再次夺回此单生意吗？为什么？

【训练要求】

同第1章"基本训练"中本题型的"训练要求"。

▲ 课程思政

【训练项目】

课程思政-X。

【相关案例】

暗藏消费"陷阱"，央视揭秘低价老年旅游团套路

背景与情境：一段因没有达到购物标准，导游不给旅游团游客发房卡的视频在网络上引发关注。

游客贺先生告诉记者，这次旅游团团费为每人398元。报名时工作人员虽然说明了这是一个"购物团"，但并未要求最低消费标准。直到旅途的第二天，游客才被告知每天最低必须消费400元，否则不给房卡。

"交100块钱，必须消费398元。有三四个家庭没达到消费标准，就不给房间了。"

这次旅行团包含3天桂林行程，2天北海行程，团员大多数都是年龄超过60岁的老年人。

在行程说明中，记者注意到"费用包含"显示含"旅游住宿"费用，同时列出安排"购物店"12处，但并未标注购物最低消费标准。

资料来源 佚名. 暗藏消费"陷阱"，央视揭秘低价老年旅游团套路［EB/OL］.［2023-05-07］. https: //www.thepaper.cn/newsDetail_forward_22991003.有删减.

问题：

1）试析"低价老年旅游团"套路中旅行社及其导游的违法违规行为。

2）你对整治此类行为有何建议？

【训练要求】

同第1章"基本训练"中本题型的"训练要求"。

□ 实训题

▲ 实训操练

【训练项目】

阶段性体验-V："旅行社营销与策划" 技术应用。

【训练目标】

见本章"章名页"之"学习目标"中的"实训目标"。

【训练内容】

其"领域"、"'技术-技能'点"、"名称"和操作"参照规范与标准"见表10-1。

表10-1 专业能力训练"领域"、"'技术-技能'点"、"名称"和操作"参照规范与标准"

领域	"技术-技能"点	名称	参照规范与标准
"旅行社营销与策划"知识应用	"技术-技能"1	"旅行社全包价旅游产品营销与策划"技术应用	1）能全面把握"旅行社全包价旅游产品营销与策划"技术。 2）能从"旅行社全包价旅游产品营销与策划"的特定视角理解并应用相应技术，有质量、有效率地进行以下操作： (1) 系统体验"'旅行社全包价旅游产品营销与策划'技术应用"的如下"技术-技能"操作，并体验"校企合作"中的"优势互补"： ①能正确分析旅行社营销的内容，选择某旅行社作为研究对象，运用科学方法搜集相关资料，按规定格式写出调研分析； ②能运用适当的旅行社营销策划方法进行全包价旅游产品营销策划。 (2) 总结"实践学习"中关于"'技术-技能'1"的"操作体验"和"校企合作"的"优势互补"

续表

领域	“技能—技能”点	名称	参照规范与标准
“旅行社营销与策划”知识应用	“技术-技能”2	“旅行社产品销售渠道策划”技术应用	1）能全面把握“旅行社产品销售渠道策划”技术。 2）能从“旅行社产品销售渠道策划”的特定视角理解并应用相应技术，有质量、有效率地进行以下操作： (1) 系统体验“‘旅行社产品销售渠道策划’技术应用”的如下“技术-技能”操作，并体验“校企合作”中的“优势互补”： ①能正确理解旅行社产品的销售渠道策略，选择一家旅行社，根据自己所搜集的相关资料，分析其选择了怎样的销售渠道； ②能根据调研结果，选择正确的销售渠道策略，并形成分析报告。 (2) 总结“实践学习”中关于“‘技术-技能’2”的“操作体验”和“校企合作”的“优势互补”
	“技术-技能”3	“旅行社旅游线路策划”技术应用	1）能全面把握“旅行社旅游线路策划”技术。 2）能从“旅行社旅游线路策划”的特定视角理解并应用相应技术，有质量、有效率地进行以下操作： (1) 系统体验“‘旅行社旅游线路策划’技术应用”的如下“技术-技能”操作，并体验“校企合作”中的“优势互补”： ①能运用旅行社营销与策划的相关知识和方法，选择某旅行社作为研究对象，根据自己所搜集的相关资料，对旅游线路的特色进行分析； ②能在特色分析的基础上明确市场细分及定位，对旅行社的旅游线路进行准确的策划； ③能规范撰写旅游线路策划方案。 (2) 总结“实践学习”中关于“‘技术-技能’3”的“操作体验”和“校企合作”的“优势互补”
	“技术-技能”4	“‘训练报告’撰写”技术应用	能应用《训练报告》撰写技术，有质量、有效率地进行如下操作： (1) 合理设计关于“‘旅行社营销与策划’技术应用”《训练报告》，其结构合理、层次分明； (2) 能依照网络教学资源包中《学生考核手册》表考10-6中的“考核指标”和“考核标准”要求，撰写所述《训练报告》

职业核心能力和职业道德训练：其内容、种类、等级与选项见表10-2；各选项操作的“参照规范与标准”见本教材“附录三”的附表3和“附录四”的附表4。

表10-2 **职业核心能力和职业道德训练的内容、种类、等级与选项表**

内容	职业核心能力							职业道德						
种类	自主学习	信息处理	数字应用	与人交流	与人合作	解决问题	革新创新	职业观念	职业情感	职业理想	职业态度	职业良心	职业作风	职业守则
等级	中级	中级	中级	中级	中级	中级	中级	认同级	认同级	认同级	认同级	认同级	认同级	认同级
选项	√			√	√	√	√		√	√	√	√	√	√

【训练任务】

1）对“‘旅行社营销与策划’技术应用”专业能力的各“技术-技能”点，依照表10-1中的“参照规范与标准”，实施应用相关技术的基本训练。

2）对表10-2中所列“职业核心能力”选项，依照本教材“附录三”附表3中相关“‘技术-技能’点”的“参照规范与标准”，实施融入性“中级”强化训练。

3）对表10-2中所列“职业道德”选项，依照本教材“附录四”中“领域”的“参照规范与标准”，实施“认同级”相关训练。

【组织形式】

1）以小组为单位组成营销策划团队。

2）各营销策划团队结合实训任务进行适当的角色分工，确保组织合理和每位成员的积极参与。

【指导准备】

知识准备：

学生通过自主学习，复习如下知识：

1）实训合作旅行社的产品及营销知识。

2）“旅行社营销与策划”的理论与实务知识。

3）本教材“附录一”的附表1中，与本章“职业核心能力”选项各技能点相关的“‘知识准备’参照范围”所列知识。

4）本教材“附录三”的附表3中涉及本章“职业核心能力”选项，以及“附录四”的附表4中涉及“职业道德”选项的“参照规范与标准”知识。

操作指导：

1）教师向学生阐明“训练目的”、“训练任务”和“知识准备”。

2）教师就“知识准备”中的第3）、4）项，对学生进行培训。

3）教师要指导学生从“‘旅行社营销与策划’技术应用”视角进行企业营销决策和业务运作情况调研、资料搜集与整理。

4）教师指导学生撰写“‘旅行社营销与策划’技术应用”的《实训报告》。

【训练要求】

1）实训前，学生要了解并熟记本实训的“训练目的”、“训练内容”、“训练任务”与“训练要求”，了解并熟记本教材网络教学资源包的《学生考核手册》中表考10-6、10-7所列“考核指标”与“考核标准”的内涵，将其作为本实训的操练点和考核点来准备。

2）将“训练任务”所列三种训练整合并落实到本实训的“活动过程”和“成果形式”中。

3）实训后，学生要对本次实训活动进行总结，在此基础上撰写相关《训练报告》。

【训练时间】

本课程课堂教学内容结束后，安排两周时间进行“阶段性体验”训练。

【情境设计】

班级学生以小组为单位，组建“‘旅行社营销与策划’技术应用”训练团队。各团队分别选择一家开展“旅行社营销与策划”的企业（或本校专业实训基地，或毕业生创业团队），从“‘旅行社营销与策划’技术应用”视角，参与企业该项目的运作，在依据表10-1中“‘技术-技能’1”至“‘技术-技能’3”的“参照规范与标准”系统体验各项操作的过程中，进行“校企合作”的“实践学习”，并尝试“优势互补”。

【训练步骤】

1）以班级小组为单位组建学生“阶段性体验”训练团队，每队确定1人为队长，根据训练项目需要进行角色分工与协作。

2）各团队结合“训练任务”，参照“情境设计”，分别选择一家开展“旅行社营销与策划”的企业（或本校专业实训基地，或毕业生创业团队），从“‘旅行社营销与策划’技术应用”视角，全程参与企业该项目运作，进行“校企合作”的“实践学习”。

3）依据表10-1中“‘技术-技能’1”至“‘技术-技能’3”的“参照规范与标准”，系统体验如下操作：

（1）依照表10-1中“‘技术-技能’1”的“参照规范与标准”，从“‘旅行社全包价旅游产品营销与策划’技术应用”视角，进行“校企合作”的“实践学习”，体验“‘旅游市场营销与策划’胜任力”建构中“‘旅行社全包价旅游产品营销与策划’运作”能力要素生成；

（2）依照表10-1中“‘技术-技能’2”的“参照规范与标准”，从“‘旅行社产品销售渠道策划’技术应用”视角，进行“校企合作”的“实践学习”，体验“‘旅游市场营销与策划’胜任力”建构中“‘旅行社产品销售渠道策划’运作”能力要素生成；

（3）依照表10-1中“‘技术-技能’3”的“参照规范与标准”，从“‘旅行社旅游线路策划’技术应用”视角，进行“校企合作”的“实践学习”，体验“‘旅游市场营销与策划’胜任力”建构中“‘旅行社旅游线路策划’运作”能力要素生成；

4）各团队总结1）~3）项操作体验，撰写“基于‘旅行社营销与策划’技术应用”的《校企合作实践学习总结》，体验“‘旅游市场营销与策划’胜任力”建构中“旅行社营销与策划”的“专业互鉴”能力要素生成。

5）在“‘旅行社营销与策划’技术应用”的“专业能力”基本训练中，依照表10-2中相关训练选项的“参照规范与标准”，融入“职业核心能力”的“中级”强化训练和“职业道德”的“认同级”相关训练。

6）各团队综合以上阶段性成果，依照“‘技术-技能’4”的“参照规范与标准”，撰写《“旅行社营销与策划”技术应用训练报告》。其内容包括：实训组成员与分工；实训过程；实训总结（包括对专业能力训练、职业核心能力训练和职业道德训练的分析说明）；附件（即阶段性成果全文）。

7）在班级讨论、交流和修订各团队的《训练报告》，使其各具特色。

【成果形式】

1）实训课业：《“‘旅行社营销与策划’技术应用”训练报告》。

2）课业要求：

（1）“实训课业”的结构与体例参照本教材“课业范例”中的范例-3。

（2）将《校企合作实践学习总结》以“附件”形式附于《训练报告》之后。

（3）在校园网的本课程平台上展示经过教师点评的班级优秀《训练报告》，并将其纳入本课程的教学资源库。

▲ 创新工作站

【工作项目】

编制《优化方案》。

【工作目的】

见本章“章名页”之“学习目标”中的“实训目标”。

【工作任务】

编制关于“旅行社营销与策划相关业务规范”的《优化方案》。

步骤及内容：

（1）旅行社营销的内容，包括包价旅游线路营销、散客旅游线路营销和自助游线路营销。

（2）旅行社产品销售渠道选择。

（3）旅行社营销手段策划。

（4）旅行社营销策划的程序。

（5）旅游线路策划。

【待优化对象】

（1）旅行社产品销售渠道的选择。

（2）旅行社营销手段。

（3）旅行社营销策划的程序。

（4）旅游路线策划。

【情境设计】

上述“待优化对象”涉及的规则性知识已成为企业的既定规范。为强化管理，提高竞争力，企业决定对这些既定规范进行优化。企业管理层要求研发部门组成若干团队，通过网络调研或其他途径，研究编制关于这些业务规范的《优化方案》。

【工作要求】

(1) 在搜集、整理和研究最新相关文献资料的基础上，编制所选业务既定规范的《优化方案》。

(2) 所编制的《优化方案》具有明显的创新性、优越性和可操作性。

(3) 对体现在《优化方案》中的创新不求全责备。

【工作步骤】

(1) 将班级同学分成若干组，模拟某企业的不同研发团队，每个团队确定1个负责人。

(2) 各团队从“待优化对象”中任选其一。

(3) 各团队进行角色分工，通过网络调研等途径，围绕所选“待优化对象”的相关业务，搜集最新研究成果与企业先进管理措施资料。

(4) 各团队整理搜集到的资料，分析比较其与所选“待优化对象”的异同。

(5) 各团队以扬长避短为宗旨，通过讨论，研究编制所选“待优化对象”的《优化方案》。

(6) 在班级交流和修订各团队的《优化方案》，使之各具特色。

(7) 在校园网的本课程教学平台上展出经过教师点评的各团队《优化方案》，作为本章“重点实务”的补充教学资料。

【成果形式】

1) 工作课业：关于“旅行社营销与策划相关业务规范”的《优化方案》。

2) 课业要求：同第2章本题型的“课业要求”。

单元考核

考核要求：“考核模式”“考核目的”“考核种类”“考核方式、内容与成绩核定”及考核表等规范要求，见本教材网络教学资源包中的“学生考核手册”。

综合训练与考核

综合训练

【训练项目】

终极体验-综：“旅游市场营销与策划”技术综合应用。

【训练目标】

参加“‘旅游市场营销与策划’技术综合应用”的校企合作“传承-发展”训练。在了解和把握本实训所及“专业能力训练领域”各“‘技术-技能’点”名称、操作“参照规范与标准”，“职业核心能力与职业道德领域”相关“技能点”和“素养点”的“规范与标准”，“指导准备”和“知识准备”，并把“产学研结合”和“教学闭环”（特别是自主学习）中获得的“技术更新”融入教材各章“传承技术”的基础上，通过综合应用各章“‘传承-发展’技术”，系列“技术-技能”操作的实施，《“‘旅游市场营销与策划’技术综合应用”训练报告》的撰写、讨论与交流等有质量有效率的活动，培养“‘旅游市场营销与策划’技术综合应用”的“传承-发展”专业能力，强化“职业核心能力”（“中级”全选项），并通过践行“职业道德”（“认同级”全选项）行为规范，促进健全职业人格的塑造，终极体验本课程专业实践学习中“‘旅游市场营销与策划’技术综合运作”的“专能”“通能”“职业道德”元素的协同性“重组-产生”迁移，以及“校企合作”、“交流互鉴”的“‘传承-发展’型”“旅游市场营销与策划胜任力”生成。

【训练内容】

专业能力训练：其“领域”、“统整点”、“名称”及“参照规范与标准”见表综-1。

表综-1　**专业能力训练“领域”、“统整点”、“名称”及“参照规范与标准”**

能力领域	统整点	名称	参照规范与标准
“旅游市场营销与策划”技术应用	统整点1	“‘传承-发展’技术-技能”群1	（1）能将第6章“传承技术”与“产学研结合”和“教学闭环”（特别是自主学习）中获得的相关“技术更新”融为一体； （2）能全面应用其“融合技术”，正确进行“‘旅游目的地营销与策划’运作”，系统体验其“传承-发展”胜任力生成； （3）总结“实践学习”中关于“统整点1”的“操作体验”和“校企合作”的“优势互补”

续表

能力领域	统整点	名称	参照规范与标准
“旅游市场营销与策划”技术应用	统整点2	“‘传承-发展’技术-技能”群2	(1) 能将第7章“传承技术”与“产学研结合”和“教学闭环”(特别是自主学习)中获得的相关“技术更新”融为一体; (2) 能全面应用其“融合技术”,正确进行“‘旅游景区营销与策划’运作”,系统体验其“传承-发展”胜任力生成; (3) 总结“实践学习”中关于“统整点2”的“操作体验”和“校企合作”的“优势互补”
	统整点3	“‘传承-发展’技术-技能”群3	(1) 能将第8章“传承技术”与“产学研结合”和“教学闭环”(特别是自主学习)中获得的相关“技术更新”融为一体; (2) 能应用其“融合技术”,正确进行“‘旅游酒店营销与策划’运作”,系统体验其“传承-发展”胜任力生成; (3) 总结“实践学习”中关于“统整点3”的“操作体验”和“校企合作”的“优势互补”
	统整点4	“‘传承-发展’技术-技能”群4	(1) 能将第9章“传承技术”与“产学研结合”和“教学闭环”(特别是自主学习)中获得的相关“技术更新”融为一体; (2) 能全面应用其“融合技术”,正确进行“‘旅游交通营销与策划’运作”,系统体验其“传承-发展”胜任力生成; (3) 总结“实践学习”中关于“统整点4”的“操作体验”和“校企合作”的“优势互补”
	统整点5	“‘传承-发展’技术-技能”群5	(1) 能将第10章“传承技术”与“产学研结合”和“教学闭环”(特别是自主学习)中获得的相关“技术更新”融为一体; (2) 能全面应用其“融合技术”,正确进行“‘旅行社营销与策划’运作”,系统体验其“传承-发展”胜任力生成; (3) 总结“实践学习”中关于“统整点5”的“操作体验”和“校企合作”的“优势互补”
	统整点6	“‘传承-发展’技术-技能”群6	能应用《训练报告》撰写技术,有质量、有效率地进行如下操作: (1) 合理设计关于“‘旅游市场营销与策划’技术综合应用”的《训练报告》,其结构合理、层次分明。 (2) 较规范地撰写上述《训练报告》。 (3) 依照网络教学资源包中《学生考核手册》表考综-1中的“考核指标”和“考核标准”要求,撰写所述《训练报告》

职业核心能力和职业道德训练：其内容、种类、等级与选项见表综-2；各选项的操作“规范与标准”见本教材附录三的附表3和附录四的附表4。

表综-2　职业核心能力与职业道德训练内容、种类、等级与选项表

内容	职业核心能力							职业道德						
种类	自主学习	信息处理	数字应用	与人交流	与人合作	解决问题	革新创新	职业观念	职业情感	职业理想	职业态度	职业良心	职业作风	职业守则
等级	中级	中级	中级	中级	中级	中级	中级	认同级	认同级	认同级	认同级	认同级	认同级	认同级
选项	√	√	√	√	√	√	√	√	√	√	√	√	√	√

【训练任务】

1）全面融合第6、7、8、9、10章“实训题”“技术准备”中所列技术与相关章“技术更新”中所列技术，做好本次实训的“‘传承-发展’技术”准备。

2）应用相关技术，对表综-1所列专业能力领域各统整点，依照其“参照规范与标准”，实施“‘传承-发展’型”基本训练。

3）应用相关知识，对表综-2所列职业“核心能力”和“职业道德”选项，依照本教材“附录三”的附表3的“参照规范与标准”，分别实施融入性“中级”强化训练和“认同级”相关训练。

【组织形式】

1）以小组为单位组成“‘旅游市场营销与策划’技术综合应用”训练团队。

2）各训练团队结合“训练任务”进行适当的角色分工，确保组织合理和每位成员的积极参与。

【指导准备】

1）技术准备

（1）全面重温第6、7、8、9、10章“实训题”的“技术准备”所列知识。

（2）表综-1中“‘技术-技能’群1”至“‘技术-技能’群5”的“参照规范与标准”知识。

（3）本教材“附录一”的附表1中，“职业核心能力”（中级）全选项各“技术-技能”点“‘知识准备’参照范围”所列知识。

（4）本教材“附录三”的附表3中“职业核心能力”（中级）全选项各“技术-技能”点，以及“附录四”的附表4中“职业道德”（认同级）全选项各素质点的“参照规范与标准”知识。

2）操作指导

（1）教师向学生阐明“训练目的”、“训练任务”和“技术准备”。

（2）教师就“知识准备”中的第（2）、（3）、（4）项，对学生进行培训。

（3）教师指导学生撰写《“‘旅游市场营销与策划’技术综合应用”训练报告》。

【训练要求】

1）实训前学生要了解并熟记本综合训练的“训练目的”、“能力与素质领域”、“训练任务”与“指导准备”。

2）通过“训练步骤”，将“训练任务”所列（2）和（3）项整合到本次训练的“活动过程”和“成果形式”中。

【训练时间】

本课程课堂教学内容结束后，安排两周时间进行“终极体验”训练。

【情境设计】

班级学生以小组为单位，组建“‘旅游市场营销与策划’技术综合应用”训练团队。各团队分别选择一家开展“旅游市场营销与策划综合运作”且不同于范例-3的企业（或本校专业实训基地，或毕业生创业团队），全程参与企业该项目运作，在依据表综-1中“统整点1”至“统整点5”的“传承-发展’‘技术-技能’群”的“参照规范与标准”、系统体验全部操作过程中，进行“校企合作”的“实践学习”，并尝试“优势互补”。

【训练步骤】

1）以班级小组为单位组建学生“终极体验”训练团队，每队确定1人为队长，根据训练项目需要进行角色分工与协作。

2）各团队结合“训练任务”，参照“情境设计”，分别选择一家开展“旅游市场营销与策划综合运作”的企业（或本校专业实训基地，或毕业生创业团队），从“‘旅游市场营销与策划’技术综合应用”视角，全程参与企业该项目运作，进行“校企合作”的“实践学习”，并尝试“优势互补”。

3）依据表综-1中“统整点1”至“统整点5”的“参照规范与标准”，系统体验如下操作：

（1）依照表综-1中“统整点1”的“参照规范与标准”，从“‘旅游目的地营销与策划’技术应用”视角，进行“校企合作”的“实践学习”，体验“‘旅游市场营销与策划’胜任力”建构中“‘旅游目的地营销与策划’运作”的“传承-发展”能力要素生成；

（2）依照表综-1中“统整点2”的“参照规范与标准”，从“‘旅游景区营销与策划’技术应用”视角，进行“校企合作”的“实践学习”，体验“‘旅游市场营销与策划’胜任力”建构中“‘旅游景区营销与策划’运作”的“传承-发展”能力要素生成；

（3）依照表综-1中“统整点3”的“参照规范与标准”，从“‘旅游酒店营销与策划’技术应用”视角，进行“校企合作”的“实践学习”，体验“‘旅游市场营销与策划’胜任力”建构中“‘旅游酒店营销与策划’运作”的“传承-发展”能力要素生成；

（4）依照表综-1中“统整点4”的“参照规范与标准”，从“‘旅游交通营销与策划’技术应用”视角，进行“校企合作”的“实践学习”，体验“‘旅游市场营销与策划’胜任力”建构中“‘旅游交通营销与策划’运作”的“传承-

发展”能力要素生成；

（5）依照表综-1中“统整点5”的“参照规范与标准”，从“‘旅行社营销与策划’技术应用”视角，进行“校企合作”的“实践学习”，体验“‘旅游市场营销与策划’胜任力”建构中“‘旅行社营销与策划’运作”的“传承-发展”能力要素生成；

（6）各团队总结上面（1）~（5）项操作体验，撰写基于“‘旅游市场营销与策划’技术综合应用”的《校企合作实践学习》总结，体验“‘旅游市场营销与策划’胜任力”建构中“专业互鉴”能力要素的生成。

4）在上述“专业能力”基本训练中，依照表综-2的“参照规范与标准”，融入“职业核心能力”的“中级”强化训练和“职业道德”的“认同级”相关训练，体验“‘旅游市场营销与策划’胜任力”建构中“专能”“通能”“职业道德”的“传承-发展”融合要素生成。

5）各团队综合以上阶段性成果，依照表综-1中“统整点6”的“参照规范与标准”撰写《“‘旅游市场营销与策划’技术综合应用”训练报告》（内容包括：“团队成员与分工”“训练过程”“训练总结”“附件”），体验“‘旅游市场营销与策划’胜任力”建构中《训练报告》撰写能力要素生成。

6）在班级讨论、交流和修订各团队的《训练报告》，使其各具特色，体验“‘旅游市场营销与策划’胜任力”建构中“团队协作”和“与人交流”等“‘通能’要素”的进一步强化。

【成果形式】

1）训练课业：《“‘旅游市场营销与策划’技术综合应用”训练报告》。

2）课业要求：

（1）将《校企合作实践学习总结》以“附件”形式附于《训练报告》中。

（2）在校园网平台上展示经过教师点评的班级优秀《训练报告》，并将其纳入本课程教学资源库。

（3）将经过教师点评的班级优秀《校企合作实践学习总结》赠送所选企业，作为本课程“产学研结合”的“校本学习”最终成果。

综合考核

考核要求：“考核模式”“考核目的”“考核种类”“考核方式、内容与成绩核定”及考核表等规范要求，见本教材网络教学资源包中的“学生考核手册”。

课业范例

范例-1

□ 案例题

▲ 案例分析

泰国洪水渐退　昆明旅行社恢复“新马泰游”

背景与情境：2011年7月以来发生的洪灾，使泰国旅游业受到了严重影响，我国也紧急叫停了发往泰国受灾地区的旅游团队。2011年11月23日，曾经一度暂停的新马泰旅游线路重启，开始接受报名。

“泰国洪灾使曼谷旅游业受到了一定的影响，而云南人最喜欢去的普吉岛基本没有受到影响，依然在发团。新马泰旅游线路也受到了一些影响，对于该线路旅行社也暂停了一段时间，但是随着泰国洪水渐退，新马泰旅游线路也正常启动了。”昆明国旅出境游中心总监说，“一般‘新马泰游’需要10多天，但由于新加坡和马来西亚较小，因此这条线路的重头戏基本押在泰国身上。如果不去泰国，游客会觉得性价比低，对旅行社有怨言，所以泰国洪灾后，这条线路只好暂停”。

据了解，泰国洪灾后启动的新马泰旅游线路为11天，价格在3 800~4 000元，此价格比之前年份稍高，主要是机票和燃油附加费提高所致。此外，云南赴泰国的旅游项目也全面启动，但是报名的游客与往年同期相比少了很多，这主要是因为当地洪水等自然灾害频发，降低了市民的出游意愿。

资料来源　向星权．泰国洪水渐退　昆明旅行社恢复“新马泰游”［EB/OL］．［2011-11-24］．https://www.kunming.cn/news/c/2011-11-24/2748675.shtml.

问题：

1）本案例体现了哪种营销理念？

2）如果你是旅行社经理，你将如何应对外界环境给旅游业带来的影响？

【训练要求】

同第1章“基本训练”中本题型的“训练要求”。

“泰国洪水渐退　昆明旅行社恢复‘新马泰游’”案例分析提纲

（项目组组长：　　　　　　　项目组成员：　　　　　　　）

1）关于“知识点”分析

（1）小组成员分别分析研究旅游市场的各种营销环境。

（2）小组讨论各成员整理的本案例涉及的知识点，由组长汇总。

（3）小组讨论本案例“背景与情境”涉及哪些知识点。

（4）组长汇总讨论，形成阶段性成果。

2）关于“泰国洪水渐退 昆明旅行社恢复‘新马泰游’”的分析

（1）小组成员应用本案例相关知识点，逐一分析“泰国洪水渐退 昆明旅行社恢复‘新马泰游’”的情况。

（2）小组讨论各成员分析的“泰国洪水渐退 昆明旅行社恢复‘新马泰游’”，由组长汇总。

3）关于“如何应对外界环境给旅游业带来的影响”的设计

（1）小组成员模拟本案例中的旅行社经理，应用本案例涉及的营销环境因素，研究设计《应对外界环境给旅游业带来的影响方案》。

（2）小组讨论各成员设计的《应对外界环境给旅游业带来的影响方案》，由组长汇总。

4）撰写、讨论与交流《案例分析报告》

（1）组长组织组员，综合以上阶段性成果，形成《案例分析报告》。

（2）在班级讨论、交流各组的《案例分析报告》。

（3）小组修改《案例分析报告》，提交教师点评。

“泰国洪水渐退 昆明旅行社恢复‘新马泰游’”案例分析报告

案例分析人________（________级________专业________班）

指导教师________（________学院________________系）

1）案例综述

本案例从旅行社的角度，研究了影响旅行社营销活动的环境因素。在本案例中，营销环境的变化对旅行社的营销活动影响很大。

2）问题分析

在本案例中，“新马泰游”由于受到泰国洪水的影响，曾一度暂停，即使泰国洪灾过后恢复了新马泰游，但是受多种因素的影响，旅游人数仍不断下降。其原因主要有以下几个方面：

（1）当地洪水等自然灾害频发。

（2）“新马泰游”报价在3 800～4 000元，此价格比之前年份稍贵，主要是机票和燃油附加费提高所致。

（3）一般“新马泰游”需要10多天，但由于新加坡和马来西亚较小，因此这条线路的重头戏基本押在泰国身上。

（4）旅行社缺乏线路创新。

3）结论

（1）市场营销环境是一个复杂多变的整体，自然环境的变化是不以人的意志为转移的。面对自然灾害，旅行社应及时采取措施，做好对游客的出游提醒，密切留意灾害的最新动态，随时关注当地情况，确保沟通顺畅，随时启动应急预案。对没有受到影响的旅游线路，旅行团活动一切正常；对受影响地区的旅游线路，旅行社应及时调整行程。

(2) 机票和燃油附加费的提高致使新马泰旅游线路的报价比之前年份稍高，针对这个问题，旅行社一方面可以提高旅游线路的附加值，提供更完善的服务，让游客感到物有所值或物超所值；另一方面可以通过宣传等方式让游客知晓旅行社定价的合理性。

(3) 旅行社应合理增加在新加坡和马来西亚的旅游项目。

(4) 旅行社应持续进行旅游线路的创新，将游客的需求和新马泰的旅游资源有效结合。

(5) 旅行社应全力做好促销宣传工作，让更多的游客熟知旅行社推广的旅游线路。

总之，旅行社必须考虑各种营销环境因素对自身的影响，具有一定的应变能力，不能因为环境的变化而束手无策。

范例-2

▲ 课程思政

奥泰利亚饭店老年人专用客房

背景与情境： 如今，世界人口快速向老龄化发展，老年人市场越来越受到重视。由于老年人旅游时在酒店的停留时间较长，消费较高，因此老年人市场已成为酒店新的竞争点。

法国戛纳的奥泰利亚饭店，客人的平均年龄为83岁，这里的一切设施几乎都是为老年人尤其是80岁以上的老年人特别设计的。在这里，沿墙有扶手，电梯里有座椅；床是坐卧两用的，卧室里可以挂家人肖像；卫生间是用防滑材料修造的，并设有软垫长椅，可以安全洗浴。无论何时，客人一按铃就会有人来查看。奥泰利亚饭店还经常举办各种适合老年人的娱乐活动。但有一点必须特别声明，这里接待的不是病人，而是需要关怀、照顾的老年客人。

资料来源 佚名．酒店客房产品的创新策略［EB/OL］．［2010-11-09］．http：//www.canyin168.com/glyy/kfgl/kfgl/201011/24986_2.html.

问题：

1）本案例中存在哪些思政问题？

2）试对上述问题做出你的思政研判。

3）通过网上或图书馆调研等途径搜集你做思政分析所依据的相关规范。

4）请从相关行业规范的角度对本事件做出评价。

【训练要求】

同第1章“基本训练”中本题型的“训练要求”。

“奥泰利亚饭店老年人专用客房”研判提纲

（项目组组长：　　　　　　　　　项目组成员：　　　　　　　　　）

1）关于“思政问题”研判

(1) 小组成员分别研判本案例中旅游酒店行业涉及的思政问题。

(2) 小组讨论各成员搜集的本案例中旅游酒店行业涉及的思政问题。

（3）小组讨论“旅游酒店的经营目标——客户利益至上”和“旅游酒店的职业道德——维护顾客的利益，真诚公道”。

（4）组长汇总讨论“思政问题”研判的内容，形成阶段性成果。

2）关于“思政”分析

（1）小组成员应用本案例中的思政问题，逐一进行“思政研判”。

（2）小组讨论各成员分析的“思政研判”，对“奥泰利亚饭店老年人专用客房”案例中的思政问题进行研判。

（3）组长汇总讨论“思政研判”的内容，形成阶段性成果。

3）关于“做思政研判所依据的行业规范”

（1）小组成员分别通过网络及图书馆查找资料，研究“做思政研判所依据的行业规范”。

（2）小组讨论旅游酒店和营销人员应具有的职业操守。

（3）组长汇总讨论“做思政研判所依据的行业规范”分析的内容，形成阶段性成果。

4）关于“对案例做评价”

（1）小组成员分别对该案例进行研判。

（2）小组讨论各成员对该案例的研判。

（3）组长汇总讨论“对案例做研判”内容，形成阶段性成果。

5）撰写、讨论与交流《思政分析报告》

（1）组长组织组员，综合以上阶段性成果，形成《思政研判报告》。

（2）在班级讨论、交流各组的《思政研判报告》。

（3）小组修改《思政研判报告》，提交教师点评。

“奥泰利亚饭店老年人专用客房”思政研判报告

1）案例综述

当今世界人口日趋老龄化，老年人市场越来越受到各行各业的重视。由于生理、心理等方面的差异性，老年人在衣、食、住、行、用等方面均表现出了明显不同的消费特征。从本案例可以看出，酒店充分考虑到了老年人的需求特性，体现了以人为本的人性化服务理念。

本案例中酒店的行为体现了最基本的职业道德，即维护顾客的利益，真诚公道。

2）思政研判

（1）酒店的装修必须考虑老年人的生理特点。老年人往往听力不好，视力也不好，记忆力下降，手脚活动不方便，奥泰利亚饭店充分考虑了老年人的生理特点，沿墙有扶手，电梯里有座椅；床是坐卧两用的，卧室里可以挂家人肖像；卫生间是用防滑材料修造的，并设有软垫长椅，可以安全洗浴。奥泰利亚饭店遵守了维护顾客利益的职业道德规范。

（2）保证老年人的身心健康。为了更好地为老年人服务，在奥泰利亚饭店，无论何时，客人一按铃就会有人来查看，从而可以及时、有效地应对老年人的各种突发状况，将危险系数降到最低；奥泰利亚饭店还经常举办各种适合老年人的娱乐活动。这里接待的不是病人，而是需要关怀、照顾的老年客人。奥泰利亚饭店遵守了真诚公道的职业道德规范。

3）结论

（1）维护顾客的利益、真诚公道，是酒店职业道德的重要规范，也是酒店行业起码的职业道德要求。酒店只有把顾客的利益和需求放在首位，才能提高自身的社会效益和经济效益。

（2）职业道德在工作过程中发挥着重要作用，我们要熟悉并努力地践行，同时要熟练掌握所需的法律知识及专业知识。

（3）本次思政研判对我们有很好的教育启示意义。践行道德规范就要以诚信为本，维护顾客的利益，开展业务需要有职业良心，遵守职业守则。

范例-3

□ 实训题

【训练项目】

阶段性体验：“旅游景区营销与策划”技术应用。

【训练目标】

参加“‘旅游景区营销与策划’技术应用”的实践训练。在了解和把握本实训所涉及“专业能力训练领域”各“‘技术-技能’点”名称、操作“参照规范与标准”，“职业核心能力与职业道德领域”相关“技能点”和“素养点”的“规范与标准”，以及“指导准备”和“知识准备”基础上，通过各项实训任务的完成、系列“技术-技能”操作的实施、《实训报告》的准备与撰写等有质量、有效率的活动，培养“旅游景区营销与策划”的专业能力，强化“信息处理”、“与人交流”、“与人合作”、“解决问题”和“革新创新”等职业核心能力（中级），并通过“认同级”践行“职业情感”、“职业态度”、“职业作风”和“职业守则”等行为规范，促进健全职业人格的塑造；阶段性体验“‘旅游市场营销策划’胜任力”建构中“‘旅游景区营销与策划’运作”的“专能”“通能”“职业道德”元素的协同性“重组-产生”迁移，以及相关性“技术-技能”要素的生成。

【训练内容】

其“领域”、“‘技术-技能’点”、“名称”和操作“参照规范与标准”见表范-1。

表范-1 **专业能力训练“领域”、“‘技术-技能’点”、“名称”和操作“参照规范与标准”**

领域	“技术-技能”点	名称	参照规范与标准
“旅游景区营销与策划”知识应用	“技术-技能”1	“旅游景区STP策划技能”技术应用	1）能全面把握“旅游景区STP策划”的技术。 2）能从“旅游景区STP策划”的特定视角理解并应用相应技术，有质量、有效率地进行以下操作： （1）系统体验“‘旅游景区STP策划’技术应用”的如下“技术-技能”操作，并体验“校企合作”中的“优势互补”： ①能运用科学的方法，通过对景区环境进行调研，准确掌握景区目标市场及需求变化，并对搜集到的资料进行分析汇总，按规定格式写出调研分析报告； ②能根据调研结果和景区的资源情况，运用恰当的细分变数对景区进行科学准确的市场细分； ③能在市场细分的基础上确定景区的目标消费群体，并能策划进入目标市场的方式，能在目标市场上运用科学的策略进行准确的旅游市场定位。 （2）总结“实践学习”中关于“‘技术-技能’1”的“操作体验”和“校企合作”的“优势互补”
	“技术-技能”2	“旅游景区促销策划技能”技术应用	1）能全面把握“旅游景区促销策划”技术。 2）能从“旅游景区促销策划”的特定视角理解并应用相应技术，有质量、有效率地进行以下操作： （1）系统体验“‘旅游景区促销策划’技术应用”的如下“技术-技能”操作，并体验“校企合作”中的“优势互补”： ①能运用正确的调研方法，对目标顾客的需求进行调研，了解目标顾客做出购买决策的过程以及目标顾客在购买过程中需要解决的主要问题，确定促销目标； ②能根据促销目标，确定景区相应的推广促销方式（广告促销、人员推销、公共关系促销和营业推广促销），然后借助一定的促销方式将景区旅游产品的信息传递给旅游消费者； ③能对实施后的促销活动进行评估，掌握促销活动效果； ④能规范撰写促销策划方案。 （2）总结“实践学习”中关于“‘技术-技能’2”的“操作体验”和“校企合作”的“优势互补”
	“技术-技能”3	“‘训练报告’撰写”技术应用	能应用《训练报告》撰写技术，有质量、有效率地进行如下操作： （1）合理设计关于“‘旅游景区营销与策划’技术应用”《训练报告》，其结构合理、层次分明； （2）能依照网络教学资源包中《学生考核手册》表考7-6中的“考核指标”和“考核标准”要求，撰写所述《训练报告》

职业核心能力和职业道德训练：其内容、种类、等级与选项见表范-2；各选项操作的“参照规范与标准”见本教材“附录三”的附表3和“附录四”的附表4。

表范-2 **职业核心能力和职业道德训练的内容、种类、等级与选项表**

内容	职业核心能力							职业道德						
种类	自主学习	信息处理	数字应用	与人交流	与人合作	解决问题	革新创新	职业观念	职业情感	职业理想	职业态度	职业良心	职业作风	职业守则
等级	中级	中级	中级	中级	中级	中级	中级	认同级	认同级	认同级	认同级	认同级	认同级	认同级
选项		√		√	√	√	√		√		√		√	√

【训练任务】

1）对“‘旅游景区营销与策划’技术应用”专业能力的各“技术-技能”点，依照其“参照规范与标准”，实施应用相关技术的基本训练。

2）对“职业核心能力”选项，依照本教材“附录三”附表3中相关“‘技术-技能’点”的“参照规范与标准”，实施融入性“中级”强化训练。

3）对“职业道德”选项，依照其“参照规范与标准”，实施“认同级”相关训练。

【组织形式】

1）以小组为单位组成营销策划团队。

2）各营销策划团队结合实训任务进行适当的角色分工，确保组织合理和每位成员的积极参与。

【指导准备】

知识准备：

学生通过自主学习，复习如下知识：

1）实训合作企业的概况知识。

2）“旅游景区营销与策划”的理论与实务知识。

3）本教材“附录一”的附表1中，与本章“职业核心能力”选项各技能点相关的“‘知识准备’参照范围”所列知识。

4）本教材“附录三”的附表3中涉及本章“职业核心能力”选项，以及“附录四”的附表4中涉及“职业道德”选项的“参照规范与标准”知识。

操作指导：

1）教师向学生阐明“训练目的”、“训练任务”和“知识准备”。

2）教师就“知识准备”中的第3）、4）项，对学生进行培训。

3）教师要指导学生从“‘旅游景区营销与策划’技术应用”视角进行企业营销决策和业务运作情况调研、资料搜集与整理。

4）教师指导学生撰写“‘旅游景区营销与策划’技术应用”的《实训

报告》。

【训练要求】

1）实训前，学生要了解并熟记本实训的“训练目的”、“训练内容”、“训练任务”与“训练要求”，了解并熟记本教材网络教学资源包的《学生考核手册》中表考7-6、表考7-7所列“考核指标”与“考核标准”的内涵，将其作为本实训的操练点和考核点来准备。

2）将“训练任务”所列两种训练整合并落实到本实训的“活动过程”和“成果形式”中。

3）实训后，学生要对本次实训活动进行总结，在此基础上撰写相关《训练报告》。

【训练时间】

本课程课堂教学内容结束后，安排两周时间进行“阶段性体验”训练。

【情境设计】

班级学生以小组为单位，组建“‘营销策划’技术应用”训练团队。各团队分别选择一家开展“旅游景区营销与策划”的企业（或本校专业实训基地，或毕业生创业团队），从“‘旅游景区营销与策划’技术应用”视角，参与企业该项目的运作，在依据表范-1中“‘技术-技能’1”“‘技术-技能’2”的“参照规范与标准”系统体验各项操作的过程中，进行“校企合作”的“实践学习”，并尝试“优势互补”。

【训练步骤】

1）以班级小组为单位组建学生“阶段性体验”训练团队，每队确定1人为队长，根据训练项目需要进行角色分工与协作。

2）各团队结合“训练任务”，参照“情境设计”，分别选择一家开展“旅游景区营销与策划”的企业（或本校专业实训基地，或毕业生创业团队），从“‘旅游景区营销与策划’技术应用”视角，全程参与企业该项目运作，进行“校企合作”的“实践学习”。

3）依据表范-1中“‘技术-技能’1”“‘技术-技能’2”的“参照规范与标准”，系统体验如下操作：

（1）依照表范-1中“‘技术-技能’1”的“参照规范与标准”，从“‘旅游景区STP策划’技术应用”视角，进行“校企合作”的“实践学习”，体验“‘旅游市场营销与策划’胜任力”建构中“‘旅游景区STP策划’运作”能力要素生成；

（2）依照表范-1中“‘技术-技能’2”的“参照规范与标准”，从“‘旅游景区促销策划’技术应用”视角，进行“校企合作”的“实践学习”，体验“‘旅游市场营销与策划’胜任力”建构中“‘旅游景区促销策划’运作”能力要素生成；

4）各团队总结1）~3）项操作体验，撰写“基于‘旅游景区营销与策划’技术应用”的《校企合作实践学习总结》，体验“‘旅游市场营销与策划’胜任力”建构中“旅游景区营销与策划”的“专业互鉴”能力要素生成。

5）在“‘旅游景区营销与策划’技术应用”的“专业能力”基本训练中，依照表范-2中相关训练选项的“参照规范与标准”，融入“职业核心能力”的“中级”强化训练和“职业道德”的“认同级”相关训练。

6）各团队综合以上阶段性成果，依照“‘技术-技能’3”的“参照规范与标准”，撰写《“旅游景区营销与策划”技术应用训练报告》。其内容包括：实训组成员与分工；实训过程；实训总结（包括对专业能力训练、职业核心能力训练和职业道德训练的分析说明）；附件（即阶段性成果全文）。

7）在班级讨论、交流和修订各团队的《训练报告》，使其各具特色。

【成果形式】

实训课业：《“‘旅游景区营销与策划’技术应用”训练报告》。

课业要求：

1）“实训课业”的结构与体例参照本教材“课业范例”中的范例-3。

2）将《校企合作实践学习总结》以“附件”形式附于《训练报告》之后。

3）在校园网的本课程平台上展示经过教师点评的班级优秀《训练报告》，并将其纳入本课程的教学资源库。

“‘旅游景区营销与策划’技术应用”训练报告

训练团队队长：________（________级________专业________班）

训练团队成员：________（________级________专业________班）

________（________级________专业________班）

________（________级________专业________班）

________（________级________专业________班）

指导教师：________（________学院________系）

根据训练项目的要求，我们旅游市场营销与策划团队前往承德丰宁××景区，全程参与了该景区的“‘营销与策划’技术应用”，系统体验了表范-1中“‘技术-技能’1”“‘技术-技能’2”的操作，并在本次“实践学习”中阶段性尝试了校企“优势互补”。现将关于本次训练的情况报告如下：

1）背景资料

（1）实训团队名称

我们团队全称“××景区‘营销与策划’技术应用训练团队”，又名“××景区七色光团队”。

（2）××景区背景

××景区成立于××××年××月，位于承德丰宁，是一家正在开发的旅游景区。该景区致力于为游客提供纯天然的优美环境、高品质的服务，使游客获得高水准的旅行体验。

××景区现有员工102人，高级业务经理8人，资深业务骨干15人。

2）实训过程

（1）专业能力训练

团队在全程参与××景区××年“‘景区营销与策划’运作”的过程中，通过依照表范-1的“参照规范与标准”进行“‘技术-技能’1”“‘技术-技能’2”的操作，系统体验了“‘旅游市场营销与策划’胜任力”建构中“‘旅游景区营销与策划’相关能力和素质要素”的阶段性生成。

（2）训练项目分工

根据本次景区营销与策划训练的组织情况，团队中甲、乙、丙、丁、戊5位同学分别参与该景区的策划部、销售部、票务管理部、游客服务部的项目运作，其中学生甲是项目组组长，参与各部门的工作，学生乙负责策划部，学生丙负责销售部，学生丁负责票务管理部，学生戊负责游客服务部。学生甲对本次景区营销与策划工作进行总结。

（3）具体训练过程

① 实地调研，搜集资料

××景区位于河北省承德市丰宁满族自治县西南部，距北京190千米，全长30多千米，是一处集山水森林、奇峰异石、温泉峡谷于一体的自然景观。峡谷内的景观主要是山、石、树、水，这四种景观以不同的姿态融合于一条峡谷之中。这里的山屹立于峡谷两侧，山顶峰林地貌发育典型，山顶以下植被覆盖率极高，从远处望去一片黛青色。这里的石奇形怪状者甚多，似人、似兽、如塔、如柱。这里的树有珍稀树种白榆，还有超过300年的古丁香，很有观赏价值。这里的水有三种：一是河，××景区本为汤河谷地，河水清澈，一年四季不断；二是潭，山谷中有大小不等的水潭，水色幽蓝，水面如镜，老木倒映，景致极美；三是温泉，这里有著名的洪汤寺温泉，水温约50摄氏度，含锌、锶、镉等多种矿物质，具有祛病健身之功效。

② 撰写《××景区营销与策划方案》

在越来越注重旅游质量的今天，如何提供令游客满意的旅游产品，如何通过促销手段将景区旅游产品销售出去，是景区营销策划者需要重点考虑的问题。项目小组成员在对景区的产品设施、服务、环境等资源进行调查之后，撰写了《××景区营销与策划方案》（详见附件）。

（4）撰写《校企合作实践学习总结》

“××景区七色光团队”综合“专能”训练过程中校企双方的“交流互动”情况，通过撰写《校企合作实践学习总结》，“阶段性”体验了“‘旅游市场营销与策划’胜任力建构”中“旅游景区营销与策划”的“互学互鉴”能力要素生成。

（5）融入性训练

“××景区七色光团队”通过应用表范-2的“参照规范与标准”，将“职业核心能力”的“中级”强化训练和“职业道德”的“认同级”相关训练融入专业训练，“阶段性”体验了“‘旅游市场营销与策划’胜任力建构”中“‘旅游景区营销与策划’运作”的“专能”“通能”“职业道德”元素融合的“‘素质-技术-技能’要素”生成。

（6）撰写《训练报告》

“××景区七色光团队”综合以上成果，撰写了《“‘××景区营销与策划’技术应用”训练报告》，“阶段性”体验了“‘训练报告’撰写”的“‘技术-技能’要素”生成。

（7）收尾

“××景区七色光团队”通过在班级讨论、交流和修订各团队的《训练报告》，“阶段性”体验了“‘旅游市场营销与策划’胜任力”建构中“旅游景区营销与策划”的“团队协作”和“与人交流”等“通能要素”生成。

3）训练总结

（1）关于“专能”训练

“××景区七色光团队”在“‘××景区营销与策划’技术应用”的训练过程中，通过与实习景区营销策划团队的“交流与互动”、诸多“‘技术-技能’点”的系统操作，既加深了对“景区营销与策划”知识的理解，又完成了“旅游景区STP策划”“旅游景区促销策划”等“技术应用”的实践任务，阶段性实验了“‘旅游市场营销与策划’建构”中“‘旅游景区营销与策划’运作”诸多专业要素的系统生成。

（2）关于“通能”与“职业道德”的融入性训练

在训练前，“××景区七色光团队”对相关“技术知识”进行了预习，重温了“职业核心能力”（中级）和“职业道德”（认同级）选项的“知识准备”和“参照规范与标准”，这对于实施“融入性训练”是十分必要的，有助于克服训练过程中“整合性操作”的盲目性。对于“‘旅游市场营销与策划’胜任力”建构中的“‘旅游景区营销与策划’运作”来说，这些训练更是必不可少的。

4）附件

（1）××景区营销与策划方案（附件1）

（2）校企合作实践学习总结（附件2）

➢附件1

××景区营销与策划方案

××景区位于河北省承德市丰宁满族自治县西南部，距北京190千米，全长30多千米，是一处集山水森林、奇峰异石、温泉峡谷于一体的自然景观。峡谷内的景观主要是山、石、树、水，这四种景观以不同的姿态融合于一条峡谷之中。这里的山屹立于峡谷两侧，山顶峰林地貌发育典型，山顶以下植被覆盖率极高，从远处望去一片黛青色。这里的石奇形怪状者甚多，似人、似兽、如塔、如柱。这里的树有珍稀树种白榆，还有超过300年的古丁香，很有观赏价值。这里的水有三种：一是河，××景区本为汤河谷地，河水清澈，一年四季不断；二是潭，山谷中有大小不等的水潭，水色幽蓝，水面如镜，老木倒映，景致极美；三是温泉，这里有著名的洪汤寺温泉，水温约50摄氏度，含锌、锶、镉等多种矿物质，具有祛病健身之功效。

（1）策划目的

本次营销策划旨在树立品牌发展理念，将××景区的形象完整地表现出来，使旅游者对××景区产生清晰、深刻的印象，吸引旅游者来此旅游，进而提高景区的知名度、美誉度。

（2）目标市场、市场定位及营销组合策略

①目标市场

第一市场：承德市及周边各县、承德市周边重点城市（如北京、天津、张家口、秦皇岛、唐山等）。

第二市场：河北省其他城市（如保定、石家庄、沧州等）。

第三市场：国内其他省市。

②市场定位

天然美景、峡谷奇观。

③营销组合策略

第一，产品。××景区的景观包括山、石、树、水。

第二，价格。采取渗透定价策略，以尽快将××景区推向市场，吸引更多的游客。

第三，渠道。采取间接分销渠道策略，利用旅行社组织游客，如采用旅行社代理制或旅行社协议制等。

第四，促销。采取多种促销方式，详见“推广方案”。

（3）推广方案

第一阶段：蓄势期（2024年11月至2025年4月）。

推广目标：充分利用媒体的优势，阶段性地从不同层面进行推介。

推广方式：以新闻铺垫为主、公关活动为辅。

建议媒体：《燕赵都市报》微信公众号、抖音平台、承德广播电视台、河北广播电视台。

第二阶段：推广高潮期（2025年5月至2025年10月）。

推广目标：充分向广大游客展示××景区的魅力，通过强势宣传，形成轰动效应。

推广方式：以电视广告为主。

建议媒体：承德广播电视台、河北广播电视台。

第三阶段：推广持续期（2025年11月至2026年6月）。

推广目标：对××景区进行品牌维护，保持国庆节期间的良好发展势头。

推广方式：继续通过电视广告进行宣传，在前一阶段的基础上适当降低宣传频率，同时辅以其他宣传载体。

建议媒体：承德广播电视台、河北广播电视台、《燕赵都市报》微信公众号、抖音平台、户外广告等。

（4）推广费用预算（略）

（5）推广效果测评与监控（略）

➢ 附件2

校企合作实践学习总结

继本课程“‘旅游景区营销与策划’技术应用”的“阶段性体验”之后，“××景区七色光团队”通过全程参与××景区的“‘旅游景区营销与策划’运作”，经历了向“旅游市场营销与策划胜任力”建构“总目标”进发的又一次“阶段性体验”。

（1）多重收获

①提升水平

根据《校企合作计划》和课程安排，我们团队全程参与了景区的营销与策划运作，并顺利完成了策划方案的撰写与实施。虽然在课堂上和仿真系统模拟上对景区营销与策划都有相应习得，但是与企业的实际策划操作毕竟有所不同。通过本次景区营销与策划的实践学习，我们既提高了自己的专业运作水平，也对景区营销与策划的程序、方法等“技术–技能”有了更深的体会，同时也加深了对旅游市场营销与策划的认知，为今后职业发展选择提供了参考。

②关注影响

通过本次“校企合作实践学习”，我们深刻体察到环境因素变化对旅游景区营销带来的影响，尤其是疫情对旅游业的冲击很大，严重影响了游客的出游；后疫情时代，旅游业迅猛发展，游客出现报复性旅游，为景区带来了更多的市场机会。为此，景区一定要通过营销与策划，吸引广大游客，提高景区知名度和美誉度。

③迈向“自律”

在“校企合作实践学习”中，我们的“与人合作”“与人交流”“信息处理”“解决问题”“革新创新”等“职业核心能力”得到明显提升。与此同时，我们还“认同级”践行了“职业情感”“职业态度”“职业作风”“职业守则”等职业道德规范，从而迈出了由“他律”向“自律”提升的关键一步。

（2）取长补短

在本次“校企合作实践学习”中，我方团队在实施表范–1中“专能”基本训练和表范–2中“通能”与“职业道德”融入训练的过程中，获得了“实打实”的“阶段性体验”。由于我们对“景区营销与策划”的相关“技术”有较系统的把握，因此在“景区营销与策划”的“技术延伸及其应用”上略胜一筹。

××景区团队成员因学历不同，其表现也各有特点：中专毕业的成员技能操作之熟练，令人印象深刻；职业院校毕业的成员在专业能力应用和策划上表现也很突出；本科毕业的成员学科理论功底坚实，思维方式严谨周密，组织管理和协调能力俱佳。总体上看，他们工作经验丰富，彼此配合更加默契。

双方团队成员通过交流互鉴，做到了优势互补。

（3）问题与不足

在本次“实践学习”中，××景区团队成员虽然工作经验丰富，彼此配合默契，但在撰写景区策划方案时存在不规范等问题。

我方团队也存在经验不足、调研不够深入、方案的撰写缺乏创新、实施过程中出现配合不到位等问题。这也是我方团队今后应注意和需要改进的地方。

(4)“体验”与“交流”融为一体

“旅游景区营销与策划”的过程，是“学力结构”类型不同、各有侧重的校企团队成员通力合作的过程。

“××景区七色光团队”成员在“旅游市场营销与策划胜任力”建构中“旅游景区营销与策划运作”的相关“学力要素”，是在“融‘阶段性体验’和‘交流互鉴’于一体”的本次“校企合作实践学习”中生成的。

范例-4

▲ 自主学习

【训练项目】

自主学习-范。

【训练目的】

参加“自主学习-范”训练。在制订和实施《自主学习计划》的基础上，通过自主学习与应用“知识准备”所列知识和“文献综述”相关规范，搜集、整理与综合以“后疫情时代旅游产品营销新趋势”为主题的中外文献资料，撰写、讨论与交流《“后疫情时代旅游产品营销新趋势”最新文献综述》等活动，体验“自主学习”(中级)及其迁移。

【教学方法】

采用“学导教学法”和“研究教学法”。

【训练要求】

1）以班级小组为单位组建学生训练团队，各团队依照本教材“附录三”的附表3中“自主学习”(中级)的“基本要求”和各技能点的“参照规范与标准”，制订《自主学习计划》。

2）各团队实施《自主学习计划》，系统体验对本教材“附录一”的附表1中“自主学习”(中级)各技能点的“‘知识准备’参照规范”所列知识和“文献综述”撰写规范的自主学习。

3）各团队以自主学习获得的“学习原理”、“学习策略”与“学习方法”知识为指导，通过校图书馆、院资料室和互联网，查阅和整理近4年以“后疫情时代旅游产品营销新趋势”为主题的国内外学术文献资料。

4）各团队以整理后的文献资料为基础，通过撰写《“后疫情时代旅游产品营销新趋势”最新文献综述》，进一步体验对本教材“附录一”的附表1中“自主学习”(中级)各技能点的“‘知识准备’参照规范”所列知识和“文献综述”撰写规范的自觉应用过程。

5）总结上述各项体验，撰写作为“成果形式”的训练课业。

【成果形式】

训练课业：《“自主学习-范”训练报告》

课业要求：

1）内容包括：训练团队成员与分工；训练过程；训练总结（对各项操作的成功与不足的简要分析说明）；附件。

2）将《自主学习计划》和《“后疫情时代旅游产品营销新趋势”最新文献综述》作为《“自主学习-范”训练报告》的附件。

3）《“后疫情时代旅游产品营销新趋势”最新文献综述》应符合“文献综述”的规范要求，做到事实清晰、论据充分、逻辑合理。

4）在校园网的本课程平台上展示班级优秀训练课业，并将其纳入本课程的教学资源库。

“自主学习-范”训练报告

1）团队成员与任务分工

（1）团队成员

本团队设队长1人，成员5人，共计6人。

（2）任务分工

团队队长张××主要负责不同训练阶段的时间进度安排，定期组织讨论，汇总阶段性成果，综合、整理及汇报文献综述成果；王××同学、李××同学负责“后疫情时代旅游产品营销新趋势”相关学术文献的搜集、整理及汇报工作；赵××同学负责“后疫情时代旅游产品营销新趋势”相关学术文献分布的分析及汇报工作；周××同学负责“后疫情时代旅游产品营销新趋势”相关文献研究方向的分析及汇报工作；韩××同学负责“后疫情时代旅游产品营销新趋势”相关文献研究内容的分析及汇报工作。

2）训练过程

（1）时间及进度安排

本训练为期三周。第一周完成“训练要求”中第1）和第2）项要求规定的任务；第二周完成“训练要求”中第3）和第4）项要求规定的任务；第三周完成“训练要求”中第5）项要求规定的任务。

（2）训练实施

①训练第一周。在教师指导下，由团队队长组织团队成员自主学习本教材“附录三”的附表3中“自主学习”（中级）的“基本要求”和各技能点的“参照规范与标准”，制订《自主学习计划》，完成“训练要求”中第1）和第2）项要求规定的任务。

②训练第二周。在教师指导下，团队成员实施《自主学习计划》，应用本教材“附录一”的附表1中“自主学习”（中级）各技能点的“‘知识准备’参照规范”所列知识和“文献综述”撰写规范知识，完成“训练要求”中第3）和第4）项要求规定的任务。

首先，我们对近4年（2020—2023年，截至2023年10月31日）有关“后疫情时代旅游产品营销新趋势”的文献进行搜索。其中，针对国外文献，以学术期刊数据库（Academic Search Premier）和商业资源数据库（Business Source Premier）为基础，分别以“Post-pandemic Era”和“Travel Product Marketing”为摘要、篇名和关键词（Abstract，Title and Keywords），搜集相关文献；针对国内文献，以中国知网、万方数据知识服务平台为基础，将“后疫情时代旅游产品营销新趋势”拆分成“后疫情时代”和“旅游产品营销”，并分别作为摘要、篇名和关键词，搜索相关文献。

其次，各团队成员根据各自分工的“后疫情时代旅游产品营销新趋势”研究内容进行文献梳理和综述撰写。

最后，团队各成员修改和完善相关研究内容的文献综述。团队队长对修改后的各部分综述进行统合，形成《“后疫情时代旅游产品营销新趋势”最新文献综述》。团队队长于本周末组织团队讨论，就最终成果进行汇报，各成员就本次训练进行经验交流和问题总结。

③训练第三周。组长组织团队成员总结对落实“训练要求”中第1）、2）、3）、4）各项要求的体验，撰写作为最终成果形式的《“自主学习-范”训练报告》。

3）训练总结

（1）关于文献搜集

团队成员能够在较短的时间内掌握运用校内网络平台查找国内外学术文献的方法，成功搜集到“后疫情时代旅游产品营销新趋势”相关学术文献。但是由于语言的限制，团队成员在国外学术文献查找方面存在错查漏查、主题混淆的现象，需要进一步加强对国外学术文献的阅读能力和查找能力。

（2）关于文献分类整理

团队成员能够按文献来源、研究方向、研究内容、发表时间等对海量文献进行分类整理，并从中总结相关研究的发展特征和趋势。但是，团队成员在判断文献的等级、类别、质量时存在混淆，需要进一步提升对国内外文献背景信息的了解程度。

（3）关于文献综述撰写

团队成员能够在文献搜集和整理的基础上，就自己所负责研究内容的相关研究成果进行综述撰写，并予以评述，但在对具体研究内容的归纳以及有代表性、有影响力的学术成果的甄别方面存在不足，需要进一步培养学术语言表达能力、归纳能力，以及对核心研究文献的甄别能力。

（4）关于“自主学习”融入性训练

《“后疫情时代旅游产品营销新趋势”最新文献综述》从资料搜集、讨论、撰写到交流和修订，始终是在融入“自主学习”强化训练的过程中进行的；不仅如此，本次训练等级为“中级”，做好本次训练，将为本课程由“中级”转向“高级”打下基础，从而进一步提高了我们的“自主学习”能力。

团队全体成员都认识到：在学科知识更新周期大大缩短的今天，许多在校学习的知识毕业后已经过时。只有通过“学会学习”，导入关于“学习理论”、“学习方法”与“学习策略”的“自主学习”机制，才能赋予自身应对“知识流变”的无限潜力。

4）附件

➢附件1

自主学习计划

（1）学习时间

××××年××月××日—××××年××月××日，为期三周。

（2）团队成员

张××（组长）、王××、李××、赵××、周××、韩××，共计6人。

（3）学习目标

①掌握搜集和运用信息的方法，能够熟练运用国内外的网络学术平台搜集关于“后疫情时代旅游营销产品新趋势”的文献资料。

②掌握学习的认知策略、元认知策略和资源管理策略，能够对国内外有关“后疫情时代旅游产品营销新趋势”的文献进行有效整理和分类。

③掌握项目论证和测评的方法，能够对“后疫情时代旅游产品营销新趋势”这一学术领域的研究成果进行评述，并清晰表达自己的学术观点。

④掌握编写计划和检查调控计划执行的方法，能够对自主学习进度、关键时间节点、各阶段任务有清晰的界定和严格的执行。

⑤掌握团队合作的策略与方法，能够在组长的组织协调下，通过前期的分工和中后期的合作，以及团队的努力，一起完成“后疫情时代旅游产品营销新趋势”的自主学习任务。

（4）学习阶段

共分三个阶段，每个阶段为期一周。第一阶段完成“训练要求”中第1）和第2）项要求规定的任务；第二阶段完成“训练要求”中第3）和第4）项要求规定的任务；第三阶段完成“训练要求”中第5）项要求规定的任务。

（5）学习困难和变化预估

在学习过程中，可能在对国外学术文献进行快速有效的阅读、对国内外学术期刊的背景信息（刊物级别、论文质量）进行准确把握、对某一学术问题的研究成果进行准确归纳、运用规范的学术语言对学术成果进行综述撰写等方面存在困难；在讨论会时间的确定上，可能需要根据团队成员的情况进行调整。

（6）学习计划实施

①三个阶段的学习。

第一周完成“训练要求”中第1）和第2）项要求规定的任务。

第二周完成“训练要求”中第3）和第4）项要求规定的任务，即应用“知识准备”所列知识，完成相关文献的搜集和分类整理，以及“文献综述”的撰写和修改工作。

第三周完成《“自主学习-范”训练报告》的撰写工作。

②四次团队讨论。

第一次团队讨论：团队队长组织团队讨论，明确训练目标、计划及任务分工。

第二次团队讨论：团队队长于第一周末组织团队讨论，各成员进行成果汇报，组长统合整理各成员的成果。

第三次团队讨论：团队队长于第二周末组织团队讨论，各成员就撰写内容进行汇报，团队讨论后由组长提出修改及完善意见。

第四次团队讨论：团队队长于第三周末组织团队讨论，汇报最终成果，各成员就本次训练进行经验交流和问题总结。

（7）学习进度检查

通过每阶段末的团队讨论，适时检查团队各成员的学习进度。通过第一阶段末的团队讨论，检查“训练要求”中第1）和第2）项要求的落实情况；通过第二阶段末的团队讨论，检查“训练要求”中第3）和第4）项要求的落实情况，即各成员“知识准备”所列知识的应用、文献搜集与整理和《“后疫情时代旅游产品营销新趋势”最新文献综述》初稿撰写情况；通过第三阶段末的团队讨论，检查“训练要求”中第5）项要求的落实情况，即《“自主学习-范”训练报告》的撰写，以及本次训练的问题交流和经验总结情况。

➢ 附件2

“后疫情时代旅游产品营销新趋势”最新文献综述

项目组组长：

项目组成员：

（1）文献搜集与整理

在学术期刊数据库（Academic Search Premier）和商业资源数据库（Business Source Premier）上，分别以“Post-pandemic Era”和“Travel Product Marketing”为摘要、篇名和关键词（Abstract，Title and Keywords），搜集相关文献；针对国内文献，在万方数据知识服务平台上，将“后疫情时代旅游产品营销新趋势”拆分成“后疫情时代”和“旅游产品营销”，并分别作为摘要、篇名和关键词，搜索相关文献。在搜索时间跨度上，设定为2020年1月1日至2023年10月31日。

（2）文献分布

①国内外分布。经过检索和筛选，因英文文献中的相关研究集中于后疫情时代全球经济面临的挑战和机遇，所以在综述中没有选择英文文献。

②时间分布。从时间分布的角度来看，在整理出的5篇中文文献中，2023年有1篇，2022年有3篇，2021年有1篇。

中文文献的具体信息见表范-4-1。

表范-4-1　　中文文献的具体信息

作者	文章名	文献来源	研究方向	研究内容	发表时间
蔡颖	后疫情时代景区新媒体营销策略研究——以恩施坪坝营景区为例	硕士论文	新闻与传媒	选取后疫情时代恩施坪坝营景区新媒体营销为议题展开探讨后疫情时代景区新媒体营销策略	2023年
吴雨桐	后疫情时代旅游企业的影响策略研究——以“巴蜀文化旅游走廊”为例	可持续发展，2022，12(5)	营销策略	后疫情时代旅游企业的营销策略，包括如何应对疫情带来的挑战和变化	2022年
蔡知霖	后疫情时代下旅游营销策略应用探讨——以江西武功山为例	商业经济，2022(4)	营销策略	以江西武功山为范例，对其旅游营销策略运用进行解析，构建了一个以游客为核心、AIDA模型为框架、FABE法为具体工具的整合旅游营销模型	2022年
熊衍超	后疫情时代海岛旅游目的地营销策略研究——以广西涠洲岛为例	硕士论文	旅游管理	以海岛特色旅游目的地之首的广西涠洲岛为例，浅析疫情对涠洲岛旅游目的地的影响，并在此背景下，就涠洲岛当下客观存在的问题提出营销策略	2022年
岳杰	后疫情时代旅游业发展趋势与对策研究	旅游与摄影．2021(15)	营销趋势	对比游客心理、旅游消费、旅游市场、旅游营销在疫情前后的不同	2021年

(3) 文献综述成果

①有关新媒体营销策略的研究。

在近4年发表的5篇相关中文文献中，有2篇包含了对新媒体营销策略的特定应用和效果评估。具体而言，蔡颖的研究聚焦于新媒体在景区营销中的应用，探讨了新媒体平台如何提升景区知名度和游客体验。蔡知霖的研究构建了一个以游客为中心的整合旅游营销模型，强调了新媒体在营销中的应用，尤其是在江西武功山的应用案例。

②有关旅游企业营销策略的研究。

在近4年发表的5篇相关中文文献中，有2篇从旅游企业营销策略的角度进行研究。具体而言，吴雨桐的研究专注于后疫情时代旅游企业的营销策略，提出了应对疫情挑战的策略，如数字化转型和个性化服务。岳杰的研究对比了疫情前后旅游业的多个方面的不同，包括游客心理、旅游消费、旅游市场和旅游营销等。

③有关旅游目的地营销策略研究。

在近4年发表的5篇相关中文文献中，有1篇从旅游目的地营销策略角度进行研究。具体而言，熊衍超的研究以广西涠洲岛为例，分析了疫情对海岛旅游目的地的影响，并提出了相应的营销策略。这项研究的特色在于针对特定旅游目的地类型（海岛）的营销策略调整。

参考文献

[1] 蔡颖. 后疫情时代景区新媒体营销策略研究——以恩施坪坝营景区为例[D]. 武汉：华中师范大学，2023.

[2] 吴雨桐. 后疫情时代旅游企业的影响策略研究——以“巴蜀文化旅游走廊”为例 [J]. 可持续发展，2022，12（5）.

[3] 蔡知霖. 后疫情时代下旅游营销策略应用探讨——以江西武功山为例[J]. 商业经济，2022（4）.

[4] 熊衍超. 后疫情时代海岛旅游目的地营销策略研究——以广西涠洲岛为例 [D]. 南昌：南昌大学，2022.

[5] 岳杰. 后疫情时代旅游业发展趋势与对策研究 [J]. 旅游与摄影，2021（15）.

范例-5

▲创新工作站

《承德避暑山庄旅游市场营销策划优化方案》实训报告

项目小组成员在20××年4月25日到承德避暑山庄对其旅游市场现状进行了认真调查，分析了其旅游市场营销策划过程中存在的问题，并提出了相应的优化方案。现将本次实训体验情况说明如下：

1）组织形式

项目小组共有6人，设组长1名，根据工作任务情况，进行分工如下：组长为实训组织人，主要负责安排实训进度、组织研讨、整理资料及撰写《实训报告》；其余5人分别负责承德避暑山庄旅游市场现状调查、主要竞争对手调查、目标市场及市场定位调查、营销组合策略调查和具体营销策划方案调查。

2）实训计划

为了高质量地完成此次实训任务，项目小组特制订实训计划如下：

（1）实训前期的准备工作。

①20××年4月25日，召开实训动员会，明确实训内容，确定项目小组组长和组员分工。

②根据实训要求，对承德避暑山庄的市场现状、主要竞争对手、目标市场及市场定位、营销组合策略和具体营销策划方案共5个方面进行调查。

（2）20××年4月26日至4月28日，每天上午，项目小组成员根据分工进行实地调研和网络调研，每天下午进行集体讨论。组长负责记录讨论内容，并对资料进行整理和加工。

（3）20××年4月30日，项目小组成员分别撰写《承德避暑山庄旅游市场营销策划优化方案》的部分内容，组长总纂《实训报告》。

3）实训过程

（1）实地调查。

项目小组成员来到承德避暑山庄，对其旅游市场营销策划方案进行了认真调查，调查结果如下：

①市场现状调查。

承德市旅游资源丰富，旅游景区众多，有世界文化遗产、国家5A级旅游景区承德避暑山庄，国家级风景名胜区、全国重点文物保护单位金山岭长城等；旅游交通便利，修建了承德普宁机场、京承高速公路、承秦高速公路、承唐高速公路等；旅游接待能力不断提高，旅行社众多；旅游从业人员队伍日益壮大。

②主要竞争对手调查。

承德避暑山庄的主要竞争对手是北京故宫博物院。北京故宫博物院距承德避暑山庄约220千米，与承德避暑山庄既同属于文化景观，又同属于国家5A级旅游景区，它们分别是清朝的两个政治中心。因此，北京故宫博物院对承德避暑山庄的旅游市场具有直接影响。

③目标市场及市场定位调查。

第一，目标市场调查。承德避暑山庄的目标市场是京津地区。

第二，市场定位调查。“避暑山庄·和合承德”是承德市的城市文化品牌。“避暑山庄”既是我国现存面积最大的皇家园林、世界文化遗产，更是承德辉煌历史和厚重文化的体现，并逐渐成为承德市的代名词。“和合承德”中的“和合”则强调城市、自然与人之间和谐共生的关系，体现了中国传统文化的最高境界，与当下国际国内倡导的低碳、绿色、可持续发展理念相吻合。

④营销组合策略调查。

产品策略：主要体现承德避暑山庄的大环境优势、区位优势、资源优势，并成立承德旅游营销联盟，整合旅游资源，形成完整的旅游产品体系。

价格策略：在旅游淡季实行折扣定价。

渠道策略：采取办事处、合作制、代理制三种方式来整合渠道资源。

促销策略：主要包括人员促销和非人员促销两类。具体策略包括展会促销、广告促销、人员推销等。

⑤具体营销策划方案调查。

活动一：

主题——“新还珠格格　新避暑山庄”。

活动安排：从丽正门出发步行至烟雨楼，主要活动是联想当年电视剧《还珠格格》的拍摄场景，对比承德避暑山庄的今昔变化，欣赏荷花；接下来乘船到热河，其间介绍热河的由来及其历史，活动场地可扩大到御瓜圃，请游客入瓜园品尝瓜果；然后坐游览车到文津阁，欣赏“日月同辉”奇观、承德十大名山缩影景观，介绍文津阁的历史，赠送每人一部《四库全书》简装本，盖纪晓岚印；最后，坐游览车出避暑山庄，途经水流云在、如意洲，活动结束。

活动二：

主题——“皇家文化之旅”。

活动安排：河北省皇家文化旅游资源丰富，我们联合中国现存最大的清代皇家寺庙群——外八庙，清代皇家游猎场所——木兰围场，中国现存规模最宏大、体系最完整、布局最得体的帝王陵墓建筑群——清东陵，中国现存规模宏大、保存最完整、陵寝建筑类型最齐全的古代皇室陵墓群——清西陵，举办“皇家文化之旅”活动，感受清代皇家文化，领略皇家建筑和园林的风采。

活动时间：20××年6月。

活动地点：承德避暑山庄及周边景区。

活动预算：35万元。

（2）调查结果分析。

通过对调查结果的分析，我们发现该营销策划方案中存在如下问题：

①市场现状调查存在的问题。项目小组成员仅对承德旅游市场的现状进行了调查，没有对国际旅游市场的现状和国内旅游市场的现状进行调查。

②主要竞争对手调查存在的问题。承德避暑山庄的竞争对手众多，不能仅将北京故宫博物院作为竞争对手，还应将北京八达岭长城、沈阳故宫博物院、西安秦始皇陵及兵马俑坑、山东曲阜孔庙、甘肃敦煌莫高窟等列为主要竞争对手，并进行优劣势分析。

③目标市场及市场定位调查存在的问题。承德避暑山庄的目标市场不能仅放在京津地区，山西、内蒙古、辽宁等也是其主要客源地。

④营销组合策略调查存在的问题。目前，承德避暑山庄旅游产品有待进一步开发，尤其是冬季旅游产品单一，不能很好地吸引游客，价格策略也缺乏灵活性。

⑤具体营销策划方案调查存在的问题。承德避暑山庄的旅游主题活动较少。

（3）撰写《承德避暑山庄旅游市场营销策划优化方案》。

项目小组成员根据该营销策划方案中存在的问题，撰写了《承德避暑山庄旅游市场营销策划优化方案》（详见附件）。

（4）研究讨论和撰写《实训报告》。

在完成《承德避暑山庄旅游市场营销策划优化方案》的基础上，项目小组成员经过研究讨论，形成了《实训报告》。

（5）实施融入性训练。

项目小组成员在实施上述训练的过程中，依照“职业核心能力”和“职业道德”的相应选项，进行了相关等级的融入性训练。

4）实训总结

（1）关于“撰写旅游市场营销策划方案”专业能力的训练。

①通过对承德避暑山庄的实地调查，项目小组成员加深了对营销策划方案的理解，掌握了撰写营销策划方案的方法。

②通过对《承德避暑山庄旅游市场营销策划方案》存在问题的分析，基于问题分析的《承德避暑山庄旅游市场营销策划优化方案》以及《实训报告》的撰写等有质量、有效率的活动，项目小组成员系统体验了旅游市场营销策划方案及相应实训报告的撰写技能，达到了建构“撰写旅游市场营销策划方案”职业能力的目的。

（2）关于“职业核心能力”和“职业道德”选项的融入性训练。

实训前，项目小组成员对附录一的附表1中所列“‘知识准备’参照范围”知识进行了自主预习，重温了“职业道德”选项的“参照规范与标准”，这对于我们实施融入性训练是十分必要的，有助于克服实训过程中相关操作的盲目性。

实训中，项目小组成员在实施“撰写旅游市场营销策划方案”相关业务规范的全方位训练的同时，有意识地融入了“自主学习”“与人合作”“与人交流”“解决问题”“革新创新”等“职业核心能力”强化训练和“职业观念”“职业良心”“职业态度”“职业作风”“职业守则”等“职业道德”相关训练，提高了职业道德素质。

5）附件

承德避暑山庄旅游市场营销策划优化方案

承德避暑山庄景观壮美，文化底蕴深厚，以其“集传统文化之大成”的主题形象展示于人。本策划方案在对国内外旅游市场现状及承德避暑山庄现有营销策划方案进行分析的基础上，进一步明确了承德避暑山庄的主要竞争对手，并进行了SWOT分析，然后对承德避暑山庄进行了STP策划，制定了4P营销组合策略，最后通过两个活动的实施，为把承德避暑山庄打造成国际知名旅游品牌奠定了基础。

（1）策划目的。

借助承德市发展全域旅游的契机，着力开拓客源市场，把承德避暑山庄打造成国际知名旅游品牌。

（2）市场现状调查优化。

首先对国际旅游市场现状进行调查。项目小组成员通过调查发现，国际旅游业的增长速度不仅高于世界经济的平均增长速度，而且远远高于汽车、石油、钢铁、能源等产业的增长速度，国际旅游业已发展成为全球最大的经济产业。

其次对国内旅游市场现状进行调查。在国际旅游市场迅猛扩张的同时，我国也迅速成为世界主要的客源输出国并保持世界主要旅游接待国的地位。

最后对承德旅游市场现状进行调查。承德市旅游资源丰富，旅游景区众多，有世界文化遗产、国家5A级旅游景区承德避暑山庄，国家级风景名胜区、全国重点文物保护单位金山岭长城等；旅游交通便利，修建了承德普宁机场、京承高速公路、承秦高速公路、承唐高速公路等；旅游接待能力不断提高，旅行社众多；旅游从业人员队伍日益壮大。

（3）主要竞争对手调查优化。

原方案指出，承德避暑山庄的主要竞争对手是北京故宫博物院。北京故宫博物院距承德避暑山庄约220千米，与承德避暑山庄既同属于文化景观，又同属于国家5A级旅游景区，它们分别是清朝的两个政治中心。因此，北京故宫博物院对承德避暑山庄的旅游市场具有直接影响。实际上，承德避暑山庄的竞争对手众多，在旅游业竞争日趋激烈的今天，北京八达岭长城、沈阳故宫博物院、西安秦始皇陵及兵马俑坑、山东曲阜孔庙、甘肃敦煌莫高窟等也是承德避暑山庄的主要竞争对手。

（4）目标市场及市场定位调查优化。

①目标市场调查优化。承德避暑山庄的目标市场是京津地区。项目小组成员进一步调查后认为，目标市场还应扩大到山西、内蒙古、辽宁等地。

②市场定位调查优化。市场定位调查采用原方案，即“避暑山庄·和合承德”是承德市的城市文化品牌。“避暑山庄”既是我国现存面积最大的皇家园林、世界文化遗产，也是承德辉煌历史和厚重文化的体现，并渐渐成为承德市的代名词。“和合承德”中的“和合”则强调城市、自然与人之间和谐共生的关系，体现了中国传统文化的最高境界，与当下国际国内倡导的低碳、绿色、可持续发展理念相吻合。

（5）营销组合策略调查优化。

产品策略：主要体现承德避暑山庄的大环境优势、区位优势、资源优势，并成立承德旅游营销联盟，整合旅游资源，形成完整的旅游产品体系。项目小组成员进一步调查后认为，承德避暑山庄应该充分利用冬季旅游资源的特点开发冬季旅游项目，做到“淡季不淡”。

价格策略：除采用现行的价格策略，也可以利用节日进行门票打折促销。

渠道策略：采取办事处、合作制、代理制三种方式来整合渠道资源。

促销策略：除现有的展会促销、广告促销、人员推销等方式外，还可以采用网络营销等新兴促销方式。

（6）具体营销策划方案调查优化。

活动一：

主题——“新还珠格格　新避暑山庄”。

活动安排：从丽正门出发步行至烟雨楼，主要活动是联想当年电视剧《还珠格格》的拍摄场景，对比承德避暑山庄的今昔变化，欣赏荷花；接下来乘船到热河，其间介绍热河的由来及其历史，活动场地可扩大到御瓜圃，请游客入瓜园品尝瓜果；然后坐游览车到文津阁，欣赏“日月同辉”奇观、承德十大名山缩影景观，介绍文津阁的历史，赠送每人一部《四库全书》简装本，盖纪晓岚印；最后，坐游览车出避暑山庄，途经水流云在、如意洲，活动结束。

活动二：

主题——“皇家文化之旅”。

活动安排：河北省皇家文化旅游资源丰富，我们联合中国现存最大的清代皇家寺庙群——外八庙，清代皇家游猎场所——木兰围场，中国现存规模最宏大、体系最完整、布局最得体的帝王陵墓建筑群——清东陵，中国现存规模宏大、保存最完整、陵寝建筑类型最齐全的古代皇室陵墓群——清西陵，举办“皇家文化之旅”活动，感受清代皇家文化，领略皇家建筑和园林的风采。

活动时间：20××年6月。

活动地点：承德避暑山庄及周边景区。

活动预算：65万元。

项目小组成员根据承德避暑山庄的地脉、文脉和人脉策划出多种旅游主题活动，包括端午龙舟大赛、山庄秋季采摘节、九九重阳登山（山庄南山积雪）、九九重阳山庄广场舞大赛、冰上趣味比赛等。

项目小组成员认为，实施经过优化的旅游市场营销策划方案，承德避暑山庄的旅游市场营销活动定能实现预期目标。

主要参考文献与网址

［1］崔莉，杜学．旅游交通管理［M］．北京：清华大学出版社，2007.

［2］密德尔敦．旅游营销学［M］．向萍，等译．北京：中国旅游出版社，2001.

［3］任鸣．旅游交通实务［M］．北京：北京大学出版社，2010.

［4］沃恩，莫里森．饭店营销学［M］．程尽能，等译．北京：中国旅游出版社，2001.

［5］谷慧敏．旅游市场营销［M］．3版．北京：旅游教育出版社，2010.

［6］苏日娜．旅游市场营销［M］．北京：机械工业出版社，2008.

［7］约翰逊．旅游业市场营销［M］．张凌云，马晓秋，译．北京：电子工业出版社，2004.

［8］王纪忠．旅游市场营销［M］．北京：北京交通大学出版社，2011.

［9］沈杨．旅游市场营销与管理［M］．北京：人民邮电出版社，2011.

［10］王瑜．旅游景区管理实训教程［M］．北京：机械工业出版社，2009.

［11］吴金林，李丹．旅游市场营销［M］．北京：高等教育出版社，2010.

［12］陈永发．旅行社经营管理［M］．3版．北京：高等教育出版社，2014.

［13］刘晓杰．旅行社经营与管理［M］．北京：化学工业出版社，2007.

［14］伯罗．市场营销［M］．崔苏卫，等译．北京：电子工业出版社，2009.

［15］蔡洪胜．旅游市场营销［M］．北京：清华大学出版社，2010.

［16］王琴．旅游市场营销实务［M］．北京：化学工业出版社，2010.

［17］路娟．市场营销理论与实训［M］．北京：中国农业大学出版社，2011.

［18］陆朋．旅游市场营销［M］．北京：中国物资出版社，2011.

［19］周晓梅．旅游景区服务与管理［M］．天津：天津大学出版社，2011.

［20］彭淑清．景区服务与管理［M］．北京：电子工业出版社，2010.

［21］马勇，刘名俭．旅游市场营销管理［M］．大连：东北财经大学出版社，2011.

［22］李洪波．旅游景区管理［M］．北京：机械工业出版社，2004.

［23］朱智．旅行社运营管理实务［M］．北京：国防工业出版社，2011.

［24］彭石普．市场营销理论与实训［M］．北京：北京师范大学出版社，2011.

［25］孙庆群，王铁．旅游市场营销学［M］．北京：化学工业出版社，2005.

［26］高杰．酒店营销策划［M］．北京：北京交通大学出版社，2014.

［27］檀小舒，陈樱．旅游市场营销与策划［M］．厦门：厦门大学出版社，2015.

［28］曲颖，李天元．旅游市场营销［M］．2版．北京：中国人民大学出版社，2018.

［29］龙雨萍．旅游市场营销理论与实务［M］．武汉：华中科技大学出版社，2019.

［30］陈丹红．旅游市场营销学［M］．北京：清华大学出版社，2019.

［31］廖钟迪．旅游市场营销［M］．武汉：华中科技大学出版社，2020.

［32］余姗姗，丁林，等．旅游市场营销［M］．北京：机械工业出版社，2020.

［33］梁智．旅行社运行与管理［M］．7版．大连：东北财经大学出版社，2021.

［34］沈雪瑞，旅游市场营销［M］．3版．北京：中国人民大学出版社，2022.

［35］科特勒，等．旅游市场营销：第8版［M］．谢彦君，等译．北京：清华大学出版社．2022.

［36］李学芝，宋素红．旅游市场营销策划［M］．北京：中国旅游出版社，2023.

［37］中国旅游新闻网，http：//www.ctnews.com.cn.

［38］环球旅讯，http：//www.traveldaily.cn.

［39］“学习强国”，https：//www.xuexi.cn.

［40］360百科，https：//baike.so.com.

［41］百度文库，https：//wenku.baidu.com.

［42］中国旅游网，http：//www.cntour.cn.

［43］澎湃新闻网，https：//www.thepaper.cn.

附 录

附录一 职业核心能力强化训练“知识准备”参照范围

附表1　　职业核心能力强化训练“知识准备”参照范围

领域	等级	“技术-技能”点	“知识准备”参照范围
自主学习	初级	确定短期学习目标	激发学习动力的方法；学习的基本原理；确定目标的原则和方法；编写学习计划的基本规则；取得他人帮助和支持的方法与技巧
		实施短期学习计划	学习的基本原理；学习的方法和技巧；计划落实、控制和调整的方法和技巧；节约时间的诀窍
		检查学习进度	学习方法与学习效果的关系；检查目标进度的方法和技巧（总结、归纳、测量）；成功学的基本要求
	中级	确定中期学习目标	学习的基本原理；确定目标的原则和方法；编写学习计划的基本规则；获得他人帮助和支持的方法或技巧
		实施中期学习计划	学习的基本原理；学习的方法和技巧；计划落实、控制和调整的方法和技巧；关于方法的知识；时间管理的诀窍
		检查学习进度	成功学的基本要点；项目目标检查、总结、归纳的方法；学习迁移的原理与应用知识；学习的观察、认知记忆及提高效率的规律；养成良好学习习惯的方法
	高级	确定长期学习目标	搜集和运用信息的方法；有效资源利用的策略；项目论证和测评的方法；编写计划和检查调控计划执行的方法；团队合作的策略和方法
		实施长期学习计划	学习的方法和技巧；有关学习与实践关系的原理；计划落实、控制和调整的方法和技巧；关于思维方法的知识；目标管理的诀窍
		检查学习进度	成功学的基本要点；项目目标检查、总结、归纳的方法；学习迁移的原理与应用知识；学习的观察、认知记忆及提高效率的规律；养成良好学习习惯的方法
信息处理	初级	获取信息	信息的含义、特征与种类；信息搜集的原则、渠道和方式；文献和网络索引法；一般阅读法；计算机和网络相关知识
		整理信息	信息的分类方法与原则；信息筛选方法与要求；信息资料手工存储方法；计算机信息存储方法；计算机其他相关知识
		传递信息	信息传递的种类与形式；口语和文字符号的信息传递技巧；现代办公自动化技术；计算机和网络相关技术
	中级	获取信息	信息的特征与种类；信息搜集的范围、渠道与原则；信息搜集方法（观察法、询访法）；计算机相关知识；网络相关知识
		开发信息	信息筛选、存储的方法与原则；信息资料的分析、加工的方法；新信息生成或信息预测的方法
		展示信息	口语和文字符号信息展示的技巧；多媒体制作与使用技术；计算机相关应用技术
	高级	获取信息	调查研究的方法和原理；信息搜集的范围、方法（问卷法、检索法、购买法、交换法）和原则；信息搜集方案选择；计算机和网络相关技术
		开发信息	信息资料鉴别方法；信息资料核校方法；信息资料分析方法；信息资料编写方法（主题提炼、标题选择、结构安排、语言组织）；信息资料加工方法；计算机信息生成知识
		展示信息	口语和文字符号的信息表达技巧；多媒体制作技术；科学决策知识；信息反馈方式与要求；网页设计与网络使用知识；知识产权知识

续表

领域	等级	"技术-技能"点	"知识准备"参照范围
数字应用	初级	采集、解读数据信息	获取数据的方法（测量法、调查法、读取法）；数的意义（整数、小数、分数及百分数）；常用测量器具的功能与使用方法，常用单位，单位的换算；近似的概念与精度；图表（数表扇形统计图、条形统计图、示意图）知识
数字应用	初级	进行数字计算	计算方法（笔算、口算、珠算、计算器计算）；整数、分数四则运算；近似计算；验算（逆算法、估算法、奇偶对应法）
数字应用	初级	展示和使用数据信息	评价指标；最大值、最小值；平均值；精度
数字应用	中级	解读数据信息	获取数据信息的渠道与方法（测量法、调查法、读取法）；数的意义（整数、分数、正数、负数）；总量与分量，比例；误差、精度、估计；复合单位（如速度、速率等）；图表（数表、扇形统计图、条形统计图、折线图、示意图）知识
数字应用	中级	进行数据计算	计算方法（笔算、计算器计算、查表、Excel等软件）；整式、分式四则运算，乘方、开方；近似计算（误差估计）；验算（逆算法、估算法、奇偶对应法）
数字应用	中级	展示和使用数据信息	评价指标；最大值、最小值；平均值、期值、方差；绝对误差、相对误差；图表的制作
数字应用	高级	解读数据信息	数据信息源的筛选原则（多样性、代表性、可靠性）；数据的采集方案；图表（数表、坐标、比例尺）；频率、频率稳定性；平均、加权平均；误差分析、估算
数字应用	高级	进行数据计算	计算方法（笔算、计算器计算，查表，编程计算，Excel等软件）；整式、分式四则计算，乘方、开方；函数（幂函数、指数函数、对数函数、三角函数、反三角函数、复合函数）；近似计算（误差分析）；验算（逆算法、估算法）
数字应用	高级	展示和使用数据信息	评价指标；最大值、最小值；平均值、期值、方差；绝对误差、相对误差；图表的制作
与人交流	初级	交谈讨论	与人交谈主题相关的信息和知识；正确使用规范语言的基本知识；口语交谈方式和技巧；身体语言运用技巧
与人交流	初级	阅读和获取资料	资料查询和搜索的方法；一般阅读的方法；文件资料归类的方法；词典类工具书的功能和使用方法；各种图表的功能；网上阅读的方法
与人交流	初级	书面表达	与工作任务相关的知识；实用文体的应用；图表的功能和应用；素材选用的基本方法；写作的基本技法；逻辑和修辞初步技法
与人交流	中级	交谈讨论	与交谈主题相关的知识和信息；正确使用规范语言的基本知识；口语交谈的技巧；身体语言运用技巧；掌握交谈心理的方法；交谈的辅助手段或多媒体演示技术；会谈和会议准备基本要点
与人交流	中级	简短发言	与发言主题相关的知识和信息；当众讲话的技巧（包括运用身体语言的技巧）；简短发言的辅助手段或多媒体演示技术
与人交流	中级	阅读和获取资料	资料查询和搜索方法；快速阅读的原理与方法；文件归类的方法；各种图表的功能
与人交流	中级	书面表达	与工作任务相关的知识；实用文体的应用；图表的功能和应用；素材选用的基本方法；文稿排版和编辑的技法；写作的基本技法；逻辑和修辞常用技法
与人交流	高级	交谈讨论	与会谈主题相关的知识和信息；语言交流的艺术和技巧；交谈的辅助手段或多媒体演示技术；总结性话语运用的技巧；谈判的心理和技巧；会议准备的基本要点；主持会议的相关程序
与人交流	高级	当众讲演	与发言主题相关的知识和信息；演讲的技巧和艺术；演讲辅助手段或多媒体演示技术
与人交流	高级	阅读和获取资料	资料查询和搜索方法；快速阅读的技巧；各种图表的功能
与人交流	高级	书面表达	与工作任务相关的知识；实用文体的应用；图表的功能和应用；素材选用的基本方法；文稿排版和编辑的技法；写作的基本技法；逻辑和修辞技法

续表

领域	等级	“技术-技能”点	“知识准备”参照范围
与人合作	初级	理解合作目标	活动要素的群体性与分工合作的关系；职业团队的概念、特征与种类，组织的使命、目标、任务；自身的职业价值，个人在组织中的作用
		执行合作计划	服从的基本概念，指令、命令的含义；求助的意义，人的求助意识；职业生活的互助性，帮助他人的价值
		检查合作效果	工作进度的概念，影响工作进度的因素；工作进程的检查，调整工作程序；工作汇报的程序和要领
	中级	制订合作计划	聚合型团队、松散型团队和内耗型团队的特征；组织内部的冲突情况，剖析内耗型团队的心理根源；合作双方的利益需求和社会心理需求
		完成合作任务	民族、学历、地域、年龄等差异；人的工作和生活习惯、办事规律；宽容的心态，容忍的方法
		改善合作效果	使他人接受自己意见、改变态度的策略；在会议上提出意见和建议的规则；改变自己的态度，接受他人批评指责的心理准备
	高级	调整合作目标	领导科学与管理方法；组织文化的形成与发展；目标管理与时间管理
		控制合作进程	人际交往与沟通的知识和相关能力；有效激励的方法与技巧；批评的途径、方法和注意事项
		达到合作目标	信息的采集与整理，组织经济效益的统计学知识；员工绩效测评的基本方法和程序；合作过程的风险控制意识和防范
解决问题	初级	分析问题提出方案	分析问题的方法；归纳问题的方法；对比选择的方法；判断和决策的方法；关于相关问题本身的专业知识和发展规律的认识
		实施计划解决问题	撰写工作计划的相关知识；信息检索、文献查询的有关方法；逻辑判断、推理的相关知识；解决问题的技巧
		验证方案改进方式	分析和检查问题的方法；跟踪调查的方法；工作总结的规则和写作方法
	中级	分析问题提出方案	分析问题的方法；归纳问题的方法；对比选择的方法；判断和决策的方法；关于相关问题本身的专业知识和变化规律的认识
		实施计划解决问题	应用写作学中关于撰写工作计划的相关知识；信息检索、文献查询的有关方法；逻辑判断、推理的相关知识；解决问题的技巧；与他人合作的知识和方法
		验证方案改进计划	分析和检查问题的方法；跟踪调查的方法；工作总结的规则和写作方法
	高级	分析问题提出对策	决策科学的系统知识；形式逻辑、辩证逻辑思维的系统知识和方法；分析问题的系统知识和技巧；群体创新技法的系统知识；数学建模方法；关于相关问题本身的专业知识和变化规律的认识
		实施方案解决问题	关于撰写工作计划的系统知识；信息检索、文献查询的系统知识和方法；有关价值工程、现场分析和形态分析的知识；解决问题的技巧；有关进度评估的知识；与人合作的系统知识和方法
		验证方案改进计划	分析和检查问题的方法；跟踪调查的方法；工作总结的规则和写作方法；创新技法

续表

领域	等级	“技术-技能”点	“知识准备”参照范围
革新创新	初级	揭示不足提出改进	关于思维和创造性思维的一般知识；关于思维定式和突破思维障碍的知识；关于相关事物本身的专业知识和发展规律的认识
		做出创新方案	列举类技法和设问类技法的原理、特点、适用范围和具体操作的知识；有关分解类技法、组合类技法、分解组合类技法的原理、特点、适用范围和具体操作方法的知识；搜集信息、案例的知识和方法
		评估创新方案	有关创新成果价值评定的知识；可行性分析的知识；撰写可行性报告的知识
	中级	揭示不足提出改进	有关思维障碍形成的知识；横向、逆向、灵感思维的知识；换向、换位思维的知识；逻辑判断和推理的知识；关于相关事物本身的专业知识和发展规律的认识
		做出并实施创新方案	有关类比类技法和移植类技法的知识；有关德尔斐法和综摄法的知识；有关还原法、换向思考类技法的知识
		评估创新方案	有关项目可行性测评的技术；有关最佳方案评估的知识；撰写评估报告的知识
	高级	揭示不足提出改进	创新能力构成和提升的知识；有关事物运动、变化和发展的知识；灵活运用各种思维形式的知识；关于相关事物本身的专业知识和发展规律的认识
		做出并实施创新方案	有关价值工程、现场分析和形态分析的知识；针对不同事物运用不同创新方法的知识；综合运用各种创新方法的知识
		评估创新方案	可持续创新的知识；有关创新原理的知识；有关知识产权的知识；技术预测和市场预测知识

资料来源　中华人民共和国劳动和社会保障部职业技能鉴定中心. 职业核心能力培训测评标准（试行）（共7册）[M]. 北京：人民出版社，2007.本表参照“资料来源”所列文献相关内容提炼与编制。

附录二 案例分析训练和考核参照指标与内容

附表2　　案例分析训练和考核参照指标与内容

考核指标		考核内容	分项成绩
形成性考核 $\sum 50$	个人准备 $\sum 20$	案例概况;讨论主题;问题理解;揭示不足;创新意见;决策标准;可行性方案	
	小组讨论 $\sum 15$	上课出席情况;讨论发言的参与度;言语表达能力;说服力大小;思维是否敏捷	
	班级交流 $\sum 15$	团队协作;与人交流;课堂互动等方面的满意度;讨论参与的深度与广度	
课业考核 $\sum 50$	分析依据 $\sum 8$	分析依据的客观性与充分性	
	分析步骤 $\sum 8$	分析步骤的恰当性与条理性	
	理论思考 $\sum 8$	理论思考的正确性、深刻性与全面性	
	解决问题 $\sum 8$	理解问题与解决问题能力的达标性	
	革新创新 $\sum 10$	揭示不足与提出改进能力的达标性	
	文字表达 $\sum 8$	文字表达能力的强弱性	
总成绩 $\sum 100$			
教师评语	签名： 20　　年　月　日		
学生意见	签名： 20　　年　月　日		

（说明：本表用于章后“基本训练”和书后“综合训练与考核”中的“案例题”，作为其“考核指标”与“考核内容”的参照）

附录三 职业核心能力训练和考核参照规范与标准

附表3 职业核心能力训练和考核参照规范与标准

领域	等级	基本要求	“技术–技能”点	参照规范与标准
自主学习	初级	具备学习的基本能力，在常规条件下能运用这些能力，以适应工作和学习要求	确定短期学习目标	能明确学习动机和目标，并计划时间、寻求指导
			实施短期学习计划	能按照行动要点开展工作、按时完成任务，使用不同方式、选择和运用不同的学习方法实现目标，并能对计划及时做出调整
			检查学习进度	能对学习情况提出看法、改进意见和提高学习能力的设想
	中级	主要用理解式接受法，对有兴趣的任务可以用发现法掌握知识信息；在更广泛的工作范围内灵活运用这些能力，以适应工作岗位各方面的需要	确定中期学习目标	能明确提出多个学习目标，列出实现各目标的行动要点，确定实现目标的计划，并运筹时间
			实施中期学习计划	能开展学习和活动，通过简单的课程和技能训练，提高工作能力
			检查学习进度	能证明取得的学习成果，并能将学到的东西用于新的工作任务
	高级	能较熟练灵活地运用各种学习法在最短时间内掌握急需知识信息；能广泛地搜集、整理、开发和运用信息，善于学习、接受新的事物，以适应复杂工作和终身发展的要求	确定长期学习目标	能根据各种信息和资源确定要实现的多个目标及途径，明确可能影响计划实现的因素，确认实现目标的时限，制定行动要点和时间表，预计困难和变化
			实施长期学习计划	能保证重点、调整落实、处理困难、选择方法，通过复杂的课程和技能训练提高工作能力
			检查学习进度	能汇总学习成果、成功经验和已实现的目标，证明新学到的东西能有效运用于新选择的职业或工作任务
信息处理	初级	具备进入工作岗位最基本的信息处理能力，在常规条件下能搜集、整理并传递适应既定工作需要的信息	获取信息	能通过阅读、计算机或网络获取信息
			整理信息	能使用不同方法、从多个资源中选择、搜集和综合信息，并通过计算机编辑、生成和保存信息
			传递信息	能通过口语、书面形式，用合适的版面编排、规范的方式展示、电子手段传输信息
	中级	在更广泛的工作范围内获取需要的信息，进行信息开发处理，并根据工作岗位各方面的需要展示组合信息	获取信息	能定义复杂信息任务，确定搜寻范围，列出资源优先顺序，通过询访法和观察法搜寻信息
			开发信息	能对信息进行分类、定量筛选、运算分析、加工整理，用计算机扩展信息
			展示信息	能通过演说传递信息，用文字图表、计算机排版展示组合信息，用多媒体辅助信息传达
	高级	广泛地搜集、深入地整理开发、多样地传递、灵活地运用信息，以适应复杂的工作需要；具备信息处理工作的设计与评估能力，并表现出较强的组织与管理能力	获取信息	能分析复杂信息任务，比较不同信息来源的优势和限制条件，选择适当技术、使用各种电子方法发现和搜寻信息
			开发信息	能辨别信息真伪，定性核校、分析综合、解读与验证资料，建立较大规模的数据库，用计算机生成新的信息
			展示信息	能用新闻方式发布、平面方式展示、网络技术传递，利用信息预测趋势、创新设计，搜集信息反馈，评估使用效果

续表

领域	等级	基本要求	“技术-技能”点	参照规范与标准
数字应用	初级	具备进入工作岗位最基本的数字应用能力，在常规条件下能运用这些能力适应既定工作的需要	采集、解读数据信息	能按要求测量并记录结果，准确统计数目，解读简单图表，读懂各种数字，并汇总数据
			进行数字计算	能进行简单计算并验算结果
			展示和使用数据信息	能正确使用单位，根据计算结果说明工作任务
	中级	在更广泛的工作范围内，灵活地运用数字应用能力，以适应工作岗位各方面的需要	解读数据信息	能从不同信息源获取信息，读懂、归纳、汇总数据，编制图表
			进行数据计算	能从事多步骤、较复杂的计算，使用公式计算结果
			展示和使用数据信息	能使用适当方法展示数据信息和计算结果，设计并使用图表，根据结果准确说明工作任务
	高级	具备熟练把握数字和通过数字运算来解决实际工作中的问题的能力，以适应更复杂的工作需要	解读数据信息	能组织大型数据采集活动，通过调查和实验获取、整理与加工数据
			进行数据计算	能从事多步骤的复杂计算，并统计与分析数据
			展示和使用数据信息	能选择合适的方法阐明和比较计算结果，检查并论证其合理性，设计并绘制图表，根据结果做出推论，说明和指导工作
与人交流	初级	具备进入工作岗位最基本的与人交流能力，在常规条件下能运用这些能力适应既定工作的需要	交谈讨论	能围绕主题，把握讲话的时机、内容与长短，倾听他人讲话，多种形式回应；使用规范易懂的语言、恰当的语调和连贯的语句清楚地表达意思
			阅读和获取资料	能通过有效途径找到所需资料，识别有效信息，归纳内容要点，整理确认内容，会做简单笔记
			书面表达	能选择基本文体，利用图表、资料撰写简单文稿，并掌握基本写作技巧
	中级	在更广泛的工作范围内，灵活运用这些能力以适应工作岗位各方面的需要	交谈讨论	能始终围绕主题参与，主动把握讲话时机、方式和内容，理解对方谈话内容，推动讨论进行，全面准确传达一个信息或观点
			简短发言	能为发言作准备，当众讲话并把握讲话内容、方式，借助各种手段说明主题
			阅读和获取资料	能根据工作要求从多种资料筛选有用信息，看懂资料的观点、思路和要点，并整理汇总资料
			书面表达	能掌握应用文体，注意行文格式；组织利用材料，充实内容要点；掌握写作技巧，清楚表达主题；注意文章风格，提高说服力
	高级	在工作岗位上表现出更强的组织和管理能力，通过运用与人交流的能力适应更复杂的工作需要	交谈讨论	始终把握会议主题，听懂他人讲话内容并做出反应，主持会议或会谈，全面准确表述复杂事件或观点
			当众讲演	能为讲演作准备，把握讲演的内容、方式，借助各种手段强化主题
			阅读和获取资料	能为一个问题或课题找到相关资料，看懂资料的思路、要点、价值和问题，分析、筛选和利用资料表达主题
			书面表达	能熟悉专业文书，把握基本要求；有效利用素材，说明内容要点；掌握写作技巧，清楚恰当表达主题；采用适当风格，增强说服力

续表

领域	等级	基本要求	“技术-技能”点	参照规范与标准
与人合作	初级	理解个人与他人、群体的合作目标，有效地接受上级指令；准确、顺利地执行合作计划；调整工作进度，改进工作方式；检查工作效果	理解合作目标	能确定合作的基础和利益共同点，掌握合作目标要点和本单位人事组织结构，明确个人在团队中的职责和任务
			执行合作计划	能接受上级指令，准确、顺利地执行合作计划
			检查合作效果	能通过检查工作进展情况，改进工作方式，促进合作目标实现
	中级	与本部门同事、内部横向部门、外部相关部门共同制订合作计划；协调合作过程中的矛盾关系，按照计划完成任务；在合作过程中遇到障碍时提出改进意见，推进合作进程	制订合作计划	能与本部门同事、组织内部横向部门、组织外部相关部门共同制订合作计划
			完成合作任务	能与他人协同工作，处理合作过程中的矛盾
			改善合作效果	能判断合作障碍，表达不同意见，接受批评建议，弥补双方失误
	高级	根据情况变化和合作各方的需要，调整合作目标；在变动的工作环境中，控制合作进程；预测和评价合作效果，达成合作目的	调整合作目标	能发现各方问题，协调利益关系，进行有效沟通，调整合作计划与工作顺序
			控制合作进程	能整合协调各方资源，妥善处理矛盾，排除消极因素，激发工作热情
			达到合作目标	能及时全面检查工作成效，不断改善合作方式
解决问题	初级	具备进入工作岗位最基本的解决问题的能力，在常规条件下能根据工作的需要，解决一般简单和熟悉的问题	分析问题提出方案	能用几种常用的办法理解问题，确立目标，提出对策或方案
			实施计划解决问题	能准备、制订和实施被人认可并具有一定可行性的计划
			验证方案改进方式	能寻找方法，实施检查，鉴定结果，提出改进方式
	中级	在有限的资源条件下，根据工作岗位的需要，解决较复杂的问题	分析问题提出方案	能描述问题，确定目标，提出并选择较佳方案
			实施计划解决问题	能准备、制订和实施获得支持的较具体计划，并充分利用相关资源
			验证方案改进计划	能确定方法，实施检查，说明结果，利用经验解决新问题
	高级	在工作岗位上表现出更强的解决问题的能力，在多种资源条件下，根据工作需要解决复杂和综合性问题	分析问题提出对策	在提出解决问题的对策时，能分析探讨问题的实质，提出解决问题的最优方案，并证明这种方案的合理性
			实施方案解决问题	在制订计划、实施解决办法时，能制订并实施获得认可的详细计划与方案，并能在实施中寻求信息反馈，评估进度
			验证方案改进计划	在检查问题、分析结果时，能优选方法，分析总结，提出解决同类问题的建议与方案

续表

<table>
<tr><th>领域</th><th>等级</th><th>基本要求</th><th>“技术-技能”点</th><th>参照规范与标准</th></tr>
<tr><td rowspan="9">革新创新</td><td rowspan="3">初级</td><td rowspan="3">在常规工作条件下，能根据工作需要，初步揭示事物的不足，运用创新思维和创新技法进行创新活动</td><td>揭示不足提出改进</td><td>能揭示事物不足，提出改进意见</td></tr>
<tr><td>做出创新方案</td><td>能在采纳各方意见的基础上，确定创新方案的目标、方法、步骤、难点和对策，指出创新方案需要的资源和条件</td></tr>
<tr><td>评估创新方案</td><td>能进行自我检查，正确地对待反馈信息和他人意见，对创新方案及实施做出客观评估，并根据实际条件加以调整</td></tr>
<tr><td rowspan="3">中级</td><td rowspan="3">根据工作发展需要，在更广泛的工作范围内揭示事物的不足，较熟练地运用创新思维和创新技法进行创新活动，并对创新成果进行分析总结</td><td>揭示不足提出改进</td><td>能在新需求条件下揭示事物的不足，提出改进事物的创新点和具体方案</td></tr>
<tr><td>做出并实施创新方案</td><td>能从多种选择中确认最佳方案，并利用外界信息、资源和条件实施创新活动</td></tr>
<tr><td>评估创新方案</td><td>能按常规方式和专业要求，对创新改进方法和结果的价值进行评估，根据实际条件进行调整，并指导他人的创新活动</td></tr>
<tr><td rowspan="3">高级</td><td rowspan="3">在工作岗位上表现出更强的创新能力，在复杂的工作领域，能根据工作需要揭示事物的不足，熟练运用创新思维和创新技法进行创新活动，对创新成果进行理论分析、论证、总结和评估，并指导他人的创新活动</td><td>揭示不足提出改进</td><td>能通过客观分析事物发展与需求之间的矛盾揭示事物的不足，提出首创性的改进意见和方法</td></tr>
<tr><td>做出并实施创新方案</td><td>能根据实际需要，设计并实施创新工作方案，并在条件变化时坚持创新活动</td></tr>
<tr><td>评估创新方案</td><td>能按常规方式和专业要求，对创新方法和结果进行检测和预测风险；针对问题调整工作方案，总结经验，指导他人，提出进一步创新改进的方法</td></tr>
</table>

资料来源　中华人民共和国劳动和社会保障部职业技能鉴定中心．职业核心能力培训测评标准（试行）（共7册）[M]．北京：人民出版社，2007.本表参照“资料来源”所列文献相关内容提炼与编制。

（说明：本表用于章后“基本训练”和书后“综合训练与考核”的“实训题”，作为“职业核心能力强化训练”之“考核指标”与“考核标准”的参照）

附录四 职业道德训练和考核参照规范与标准

附表4 职业道德训练和考核参照规范与标准

领域	参照规范与标准
职业观念	对职业、职业选择、职业工作、职业道德和企业伦理等问题具有正确的看法
职业情感	对职业或职业模拟有愉快的主观体验、稳定的情绪表现、健康的心态、良好的心境，具有强烈的职业认同感、职业荣誉感和职业敬业感
职业理想	对将要从事的职业种类、职业方向与事业成就有积极的向往和执着的追求
职业态度	对职业选择或模拟选择有充分的认知与积极的倾向和行动
职业良心	在履行职业义务时具有强烈的道德责任感和较高的自我评价能力
职业作风	在职业模拟、职业实践或职业生活的自觉行动中，具有体现职业道德内涵的一贯表现
职业守则	爱国爱企，自尊自强；遵纪守法，敬业爱岗；公私分明，诚实善良；克勤克俭，宾客至上；热情大度，清洁端庄；一视同仁，不卑不亢；耐心细致，文明礼貌；团结服从，大局不忘；优质服务，好学向上

资料来源 中华人民共和国劳动和社会保障部. 国家职业标准：营销师［M］. 北京：中国劳动和社会保障出版社，2002.本表参照“资料来源”所列文献相关内容编制。

（说明：本表用于章后“基本训练”和书后“综合训练与考核”的“实训题”，作为市场营销专业“职业道德相关训练”之“考核指标”与“考核标准”的参照）

附录五 能力训练与考核参照采分系数

附表5 能力训练与考核参照采分系数

系数	达标程度
90%~100%	能依照全部考核要求,圆满、高质地完成此种能力所属各项技能操作,其效率与稳定性俱佳
80%~89%	能依照多数考核要求,圆满、高质地完成此种能力所属各项技能操作,其效率与稳定性较佳
70%~79%	能依照多数考核要求,较圆满、高质地完成此种能力所属各项技能操作,其效率与稳定性一般
60%~69%	能依照多数考核要求,基本完成此种能力所属各项技能操作,其效率与稳定性一般
60% 以下	只能依照少数考核要求,基本完成此种能力所属各项技能操作,其效率与稳定性较低

（说明：本表用于章后“单元考核”和“综合训练与考核”，作为“职业核心能力”、“职业道德”和“专业能力”考核达标程度的参照）